**Mulheres no Mercado
da Saúde**

Mulheres no Mercado da Saúde

2013

Clara Carvalho (organizadora)

MULHERES NO MERCADO DA SAÚDE

AUTORA
Clara Carvalho (organizadora)

EDITOR
EDIÇÕES ALMEDINA, S.A.
Rua Fernandes Tomás, nºs 76, 78 e 80
3000-167 Coimbra
Tel.: 239 851 904 · Fax: 239 851 901
www.almedina.net · editora@almedina.net

DESIGN DE CAPA
FBA.

PRÉ-IMPRESSÃO
EDIÇÕES ALMEDINA, S.A.

IMPRESSÃO E ACABAMENTO
PAPELMUNDE

Dezembro, 2013

DEPÓSITO LEGAL
368562/13

Os dados e as opiniões inseridos na presente publicação são da exclusiva responsabilidade do(s) seu(s) autor(es).

Toda a reprodução desta obra, por fotocópia ou outro qualquer processo, sem prévia autorização escrita do Editor, é ilícita e passível de procedimento judicial contra o infrator.

BIBLIOTECA NACIONAL DE PORTUGAL – CATALOGAÇÃO NA PUBLICAÇÃO

MULHERES NO MERCADO DA SAÚDE

Mulheres no mercado da saúde / Aline Afonso... [et al.]
ISBN 978-972-40-5486-5

I – CARVALHO, Clara

CDU 316

Agradecimentos

Esta obra resulta do projeto *Género e pluralismo terapêutico. Acesso das mulheres ao sector de saúde não-estatal em África*, financiado pela Fundação para a Ciência e Tecnologia (PTDC/AFR/108615/2008), desenvolvido no Centro de Estudos Africanos (ISCTE-IUL). Os autores exprimem a sua gratidão pelo financiamento recebido que permitiu desenvolver investigação em diferentes contextos africanos. Para a implementação do projeto contaram com o apoio da equipa do CEA-IUL, em particular de Fernanda Alvim e de João Dias. Na sua versão final, os artigos beneficiaram da opinião crítica dos revisores anónimos (peer-review) e do suporte do diretor da coleção *Africa em Perspetiva*, Gerhard Seibert. Os textos aqui apresentados melhoraram pela revisão linguística de André Nabais, igualmente responsável pela tradução dos textos de Theodore Powers e Beatriz Moreiras. A todos agradecemos o seu contributo.

O nosso reconhecimento final vai para as mulheres e homens que connosco partilharam as suas experiências de vivência e sobrevivência em múltiplos mercados da saúde.

Autores

ALINE AFONSO
Licenciada e Mestre em Administração pela Universidade Federal da Bahia, Doutora em Estudos Africanos pelo ISCTE-IUL. Tem experiência na área da investigação, nas temáticas do género e do desenvolvimento em países lusófonos e também nas áreas de consultoria e avaliação de projetos de desenvolvimento ao serviço do PNUD e da Comissão Europeia. Foi investigadora de Pós-doutoramento no Instituto de Ciências Sociais da Universidade de Lisboa e no ISCTE-IUL.
e-mail: alineafonso@hotmail.com

CARLOS BAVO
Investigador assistente no Centro de Estudos Africanos (CEA) da Universidade Eduardo Mondlane (UEM) em Maputo (Moçambique) desde o ano 2010. Licenciou-se em Sociologia pela UEM e é mestre em Estudos Africanos pelo ISCTE-Instituto Universitário de Lisboa. Os seus interesses de pesquisa envolvem temas de Antropologia Médica e de Sociologia Política.
e-mail: carlos.bavo@gmail.com

CLARA CARVALHO
Professora no Departamento de Antropologia do ISCTE-IUL (Lisboa), responsável pelo ramo de Saúde Global do Mestrado de Estudos de Desenvolvimento, foi diretora do Centro de Estudos Africanos e do Centro de Estudos Internacionais do mesmo instituto. Foi professora convidada nas universidades de Lille, França (2002 e 2003) e Brown, E.U.A. (2004), bem como nos ateliers metodológicos do CODESRIA (2005, 2007 e 2008). Desenvolveu a sua investigação na Guiné-Bissau desde 1992 onde trabalhou

MULHERES NO MERCADO DA SAÚDE

sobre o poder local, antropologia visual e iconografia colonial. Desde 2001 tem investigado questões de antropologia médica relacionadas com circulação do saber terapêutico, a cooperação internacional em saúde e o apoio social na Guiné-Bissau.
e-mail: clara.carvalho@iscte.pt

ALBERT FARRÉ
Doutorado em História e Licenciado em Antropologia Social e Cultural pela Universidade de Barcelona. Tem realizado pesquisa de campo no Uganda, no Nord Kivu (RD Congo) e em Moçambique. Foi bolseiro pós-doutoramento do ISCTE- Instituto Universitário de Lisboa no Centro de Estudos Africanos. Foi Post-Doctoral Fellow do Human Economy Project da University of Pretoria (África do Sul), na Universidade de Brasília e no CES-Universidade de Coimbra.
e-mail: fantura2@hotmail.com

MARIA DE FÁTIMA
Doutora e Mestre em Estudos Africanos pelo ISCTE-IUL, Diplomada em Gestão da Ciência e Inovação Tecnológica das Universidades pela Universidade "Hermanos Saíz Montes de Oca" (Cuba), pós-graduada em Relações Internacionais Africanas pela Universidade Autónoma de Lisboa e Licenciada em História pelo Instituto Superior de Ciências da Educação (ISCED) do Lubango (Angola).
email: fatibondo@hotmail.com

SARA FERREIRA
Licenciada em Antropologia e Mestre em Desenvolvimento e Saúde Global no ISCTE-Instituto Universitário de Lisboa (Portugal) e investigadora no âmbito do projeto "Género e pluralismo terapêutico: o acesso das mulheres a cuidados de saúde privados em África". Desempenhou, também, funções em ONG's com representação em países de língua oficial portuguesa.
email: saradsferreira@gmail.com

GEFRA FULANE
Mestre em Desenvolvimento e Saúde Global pelo ISCTE-Instituto Universitário de Lisboa (ISCTE-IUL) e Licenciada em Antropologia pela

Universidade Eduardo Mondlane (UEM). Foi auxiliar de docência e pesquisadora num projeto de nível internacional, "Community Based Systems in HIV Treatment", na UEM. Trabalhou como assistente de investigação na ONGD PROMETRA em Moçambique.
e-mail: gefragustavo@hotmail.com

LIBERTAD JIMÉNEZ

Licenciada em Psicologia pela Universidade Pontifícia de Salamanca (Espanha), Mestre em Investigación em Ciências Sociais e Doutorada em Direção de Empresas e Sociologia pela Universidade de Extremadura (Espanha), Mestre em Cooperação e Desenvolvimento Internacional pela Universidade do País Basco (Espanha). Especialista em análise das Relações entre Género e Desenvolvimento pela Universidad Complutense de Madrid (Espanha) e pós-graduada em Estudos Africanos pelo ISCTE-IUL (Portugal). Trabalhou como Técnica de Projetos em diversos países africanos.
e-mail: libalji@hotmail.com

BEATRIZ MOREIRAS

Licenciada em Antropologia Social e Cultural pela Universidade Autónoma de Barcelona (UAB), diplomada em Enfermagem pela UAB, Mestre em Saúde Internacional e Medicina Tropical pela Universidade de Barcelona. Foi bolseira da ONG Conselho Inter-Hospitalar da Cooperação no contexto duma investigação sobre saúde em Moçambique. Atualmente encontra-se a ocupar o posto de enfermeira assistente na instituição hospitalar Fundació Puigvert (España).
e-mail: b_moreiras_abril@hotmail.com

PAULA MORGADO

Licenciada em Antropologia e Mestre em Estudos Africanos pela Universidade de Coimbra. Doutoranda em Estudos Africanos pelo ISCTE-IUL e investigadora júnior do Centro de Estudos Africanos do ISCTE-IUL. Realizou a sua investigação em Niamey (Níger), em acolhimento no Laboratoire d' Etudes et de Recherches sur les Dynamiques Sociales et le Développement Local (LASDEL), sobre o acesso das mulheres migrantes sazonais a cuidados de saúde materna e infantil em contexto urbano.
e-mail: pmorgado5@gmail.com

THEODORE POWERS

Doutorado em Antropologia Cultural no Graduate Center da City University de Nova Iorque. Na sua pesquisa analisa a Economia Política da Saúde, HIV/AIDS e a globalização na África do Sul. Foi investigador no Human Economy Programme da University of Pretoria. Atualmente é Professor Assistente no Departamento de Antropologia da Universidade de Iowa. e-mail: theodore-powers@uiowa.edu

Acrónimos e Abreviaturas

ADRA – Acção para o Desenvolvimento Rural e Ambiente
AECID – Agencia Española de Cooperación Internacional para el Desarrollo
AERMO – Associação dos Ervanários de Moçambique.
AG – Acompanhamento à Grávida
AMETRAMO – Associação do Médicos Tradicionais de Moçambique.
APE – Agentes Polivalentes Elementares
APP – Assistência Pós Parto
ARV – Antirretroviral
ASC – Agente de Saúde Comunitário
ATPN – Associação de Terapeutas Tradicionais do Níger
BM – Banco Mundial
CE – Comissão Europeia
CD4 – Cluster of differentiation 4
CES – Centro de Estudos Sociais
CESC – Centro de Aprendizagem e Capacitação da Sociedade Civil
CFCS – Centro de Formação Contínua em Saúde
CHW – Community Health Workers
CIDEAL – Fundación de Cooperación, Investigación y Desarrollo Europa – América Latina
CMAM – Central de Medicamentos e Artigos Médicos
CMCX – Conselho Municipal da Cidade de Xai-Xai
CNCS – Consejo nacional de Combate para VIH/SIDA
CODESRIA – Conseil pour le Développement de la Recherche en Sciences Sociales en Afrique
CPI – Centro de Promoção e Investimento
CPLP – Comunidade dos Países de Língua Portuguesa

CPN	–	Consultas pré-natais
CS	–	Case de santé
CSCX	–	Centro de Saúde da Cidade de Xai-Xai
CSI	–	Centre de Santé Intégré
CTB	–	Coopération Technique Belge
DAA	–	Departamento de Arqueologia e Antropologia
DB	–	Dinamizador Beatriz
DD	–	Doenças Diversas
DENARP	–	Documento de Estratégia Nacional de Redução de Pobreza
DG	–	Doenças Ginecológicas
DI	–	Doenças Infantis
DPS	–	Direcção Provincial da Saúde
DPSH	–	Direcção provincial da Saúde da Huíla
DSME/MSP	–	Direction de la Santé de la Mère et de l'enfant / Ministère de la Santé Publique
DST	–	Doença Sexualmente Transmissível
DV	–	Dinamizador Valentín
E	–	Esterilidade
EASA	–	European Association of Social Anthropologists
EB	–	Entrevistador Beatriz
ECOSOC	–	United Nations Economic and Social Council
EGPAF	–	Elizabeth Glaser Pediatric AIDS Foundation
EL	–	Entrevistado Líder
EMAKUNDE	–	Instituto Vasco de la Mujer
ENSP	–	Escola Nacional de Saúde Pública
EU	–	Entrevistado usuário do TARV
FCFA	–	Franc Communauté Financière Africaine
FCT	–	Fundação para a Ciência e a Tecnologia
FMI	–	Fundo Monetário Internacional
FNUAP	–	Fundo de População das Nações Unidas
FORCOM	–	Fórum Nacional das Rádios Comunitárias
FRELIMO	–	Frente de Libertação de Moçambique
GEMT	–	Gabinete de Estudos em Medicina Tradicional
GMD	–	Grupo Moçambicano de Dívida
HD	–	Hospital de Distrito
HELP	–	Hilfe zur selbsthilfe
HIV	–	Vírus de Imunodeficiência Humana

ACRÓNIMOS E ABREVIATURAS

HIV/SIDA – Vírus de Imunodificiência Humana/Sindroma de Imunodificiência Adquirida
HSRC – Human sciences research council
IB – Iniciativa de Bamakos
IBM – International Business Machines
ICAP – International Center for AIDS Care and Treatment Programs
IDG – Índice de Desigualdade de Género
IDH – Índice de Desenvolvimento Humano
IESE – Instituto de Estudos Sociais e Económicos
ILAP – Inquérito Ligeiro para Avaliação da Pobreza
ILO/ OIT – Organização Internacional do Trabalho / International Labour Office
INE – Instituto Nacional de Estatística
INP – Instituto Nacional de Petróleo
INS – Institut National de Statistique
INTEF – Instituto de Tecnologias Educativas
IPAD – Instituto Português de Apoio ao Desenvolvimento
IPPF – International Planned Parenthood Federation
IRA – Infeções Respiratórias Agudas
IRIN – Humanitarian news and analyses
ITIE – Iniciativa de Transparência na Industria Extractiva
IUDC – Instituto Universitario de Desarrollo y Cooperación
L – Loucura
LASDEL – Laboratoire D'études et de Recherche sur les Dynamiques sociales et le Développement Local
MEASURE – Ministério da Saúde da República Democrática de São Tomé e Príncipe
MEDIMOC – Empresa de Importação e Exportação de Medicamentos
MEPIR – Ministério da Economia, do Plano e Integração Regional da República da Guiné-Bissau
MINARS – Ministério da Assistência e Reinserção Social
MINSA – Ministério da Saúde da República de Angola
MINSAP – Ministério da Saúde Pública da República de Guiné Bissau
MIREM – Ministério dos Recursos Minerais
MISAU – Ministério da Saúde da República de Moçambique
MPLA – Movimento Popular de Libertação de Angola

MPPFPE	– Ministère de la Population, Promotion de la Femme et Protection de l'Enfant
MSP	– Ministère de la Santé Publique
MT	– Medicina Tradicional
ODM	– Objectivos de Desenvolvimento do Milénio
ODS	– Objetivos do Desenvolvimento Sustentável
ONG	– Organisation Non-Gouvernementale/ Organización no gubernamental/ Organizações Não-Governamentais
ONGD	– Organizações Não Governamentais para o Desenvolvimento
ONU	– Organização das Nações Unidas/ Organización de las Naciones Unidas
ONUSIDA	– Programa conjunto das Nações Unidas para VIH/SIDA
OSC	– Organizações da Sociedade Civil
OXFAM	– The Oxford Committee for Famine Relief
PAE	– Programas de Ajustamento Estrutural
PAIGC	– Partido Africano para a Independência da Guiné e Cabo-Verde
PAPP	– Parto e Acompanhamento Pós-Parto
PAV	– Programa Alargado de Vacinação
PEN	– Plan Estratégico nacional de combate para el VIH/SIDA
PNCM	– Programa Nacional de Controlo da Malária
PPP	– Parceria Público-Privado
PSCRN	– Plataforma da Sociedade Civil para Recursos Naturais
PSI	– Population Services International
REIS	– Revista Española de Investigaciones Sociológicas
RENAMO	– Resistência Nacional Moçambicana
ROSCA	– Rotating Savings and Credit Associations
SADC	– Comunidade para o Desenvolvimento da África Austral
SER	– Responsabilidade Social da Empresa
SIDA	– Sindroma de Imunodeficiência Adquirida
SNS	– Serviço Nacional de Saúde
SPSS	– Statistical Package for the Social Sciences
TARV	– Tratamento antirretroviral
TRO	– Tratamento de Reidratação Oral
UEM	– Universidade Eduardo Mondlane.
UNAIDS	– United Nations Joint Program on HIV/AIDS
UNDP / PNUD	– Programa das Nações Unidas para o Desenvolvimento / United Nations Development Program

ACRÓNIMOS E ABREVIATURAS

UNESCO – Organização das Nações Unidas para a Educação, Ciência e Cultura/ United Nations Educational, Scientific and Cultural Organization

UNFPA – Fundo das Nações Unidas para a População / United Nations Population Fund

UNICEF – Fundo das Nações Unidas para a Infância / United Nations Children's Fund

UNITA – União Nacional para a Independência Total de Angola

USAID – United States Agency for International Development

UTCAH – Unidade Técnica para a Coordenação dos Assuntos Humanitários/Unidade Técnica de Coordenação da Ajuda Humanitária

VIH – Vírus de la Inmunodeficiencia humana

VIH/SIDA – Vírus de Inmunodeficiencia Humana/ Síndrome de Inmunodeficiencia Adquirida

WHO/ OMS – Organização Mundial de Saúde / World Health Organization

WWF – World Wide Fund for Nature

Introdução

CLARA CARVALHO

A desregulação dos mercados, a liberalização dos serviços públicos e a diminuição do apoio estatal conduziram à monetarização dos serviços de saúde, tanto no sector público como nos vários serviços não-estatais, um processo ao qual se assistiu no continente africano desde a década de 80 (Turshen, 1999; Pfeiffer & Chapman, 2010; Van Dijk & Dekker, 2010. A degradação dos serviços de saúde públicos, a dificuldade de articulação entre os múltiplos atores e os diversos serviços oferecidos, bem como a escassez de cuidados de saúde, tornaram o continente um palco de situações de privação acompanhadas de intervenções externas, inseridas no que atualmente se designa por saúde global. A saúde é encarada como um bem em risco pelos sectores mais carenciados da população, com acesso limitado aos cuidados primários. Atualmente, os cuidados de saúde em muitos países africanos estão a cargo de uma multiplicidade de atores, que compreendem tanto os serviços do Estado como o sector privado lucrativo, mas também as organizações da sociedade civil, as igrejas, as organizações não governamentais, os organismos internacionais e as fundações. Os cuidados terapêuticos podem ser biomédicos ou de cariz religioso, ou ainda de outras tradições conhecidas por medicina tradicional. Neste quadro heterogéneo têm-se desenhado diferentes estratégias de sobrevivência, sobretudo entre os grupos mais fragilizados, entre os quais se destacam as mulheres em idade reprodutiva, o grupo que mais sofreu com a degradação do sector público de saúde.

Este livro é o resultado de um projeto sobre o acesso das mulheres aos cuidados de saúde não-estatais em diferentes contextos africanos, que decorreu entre 2010 e 2013, com o apoio da Fundação para a Ciência e Tecnologia (*Género e pluralismo terapêutico. Acesso das mulheres ao sector de saúde não-estatal em África.* PTDC/AFR/108615/2008), desenvolvido no Centro de Estudos Africanos (ISCTE-IUL). Pretendemos questionar os efeitos da aplicação dos programas de Ajustamento Estrutural, que obrigaram à limitação dos serviços públicos de saúde e à privatização dos cuidados médicos, em diferentes contextos, focando as situações de carência extrema. Para tal, foi privilegiada uma metodologia de estudos de caso, combinando dados quantitativos e qualitativos e uma aproximação microfocada. O projeto abordou os efeitos da degradação do sector público de saúde e a emergência de atores não-estatais providenciando cuidados de saúde. Entre estes contam-se as organizações internacionais, as ONG, mas também atores e instituições locais, tais como os praticantes de medicina tradicional e as igrejas neopentecostais. Em particular, foi estudado o papel das parteiras tradicionais, principais prestadoras de cuidados de saúde materno-infantis. Finalmente, foram analisadas as diferentes formas de financiamento dos cuidados de saúde, desde os programas de cooperação internacionais, aos projetos de Responsabilidade Social das Empresas (RSE) e mesmo às iniciativas locais de associação e financiamento, nomeadamente as mutualidades populares.

Nesta investigação estiveram envolvidos seis estudantes de doutoramento e mestrado (Carlos Bavo, Gefra Fulane, Libertad Jiménez, Maria de Fátima, Paula Morgado e Sara Ferreira), enquadrados pelos investigadores Albert Farré, Aline Afonso, Clara Carvalho e Virginie Tallio. A este grupo vieram-se juntar, na publicação final, Beatriz Moreiras e Theodore Powers. O projeto beneficiou enormemente do apoio dos consultores científicos Carlos Cardoso (CODESRIA), Josep Comelles (Universitat Rovira i Virgili) e Rachel Chapman (University of Washington).

Saúde Global em África: principais marcos e questões

"Saúde para todos", o muito aclamado slogan lançado na conferência de Alma-Ata promovida pela OMS e a UNICEF, expressava a vontade política internacional de estender os cuidados de saúde primários a toda a população mundial através dos serviços públicos. A proposta, subscrita pelos representantes de um conjunto de 134 países reunidos nesta cidade do Cazaquistão em 1978, lançou os princípios dos cuidados de saúde primários. Com este programa pretendia-se promover serviços de vacinação universais, de planeamento familiar, de controlo de doenças endémicas e epidémicas, de primeiros socorros, através de um compromisso que

INTRODUÇÃO

obrigava os estados signatários a um investimento tanto financeiro, como de recursos humanos, no sector da saúde. A proposta concebia a saúde como um bem universal, dependente da aplicação eficaz de uma política de apoio social comum, e promovida por políticas internacionais concertadas. O programa desenhado em Alma-Ata, além de impulsionar os cuidados de saúde primários, desenhava os princípios da saúde pública inspirados no modelo desenvolvido com sucesso nos países socialistas, em particular na China, que implicavam a participação efetiva do estado e o envolvimento das comunidades (Werner & Sanders, 1997). Contudo, esta declaração coincidiu com a crise económica dos anos 70 e o fim de um modelo de cooperação através do fortalecimento dos estados dos países em desenvolvimento (Cooper & Packard, 2010, Ferguson, 2010). A implementação do compromisso de Alma-Ata foi limitada, sobretudo nos países mais carenciados, embora tenha anunciado uma nova era para a saúde pública (Janes & Corbett, 2009; Pfeiffer & Chapman, 2010). O modelo foi largamente criticado por ser demasiado dispendioso ou ainda pelos seus objetivos generalistas. Os princípios gerais dos cuidados de saúde primários enunciados vão ser reduzidos, a partir de 1979, a programas considerados mais eficazes e com custos reduzidos, centrados nos cuidados materno-infantis (as designadas medidas GOBI: monitorização do crescimento, reidratação oral, aleitamento materno, imunização, planeamento familiar e suplementos alimentares), nos primeiros socorros e nos cuidados de referência (Pfeiffer, 2003).

Com Alma-Ata, os conceitos de cuidados de saúde primários e de saúde pública entram no domínio da saúde internacional, dado que a sua implementação implicava, para além das instituições nacionais, os organismos regionais e mundiais. As políticas de saúde passaram a ser negociadas nos *fora* internacionais, ultrapassando a vertente assistencial ligada aos cuidados da população local que estiveram na sua génese (Comelles 2004). Embora o modelo de saúde coletiva dos países socialistas, em que Alma-Ata se inspirou, não tenha sido implementado, esta conferência foi determinante para um entendimento inovador dos cuidados de saúde como uma questão de políticas públicas e de interesse global. A saúde pública constituiu-se em matéria das relações internacionais (McInnes & Lee, 2012; Pereira, 2014) e afirmou-se o conceito de saúde global (Brown et al. 2006). A Alma-Ata sucederam-se as cimeiras e encontros internacionais que procuraram dar seguimento ou melhorar a aplicabilidade dos princípios enunciados. São disso exemplo as diversas conferências internacionais sobre saúde global promovidas pela Organização Mundial de Saúde. A primeira em particular deu origem à Carta de Ottawa onde se declarava que "this conference was primarily a response to growing expectations for a new public health movement around the world" (1986). A oitava conferência global de promoção da saúde, realizada em Helsínquia, Finlândia, em 2013, reforça os mesmos princípios e declara desde o início "Public health is a global issue".

Contudo, as intenções enunciadas nos encontros internacionais foram limitadas por situações conjunturais e, em particular, pelas políticas financeiras seguidas nos países em desenvolvimento dependentes da ajuda externa. Assistiu-se a uma crescente contradição entre a aplicação dos princípios enunciados em Alma-Ata e as políticas de financiamento aos países em desenvolvimento seguidas pelas instituições financeiras internacionais, nomeadamente o Banco Mundial e o Fundo Monetário Internacional. Se, em 1978, se pretendia alargar os cuidados de saúde primários a toda a população mundial até à entrada do novo milénio, este objetivo rapidamente demonstrou ser incompatível com a imposição das políticas de reestruturação financeira e económica dos países dependentes da ajuda externa. A aplicação de políticas de liberalização económica veio fragilizar o sistema de saúde público em construção e conduziram à privatização e mercantilização de muitos dos seus serviços. As limitações financeiras impediram a realização do programa de Alma-Ata e tornaram mais evidente a dependência das questões de saúde pública e da aplicação dos cuidados de saúde primários relativamente às políticas internacionais.

As últimas décadas foram testemunho de uma constante negociação entre as instituições financeiras internacionais e o reconhecimento da urgência da imposição de cuidados de saúde primários, envolvendo a gestão de posições contraditórias entre as instituições envolvidas. A década de 1980 foi marcada pela alteração profunda dos meios e condições de financiamento dos países recetores da ajuda externa, anunciada em 1981 pelo Relatório Berg, que criticava as economias protecionistas destes mesmos estados e promovia os princípios do liberalismo económico (Arrighi, 2002; Pfeiffer & Chapman, 2010). Estas medidas vêm a ser aplicadas ao longo da década através dos *Enhanced Structural Adjustment Facilities*, adotados pelas instituições financeiras internacionais e aplicados a cada país em particular através dos Planos de Ajustamento Estrutural. Estes programas promoviam a reestruturação da economia e o controlo da inflação e pretendiam estimular o crescimento através da aplicação de medidas que visavam reduzir

INTRODUÇÃO

os encargos do estado com o sector público, diminuindo a sua participação financeira e política (Pfeiffer & Chapman, 2010). Foram aplicados programas de liberalização dos serviços e dos mercados, de desvalorização da moeda, privatização das empresas públicas, de abertura aos mercados internacionais e de redução dos impostos sobre o capital estrangeiro e desregulação dos movimentos de capital, limitando a capacidade dos estados dependentes da ajuda pública ao desenvolvimento de poderem suportar os encargos dos sistemas de saúde públicos. As limitações impostas aos serviços públicos de saúde foram particularmente severas. Em 1987, o Banco Mundial lançou a iniciativa *Financing Health Services in Developing Countries* que promovia a implementação de taxas de utilização dos serviços de saúde públicos, a introdução das seguradoras privadas, a descentralização dos serviços públicos e encorajava as organizações privadas a providenciarem serviços de saúde. Esta iniciativa foi reforçada pela Iniciativa de Bamaco, no mesmo ano, lançada em conjunto pelo Banco Mundial e pela UNICEF, onde se delinearam as orientações do estabelecimento dos cuidados de saúde locais em África baseados na imposição das taxas de utilização pagas pelo paciente, como forma de reduzir os custos do sistema. Posteriormente, a implementação da medida DALY (Disability Adjusted Life Year) em 1993, promovida pelo Banco Mundial através do programa *Investing in Health*, veio criar uma medida-padrão para contabilizar os custos de saúde nacionais e tornar mais óbvia a relação entre o investimento público e os retornos em termos de saúde pública. Estas políticas não surtiram o efeito esperado no que concerne os países africanos e, apesar da larga aderência aos programas nos países recetores de ajuda, em 1996 as instituições financeiras internacionais lançam uma nova iniciativa (*Heavily Indebted Poor Countries*) aplicada aos 39 países cujas dívidas não podem ser pagas. Na sua esteira, foi adotado, em 1999, o programa *Poverty Reduction Strategy Papers,* que, além de apoiar programas específicos de redução da pobreza, confirmava o papel das Organizações da Sociedade Civil na cooperação internacional, de que são exemplo as Organizações Não Governamentais, as quais, desde a década de 90, são predominantes enquanto atores de promoção do desenvolvimento. Numerosos estudos salientam que as alocações de recursos para as ONG, substituindo as instituições governamentais, conduziram ao agravamento das desigualdades sociais (Escobar, 1995; Cooper & Packard, 1997; Olivier de Sardan, 1995; Igoe & Kelsall, 2005) e dificultaram ainda mais o acesso dos mais pobres aos serviços de saúde (Ouedraogo, 1994, Farmer, 1999,

Pfeiffer, 2004). No entanto, as organizações da sociedade civil têm proporcionado uma abordagem de cuidados de saúde com resultados positivos, especialmente em patologias sensíveis como as doenças infeciosas. Note-se que a coincidência da aplicação dos Planos de Ajustamento Estruturais e da epidemia de HIV-SIDA tornou mais óbvia as limitações que os primeiros impunham à saúde pública (Comaroff, 2007). Este facto foi devidamente reconhecido pelas instituições internacionais desde o início do novo milénio. Em 2007, o Banco Mundial, através do programa *Healthy Development: The World Bank Strategy for Health, Nutrition and Population,* reconheceu a necessidade de aplicar urgentemente uma nova agenda para a saúde desenhada a partir dos Objetivos do Milénio (ODM), referindo os efeitos perniciosos para os sistemas de saúde que resultaram da aplicação dos Planos de Ajustamento Estrutural e referindo a crescente importância dos financiamentos privados internacionais neste sector. Ganharam relevância os fundos globais para a saúde que canalizam grande parte dos investimentos internacionais nesta área, tais como o PEPFAR (President's Emergency Program for AIDS Relief) ou o GFATM (Global Fund to Fight AIDS, Tuberculosis and Malaria). As suas principais limitações advêm da opção destes financiamentos em apoiarem programas verticais, atendendo a um único problema e patologia. Os programas verticais apresentam vantagens reconhecidas em termos da sua eficácia e facilidade de avaliação para patologias de transmissão microbiana. A sua eficácia fora provada anteriormente em patologias específicas, das quais o caso exemplar foi o combate à varíola, que conduziu com sucesso à sua erradicação em 1980, através de campanhas focalizadas na vacinação e na identificação rápida dos infetados, orientadas pela OMS. Contudo, estes programas não respondem a outras necessidades sentidas pelas populações-alvo, criando mesmo situações de diferenciação trágicas entre os grupos apoiados por estas ações e aqueles que, por não apresentarem as mesmas patologias, são excluídos dos programas. O investimento das instituições internacionais em programas verticais não é direcionado às carências em termos de cuidados de saúde primários, que continuam a ser da responsabilidade dos serviços estatais dos países respetivos. Esta mudança de paradigma – de um sistema nacional de saúde cuja responsabilidade incumbe ao estado para outro onde os atores privados, incluindo os direcionados para o mercado e as organizações da sociedade civil, são os principais prestadores de cuidados de saúde, sendo a seleção direcionada pela disponibilidade financeira dos utentes – teve como consequência uma

INTRODUÇÃO

desresponsabilização dos estados nacionais e uma crescente intervenção de organizações supranacionais, como o Banco Mundial, que tem vindo a assumir um papel crescente no delinear de políticas de saúde global.

Diversos autores têm alertado para a necessidade de uma maior coordenação com o sistema de saúde nacional e para as limitações e problemas que a disjunção – e por vezes competição – entre o sistema de saúde público e os operadores privados acarreta (Pfeiffer, 2003; Pfeiffer et al., 2008). O investimento em saúde não se limita aos cuidados preventivos ou à destruição e diminuição dos elementos patogénicos ou dos seus vetores de transmissão. Desde as suas primeiras obras, baseando-se na sua experiência no Haiti e no Perú, Paul Farmer notou a necessidade de complementar o tratamento médico e farmacológico com o apoio social que garanta ao paciente as condições necessárias para a sua vida e (sobre)vivência. Para este médico e antropólogo, a maioria das doenças infectocontagiosas não podem ser isoladas das condições de vida dos pacientes. As "doenças da pobreza" prevalecem em locais de graves deficiências sanitárias, mas também de acesso a condições logísticas, de alimentação e de segurança que permitam uma vida condigna (Farmer, 1999). A mesma perspetiva é adotada por outros autores, entre os quais se salienta a obra de Meredeth Turshen focada no acesso das mulheres aos cuidados de saúde, em particular no continente africano (Turshen, 1989 e 1999). Discutindo os quatro elementos causais identificados pela saúde pública como elementos de risco – a transmissão por micro-organismos, diretamente ou através de um portador; as condições sanitárias; o meio ambiente e os hábitos de vida – a autora realça que todos eles insistem no carácter individual da doença e na responsabilidade do paciente pelo seu estado e tratamento, descurando a causalidade social. Contudo, são os condicionantes sociais que prevalecem (Turshen, 1996). É hoje reconhecido que os Programas de Ajustamento Estrutural conduziram à mercantilização dos serviços e mesmo das relações sociais, ao desemprego e aumento das desigualdades sociais, incluindo as disparidades de género, situação que se torna mais evidente em momentos de crise ou entre populações vulneráveis. As limitações sentidas, em muitos países africanos, na aplicação de programas de saúde pública, criaram situações de verdadeiro desastre humanitário a que os atores privados nem sempre conseguem obstar, e demonstraram a necessidade de uma maior articulação entre os intervenientes em saúde liderada por serviços centrais.

Esta necessidade conduziu vários governos africanos, entre os quais o governo moçambicano, a implementar um SWAp (Sector Wide Approach) na área da saúde. Moçambique recebe mais de 70% do seu orçamento para a área da saúde dos doadores internacionais, e a multiplicidade de iniciativas e de acordos necessitava de ser coordenada pelo governo central. A criação do SWAp em 2000 resultou desse esforço, e pretendia melhorar a atuação do sector, reforçar a capacidade de o governo ser a autoridade centralizadora das políticas de saúde, definindo a estratégia e os programas a implementar. O SWAp reuniu cerca de trinta parceiros, tendo permitido definir as prioridades no caso da aplicação dos PARPA (Plano de Acção para a Redução da Pobreza Absoluta), e harmonizar as ações e estratégias dos parceiros com as decisões do governo (Pita, 2006). Contudo, pela sua complexidade e o número de parceiros envolvidos, o sistema revelou ser demasiado intrincado e exigir um grande esforço das autoridades governamentais[1].

O que é o sector não-estatal de saúde?

Os cuidados de saúde são assumidos por um conjunto variado de atores e instituições, onde se incluem o sector estatal, a medicina privada, as organizações da sociedade civil, em particular fundações e organizações não governamentais, a medicina e farmacopeia tradicionais. Os financiamentos são igualmente heterogéneos e vão do financiamento público aos grandes programas internacionais, e ao financiamento privado de companhias, de instituições religiosas e caridades, e de indivíduos. Têm vindo a emergir novas formas de assegurar os cuidados médicos, onde se destacam o papel das seguradoras para os trabalhadores contratados, das mutualidade e formas de seguro locais, e ainda as ações de responsabilidade social das empresas. A oferta de serviços de saúde é diversificada e, sem mencionar a medicina privada que não é objeto desta obra, salientamos o papel dos principais atores não-estatais, nomeadamente as Organizações da Sociedade Civil (ONG e instituições religiosas) e os praticantes de medicina tradicional. Estes últimos desempenham um papel de relevo na prestação de cuidados de saúde no contexto abordado, tendo o seu papel sido comparado a um sistema de saúde pública endógeno (Prince, 2013).

---

[1] http://www.afro.who.int/en/mozambique/who-country-office-mozambique/who-in-mozambique/partners-in-health-development.html

INTRODUÇÃO

Falar sobre a implementação do sector de saúde não-estatal no contexto africano implica referir as políticas de desenvolvimento, o acesso da população aos serviços básicos de saúde, os programas de redução da pobreza, o pluralismo médico, a divulgação de produtos e bens essenciais, os direitos humanos, a criação cultural e o mercado globalizado. A própria definição de "sector de saúde não-estatal" remete para um campo heterogéneo de práticas que incluem a ação de organizações da sociedade civil, como ONG e associações, a par de instituições tão diversas e opostas como as clínicas privadas e a atividade farmacêutica por um lado, ou os terapeutas tradicionais por outro lado. Embora se estime que mais de metade do investimento em saúde no continente africano provém do sector privado (Ghatak & Hazlewood, 2008), a sua utilização e alcance são mal conhecidos por insuficiência de dados. A principal objeção ao conhecimento destas atividades reside na sua diversidade, pois inclui práticas tão variadas como as clínicas privadas ou a venda informal de serviços e produtos de saúde, a ação de terapeutas tradicionais e de igrejas locais. É imprescindível a criação de uma tipologia maleável dos prestadores de cuidados de saúde não-estatais que permita definir os atores locais e seu âmbito de ação. Nos contextos estudados, foram focados diferentes atores envolvidos na prestação de cuidados de saúde, nomeadamente praticantes de medicina tradicional (ver Gefra Fulane, Maria de Fátima e Paula Morgado *infra*), o papel das Organizações da Sociedade Civil e, em particular, das ONG (ver Libertad Jiménez *infra*), e a emergência de novas formas de apoio social protagonizadas pelas associações locais (ver Aline Afonso e Clara Carvalho *infra*) e pelas empresas, através dos programas de Responsabilidade Social Corporativa (ver Sara Ferreira *infra*).

*

A aplicação dos Programas de Ajustamento Estrutural abriu as portas à atuação de diversos atores não-estatais, onde se destacaram, como referido, as ONG e as igrejas, em particular as neopentecostais, além dos prestadores de cuidados tradicionais como os praticantes de medicina tradicional e as parteiras tradicionais. O papel das ONG nos cuidados de saúde tem sido amplamente debatido na literatura, demonstrando que, apesar da sua facilidade de acesso às comunidades e agilidade na prestação de serviços, a sua profusão veio igualmente criar obstáculos às incipientes redes de cuidados de saúde primários nos países de intervenção. James Pfeiffer, que se tem longamente debruçado sobre este problema partindo do estudo de caso de Moçambique, considera que os principais problemas trazidos pela profusão das ONG são a sua desarticulação com os programas nacionais de saúde pública, a diferença salarial entre o pessoal médico e administrativo empregue pelas ONG e os técnicos de saúde locais, o efeito perverso do pagamento em per-diem aos assistentes de formações realizadas pelas ONG e a saída de técnicos de saúde do sistema estatal para as ONG (Pfeiffer, 2003 e 2008). O papel das ONG e dos organismos internacionais na distribuição de cuidados de saúde continua a ser essencial, mas exige a articulação com o sector público de saúde.

Atores inovadores neste campo de atuação têm sido as igrejas neopentecostais e as chamadas Igrejas Africanas Independentes (IAI), que atuam como elementos catalisadores de apoio e sociabilidade em situações de carência e de doença, como tem sido apontado por diversos estudos. Estas igrejas, que promovem a crença no poder curativo do Espírito Santo e seguem o Novo Testamento, conheceram uma rápida expansão no continente, em particular na Árica Austral, e os estudos sobre a sua atuação multiplicaram-se nas ultimas décadas (Dilger, 2007; Pfeiffer, 2002 e 2007). Foi inicialmente enfatizado o papel das igrejas neopentecostais e IAI como catalisadores da reação criativa à modernidade e à globalização, promovendo o que Jean e John Comaroff (1999) designaram por "economia do oculto", numa referência às práticas de sistemas mágico-religiosos que são utilizadas de forma sincrética por estas instituições. Outros trabalhos demonstraram que estas são instituições de relevo pelo apoio social que promovem (Pfeiffer, 2007). Atualmente, foi demonstrado o papel central destas igrejas enquanto promotoras e dispensadoras de cuidados de saúde, particularmente junto dos segmentos de população mais carenciados, incluindo as mulheres (Pfeiffer, 2007). A pandemia do HIV-SIDA, e o papel central que os financiadores internacionais e as fundações tiveram na aplicação de programas de prevenção e tratamento dessa patologia, trouxe um novo relevo às igrejas referidas, que se assumiram como intermediárias no terreno junto de várias iniciativas promovidas pelos financiadores. Num trabalho sobre a *Full Gospel Bible Fellowship Church* (FGBFC), uma das principais igrejas neopentecostais na Tanzânia, Hansjörg Dilger demonstra que esta instituição oferece aos seus seguidores perspetivas de melhoria social e económica, e uma rede de suporte de cuidados, particularmente

INTRODUÇÃO

de cuidados de saúde, que os apoiam em situações de fragilidade originadas pelas relações de género, a urbanização ou o HIV-SIDA (Dilger, 2007, p. 61). As características éticas e morais das instituições religiosas, bem como o seu fácil acesso às populações carenciadas, transformaram-nas nos parceiros preferenciais nas redes de transferências de fundos dos programas verticais dominados por doadores privados ou transnacionais. Esta tendência tornou-se mais visível com a distribuição de medicamentos antiretrovirais (ART) e a atuação do PEPFAR na primeira década deste século, que preferem atuar com instituições religiosas, incluindo as missões cristã, instituições islâmicas e igrejas neopentecostais (Dilger, 2010). Embora a atuação de instituições religiosas seja comum no campo dos cuidados de saúde, onde estas organizações foram pioneiras, a sua relevância em países africanos conheceu um novo desenvolvimento graças aos fundos disponíveis para a distribuição de ART e o tratamento de pacientes com HIV desde o ano 2000 (Dilger, 2010).

A flagrante escassez de cuidados de saúde no contexto africano contrasta com a diversidade dos sistemas nosológicos e dos discursos etiológicos presentes. Esta diversidade de sistemas e de discursos sobre a saúde a que recorrem os pacientes é conhecida como "pluralismo médico" ou, mais recentemente, "diversidade médica". Desde o trabalho inicial de Charles Leslie sobre o recurso à medicina tradicional no contexto asiático (Leslie, 1976 e 1980), as questões da pluralidade de opções de tratamento a que recorrem os pacientes tem sido estudada em diferentes contextos e, desde logo, nas práticas na Europa. No continente africano a questão foi realçada no trabalho de Steven Feierman e John Janzen (1992) a que se seguiram numerosos estudos de caso sobre a convivência entre práticas biomédicas, religiosas e de medicina tradicional.

É hoje reconhecida a relevância dos praticantes de medicina tradicional, que podem representar entre 70% e 80% dos cuidados de saúde fornecidos em toda a África subsaariana (Homsy, King, Balaba & Kabatesi, 2004; Sambo 2010). O seu papel foi oficialmente reconhecido em diversos países, tendo sido inseridos nos diferentes planos nacionais de intervenção em saúde, particularmente no Uganda, Tanzânia, Quénia e Moçambique. A prática da medicina tradicional tem sido longamente estudada nas ciências sociais, desde os trabalhos pioneiros de Evans-Pritchard entre os Azande ou, mais recentemente, de Steven Feierman e John Jazen (1992), que anunciaram muitas outras investigações (Comaroff & Comaroff, 1993; Meyer, 2003;

Luedke & West, 2006). Diversos trabalhos de antropologia médica têm alertado contra a reificação da "medicina tradicional" e demonstrado que nenhuma tradição médica é inerentemente conservadora, defendendo o reconhecimento da eficácia de outras práticas médicas, e sublinhando que temos de considerar as dimensões simbólicas, performativas e estéticas do processo de cura (Laderman & Roseman, 1996; Nichter & Lock, 2002). Em particular, tem sido enfatizada a capacidade de adaptação dos terapeutas tradicionais a novas situações, e a possibilidade de diálogo com as populações mais carenciadas que lhes permite abordar as tensões sociais que se desenvolvem tanto em situações de conflito (Honwana, 2003) como em novos contextos de desigualdade (Carvalho, 2001 e 2012; Pfeiffer, 2002). O papel dos terapeutas tradicionais é particularmente relevante na comunicação do tratamento do HIV-SIDA, tal como foi reconhecida pela OMS em início dos anos 90 dentro do programa ONUSIDA (King 2006). O impacto social da medicina tradicional conduziu o Comité Regional da OMS a adotar a Estratégia Regional de Promoção da Medicina Tradicional nos Sistemas de Saúde no ano 2000 e a década seguinte foi dedicada à Medicina Tradicional na Cimeira de Chefes de Estado de Lusaca em 2010. Uma série de atividades têm sido desenvolvidas no continente, que incluem o reconhecimento dos terapeutas tradicionais na maioria dos países africanos, a investigação sobre as farmacopeias tradicionais e a integração das parteiras tradicionais nos sistemas de apoio materno-infantis. As questões de saúde reprodutiva e os problemas materno-infantis são, em muitos contextos, da responsabilidade das parteiras tradicionais. A sua integração no sistema público de saúde público tem sido uma prática comum em diversos países africanos, que desta forma procuram obviar aos problemas mais comuns de saúde reprodutiva. No contexto das práticas tradicionais em saúde é ainda de considerar a circulação de medicamentos tradicionais e de farmacopeias locais, cuja importância é crescente em diferentes países, onde complementam a utilização de fármacos industriais (Whyte, Van der Geest e Hardon, 2002).

Porquê estudar especificamente as mulheres?

A atenção dada especificamente aos direitos das mulheres nos principais *fora* internacionais é expressa no lançamento da década da mulher (1975--1985) e nos numerosos encontros internacionais que se seguiram e que tiveram o seu ponto culminante na elaboração dos Objetivos do

INTRODUÇÃO

Milénio[2]. No continente africano, a situação das mulheres foi abordada nos trabalhos pioneiros de feministas dos anos 70, os quais combinavam uma abordagem académica e um discurso político sobre a capacitação das mulheres. Estes estudos denunciavam as diferenças de acesso das mulheres à escolaridade, ao trabalho remunerado, à representação política e apontavam o seu confinamento à esfera doméstica. Nestes trabalhos foram igualmente identificados indicadores diferenciados quanto ao género de malnutrição ou de mortalidade e morbilidade (Mikell, 1997; Turshen, 2007). A tomada de consciência desta desigualdade incentivou numerosos trabalhos sobre o papel das mulheres nos programas de desenvolvimento (Turshen, 2010) e sobre as questões da pobreza e do mercado de trabalho que focavam o papel específico das mulheres (Costa, 2007; Rodrigues, 2006). O lançamento dos Objetivos do Milénio veio reforçar uma área de intervenção social e de pesquisa que aborda a maior fragilidade das mulheres face às políticas de liberalização do mercado, e privilegia este grupo como principais beneficiárias dos programas de capacitação (Kabeer, 2015). Atualmente assiste-se a uma maior participação das mulheres em termos económicos, políticos e comunitários, e este grupo continua a ser o alvo de muitos programas de desenvolvimento sob o princípio de que "investir na mulher é investir na família", embora se reconheça que não se trata de um grupo homogéneo.

Os programas de ajustamento estrutural em África afetaram diferentemente as mulheres e os homens, que mais frequentemente auferem de uma atividade assalariada (Pfeiffer, Gimbel-Sherr & Augusto, 2007), situação que se faz sentir especialmente no acesso aos serviços de saúde. Nos países sujeitos a programas de Ajustamento Estrutural, a pressão financeira que decorre da mercantilização dos serviços de saúde é particularmente sentida pelas mulheres, em geral mais afastadas do mercado laboral remunerado e sobre as quais pesa a maioria das responsabilidades familiares. A diferença de género no acesso aos serviços de saúde fragilizou os grupos de mulheres

---

[2] Primeira Conferência Mundial sobre Mulheres, Cidade do México, México, 8 de março de 1975; Conferência Mundial sobre Direitos Humanos, Viena, Áustria, 14-25 de junho de 1993; Cimeira Mundial sobre Desenvolvimento Social, Copenhaga, Dinamarca, 6-12 de março de 1995; Conferência Internacional sobre População e Desenvolvimento, Cairo, Egito, 10 de dezembro de 1994; Quarta Conferência Mundial sobre Mulheres, Pequim, China, 4-15 de setembro de 1995; Cimeira do Milénio das Nações Unidas, Nova York, EUA, 6-8 de setembro de 2000.

e crianças afetados por adversidades económicas e de mudança social. A privatização dos serviços de saúde conduziu a uma crescente vulnerabilidade deste grupo (Turshen, 1999).

A atenção à saúde das mulheres está habitualmente centrada na questão da saúde reprodutiva, ou ainda na saúde materno-infantil. Os próprios Objetivos do Milénio refletem esta leitura: dos três objetivos (em oito) relacionados com a saúde, os ODM 4 e 5 (reduzir a mortalidade infantil e a mortalidade materna) são especificamente dirigidos à saúde materno-infantil. O termo "saúde reprodutiva", que descrevia a maioria dos programas de saúde dirigidos a mulheres a partir dos anos setenta, tem vindo a ser substituído pela designação mais genérica de "saúde da mulher" (Raymond, Greenberg & Leeder, 2005). Nos países de baixo rendimento são as questões relacionadas com a saúde reprodutiva que representam o maior risco para as mulheres em contextos de carência de cuidados de saúde. Segundo a Organização Mundial de Saúde, cerca de 57% das mulheres em África continuam a ter partos não assistidos e uma em cada vinte e seis morre de complicações relacionadas com o parto. Além disso, dos catorze países que em todo o mundo têm índices de mortalidade materna superiores a 1000/100000 partos, treze situam-se na África subsaariana (WHO, 2010). Estes indicadores expressam claramente a falta de apoio em cuidados de saúde reprodutiva no contexto estudado. A pandemia do HIV-SIDA veio reforçar a importância da saúde reprodutiva nos programas direcionados à mulheres, sendo este fator expresso nas intervenções tanto dos doadores como das políticas programáticas da própria União Africana (Toure et al., 2012). Paradoxalmente, esta situação veio acentuar as diferenças de acesso ao tratamento nas regiões abrangidas, onde são privilegiadas as mulheres com HIV-SIDA (Pfeiffer, 2003). A Organização Mundial de Saúde tem vindo a desenvolver uma política ativa de promoção dos cuidados de saúde primários vocacionados para as mulheres, em consonância com a declaração de Ouagadougou de 2008, com resultados muito diferenciados em todo o continente, particularmente entre as populações mais marginalizadas e, sobretudo, no meio rural (WHO, 2010).

O projeto

Os trabalhos aqui apresentados resultam de um projeto, financiado pela Fundação para a Ciência e Tecnologia, que estudou o acesso das mulheres

INTRODUÇÃO

ao sector não-estatal de saúde, considerando ser esta uma prioridade no quadro dos Objetivos do Milénio de redução da pobreza e das diferenças de género. Reconhecendo a diversidade do sector, o projeto centrou-se na questão da biopolítica e do pluralismo terapêutico, através do estudo da ação das políticas de cooperação e desenvolvimento, dos projetos de responsabilidade social das empresas, das políticas de saúde comunitárias, das ONG e dos terapeutas tradicionais, relativamente à prestação de cuidados de saúde para as mulheres.

Este livro está centrado em seis países, dos quais três são lusófonos (Guiné-Bissau, Angola e Moçambique) um francófono (Níger) e um anglófono (África do Sul). Com este estudo comparativo pretendemos ultrapassar o habitual confinamento da pesquisa em regiões definidas em termos de identidade linguística e privilegiar critérios geopolíticos. Os três países lusófonos representam estudos de caso diferenciados. A Guiné-Bissau é um país dependente da ajuda externa, com uma história de instabilidade política que conduziu ao fracasso parcial do sector de saúde pública criado na sequência da independência. Neste país, a oferta de serviços de saúde baseia-se largamente no sector não-estatal, sobretudo nas ONG e na distribuição privada de medicamentos, para além dos terapeutas tradicionais. Um importante fluxo migratório para o Senegal e para a Europa conduziu ainda à criação de associações de migrantes que agem como benfeitores locais na melhoria dos cuidados de saúde comunitários. Este caso contrasta com o exemplo do Níger, na mesma região, igualmente abordado neste projeto. O caso angolano, por seu turno, é o de um país que emergiu de uma longa guerra civil com um estado forte, onde o desenvolvimento do sector privado está relacionado com a disponibilização de serviços biomédicos lucrativos. Em Angola está a ser implementado um programa de saúde pública que convive com as práticas de saúde informais difundidas pelas novas igrejas e pelos curandeiros tradicionais. Particularmente relevante neste país são os projetos apoiados pelos programas de responsabilidade social das empresas. Em Moçambique, o governo procurou integrar tanto o sector de terapeutas tradicionais através da Associação dos Médicos Tradicionais de Moçambique (AMETRAMO), como a cooperação com agências internacionais e ONG. Tal como em Angola, assistimos à emergência das igrejas evangélicas, que desempenham um papel proeminente nas questões de saúde, especialmente na prevenção e tratamento para a difusão do HIV-SIDA (Pfeiffer, 2004), dos programas de responsabilidade social e ainda dos projetos de

MULHERES NO MERCADO DA SAÚDE

saúde comunitária. A África do Sul herdou, do período do apartheid, um sistema de saúde público cronicamente sub-orçamentado, que não basta às necessidades da população mais carenciada. Desde o ano 2000, a utilização dos serviços públicos está sujeita ao pagamento de taxas, que, embora diferenciadas em três escalões, vieram dificultar o acesso dos grupos mais fragilizados aos cuidados de saúde públicos.

Os dados estatísticos são claros sobre as principais semelhanças e diferenças neste universo (ver quadro *infra*). Todos os países abordados apresentam relações elevadas de mortalidade infantil, refletidas igualmente na baixa esperança média de vida ao nascimento. Os dados contrastam negativamente com os referentes a Cabo Verde e a São Tomé e Príncipe, aqui apresentados como elementos comparativos. Outro elemento significativo é o da relação de mortes maternas por 100.000 nascituros vivos. Além destes países, em bloco, se diferenciarem dos países de referência, as diferenças no interior deste grupo são igualmente significativas. É de salientar o caso da Guiné-Bissau, um país que apresenta uma relação de mortalidade materna dez vezes superior à de Cabo Verde, e mais do que duplica os dados relativos à África do Sul. A relação entre o pessoal médico qualificado por habitante apresenta igualmente diferenças significativas entre os países estudados e os dois países de referência. Outro elemento revelador é a relação entre o investimento estatal e o gasto privado em saúde, revelando um investimento estatal que se aproxima dos 90% do total em Angola; representando cerca de 3/4 do total dos gastos em Cabo Verde e Moçambique; com uma variação entre 40 e 50% na África do Sul, Níger e São Tomé e Príncipe, e é de apenas cerca de 10% na Guiné-Bissau. Estes dados são reveladores de diferentes políticas face ao apoio internacional, sendo a Guiné-Bissau um país fortemente dependente da ajuda externa no sector da saúde. Os seis estudos de caso abordados são, portanto, reveladores de diferentes políticas nacionais de saúde, mas apresentam em comum indicadores de deficiência de cuidados de saúde materno-infantil.

A escolha dos estudos de caso obedeceu a critérios de expressividade e de inovação social.

TABELA
Indicadores de Saúde

	Esperança de vida ao nascimento (anos)		Taxa de mortalidade de menores de 5 anos (probabilidade de morrer antes de cumprir 5 anos por 1.000 nascidos vivos) «2010»	Ração de mortalidade materna (por 100.000 nascidos vivos) «2010»	Partos atendidos por pessoal de saúde qualificado (%) «2005-2011»	Médicos: densidade (por 10.000 habitantes) «2005.2010»	Pessoal de enfermeira e de parteira: densidade (por 10.000 habitantes) «2005-2010»	Gasto total em saúde como percentagem do produto interior bruto «2009»	Gasto do governo general como percentagem do gasto total em saúde «2009»	Gasto privado em saúde como percentagem do gasto total em saúde «2009»
	Homens	Mulheres								
África do Sul	54	55	58	300	...	...	...	9,2	43,8	56,2
Angola	51	53	121	450	49[3]	...	...	4,9	89,9	10,1
Cabo Verde	66	75	0	79	76	5,7	13,2	3,9	74,1	25,9
Guiné Bissau	47	51	8	790	44[4]	0,5	5,5	8,6	10,6	89,4
Moçambique	47	51	114	490	55	0,3	3,4	5,4	73,1	26,9
Níger	57	58	100	590	18	0,2	1,4	5,4	50,3	49,7
São Tomé e Príncipe	66	70	0	70	81	...	...	7,2	40,1	59,9

Fonte: *Organización Mundial de la Salud. (2012). Estadísticas sanitarias Mundiales. 2012.* Ginebra: OMS. [htp://www.who.int/es/, 25-01-2013].

[3] A definição do pessoal qualificado difere da definição normalizada.

[4] *Idem.*

Os estudos de caso apresentados não pretenderam ser exaustivos, antes seguir pistas sobre a diversidade de cuidados de saúde e de apoio social relacionados com questões de saúde reprodutiva. A discussão da literatura permitiu identificar os estudos de caso considerados mais relevantes e, sobretudo, inovadores. A opção pelos métodos qualitativos permitiu ainda identificar os atores mais significativos e seguir novas problemáticas, de que é exemplo a intervenção crescente dos projetos de responsabilidade social. O método etnográfico, considerado o método qualitativo por excelência, advoga o contacto direto com os agentes e os intervenientes, e a utilização de um tempo longo de recolha de informação. Este tempo de recolha, em que se privilegiam as entrevistas, histórias de vida e estudos de caso, implica uma maleabilidade que o distingue das metodologias quantitativas. Na sua definição atual o método etnográfico é muitas vezes multisituado (Marcus, 1995), e assume-se como uma investigação entre diferentes grupos sociais e participantes, diferentes locais e contextos (Fassin, 2013). Sendo uma investigação aberta, permite lançar novas questões e pistas de análise, criando mais desafios do que os solucionados.

O livro

Esta obra encontra-se dividida em três partes e dez capítulos, correspondendo aos grandes temas abordados no projeto. O primeiro grupo de artigos, intitulado "Atores Privados e Apoio Social", apresenta quatro estudos de caso diferenciados que ilustram três características do apoio social às mulheres e à saúde reprodutiva na África subsaariana: a sua dependência dos programas de desenvolvimento e cooperação, a relação entre o sector privado e o sector público e, em particular, os programas de responsabilidade social das empresas, e a criação de recursos alternativos de apoio social. No primeiro capítulo, Libertad Jiménez aborda as políticas de financiamento dos projetos sobre saúde reprodutiva apoiados pela cooperação portuguesa através do Instituto Português de Apoio ao Desenvolvimento (IPAD) entre 2002 e 2011. Esta investigação foi desenvolvida em torno de dois vetores, nomeadamente a definição prática da perspetiva de género tanto por parte das Organizações Não-Governamentais para o Desenvolvimento, como do organismo financiador, e ainda o recenseamento e caracterização dos projetos sobre saúde reprodutiva apoiados. Libertad Jiménez realiza uma detalhada revisão dos conceitos de saúde materno-infantil, direitos sexuais e reprodutivos (incluída nos direitos humanos, e dirigida a todos independentemente do género e idade) e saúde sexual e reprodutiva, para concluir que na sua aplicação às ações de cooperação internacional são privilegiados os programas sobre saúde da mãe, do nascituro e da criança, além da perspetiva de género se limitar a projetos sobre mulheres. No caso da cooperação portuguesa, dos quase quatrocentos projetos financiados no período em questão, apenas noventa integram o sector da saúde. A análise detalhada destes projetos permite à investigadora concluir pela proeminência da questão de género nos projetos apoiados pelo IPAD, na redução das "questões de género" a "questões que afetam as mulheres" na maioria dos projetos estudados, e na prevalência de projetos sobre saúde materno--infantil em detrimento da saúde reprodutiva.

O trabalho de Aline Afonso e Clara Carvalho sobre a Guiné-Bissau foca o país que, de entre os recetores da ajuda pública ao desenvolvimento, é o mais dependente do apoio internacional para o sector da saúde, como foi referido. Neste contexto de carência de cuidados de saúde primários, resultado também da escassez de recursos do próprio estado e da instabilidade política que o país atravessou nas últimas décadas, as autoras perguntam aos seus interlocutores quais os mecanismos que lhes permitem fazer face a situações de risco. Tal como noutros países da região, aqui encontram-se diferentes meios de apoio social não-estatais, nomeadamente através das mutualidades. Estas ações visam diminuir o risco social e sanitário através do apoio de associações de base, que podem ser de origem tradicional ou incentivadas pelas ONGD. A investigação provou a vitalidade das formas de associação feminina tradicionais, nomeadamente as *mandjuandadi* ou grupos de mulheres baseadas nas antigas classes de idade, que se têm transformado em grupos de interajuda e de apoio social e atuam onde o estado e outros intervenientes falham.

No terceiro capítulo, Theodore Powers estuda as consequências para o sector da saúde na África do Sul da introdução das taxas hospitalares e dos serviços privados. Neste país, o alargamento dos serviços públicos a toda a população na era pós-apartheid foi concomitante com a imposição, pelo Fundo Monetário Internacional, da obrigação de pagamento dos custos parciais desses mesmos serviços pelas comunidades ou agentes beneficiários. Estas medidas conduziram a que muitos dos serviços disponibilizados às comunidades mais carenciadas, tais como água corrente, se tornassem incomportáveis. Powers questiona-se sobre as consequências destas medidas sobre o serviço de saúde, seguindo o caso do hospital Groote Schuur, na proximidade de Cape Town. Neste local, a imposição das taxas hospitalares, uma das medidas que tem vindo a ser aplicada em todo o continente depois da conferência de Bamaco, afastou numerosos pacientes dos cuidados hospitalares. O contexto de privação e necessidade sentido por muita da população mais carenciada na África do Sul foi ainda agravado pelo alastrar da epidemia de HIV-SIDA. Embora o serviço público de saúde fosse uma das prioridades do governo desde 1994, a imposição da política de pagamento de custos parciais, e a sua expressão na exigência de taxas hospitalares e na diminuição dos serviços especializados, nomeadamente na sequência da implementação do programa *Healthcare 2010*, conduziram de novo ao afastamento dos mais desprotegidos dos serviços de saúde que não podiam pagar. A imposição das políticas neoliberais reduziu a qualidade do serviço público e especializado de saúde, junto de uma população que não pode usufruir dos cuidados privados, e contribuiu para o aumento das diferenças sociais que continuam a caracterizar a África do Sul.

O último capítulo desta secção aborda o crescente papel das empresas, através de ações de responsabilidade social corporativa, como agentes prestadores de proteção social. Num artigo dedicado aos compromissos sociais das empresas de extração de hidrocarbonetos a operar em Moçambique, Sara Ferreira aborda o caso da GALP. A autora começa por fazer o historial dos projetos e do conceito de Responsabilidade Social das Empresas, desde a sua origem comum a toda a proteção social em projetos de caridade e filantropia, geralmente realizados a título individual. Considera o percurso de institucionalização da RSE, ligada às suas obrigações sociais a que não são alheias operações de imagem corporativa. Confrontando as duas principais teorias sobre a RSE, verifica que a hierarquia de interesses que preside à implementação destes projetos é diferente na sua aplicação na Europa e América do Norte e em África. Assim, segundo Archie Carrol (1991), as quatro fases da responsabilidade corporativa são, por ordem: (i) responsabilidades económicas; (ii) responsabilidades legais (iii) responsabilidades éticas (iv) responsabilidades filantrópicas. No contexto africano, o quadro filantrópico impõe-se sobre as considerações de carácter legal ou ético. A análise específica das ações de RSE promovidas pela GALP em Portugal e Moçambique permite verificar que, enquanto no primeiro país estas estão bem documentadas e fazem parte do relatório anual da Fundação GALP, em Moçambique são de carácter obrigatório e podem ser comparadas a

INTRODUÇÃO

um imposto, desvinculando-se a empresa do seu conhecimento detalhado. A autora conclui que, na ausência de estratégia que oriente os métodos e práticas da conduta empresarial socialmente responsável por parte do governo moçambicano, o estado deste país optou pela obrigatoriedade da contribuição social das empresas a operar no sector, pelo que estas entendem esta prestação como um imposto e demitem-se de acompanhar a sua utilização no terreno.

O segundo conjunto de artigos representa o trabalho de um grupo de investigadores sobre saúde comunitária em Moçambique, liderado por Albert Farré. No primeiro destes artigos, Farré aborda o programa dos Agentes Polivalentes Elementares (APE), um programa com o qual o Ministério da Saúde de Moçambique (MISAU) pretende levar os cuidados de saúde primários às populações rurais. O sistema de saúde de Moçambique inclui três sectores de intervenção, a saber, a saúde comunitária, o serviço nacional de saúde e o sector privado. Os APE, além do apoio elementar às populações rurais, pretendem melhorar a integração das mesmas no serviço nacional de saúde. Farré segue a atuação dos APE e, através de uma etnografia detalhada, demonstra que a maior atenção às relações de parentesco e regras de apoio familiar permite um melhor conhecimento da mobilidade e necessidades dos pacientes, nomeadamente no que concerne aos cuidados de saúde materno-infantis.

O segundo artigo desta secção, da autoria de Beatriz Moreiras, reflete a sua experiência como enfermeira e cooperante. Centrado na província de Nampula, do distrito de Erati, a autora apresenta as dificuldades sentidas na administração e adesão aos tratamentos antirretrovirais aos pacientes com HIV-SIDA. Baseando-se na análise de entrevistas realizadas aos mesmos, identifica vários entraves a este tratamento, nomeadamente decorrentes da incompreensão por parte dos pacientes das diretivas dos profissionais de saúde. Beatriz Moreiras advoga a necessidade de uma aproximação mais centrada no universo sociocultural dos pacientes e de envolver os líderes comunitários nos programas de divulgação dos tratamentos com antirretro-virais. Expondo o organograma do poder local e dos líderes comunitários, que se baseia na estrutura administrativa colonial e na sua revisão pelo estado moçambicano, a autora conclui da existência de uma estrutura de apoio comunitário que muito beneficiará a aplicação de programas de saúde.

O último trabalho desta secção, da autoria de Carlos Bavo, aborda o papel das rádios comunitárias como promotoras de saúde pública. Baseando-se em

MULHERES NO MERCADO DA SAÚDE

estudos de caso realizados na província de Inhambane, o autor questiona se este serviço, instituído na década de 80, contribui para uma melhor comunicação dos objetivos do Serviço Nacional de Saúde, focando em particular a sua ligação às diferentes instituições e atores locais, e a sua capacidade de mobilizar os ouvintes. As rádios emitem muita da sua programação em línguas locais, o que permite uma melhor comunicação com a população. Em ambos os estudos de caso realizados, as rádios dedicavam uma parte da emissão a temas de promoção de saúde, maioritariamente relacionados com os cuidados de saúde primários ou ainda com a resposta à pandemia do HIV-SIDA ou cuidados contra a malária. Apesar da sua eficácia, o autor conclui que nem todos os atores envolvidos na prestação de cuidados de saúde – em particular os praticantes de medicina tradicional ou das igrejas locais – têm participações equivalentes nas rádios, podendo ser melhorada a forma de acesso eficaz ao seu público alvo.

A terceira secção desta obra aborda questões específicas de saúde materno-infantil em três contextos distintos: Moçambique, Angola e Níger. O artigo sobre Moçambique, da autoria de Gefra Fulane, aborda o pluralismo farmacológico nos cuidados de saúde infantis na cidade de Xai-Xai. Através de um levantamento detalhado efetuado junto de provedores de cuidados de saúde tradicionais, de profissionais de saúde no hospital e das utentes, a autora demonstra como os cuidados de saúde prestados a crianças de baixa idade implicam o recurso a farmacologia caseira, tradicional e biomédica. Baseando-se no discurso nosológico local, as mães, enquanto primeiras responsáveis pela saúde das crianças, recorrem e combinam estes diferentes meios, que entendem como complementares. Uma etnografia cuidada permite comparar as diferentes leituras etiológicas e interpretações nosológicas, realizadas tanto pelos agentes oficiais como pelas mães e familiares, e concluir que estas não são coincidentes. A autora confirma a ignorância das interpretações locais pelos atores oficiais, e reflete sobre a forma como as responsáveis pela saúde dos menores de cinco anos combinam a farmacopeia biomédica e os fármacos tradicionais de forma empírica.

O artigo de Maria de Fátima, por seu turno, aborda o papel das parteiras tradicionais na região de Huíla, municípios de Humpata e Chibia, onde estas são responsáveis pela quase totalidade dos partos realizados em meio rural. A autora realiza uma etnografia cuidada da atuação das *ndjali* ou parteiras tradicionais nas comunidades locais, onde não existem alternativas do sistema de saúde. No seu estudo segue o percurso terapêutico das gestantes, analisa as diferentes práticas ligadas ao parto e a forma como implicam crenças na continuidade familiar e no equilíbrio cosmológico com os antepassados, as relações no interior do grupo familiar e, em particular, com as mulheres mais velhas, e ainda com a comunidade. As *ndjali* mantêm com as parturientes, e as crianças que ajudaram a nascer, uma relação para a vida que complementa a prática da maternidade. Os múltiplos aspetos que a sua atividade recobre não se limitam ao auxílio ao parto, e correspondem a uma noção local de vida, maternidade e comunidade.

O artigo de Paula Morgado fala igualmente das dificuldades das mulheres no acesso aos cuidados de saúde enquanto migrantes sazonais na cidade de Niamey, Níger. O fenómeno da migração sazonal, nomeadamente entre as mulheres, expõe a sua fragilidade económica e social. Para a autora, a situação deficitária destas mulheres e a dificuldade de acesso aos cuidados de saúde estatais condu-las a percursos terapêuticos variados. Considera igualmente que embora o país tenha vindo a apresentar melhores indicadores de saúde materno-infantil, os índices de mortalidade materno-infantil são particularmente elevados no interior deste grupo duplamente fragilizado, pela sua condição económica e por serem migrantes. As mulheres abordadas, que vivem temporariamente nos bairros de Dar-es-Salam, Tondibiah e Goudel, na capital, são definidas por Paula Morgado como dependendo das suas redes de relacionamento translocais. Todas procuravam trabalho doméstico e consideravam não possuir capital suficiente para empreenderem alguma atividade económica ligada ao comércio informal. Numa etnografia detalhada, a autora segue os percursos destas mulheres e questiona a veracidade dos dados oficiais sobre a morbilidade materno-infantil.

*

Os estudos de caso apresentados nesta obra permitiram-nos concluir da extrema diversidade de cuidados de saúde providenciados pelo sector não-estatal, bem como da variedade dos seus financiadores. Verificamos que a introdução de sistemas de mercado livre e privatização dos cuidados de saúde no contexto da África subsaariana contribuiu para a fragilidade de um sistema já carente, e promoveu os restantes prestadores de cuidados. Os riscos de saúde são encarados como um problema para o qual

MULHERES NO MERCADO DA SAÚDE

os indivíduos têm de encontrar soluções particulares e, como vimos em alguns dos ensaios, são empreendidas soluções criativas. A utilização de diferentes sistemas de saúde é prática comum, e as mulheres escolhem num "mercado de bem-estar" (Van Dijk & Dekker, 2010) em que os cuidados de saúde se transformaram, entre as práticas disponíveis ou mais acessíveis. Os financiadores não-estatais são igualmente diversos, e além das igrejas, ONG e fundações, emergem agora as empresas através de programas de responsabilidade social. O mercado da saúde que aqui procuramos definir é múltiplo, mas não responde às necessidades locais. Ao finalizar este projeto situamo-nos no início de outros, vários, trazidos pela riqueza dos dados e elementos transmitidos pelos intervenientes no terreno.

Referências

Arrighi, G. 2002. The African Crisis. World Systemic and Regional Aspects. *New Left Review.* 15, 5-36.

Brown, T. M., Cueto, M. & Fee, E. (2006). The World Health Organization and the Transition From "International" to "Global" Public Health. *American Journal of Public Health.* 96 (1), 62-72.

Carvalho, C. (2001). De Paris a Jeta, de Jeta a Paris. Percusos migratórios e ritos terapêuticos entre França e a Guiné-Bissau. *Etnográfica,* 5(2), 285-302.

Carvalho, C. (2009). Pluralidade terapêutica entre os migrantes guineenses. In C. Pusseti & L. S. Pereira (eds.). *Políticas de Saúde e Práticas Terapêuticas: Sofrimento e Estratégias de Cura dos Migrantes na Área da Grande Lisboa* (pp. 231-261). Lisboa: ISPA.

Carvalho, C. (2012). Guinean Migrant Traditional Healers in the Global Market. In H. Dilger, A. Kane & Stacey Langwick (eds.). *Medicine, Mobility and Power in Global Africa. Transnational Health and Healing (pp.* 316-337). Bloomington: Indiana University Press.

Castro A. & Singer, M. (eds.) (2004). *Unhealthy Health Policy: A Critical Anthropological Examination.* Walnut Creek, CA: AltaMira Press.

Chapman, R. (2003). Endangering safe motherhood in Mozambique: prenatal care as pregnancy risk. *Social Science and Medicine.* 57(2), 355-74.

Chapman, R. (2004). A nova vida: the commoditization of reproduction in central Mozambique. *Medical Anthropology.*23 (3), 229-61.

Comaroff, J. & Comaroff, J. L. (1993). Introduction. In J. Comaroff & J. L. Comaroff (eds.). *Modernity and its Malcontents. Ritual and Power in Postcolonial Africa*. Chicago: The University of Chicago Press.

Comaroff, J. & Comaroff, J. L. (1999). Occult Economies and the Violence of Abstraction: Notes from the South African Postcolony. *American Ethnologist.* 26 (2), 279-303.

Comaroff, J. L. (2007). Beyond bare life: AIDS, (bio)politics, and the neoliberal order. *Public Culture.* 19 (1),197-219.

Comelles, J. (2004). El Renacimiento de lo cultural en el Estado del Bienestar. *AM Rivista della Società Italiana di Antropologia Mèdica*. 17-18, 87-108.

Comelles, J. & Martinez Hernaez, A. (1993). *Enfermedad, cultura y sociedad: un ensayo sobre las relaciones entre la Antropología Social y la Medicina*. Madrid: Eudema.

Cooper, F. & Packard, R. (1998). Introduction. In F. Cooper, & R. Packard (eds.). *International development and the social sciences: essays on the history and politics of knowledge*. Berkeley: University of California Press.

Costa, A. B. (2007). *O Preço da Sombra. Sobrevivência e reprodução social entre famílias de Maputo*. Lisboa: Livros Horizonte.

Craig, D. & Porter, D. (2003). Poverty Reduction Strategy Papers: a new convergence. *World Development.* 31(1): 53-69.

Dilger, H. (2007). Healing the wounds of modernity: Community, salvation and care in a neopentecostal church in Dar Es Salaam, Tanzania. *Journal of Religion in Africa.* 37, 59-83.

Dilger, H., Burchardt, M. & van Dijk, R. (2010). Introduction. The redemptive moment: HIV treatments and the production of new religious spaces. *African Journal of AIDS Research.* 9 (4), 373-383.

Doyal, L. (2002). Putting gender into health and globalisation debates: new perspectives and old challenges. *Third World Quarterly.* 23 (2), 233-250.

Escobar, A. (1995). *Encountering Development: The Making and Unmaking of the Third World*. Princeton: Princeton University Press.

Farmer, P. (1999). *Infections and Inequalities. The Modern Plagues*. Berkeley: University of California Press.

Farmer, P. (2004). An anthropology of structural violence. *Current Anthropology.* 45 (3), 305-325.

Farmer, P. (2008). Challenging orthodoxies: the road ahead for health and human rights. *Health and Human Rights.* 10 (1), 5-19.

Fassin, D. (2013). A case for critical ethnography. Rethinking the early years of the AIDS epidemic in South Africa. *Social Science & Medicine.* 99, 119-126.

Feierman, S. & Janzen, J. (1992). Introduction. In S. Feierman & J. Janzen (eds.). *The Social Basis of Health and Healing in Africa*. Berkeley: University of California Press.

Ferguson, J. (2006). *Global Shadows: Africa in the Neoliberal World Order*. Durham: Duke University Press.

Ferguson, J. (2010). The Uses of Neoliberalism. *Antipode*, 41 (1), 166-184.

Ghatak, A., Hazlewood, J. G. & Lee, T. M. (2008). How private health care can help Africa. *The McKinsey Quarterly*. 8 (3).

Granjo, P. (2009). Saúde, doença e cura em Moçambique. In E. Lechner (org.). *Migração, Saúde e Diversidade Cultural (pp.* 249-274). Lisboa, Imprensa de Ciências Sociais.

Homsy, J., King, R., Balaba, D., & Kabatesi, D. (2004). Traditional health practitioners are key to scaling up comprehensive care for HIV/AIDS in sub-Saharan Africa. *AIDS*, 18(12),1723-5.

Honwana, A. (2003). Undying Past: Spirit possession and the memory of war in Southern Mozambique. In B. Meyer & P. Pels (eds.). *Magic and Modernity. Interfaces of revelation and concealment*. Stanford: Stanford University Press.

Igoe J. & Kelsall, T. (eds.) (2005). *Between a rock and a hard place: African NGOs, donors, and the State*. Durham: Carolina Academic Press.

Jaffré, J. & Olivier de Sardan, J. P. (eds.) (2003). *Une médecine inhospitalière. Les difficiles relations entre soignants et soignés dans cinq capitales d'Afrique de l'Ouest*. Paris: Karthala

Janes, C. & Corbett, K. (2009). Anthropology and global health. *Annual Review of Anthropology*. 38,167-83.

Kabeer, N. (2015). Tracking the gender politics of the Millennium Development Goals: struggles for interpretive power in the international development agenda. *Third World Quarterly*. 36 (2), 377-395.

Ketsela, T., Koyassoum-Doumta, L., Sagoe-Moses, C. & Cabral, J. (2010). What Can Be Done to Improve Women's Health in the African Region?. *The African Health Monitor*. 11 (1).

Kim, J. Y., Millen, J., Gershman, J. & Irwin, A. (eds.) (2000). *Dying for Growth: Global Inequality and the Health of the Poor*. Monroe, ME: Common Courage Press.

King, R. (2006). *Collaboration with traditional healers in HIV/AIDS prevention and care in sub-Saharan Africa: practical guidelines for programmes*. UNAIDS best practice collection. Disponível em: http://data.unaids.org/publications/irc-pub07/jc967-tradhealers_en.pdf

Laderman, C. & Roseman, M. (1996). Introduction. In C. Laderman & M. Roseman (eds.). *The Performance of Healing*. New York: Routledge.

Leslie, C. (ed.) (1976). *Asian Medical Systems: A Comparative Study*. Berkeley: University of California Press.

Leslie, C. (1980). Medical Pluralism in World Perspective [1]. *Social Science & Medicine* 14B, 191-195.

Luedke, T. & West, H. (eds.) (2006). *Borders and Healers. Brokering Therapeutic Resources in Southeast Africa*. Bloomington: Indiana University Press.

McInnes, C. & Lee, K. (2012). *Global Health and International Relations*. Oxford: Polity.

Marcus, G. (1995). Ethnography in/of the World System: The Emergence of Multi-Sited Ethnography. *Annual Review of Anthropology*. 24, 95-117.

Meyer, B. & Pels, P. (eds.) (2003). *Magic and Modernity. Interfaces of revelation and concealment*. Bloomington: Stanford University Press.

Mikell, G. (ed.) (1997). *African Feminism. The Political of Survival in Sub-Saharan Africa*. Philadelphia: University of Pennsylvania Press.

Nichter, M. & Lock, M. (eds.) (2002). *New Horizons in Medical Anthropology. Essays in Honour of Charles Leslie*. London: Routledge.

Olivier de Sardan, J. P. (1995). *Anthropologie et développement : essai en socio-anthropologie du changement social*. Paris: Karthala.

Ouedraogo, J. B. (1994). Systèmes de santé et changement social dans le Boulgou: configurations et participations. *Nordic Journal of African Studies*. 3 (1), 59-75.

Packard, R. (1997). Visions of Postwar Health and Development and Their Impact on Public Health Interventions in Developing World. In F. Cooper & R. Packard (eds.). *International development and the social sciences: essays on the history and politics of knowledge*. Berkeley: University of California Press.

Pereira, R. (2014). *Recipient States in Global Health Politics: PEPFAR in Africa*. London: Palgrave Macmillan.

Pfeiffer, J. (2002). African Independent Churches in Mozambique: Healing the Afflictions of Inequality. *Medical Anthropology Quarterly*. 16(2), 176-199.

Pfeiffer, J. (2003). International NGOs and primary health care in Mozambique: the need for a new model of collaboration. *Social Science & Medicine*. 56 (4), 725-738.

Pfeiffer, J. (2004). International NGOs in Mozambique: The "Velvet Glove" of Privatization. In A. Castro & M. Singer (eds). *Unhealthy Health Policy: A Critical Anthropological Examination*. New York: Altamira Press.

Pfeiffer, J., Gimbel-Sherr, K. & Orvalho, A. (2007). The holy spirit in the household: Pentecostalism, Gender, and Neoliberalism in Mozambique. *American Anthropologist*. 109(4), 688-700.

Pfeiffer, J., Johnson, W., Fort, M., Shakow, A., Hagopian, A., Gloyd, S.& Gimbel-Sherr, K. (2008). Strengthening health systems in poor countries: a code of conduct for nongovernmental organizations. *American Journal Public Health.* 98(12), 2134-2140

Pfeiffer, J. & Chapman, R. (2010). Anthropological Perspectives on Structural Adjustment and Public Health. *Annual Review of Anthropology.* 39, 149-165.

Prince, R. (2013). Introduction: Health and the Public in Africa. In R. Prince & R. Marsland (eds.). *Making Public Health in Africa: Ethnographic and Historical Perspectives.* Athens: Ohio University Press.

Pita, J. I. (eds.) (2006). *Nuevos instrumentos de la cooperación española: la experiencia mozambiqueña.* Madrid: Fundación Carolina CeALCI.

Raymond, S., Greenberg, H. M. & Leeder, S. R. (2005). Beyond reproduction: Women's health in today's developing world. *International Journal of Epidemiology.* 34, 1144-1148.

Rodrigues, C. U. (2006). *O Trabalho Dignifica o Homem. Estratégias de Sobrevivência em Luanda.* Lisboa: Colibri.

Sambo, L. (2010). The Decade of African Traditional Medicine: progress so far. *The African Health Monitor.* Brazzaville: WHO Regional Office for Africa.

Scheper-Hughes, N. &Lock, M. (1987). The mindful body: A prolegomenon to future work in medical anthropology. *Medical Anthropology Quarterly.* 1 (1), 6-41.

Toure, K., Sankore, R., Kuruvilla, S., Scolaro, E., Bustreo, F. & Osotimehin, B. (2012). Positioning women's and children's health in African union policy--making: a policy analysis. *Globalization and Health.* 8 (3).

Turshen, M. (1989). *The Politics of Public Health.* New Brunswick: Rutgers University Press.

Turshen, M. (1999). *Privatizing Health Services in Africa.* New Brunswick, NJ: Rutgers.

Turshen, M. (2007). *Women Health Movements. A Global Force for Change.* New York: Palgrave MacMillan.

Turshen, M. (ed.) (2010). *African Women: A political economy.* New York: Palgrave Macmillan.

Van Dijk, R. & Dekker, M. (eds.) (2010). *Markets of Wellbeing. Navigating Health and Healing in Africa.* Leiden: Brill.

Young, A. (1982). The anthropology of illness and sickness. *Annual Review of Anthropology.* 11, 257-285.

Werner, D. & Sanders, D. (1997). *Questioning the Solution: The Politics of Primary Health Care and Child Survival.* USA: Health Wrights.

Whyte, S. R., van der Geest, S. & Hardon, A. (eds.) (2002). *Social Lives of Medicines*. Cambridge: Cambridge University Press.

WHO (2010). What Can Be Done to Improve Women's Health in the African Region?. *The African Health Monitor*, 11 (1). Disponível em: http://ahm.afro.who.int/issue11/HTML/

PRIMEIRA PARTE

ATORES PRIVADOS E APOIO SOCIAL

A perspetiva de género nos projetos de saúde ligada aos direitos sexuais e reprodutivos financiados pelo Instituto Português de Apoio ao Desenvolvimento

LIBERTAD JIMÉNEZ ALMIRANTE

Introdução

O presente texto constitui uma peça de uma investigação empírica mais alargada feita, por um lado, no contexto do programa de doutoramento *«Dirección de Empresas y Sociología»*, da *Universidad de Extremadura* (Espanha), que trata de analisar a perspetiva de género nos projetos de cooperação para o desenvolvimento internacional e, por outro lado, no contexto do desenvolvimento do projeto *«Género e pluralismo terapêutico: acesso das mulheres ao setor de saúde privado em África»*, financiado pela Fundação para a Ciência e a Tecnologia (FCT).

Neste caso, a pesquisa, de tipo descritiva, fica centralizada na análise do tratamento da perspetiva de género, feito por parte das Organizações Não Governamentais de Desenvolvimento (ONGD), nos projetos de cooperação internacional (no setor da saúde ligada aos direitos sexuais e reprodutivos) que conseguiram financiamento do Instituto Português de Apoio ao Desenvolvimento (IPAD) do ano 2002 ao ano 2011 inclusive.

O IPAD tem os seguintes países de intervenção prioritários: os Países Africanos de Língua Oficial Portuguesa (Guiné-Bissau, Cabo Verde, Angola, São Tomé e Príncipe e Moçambique), Timor-Leste e outros países de interesse particular como, por exemplo, o Brasil.

A pesquisa surge a partir das seguintes duas questões iniciais: (a) Qual será o tratamento feito pelas ONGD em relação ao processo de transversalidade da perspetiva de género nos projetos de saúde ligada aos direitos sexuais e reprodutivos, financiados pelo Instituto Português de Apoio ao Desenvolvimento? e (b) Será que podemos observar uma relação entre o processo de transversalidade da perspetiva de género nos projetos que trabalham na área de intervenção da saúde ligada aos Direitos Sexuais e

MULHERES NO MERCADO DA SAÚDE

Reprodutivos e as estratégias governamentais e multilaterais relacionadas com essa mesma área?

Seguidamente definir-se-ão os conceitos principais que compõem a investigação: (1) A perspetiva de género é um ponto de vista que permite analisar e compreender as características que definem as mulheres e os homens de maneira específica, assim como as suas semelhanças e diferenças num contexto concreto (Lagarde, 1996); (2) Segundo a Organização Mundial da Saúde (OMS), a saúde é um estado de completo bem-estar físico, psíquico e social, e não só a não presença de doenças (OMS, 1948); (3) A Saúde Sexual e Reprodutiva é «*o conjunto de métodos, técnicas e serviços que contribuem para a saúde e o bem-estar reprodutivos, ao evitar e resolver os problemas relacionados com a saúde reprodutiva. Inclui também a saúde sexual, cujo objetivo é o desenvolvimento da vida e das relações pessoais e não meramente o aconselhamento e a atenção em matéria de produção e de doenças de transmissão sexual*»[1] (OMS, 2004: 8); (4) Segundo a Organização das Nações Unidas (ONU), os direitos reprodutivos baseiam-se «*no reconhecimento do direito básico de todos os casais e indivíduos a decidirem livre e responsavelmente quanto ao número de filhos, ao intervalo entre eles e à altura do seu nascimento e a dispor da informação e dos meios para os efeitos e o direito a alcançar o nível mais elevado de Saúde Sexual e Reprodutiva*»[2] (ONU, 1995: 37); (5) Segundo a *International Planned Parenthood Federation* (IPPF), os direitos sexuais são «*um componente dos direitos humanos e são um conjunto de direitos em evolução relacionados com a sexualidade e que contribuem para a liberdade, igualdade e dignidade de todas as pessoas*»[3] (IPPF, 2008: 7; (6) Os projetos de cooperação internacional para o desenvolvimento são definidos e implementados internacionalmente através da abordagem do quadro lógico[4], contando com as seguintes fases denominadas ciclo do projeto: planificação, identificação, formulação, financiamento, realização, seguimento e avaliação (Cámara & Gómez-Galán, 2008); (7) O Instituto Português de Apoio ao Desenvolvimento (IPAD) é «*a estrutura organizativa dotada dos competentes mecanismos de coordenação, informação, controlo e avaliação no âmbito das novas orientações estratégicas da ajuda pública ao desenvolvimento*»

---

[1] Texto original em castelhano traduzido pela autora.

[2] *Idem.*

[3] *Idem.*

[4] A abordagem do quadro lógico é um esquema que sintetiza os aspetos relevantes dum projeto e permite fiscalizar, controlar e exigir prestação de contas» (Lleó & Río Del, 2009).

(Ministério de Negócios Estrangeiros de Portugal, 2003: 110); e (8) As Organizações Não Governamentais para o Desenvolvimento (ONGD's) são entidades de carácter privado independentes de qualquer governo (local, nacional ou internacional) que se dotam dos seus próprios fins e objetivos, adotando juridicamente a natureza de fundação, federação ou associação (Farmacéuticos Mundi, 2011).

O artigo será dividido nos seguintes capítulos: (1) Objetivos da pesquisa, (2) Marco teórico e político, (3) Hipóteses gerais ou premissas, (4) Metodologia, (5) Resultados e (6) Conclusões.

1. Objetivos da pesquisa

A pesquisa tem como objetivo geral:

- Conhecer o tratamento da perspetiva de género, feito pelas ONGD, nos projetos de cooperação internacional para o desenvolvimento (no setor da saúde ligada aos direitos sexuais e reprodutivos) que conseguiram financiamento do IPAD do ano 2002 ao ano 2011 inclusive, por concurso[5].

Para o aprofundamento no objeto de estudo, traçaram-se igualmente alguns objetivos específicos:

- Conhecer o número dos projetos que trabalham no setor da saúde ligada aos direitos sexuais e reprodutivos, sobre o total dos projetos analisados, e conhecer o correspondente orçamento que representa essa quantidade de projetos sobre o total dos projetos analisados.
- Saber quais os principais países de intervenção dos projetos que trabalham no setor da saúde ligada aos Direitos Sexuais e Reprodutivos e perceber se os projetos de cooperação internacional para o desenvolvimento analisados têm em conta as estratégias nacionais e

---

[5] Há duas linhas de financiamento disponibilizadas por parte do IPAD: (1) Educação para o Desenvolvimento e (2) Cooperação Internacional para o Desenvolvimento. Na linha de financiamento de «Cooperação Internacional para o Desenvolvimento» há as seguintes formas de candidatura dos projetos: (a) Financiamento de programas, projetos e ações de cooperação em geral; (b) Financiamento de programas ou projetos de cooperação no âmbito do concurso das ONGD e (c) Pequenos projetos de cooperação [Informação disponível em: http://www. ipad.mne.gov.pt, 22-05-2012].

internacionais relacionadas com a saúde ligada aos direitos sexuais e reprodutivos.

- Analisar o tratamento feito sobre a perspetiva de género nos projetos analisados do setor da saúde ligada aos Direitos Sexuais e Reprodutivos pela parte das ONGD e saber se as ONGD utilizam os indicadores de género proclamados internacionalmente em relação ao processo de transversalidade da perspetiva de género.
- Compreender as características da avaliação feita pelo IPAD sobre o tratamento das questões de género feito pelas ONGD nos projetos que trabalham no setor da saúde ligada aos direitos sexuais e reprodutivos.

2. Marco teórico e político

Neste capítulo vai definir-se o marco teórico com base na presente pesquisa junto do marco político que envolve o objeto de estudo. Partindo, em primeiro lugar, do pressuposto essencial da existência duma relação direta entre saúde e género, pois, segundo o duplo sentido defendido pelo Fundo de População das Nações Unidas (FNUAP), as desigualdades de género[6] prejudicam a saúde das mulheres: (1) A negligência relativamente às suas necessidades de saúde impede que muitas mulheres participem plenamente na sociedade e (2) As desiguais relações de poder entre homens e mulheres limitam o controlo das mulheres sobre a sua atividade sexual (FNUAP, 2000).

Portanto, a pesquisa toma como ponto de partida o princípio inquestionável da consideração da perspetiva de género de forma transversal[7] a todos os projetos de cooperação internacional para o desenvolvimento, e especialmente nos projetos do setor da saúde ligada aos direitos sexuais e reprodutivos, considerando que todos os projetos têm uma dimensão de género (nenhum projeto pode reclamar neutralidade de género) porque são sempre dirigidos aos homens, às mulheres ou aos dois e, neste sentido,

---

[6] As desigualdades de género têm a sua origem na submissão das mulheres ao poder exercido pelos homens nas sociedades em que as tarefas atribuídas ao sexo feminino são consideradas de menor valor (Alcalde & López, 2004).

[7] A transversalidade da perspetiva de género (*mainstreaming the gender perspective*) é o processo de avaliação das implicações para os homens e para as mulheres de qualquer ação planificada, incluindo legislação, políticas ou programas, em todas as áreas e em todos os níveis (ECOSOC, 1997).

independentemente de se tratar de um projeto com mulheres ou com homens, terá sempre impacto sobre o outro género (Murguialday, 1999).

Em qualquer caso, este é um princípio com base na abordagem dos Direitos Humanos (Brás & Teles, 2010) porque, por um lado, os direitos das mulheres e das raparigas são uma parte inalienável dos direitos humanos universais e, por outro lado, as mulheres e raparigas continuam a ter um acesso mais limitado aos serviços e cuidados básicos de saúde, especialmente no que diz respeito à Saúde Sexual e Reprodutiva. De fato, existe uma Carta dos Direitos Sexuais e Reprodutivos, publicada pela *International Planned Parenthood Federation* (IPPF, 1996), que serve de documento de referência para a abordagem da presente pesquisa.

A consideração da perspetiva de género nos projetos de cooperação ligados ao setor da saúde sofreu modificações ao longo dos anos como consequência das diferentes visões sobre as questões de género ligadas à cooperação internacional para o desenvolvimento. Existem três abordagens fundamentais suscitados em relação às questões de género na cooperação internacional para o desenvolvimento: abordagem do Bem-Estar, abordagem das Mulheres no Desenvolvimento e abordagem do Género no Desenvolvimento (Carballo, 2006). Pode verificar-se no seguinte Quadro I os diferentes posicionamentos dessas abordagens em relação à conceção da saúde ligada aos direitos sexuais e reprodutivos:

QUADRO I
Abordagens e conceções sobre a saúde ligada aos direitos sexuais e reprodutivos

Abordagens	Conceção sobre a saúde ligada aos direitos sexuais e reprodutivos
Abordagem do Bem-Estar (1950-1970):	Saúde Materno-Infantil.
Abordagem das Mulheres no Desenvolvimento (a partir de 1970):	Saúde Sexual e Reprodutiva ligada às necessidades específicas das mulheres.
Abordagem do Género no Desenvolvimento (a partir de 1980):	Saúde Sexual e Reprodutiva relacionada com as desigualdades de género (consideração dos Direitos Sexuais e Reprodutivos de homens e mulheres).

Fonte: Espinosa, 2005.

Em relação ao Quadro I, a área de intervenção da saúde ligada aos Direitos Sexuais e Reprodutivos tem várias abordagens teóricas diferentes, e por vezes contraditórias, derivadas das diferentes conceções sobre as relações entre género e saúde (Bates, Hankivsky & Springer, 2009).

Por exemplo, o conceito de saúde materno-infantil está a ser substituído pelo conceito de saúde da mãe, do recém-nascido e da criança. Este conceito refere-se ao conjunto de métodos, técnicas e serviços que contribuem para a saúde e bem-estar da mãe, do recém-nascido e da criança, desde a gravidez e do parto ate à infância (OMS, 2005). Todavia, este conceito (*saúde da mãe, do recém-nascido e da criança*) está também a ser confrontado com dois conceitos mais abrangentes (anteriormente definidos): (1) *Direitos Sexuais e Reprodutivos* e (2) *Saúde Sexual e Reprodutiva*.

O confronto entre os três conceitos surge da consideração dos *Direitos Sexuais e Reprodutivos* como a área de intervenção mais generalista onde se inclui a consecução dos direitos humanos de homens e de mulheres. A segunda área mais abrangente é a *Saúde Sexual e Reprodutiva,* mas esta área não considera a luta pelos direitos sexuais de homens e mulheres. E a terceira área, mais limitada, é a *saúde da mãe, do nascido e da criança,* porém esta não considera os direitos sexuais de homens e de mulheres, ignora a saúde sexual de homens e de mulheres e considera apenas a saúde da mulher enquanto mãe ou mulher capaz de procriar (Fórum Mulher, 2011).

Este debate teórico tem uma aplicação prática na definição das estratégias governamentais e multilaterais relacionadas com a área de saúde ligada aos direitos sexuais e reprodutivos. As ações de cooperação internacional para o desenvolvimento são baseadas nestas estratégias governamentais e multilaterais. Sirvam de exemplo os seguintes posicionamentos estratégicos governamentais e multilaterais em relação à saúde ligada aos direitos sexuais e reprodutivos:

1. A Organização das Nações Unidas (ONU), na Declaração do Milénio 2000, marca como objetivo a redução da «*mortalidade materna em três quartos e a mortalidade das crianças menores de 5 anos em dois terços, em relação às taxas atuais*» (ONU, 2000: 5).

2. A Comissão das Comunidades Europeias (CCE) manifesta a seguinte preocupação «*sobre o acesso limitado das mulheres aos serviços básicos de saúde. Além disso, o principal domínio que suscita preocupações graves a*

nível da igualdade de género é a esfera da saúde e dos direitos em matéria de reprodução e sexualidade.» (CCE, 2007: 4).

3. As prioridades do Plano Estratégico de Cooperação para a Igualdade de Género e Empoderamento das Mulheres da Comunidade dos Países de Língua Portuguesa (CPLP), na área de saúde, são dois: «(1) *Melhorar o acesso das mulheres e dos homens aos cuidados e serviços de saúde, incluindo à Saúde Sexual e Reprodutiva e* (2) *Reduzir a mortalidade materna e infantil»* (CPLP, 2010: 56).

4. A Comunidade para o Desenvolvimento da África Austral (SADC, na sigla em inglês), no Protocolo sobre Género e Desenvolvimento, marca os seguintes objetivos na área da saúde: (1) «*Reduzir em 75% a taxa de mortalidade materna até 2015* [...], (2) *Desenvolver e implementar políticas e programas em relação às necessidades das mulheres e dos homens no domínio da saúde mental, sexual e reprodutiva* [...] *e* (3) *Fazer face às necessidades nutricionais das mulheres, incluindo mulheres na prisão»* (SADC, 2008: 18).

5. Um dos objetivos prioritários da Estratégia da Cooperação Portuguesa para a Igualdade de Género é «*promover o acesso das mulheres aos cuidados e serviços de saúde e proteção social, incluindo a Saúde Sexual e Reprodutiva»* (IPAD, 2011: 28).

6. Na Estratégia da Cooperação Portuguesa para a Saúde mencionam-se as seguintes preocupações: «*a redução da Mortalidade Materna* [...] *as outras componentes da Saúde Reprodutiva e Sexual e Direitos conexos* [...] *e a redução da Mortalidade Infantil»* (IPAD, 2010: 13).

7. Segundo o Ministério da Economia do Plano e Integração Regional (MEPIR) da República da Guiné-Bissau, no II Documento de Estratégia Nacional de Redução da Pobreza, a saúde da mãe e da criança é «*objeto de especial atenção por parte do Governo e dos seus principais parceiros de desenvolvimento»* (MEPIR, 2011: 19).

8. Na Estratégia de Inclusão da Igualdade de Género no Setor da Saúde em Moçambique, do Ministério da Saúde da República de Moçambique (MISAU), declara-se que entre as causas da desigualdade de género na saúde destacam-se «*os níveis de pobreza e analfabetismo mais elevados na mulher, a qual não tem poder de decisão sobre o seu corpo e a sua saúde, assim como não tem poder de decisão sobre a utilização dos recursos dos quais ela, a família e a comunidade dispõem»* (MISAU, 2009: 7).

9. Alguns dos desafios do Programa Nacional de Saúde Reprodutiva (2008-2012) da República de Cabo Verde são «*a maternidade segura, sobrevivência dos recém-nascidos assim como a saúde das mães, dos recém-nascidos e das crianças e os cuidados ao aborto e pós-aborto*» (Carvalho & Rosabel, 2008: 52).

10. Uma das metas do Plano Estratégico de Desenvolvimento (2011-2030) de Timor-Leste, na área de saúde, é «*incidir nas necessidades das crianças, mulheres e outros grupos vulneráveis*» (Parlamento Nacional da República Democrática de Timor-Leste, 2011: 34).

11. Um estudo feito pela Agência para o Desenvolvimento Internacional dos Estados Unidos (USAID, sigla em inglês), sobre a avaliação do sistema de saúde de Angola, declara que «*a correlação positiva entre educação materna e saúde materno infantil está bem estabelecida há décadas*» (Averbug, Connor & Miralles, 2010: 94).

12. Segundo o Instituto Nacional de Estatística da República Democrática de São Tomé e Príncipe, «*um dos requisitos essenciais para o desenvolvimento humano e social é a melhoria da saúde das mulheres, dos homens, adolescentes e das crianças, tendo como um dos eixos a promoção da saúde reprodutiva incluindo a Planeamento Familiar*» (Instituto Nacional de Estatística da República Democrática de São Tomé e Príncipe, 2010: 67).

13. Segundo o Ministério da Saúde da República Federativa do Brasil, o elevado nível de mortalidade materna é um indicador de «*precárias condições socioeconómicas, baixo grau de informação e escolaridade, dinâmicas familiares em que a violência está presente e, sobretudo, dificuldades de acesso a serviços de saúde de boa qualidade*» (Ministério da Saúde da República Federativa do Brasil, 2007: 26).

Para além das diferenças entre as conceções governamentais e multilaterais sobre as estratégias de saúde ligadas aos Direitos Sexuais e Reprodutivos, é preciso mencionar um denominador comum: «*as questões de género devem ser consideradas como um dos determinantes da saúde na formulação das políticas públicas*» (Ministério da Saúde da República Federativa do Brasil, 2007: 12).

Por esse motivo, a OMS criou a Comissão sobre Determinantes Sociais da Saúde (CDSS) no ano 2005. A CDSS concluía que as desigualdades entre os sexos influem na saúde em distintas formas: « padrões de alimentação

A PERSPETIVA DE GÉNERO NOS PROJETOS DE SAÚDE

discriminatórios, violência contra as mulheres, défice de poder de decisão e divisões injustas de trabalho, lazer e possibilidades de melhoria de condições de vida [...]» (CDSS, 2009: 15).

Por último, é preciso mencionar os numerosos guias publicados nos últimos anos sobre o processo de transversalidade da perspetiva de género nas ações de cooperação internacional para o desenvolvimento. Servem de exemplo os seguintes casos de guias[8]: *Guia pela incorporação do género no lugar de trabalho: as respostas ao VIH e à SIDA* (International Labour Office, 2011), *Um passo mais: avaliação do impacto de género* (Murguialday & Vázquez, 2005); *Guia para os programas e os projetos de Saúde Sexual e Reprodutiva em África* (Espinosa, 2005); *Guia pela integração da igualdade de género na cooperação para o desenvolvimento* (CCE, 2004); *Guia prático pela integração da igualdade entre mulheres e homens nos projetos da Cooperação Espanhola* (Alcalde & López, 2004); *Saúde e Género: Guia prático para profissionais da cooperação* (López, Sierra & Sojo, 2002); *Integrando o género no desenvolvimento: Manual para técnicos da cooperação* (López & Sierra, 2001) e *Guia metodológico pela integração da perspetiva de Género nos projetos e programas de desenvolvimento* (De la Cruz, 1998). Estes guias defendem que existem indicadores, identificados no momento das análises dos projetos de cooperação internacional para o desenvolvimento, que demostram se foi ou não feito o processo de transversalidade da perspetiva de género pela parte das ONGD no momento em que as ações foram identificadas, formuladas e avaliadas. Os indicadores de género mais referidos por esses guias, em relação aos projetos relacionados com a área de saúde ligada aos direitos sexuais e reprodutivos, são os que aparecem no Quadro II:

---

[8] Os títulos originais das guias foram traduzidos para a língua portuguesa.

MULHERES NO MERCADO DA SAÚDE

QUADRO II
Indicadores da transversalidade do género nas ações de cooperação para o desenvolvimento ligados aos direitos sexuais e reprodutivos

- Análise dos diferentes padrões de Saúde Sexual e Reprodutiva em homens e mulheres, considerando os fatores biológicos, económicos, sociais e culturais.
- Desagregação por sexo de todos os dados necessários.
- Aprofundar, através da análise de género, a relação entre a desigualdade de género e os indicadores de saúde para homens e mulheres.
- Sensibilização da comunidade para conteúdos de género e sua relação com a saúde.
- Integração plena das mulheres durante todo o processo, sem esquecer a importância da participação dos homens.
- Desenho do projeto partindo do fato de que nenhum processo político é neutro no que diz respeito ao género e, portanto, é fundamental ter presente a análise de género.
- Elaboração e utilização de indicadores sensíveis ao género para o acompanhamento e a avaliação dos projetos.
- Apoio orçamental e existência de pessoal com especialização em perspetiva de género.
- Promover a igualdade entre homens e mulheres através da comunicação com os interessados e a partir das suas conceções sociais e culturais.

Fonte: Espinosa, 2005.

Uma das críticas realizadas ao processo de transversalidade da perspetiva de género, nas ações de cooperação para o desenvolvimento, é a falta de consideração, em muitíssimas ocasiões, dos homens e, neste sentido, é afirmar que existe uma associação direta entre as «questões de género» e as «questões das mulheres», eludindo o papel essencial dos homens na transformação da realidade para atingir posições de igualdade (Anitu, Maoño, Murguialday & Río Del, 2000; Chant & Gutmann, 2000). Concretamente, no que respeita à transversalidade da perspetiva de género nas ações ligadas aos direitos sexuais e reprodutivos, como assinalam Reshma Trasi e Luisa Orza (2008), a crítica concretiza-se na perpetuação de um olhar limitado à abordagem do Bem-Estar (conceção da Saúde Materno-Infantil) e à abordagem das Mulheres no Desenvolvimento (conceção da Saúde Sexual e Reprodutiva ligada às necessidades específicas das mulheres) com pouca abrangência para o Enfoque do Género no Desenvolvimento (conceção da Saúde Sexual e Reprodutiva relacionada com as desigualdades de género, considerando os Direitos Sexuais e Reprodutivos de homens e mulheres).

A PERSPETIVA DE GÉNERO NOS PROJETOS DE SAÚDE

3. Hipóteses gerais ou premissas

Neste capítulo proceder-se-á à descrição das hipóteses gerais ou premissas identificadas na investigação, com fundamentação nos argumentos teóricos e políticos desenvolvidos anteriormente:

Hipótese geral 1 (no plano das instituições financiadas): as ONGD associam maioritariamente a perspetiva de género à presença das mulheres nos projetos analisados.

Hipótese geral 2 (no plano das instituições financiadoras): os projetos de cooperação internacional para o desenvolvimento financiados pelo IPAD, na área da saúde ligada a os direitos sexuais e reprodutivos, consideram prioritário o setor de intervenção da Saúde Materno-Infantil.

4. Metodología

Foi analisado um conjunto de 396 projetos financiados pelo IPAD para as ONGD em todos os setores de intervenção entre os anos 2002 e 2011, constituindo aquele conjunto o total de projetos financiados pelos IPAD naquele período. A pesquisa foi feita na sede do Instituto Português de Apoio ao Desenvolvimento (em Lisboa) durante dois meses (Abril e Junho do ano 2012). A investigação foi feita antes da fusão do Instituto Português de Apoio ao Desenvolvimento (IPAD) com o Camões – Instituto da Cooperação e da Língua, I. P. (CICL) no ano de 2012.

Desse conjunto de projetos referido, foram selecionados 223 projetos a partir dos formulários de candidatura apresentados pelas ONGD e das fichas de avaliação técnica feitas pelo IPAD sobre os projetos apresentados pelas ONGD. Só a partir de 2006 é que os projetos se encontram digitalizados de forma completa. Por esse motivo, 173 projetos do conjunto foram analisados só a partir da descrição dos objetivos ou a partir da ficha técnica de avaliação feita pelo IPAD.

Do conjunto de projetos analisado, 90 projetos pertencem ao setor da saúde e desses só 20 projetos foram classificados no setor da saúde ligada aos direitos sexuais e reprodutivos.

Os projetos analisados no setor da saúde trabalham principalmente sobre os seguintes subsetores: (a) Prevenção e cuidados paliativos em relação ao VIH-SIDA e outras doenças sexualmente transmissíveis, (b) Saúde Materno-Infantil, (c) Nutrição e (d) Reforço institucional do sistema de

MULHERES NO MERCADO DA SAÚDE

saúde pública. Foram classificados todos os projetos do setor da saúde ligada aos Direitos Sexuais e Reprodutivos sobre duas áreas de intervenção principais: (1) «Saúde Materno-Infantil» e (2) «Prevenção e cuidados paliativos em relação ao VIH-SIDA e outras doenças sexualmente transmissíveis».

A investigação enquadra-se dentro dos paradigmas quantitativo e qualitativo e foi utilizada a metodologia de análise documental para o estudo dos projetos. Trata-se de uma pesquisa de caráter descritivo. Aplicou-se uma grelha de análises para o estudo dos projetos, referenciando os seguintes dados de interesse (Grelha de análise I):

GRELHA DE ANÁLISE I
Dados de interesse identificados nos projetos analisados

- Ano de intervenção do projeto: 2002, 2003, 2004, 2005, 2006, 2007, 2008, 2009, 2010 ou 2011

- País de intervenção do projeto: Guiné-Bissau, Cabo Verde, Angola, Moçambique, São Tomé e Príncipe, Timor-Leste ou «outros países» (como, por exemplo, Brasil)

- Setor de intervenção do projeto: «saúde ligada aos direitos sexuais e reprodutivos», «saúde não ligada aos direitos sexuais e reprodutivos» e «outros setores de intervenção»

- Subsetor de intervenção dos projetos que trabalham na área da saúde: «prevenção e cuidados paliativos em relação ao VIH-SIDA e outras doenças sexualmente transmissíveis», «Saúde Materno-Infantil», «nutrição» e «reforço institucional do sistema de saúde pública»

- Financiamento concedido pelo IPAD

- Análise do tratamento das questões de género feito pelas ONGD nos projetos analisados

- Análise da avaliação feita pelo IPAD sobre o tratamento das questões de género feito pelas ONGD

- Consideração pela parte das ONGD, nos projetos analisados, das estratégias nacionais e internacionais em relação à saúde ligada aos direitos sexuais e reprodutivos

Fonte: elaborado pela autora.

O processamento dos dados foi feito, em parte, através do programa de análise de dados qualitativos Atlas.ti e através do programa de análise de dados quantitativos *Statistical Package for the Social Sciences* – SPSS.

5. Resultados

Neste capítulo realizar-se-á a descrição do procedimento e dos resultados obtidos com a pesquisa, face aos objetivos programados.

Em primeiro lugar, pela consecução do objetivo específico 1, foram calculadas as frequências (em %) dos projetos, tendo em conta os setores de intervenção, e foi feito o cálculo do orçamento associado a essas frequências através do programa SPSS.

A representação do setor da saúde (incluindo o setor da saúde ligada aos direitos sexuais e reprodutivos) no conjunto de projetos analisados caracteriza-se por 22,73 % do total dos projetos financiados pelo IPAD do ano 2002 ao ano 2011. Contudo, a representação do setor da saúde ligada aos Direitos Sexuais e Reprodutivos supõe só 4,8 % do total dos projetos financiados pelo IPAD do ano 2002 ao ano 2011 como podemos ver no seguinte Gráfico I:

GRÁFICO I

% de projetos IPAD segundo os setores de intervenção (2002-2011)

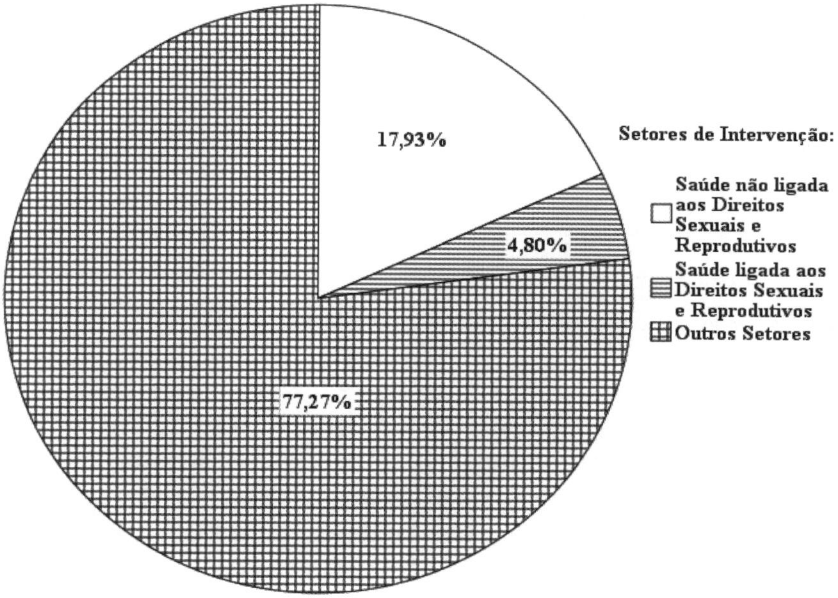

Fonte: elaborado pela autora segundo os dados fornecidos pelo IPAD.

MULHERES NO MERCADO DA SAÚDE

Os projetos que trabalham na área da saúde ligada aos Direitos Sexuais e Reprodutivos (4,8% dos projetos analisados) trabalham, ao mesmo tempo, em dois subsetores: (1) Prevenção e cuidados paliativos em relação ao VIH-SIDA e outras doenças sexualmente transmissíveis (3,54% dos projetos analisados) e (2) Saúde Materno-Infantil (1,26% dos projetos avaliados). Conforme os resultados, o conjunto dos projetos analisados enquadram-se maioritariamente nas abordagens "Bem-Estar" (com uma conceção ligada à Saúde Materno-Infantil) e "Mulheres no Desenvolvimento" (com uma conceção ligada à Saúde Sexual e Reprodutiva).

Em termos de orçamento, a representação do setor da saúde ligada aos Direitos Sexuais e Reprodutivos supõe a seguinte quantidade medida em euros como podemos verificar no Quadro IV:

QUADRO IV

Financiamento IPAD (€) segundo os setores de intervenção (2002-2011)

SETORES DE INTERVENÇÃO	FINANCIAMENTO (€)	FINANCIAMENTO (%)
Saúde não ligada aos direitos sexuais e reprodutivos	5.806.020,44 €	19,8 %
Saúde ligada aos direitos sexuais e reprodutivos	1.782.263,35 €	6,1 %
Outros setores	21.687.245,88 €	74,1 %
TOTAL	29.275.529,67 €	100 %

Fonte: elaborado pela autora segundo os dados fornecidos pelo IPAD.

Em segundo lugar, pela consecução do objetivo específico 2, foi feito o cálculo duma tabela de contingência entre os países de intervenção e os setores de intervenção através do programa SPSS e foi feito o registo das estratégias nacionais e internacionais referidas pelas ONGD nos projetos que trabalham no setor da saúde ligada aos direitos sexuais e reprodutivos.

Os países, identificados na execução dos projetos, onde se trabalhou no setor da saúde ligada aos Direitos Sexuais e Reprodutivos são:

- Angola (representa 0,25 % do total dos projetos).
- São Tomé e Príncipe (representa 1,26 % do total dos projetos).

- Timor-Leste (representa 0,76 % do total dos projetos).
- Guiné-Bissau (representa 1,52 % do total dos projetos).
- Moçambique (representa 1,26 % do total dos projetos).

Os resultados descritos podem ser observados no seguinte Gráfico II:

Gráfico II
Contingência (%) entre países e setores de intervenção nos projetos IPAD (2002-2011)

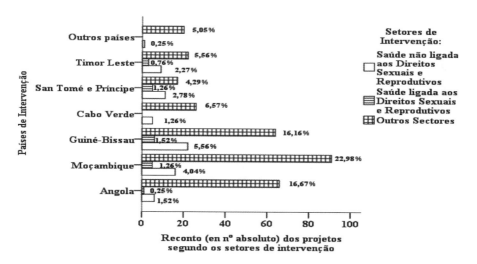

Fonte: elaborado pela autora segundo os dados fornecidos pelo IPAD.

Algumas das estratégias nacionais e internacionais relacionadas com os setores género e saúde, e alguns dos relatórios de pesquisas relacionados com a mesma matéria, de referência para as ONGD que trabalham no setor da saúde ligada aos Direitos Sexuais e Reprodutivos (segundo o conjunto dos projetos analisados) são as que aparecem no seguinte Quadro V:

MULHERES NO MERCADO DA SAÚDE

QUADRO V

Referências para as ONGD que trabalham no setor da saúde ligada aos Direitos Sexuais e Reprodutivos segundo os projetos IPAD (2002-2011)

REFERÊNCIAS INTERNACIONAIS:

- *Global Strategy for Women's and Children's Health* (United Nations Secretary-General, 2010).
- *Relatório sobre a Cimeira do Milénio* (ONU, 2000).
- *Human Development Report 2010. 20th Anniversary Edition* (United Nations Development Program, 2010).
- *African Summit on Roll Back Malaria* (World Health Organization, 2000).
- *Análise dos recursos humanos da saúde (RHS) nos países africanos de língua oficial portuguesa (PALOP)* (Organização Mundial da Saúde, 2010).
- *Countdown to 2015 decade report (2000-2010): taking stock of maternal, newborn and child survival* (World Health Organization, 2010).
- *Assessment and analysis of the HIV&AIDS education sector plans´ situation in PALOP countries* (Rask, 2008).

REFERÊNCIAS DOS PROJETOS DESENVOLVIDOS EM ANGOLA:

- *Plano Estratégico Nacional de Saúde Sexual e Reprodutiva (2008-2015)* (Ministério da Saúde da República de Angola, 2008a).
- *Plano Estratégico para Acelerar a Redução da Mortalidade Materna e Infantil (2004-2008)* (Ministério da Saúde da República de Angola, 2004).
- *Roteiro para Acelerar a Redução da Mortalidade Materna e Neonatal em Angola (2007-2015)* (Ministério da Saúde da República de Angola, 2007).
- *Revitalização dos Serviços Municipais de Saúde. Uma estratégia chave para atingir os objectivos do sector para o quadriénio* (Ministério da Saúde da República de Angola, 2008b).
- *Revisão do Plano de Desenvolvimento dos Recursos Humanos (1997-2007)* (Pavignani, 2005).
- *Multiple Indicator Cluster Survey: assessing the situation of Angolan children and women at the beginning of the Millennium. Analytical Report* (Elder & Fernandes, 2003).
- *O papel das Igrejas na Redução da Pobreza em Angola* (Kirk & Pestana 2010).

REFERÊNCIAS DOS PROJETOS DESENVOLVIDOS NA GUINÉ-BISSAU:

- *Annual Support to the National Strategic Framework (PEN)* (United Nations Joint Program on HIV/AIDS in Guinea Bissau, 2008).
- *Plano Estratégico Nacional de Luta contra SIDA na Guiné-Bissau (2007-2011)* (Ministério da Saúde da República de Guiné-Bissau, 2007).
- *Suivi de la Déclaration d'engagement sur le VIH/SIDA* (Programme Commun des Nations Unies sur le VIH/SIDA, 2010).

REFERÊNCIAS DOS PROJETOS DESENVOLVIDOS EM SÃO TOME E PRÍNCIPE:

- *Política e Plano Nacional de Aceleração do Manejo de casos de pessoas Infectadas pelo VIIH (2006-2009)* (Ministério da Saúde da República Democrática de São Tomé e Príncipe, 2005).

REFERÊNCIAS DOS PROJETOS DESENVOLVIDOS EM MOÇAMBIQUE:

- *Plano estratégico nacional de combate ao HIV/SIDA (2005-2009)* (Conselho de Ministros da República de Moçambique, 2004).
- *Impacto Demográfico do HIV/SIDA em Moçambique: Actualização Ronda de Vigilância Epidemiológica 2002* (Instituto Nacional de Estadística da República de Moçambique, 2004).
- *Relatório sobre a Revisão dos Dados de Vigilância Epidemiológica do HIV em Moçambique. Ronda 2004* (Ministério da Saúde da República de Moçambique, 2005).

Fonte: elaborado pela autora segundo os dados fornecidos pelo IPAD.

A PERSPETIVA DE GÉNERO NOS PROJETOS DE SAÚDE

Encontramos a ausência de estratégias referentes a Timor-Leste porque os projetos financiados para este país (em relação ao setor da saúde ligada aos direitos sexuais e reprodutivos) foram implementados antes do ano 2006 e, segundo o mencionado anteriormente, só a partir desse ano é que os projetos foram informatizados pelo IPAD de forma completa. Portanto, não foi possível aceder à informação completa dos projetos relacionados com o setor da saúde ligada aos Direitos Sexuais e Reprodutivos referentes a Timor-Leste.

Também encontramos a ausência de estratégias referidas a Cabo Verde e "outros países". Este fato é devido à inexistência de projetos da área de saúde ligados aos Direitos Sexuais e Reprodutivos financiados pelo IPAD para este país, como se pode analisar no Gráfico II.

Em terceiro lugar, pela consecução do objetivo específico 3, foi feita uma identificação dos indicadores de género utilizados pelas ONGD no processo de transversalidade da perspetiva de género nos projetos de cooperação para o desenvolvimento ligados aos Direitos Sexuais e Reprodutivos.

No formulário de apresentação dos projetos (definido pelo IPAD), as ONGD devem falar sobre as questões de género no capítulo de viabilidade e sustentabilidade. Quando as ONGD trabalham sobre as questões de género nos projetos analisados, concretamente na área da saúde ligada aos Direitos Sexuais e Reprodutivos, associam palavras tais como mulheres, sexos, género, homens, Saúde Materno-Infantil e VIH-SIDA.

É preciso dizer que é um fato comum a todos os projetos analisados a associação das palavras género e mulher no capítulo referido ao tratamento da perspetiva de género. A palavra homem é menos utilizada e, portanto, existe uma associação sistemática na consideração, pela parte das ONGD, das questões de género como questões que afetam só as mulheres ou em maior medida as mulheres.

Também é preciso dizer que o fato das ONGD mencionarem as questões de género (porque é um elemento indispensável para os formulários de candidatura dos projetos apresentados ao financiamento do IPAD) não quer dizer que os projetos incluam as questões de género como questão transversal. Muitas vezes, «a contribuição das ONGD ao tratamento das questões de género» limita-se às seguintes respostas modelo que aparecem no seguinte Quadro VI:

QUADRO VI
Exemplos de respostas dadas pelas ONGD

- *[...] a nossa organização atende às questões de género porque é um aspeto fundamental da nossa visão sobre a cooperação internacional para o desenvolvimento [...]*

- *[...] a organização que tem trabalhado mais especificamente os problemas de violência contra as mulheres e aquela que tem dado uma projeção a estes problemas enquanto violações de direitos humanos irão beneficiar de uma discriminação positiva no quadro do projeto [...]*

- *[...] vários estudos indicam que os grupos mais vulneráveis (nos quais se incluem as mulheres) sofrem de forma desproporcionada os impactos de uma falta de acesso equitativo aos serviços de saúde [...]*

- *[...] a dimensão de género estará presente de forma transversal, sendo um pressuposto metodológico nas diversas atividades do projeto, por exemplo: número equilibrado de mulheres e homens enquanto participantes [...]*

- *[...] tem como grupo alvo principal as mulheres e crianças, proporcionando a este grupo um melhor acesso a serviço de qualidade para as suas necessidades específicas [...]*

- *[...] será valorizada a presença de mulheres (em conjunto com critérios objetivos técnicos) com o objetivo de que os grupos de formandos integrem pelo menos 30% de mulheres [...]*

- *[...] as mulheres, enquanto grávidas, mães e cuidadoras são as principais beneficiárias-alvo do presente projeto [...]*

- *[...] visa reduzir os enormes desequilíbrios sociais e económicos existentes entre homens e mulheres, sendo que estas continuam a ser um dos grupos mais vulneráveis da sociedade [...]*

Fonte: elaborado pela autora segundo os dados fornecidos pelo IPAD.

Os projetos que fizeram o processo de transversalidade da perspetiva de género utilizaram os seguintes indicadores de género mostrados no Quadro VII:

QUADRO VII
Indicadores de género utilizados pelas ONGD nos projetos

INDICADORES DE GÉNERO UTILIZADOS NA FASE DE IDENTIFICAÇÃO-PLANIFICAÇÃO:

- Consideração dos critérios de género pela seleção dos/as beneficiários/as do projeto na área da Saúde Materno-Infantil. Consideração de medidas de ação positiva para a incorporação do maior número de mulheres como beneficiárias diretas das ações de cooperação internacional para o desenvolvimento.

- Análise sociocultural do controlo dos recursos em função do género (recursos económicos e humanos disponíveis por parte das famílias pela sustentabilidade da saúde).

- Análise sociocultural do acesso aos recursos em função do género (recursos económicos e humanos disponíveis por parte das famílias para a sustentabilidade da saúde).

- Dados de saúde relevantes para a contextualização do projeto (dados desagregados por sexo).

A PERSPETIVA DE GÉNERO NOS PROJETOS DE SAÚDE

INDICADORES DE GÉNERO UTILIZADOS NA FASE DE FORMULAÇÃO:

- Uso de linguagem não sexista.
- Objetivo específico com perspetiva de género (na área da Saúde Materno-Infantil).
- Objetivo geral com perspetiva de género (na área da Saúde Materno-Infantil).
- Atividades destinadas a diminuir as brechas de género em relação à Saúde Materno-Infantil.
- Meios de verificação com dados desagregados por sexo (por exemplo, lista de assistência às formações).
- Resultados com perspetiva de género (na área da Saúde Materno-Infantil).
- Indicadores de género no quadro lógico.
- Resistências socioculturais ao projeto desde a perspetiva de género.
- Recursos Humanos previstos pela execução do projeto (nº de homens e nº de mulheres).

Fonte: elaborado pela autora segundo os dados fornecidos pelo IPAD.

Por último, pela consecução do objetivo específico 4, foi feita uma análise da informação disponibilizada pelo IPAD através da «Grelha de Análise de Projetos de Desenvolvimento[9]», nos itens: (a) Pertinência/relevância e (b) Durabilidade/sustentabilidade. Quando o IPAD trata sobre as questões de género na avaliação dos projetos da área da saúde ligada aos Direitos Sexuais e Reprodutivos fala de palavras tais como VIH-SIDA, Saúde Materno-Infantil e público-alvo. O IPAD limita-se a dar as seguintes respostas modelo que aparecem no Quadro VIII:

QUADRO VIII
Exemplos de respostas dadas pelo IPAD

- [...] *o projeto nas suas diferentes atividades dá especial atenção a questão da igualdade de género* [...]
- [...] *no sentido de garantir uma perspetiva de género equilibrada o projeto* [...]
- [...] *encontra-se igualmente de acordo com as prioridades da Cooperação portuguesa, em que a questão de género é um dos temas transversais* [...]
- [...] *O funcionamento horizontal, a igualdade nos processos de tomada de decisão e na remuneração serão vetores de sedimentação das práticas de igualdade no domínio do género* [...]
- [...] *privilegiando uma área que considera fundamental, a saúde materno-infantil*
- [...] *o projeto promove a melhoria da saúde materno-infantil numa tripla vertente, que procura congregar três vetores fundamentais para um impacto final significativo: a informação, sensibilização e a educação para a saúde* [...]

Fonte: elaborado pela autora segundo os dados fornecidos pelo IPAD.

---

[9] Documento disponibilizado pela equipa de trabalho do IPAD.

Também existe uma tendência por parte do IPAD em considerar as questões de género como as questões que afetam maioritariamente as mulheres e uma tendência a valorizar positivamente as mulheres como público-alvo dos projetos de cooperação internacional para o desenvolvimento apresentados pelas ONGD. Essa consideração das mulheres como público-alvo é comummente associada, tanto por parte do IPAD como pelas ONGD, como uma «verdadeira» consideração das questões de género nas ações de cooperação.

6. Conclusões

Neste capítulo descrever-se-ão as conclusões obtidas com a pesquisa, face às hipóteses gerais ou premissas identificadas previamente no capítulo 3.

Em primeiro lugar, em relação à hipótese geral 1, podemos concluir que existe uma tendência por parte das ONGD em considerar as «questões de género» como as «questões que afetam as mulheres» ou as «questões que afetam maioritariamente as mulheres», esquecendo-se de que as estratégias devem focar-se tanto nos homens como nas mulheres, e nas relações entre ambos, com o objetivo de conseguir uma mudança real (Anitu, Maoño, Murguialday & Río Del, 2000; Chant & Gutmann, 2000).

Quando apenas se consideram as problemáticas relativas a mulheres no quadro da categoria de género nos projetos analisados, projeta-se uma visão dos problemas e das soluções (relacionados com as desigualdades de género) contando só com 50% da população (as mulheres). Portanto, os restantes 50% da população (os homens) parece não ter responsabilidade nem na origem nem na solução dos problemas.

Esta associação entre «género e mulher» é reafirmada pela avaliação feita pelo IPAD sobre o tratamento das questões de género feitas pelas ONGD no que concerne à coincidência de palavras-chaves utilizadas, quer pelo IPAD quer pelas ONGD, quando se fala da transversalidade da perspetiva de género nos projetos de cooperação para o desenvolvimento.

Para além disso, é valorizado positivamente pelo IPAD (em termos de transversalidade da perspetiva de género nos projetos) o fato das ONGD considerarem as mulheres como público-alvo. Este fato é interpretado pelo IPAD como sinal de interesse pelas desigualdades de género por parte das ONGD.

Portanto, os projetos analisados, em geral, transmitem uma visão mais próxima às abordagens do Bem-Estar ou das Mulheres no Desenvolvimento

A PERSPETIVA DE GÉNERO NOS PROJETOS DE SAÚDE

do que à abordagem do Género no Desenvolvimento, tendo em conta os resultados obtidos.

Em segundo lugar, em relação à hipótese geral 2, os resultados corroboram o setor da Saúde Materno-Infantil como um dos setores mais recorrentes para as ações de cooperação internacional para o desenvolvimento financiados pelo IPAD do ano 2002 ao ano 2011 (na área da saúde ligada aos Direitos Sexuais e Reprodutivos) em relação a outros setores como, por exemplo, a Saúde Sexual e Reprodutiva. Esta conclusão é coincidente com as prioridades traçadas nos 4º e 5º Objetivos de Desenvolvimento do Milénio[10] (ONU, 2000) e é parcialmente enfrentada com posturas mais abrangentes (anteriormente discutidas no ponto 2 do presente artigo) em relação aos Direitos Sexuais e Reprodutivos.

De fato, perante os resultados obtidos com a pesquisa, parece ser mais importante a atenção nas mulheres como mães do que a atenção às problemáticas de género derivadas das desiguais relações de poder estabelecidas socioculturalmente entre homens e mulheres (Trasi & Orza, 2008).

No entanto, como conclusão final, não pode ser negada a importância da Saúde Materno-Infantil como indicador dos sistemas de saúde. De fato, a Saúde Materno-Infantil é um fator avaliado pelo Programa das Nações Unidas para o Desenvolvimento (PNUD) perante, por um lado, o Índice de Desenvolvimento Humano[11] (IDH) através da Esperança de Vida à Nascença e, por outro lado, perante o Índice de Desigualdade de Género[12] (IDG) através da Taxa de Mortalidade Materna (PNUD, 2011).

---

[10] O 5º Objetivo de Desenvolvimento do Milénio: redução da mortalidade materna em três quartos e a mortalidade das crianças menores de 5 anos em dois terços, em relação às suas taxas atuais (ONU, 2000).

[11] O Índice de Desenvolvimento Humano (IDH) é uma medida sumária do desenvolvimento humano e que reflete as realizações de um país em três dimensões básicas do desenvolvimento humano: uma vida longa e saudável (saúde), acesso ao conhecimento (educação) e um nível de vida digno (rendimento). O Relatório do IDH do ano 2011 contempla três dimensões do IDH: saúde (estabelecido através do indicador de esperança de vida à nascença), educação (estabelecido através da média de anos de escolaridade e dos anos de escolaridade esperados) e padrão de vida digno (estabelecido através do Rendimento Nacional Bruto *per capita*). (PNUD, 2011).

[12] Índice de Desigualdade de Género (IDG) é um indicador elaborado pelo PNUD que pretende medir as desigualdades entre homens e mulheres a partir de cinco indicadores: mortalidade materna, fertilidade adolescente, representação parlamentar, nível de instrução e participação na força de trabalho (PNUD, 2011).

Referências

Alcalde, A. & López, I. (2004). *Guía práctica para la integración de la igualdad entre mujeres y hombres en los proyectos de la Cooperación Española.* Madrid: Agencia Española de Cooperación Internacional para el Desarrollo (AECID).

Anitu, E. Maoño, C. Murguialday, C. & Río Del, A. (2000). *La Perspectiva de Género en las ONGD's Vascas.* Bilbao: Hegoa.

Averbug, D., Connor, C. & Miralles, M. (2010). *Avaliação do sistema de saúde de Angola.* Luanda: U.S. Agency for International Development (USAID).

Bates, L. M., Hankivsky, O. & Springer, K. W. (2009). Gender and health in equities: a comment on the final report of the WHO commission on the social determinants of health. *Social Science & Medicine, 69* (7), 1002-1004.

Brás, E.J. & Teles, N. (2010). *Género e Direitos Humanos em Moçambique.* Maputo: Universidade Eduardo Mondlane.

Cámara, L. & Gómez – Galán, M. (Orgs.) (2008). *La gestión de la cooperación al desarrollo. Instrumentos, técnicas y herramientas.* Madrid: Fundación de Cooperación, Investigación y Desarrollo Europa – América Latina (CIDEAL).

Carballo, M. (Coord.). (2006). *Género y desarrollo. El camino hacia la equidad.* Madrid: Instituto Universitario de Desarrollo y Cooperación (IUDC).

Carvalho De, M.J. & Rosabel, Y. (Coords.). (2008). *Programa Nacional de Saúde Reprodutiva (2008-2012) da República de Cabo Verde.* Praia: Ministério da Saúde da República de Cabo Verde.

Chant, S. & Gutmann, M. (2000). *Mainstreaning mea into gender and development: debates, reflections and experiences.* Bissau: The Oxford Committee for Famine Relief (OXFAM).

Comisión de las Comunidades Europeas. (2004). *Guía para la integración de la igualdad de género en la cooperación al desarrollo de la CCE.* Bruselas: CCE. [Disponível em: http://ec.europa.eu].

Comisión de las Comunidades Europeas. (2007). *Igualdad de género y capacitación de las mujeres en la cooperación al desarrollo.* Bruselas: CCE. [Disponível em: http://ec.europa.eu].

Comisión sobre Determinantes Sociales de la Salud de la Organización Mundial de la Salud. (2009). *Subsanar las desigualdades en una generación: alcanzar la equidad sanitaria actuando sobre los determinantes sociales de la salud. Resumen Analítico.* Génova: CDSS. [Disponível em: http://www.who.int/es].

Comunidade dos Países de Língua Portuguesa. (2010). *Plano Estratégico Igualdade de Género e Empoderamento das Mulheres.* Lisboa: CPLP.

A PERSPETIVA DE GÉNERO NOS PROJETOS DE SAÚDE

Comunidade para o Desenvolvimento da África Austral. (2008). *Protocolo sobre Género e Desenvolvimento*. Johannesburg: SADC.

Conselho de Ministros da República de Moçambique. (2004). *Plano estratégico nacional de combate ao HIV/SIDA (2005-2009)*. Maputo: Conselho de Ministros da República de Moçambique.

De la Cruz, C. (1998). *Guía metodológica para integrar la perspectiva de Género en proyectos y programas de desarrollo*. Vitoria: Instituto Vasco de la Mujer (EMAKUNDE).

Elder, J. & Fernandes, P. (2003). *Multiple Indicator Cluster Survey: assessing the situation of Angolan children and women at the beginning of the Millennium. Analytical Report*. Luanda: Fondo de Naciones Unidas para la Infancia (UNICEF).

Espinosa, J. (Coord.). (2005). *Guía para programas y proyectos de salud sexual y reproductiva en África*. Madrid: Agencia Española de Cooperación Internacional para el Desarrollo (AECID).

Farmacéuticos Mundi. (2011). *La Cooperación en sus términos. Guía para profesionales de la cooperación*. Mérida: Farmacéuticos Mundi.

Fondo de Población de las Naciones Unidas. (2000). *Estado de la Población Mundial 2000*. FNUAP: Nueva York. [Disponível em: http://www.unfpa.org/public].

Fórum Mulher (2011). *Manual de Abordagem de Género em Saúde Sexual e Reprodutiva. Para activistas na área de direitos sexuais e reprodutivos*. Maputo: Fórum Mulher.

Instituto Nacional de Estatística da República de Moçambique. (2004). *Impacto Demográfico do HIV/SIDA em Moçambique: Actualização Ronda de Vigilância Epidemiológica 2002*. Maputo: Instituto Nacional de Estatística da República de Moçambique.

Instituto Nacional de Estatística da República Democrática de São Tomé e Príncipe. (2010). *Inquérito Demográfico e Sanitário de São Tomé e Príncipe (2008--2009)*. São Tomé: Instituto Nacional de Estatística da República Democrática de São Tomé e Príncipe.

Instituto Português de Apoio ao Desenvolvimento. (2010). *Estratégia da Cooperação Portuguesa para a Saúde*. Lisboa: IPAD. [Disponível em: http://www.ipad.mne.gov.pt].

Instituto Português de Apoio ao Desenvolvimento. (2011). *Estratégia da Cooperação Portuguesa para a Igualdade de Género*. Lisboa: IPAD. [Disponível em: http://www.ipad.mne.gov.pt].

International Labour Office, (2011). *Guide to mainstreaming gender in workplace responses to HIV and AIDS*. Geneva: ILO. [Disponível em: http://www.ilo.org].

International Planned Parenthood Federation. (1996). *Charter on sexual and reproductive rights*. London: IPPF.

International Planned Parenthood Federation. (2008). *Derechos Sexuales: Una declaración de IPPF.* London: IPPF.

Kirk, S. & Pestana, N. (2010). *O papel das Igrejas na Redução da Pobreza em Angola.* Bergen: Michelsen Institute.

Lagarde, M. (1996). *Género y feminismo. Desarrollo Humano y Democracia.* Madrid: Horas y Horas.

Lleó, R. & Río Del, A. (2009). *Género en la Educación para el Desarrollo. Estrategias políticas y metodológicas.* Bilbao: Hegoa.

López, I. & Sierra, B. (2001). *Integrando el género en el desarrollo. Manual para técnicos de cooperación.* Madrid: Instituto Universitario de Desarrollo y Cooperación (IUDC).

López, I., Sierra, B., & Sojo, D. (2002). *Salud y Género. Guía práctica para profesionales de la cooperación.* Madrid: Médicos del Mundo.

Ministério da Economia, do Plano e Integração Regional da República da Guiné--Bissau. (2011). *Segundo Documento de Estratégia Nacional de Redução da Pobreza.* Bissau: MEPIR.

Ministério da Saúde da República de Angola. (2004). *Plano Estratégico para Acelerar a Redução da Mortalidade Materna e Infantil (2004-2008).* Luanda: MINSA.

Ministério da Saúde da República de Angola. (2007). *Roteiro para Acelerar a Redução da Mortalidade Materna e Neonatal em Angola (2007-2015).* Luanda: MINSA.

Ministério da Saúde da República de Angola. (2008a). *Plano Estratégico Nacional de Saúde Sexual e Reprodutiva (2008-2015).* Luanda: MINSA:

Ministério da Saúde da República de Angola. (2008b). *Revitalização dos Serviços Municipais de Saúde. Uma estratégia chave para atingir os objectivos do sector para o quadriénio.* Luanda: MINSA.

Ministério da Saúde da República de Moçambique. (2005). *Relatório sobre a Revisão dos Dados de Vigilância Epidemiológica do HIV em Moçambique. Ronda 2004.* Maputo: MISAU.

Ministério da Saúde da República de Moçambique. (2009). *Estratégia de Inclusão da Igualdade de Género no Sector da Saúde em Moçambique.* Maputo: MISAU.

Ministério da Saúde da República Democrática de São Tomé e Príncipe. (2005). *Politica e Plano Nacional de Aceleração do Manejo de casos de pessoas Infectadas pelo VIIH(2006-2009).* São Tomé: MEASURE.

Ministério da Saúde da Republica Federativa do Brasil. (2007). *Política Nacional de Atenção Integral à Saúde da Mulher. Princípios e Directrizes.* Brasília: Ministério da Saúde da Republica Federativa do Brasil.

Ministério da Saúde Pública da República de Guiné-Bissau. (2007). *Plano Estratégico Nacional de Luta contra SIDA na Guiné-Bissau (2007-2011)*. Bissau: MINSAP.

Ministério de Negócios Estrangeiros de Portugal. (2003). *D.R.E. Nº 10, de 13 de janeiro de 2003 (Decreto-Ley nº5/2003)*. Lisboa: Governo de Portugal [Disponível em: http://www.dre.pt].

Murguialday, C. & Vázquez, N. (2005). *Un paso más: evaluación del impacto de género*. Barcelona: Cooperacció.

Murguialday, C. (1999). Mujeres y Cooperación: de la invisibilidad a la equidad de género. *Cuadernos Bakeaz*, nº 35.

Organização das Nações Unidas. (2000). *Relatório sobre a Cimeira do Milénio*. Nova Iorque: ONU. [Disponível em: http://www.un.org].

Organização Mundial da Saúde. (2010). *Análise dos recursos humanos da saúde (RHS) nos países africanos de língua oficial portuguesa (PALOP)*. Ginebra: OMS. [Disponível en: http://www.who.int/es].

Organización de las Naciones Unidas. (1995). *Informe de la Conferencia Internacional sobre la Población y el Desarrollo (El Cairo, 5 a 13 de septiembre de 1994)*. Nueva York: ONU. [Disponível em: http://www.un.org/es].

Organización Mundial de la Salud (1948). *Constitución de la Organización Mundial de la Salud*. Ginebra: OMS. [Disponível en: http://www.who.int/es/, 09-08--2012].

Organización Mundial de la Salud. (2004). *Estrategia de salud reproductiva para acelerar el avance hacia la consecución de los objetivos y las metas internacionales de desarrollo*. Ginebra: OMS. [Disponível em: http://www.who.int/es].

Organización Mundial de la Salud. (2005). *Informe sobre la salud en el mundo 2005. ¡Cada madre y cada niño contarán!*. Ginebra: OMS. [Disponível em: http://www.who.int/es].

Parlamento Nacional da República Democrática de Timor-Leste. (2011). *Plano Estratégico de Desenvolvimento (2011-2030) de Timor-Leste*. Díli: Governo da República Democrática de Timor-Leste.

Pavignani, D. (2005). *Revisão do Plano de Desenvolvimento dos Recursos Humanos (1997-2007)*. Luanda: MINSA.

Programa de las Naciones Unidas para el Desarrollo. (2011). *Informe sobre Desarrollo Humano 2011. Sostenibilidad y Equidad: Un mejor futuro para todos*. Nueva York: PNUD. [Disponível em: http://hdr.undp.org/es].

Programme Commun des Nations Unies sur le VIH/SIDA a la Guinee Bissau. (2010). *Suivi de la Déclaration d'engagement sur le VIH/SIDA*. Bissau: UNAIDS. [Disponível em: http://www.unaids.org].

Rask, L. (2008). *Assessment and analysis of the HIV&AIDS education sector plans' situation in PALOP countries*. Maputo: United Nations Educational, Scientific and Cultural Organization (UNESCO).

Trasi, R. & Orza, L. (2008). Leadership for women's health in Africa: the Parliamentarians for Women's Health Project. *Gender & Development, 16* (3), 495-508.

United Nations Development Program. (2010). *Human Development Report 2010. 20th Anniversary Edition*. New York: UNDP. [Disponível em: http://www.undp.org].

United Nations Economic and Social Council. (1997). *UN Economic and Social Council Resolution 1997/2: Agreed Conclusions, 18 July 1997, 1997/2*. Geneva: ECOSOC. [Disponível em: http://www.un.org].

United Nations Joint Program on HIV/AIDS in Guinea Bissau. (2008). *Annual Support to the National Strategic Framework (PEN)*. Bissau: UNAIDS. [Disponível em: http://www.unaids.org].

United Nations Secretary-General. (2010). *Joint Action Plan for Women's and Children's Health*. New York: United Nations Secretary-General. [Disponível em: http://www.un.org].

World Health Organization. (2000). *African Summit on Roll Back Malaria. Abuja*. Geneva: WHO. [Disponível em: http://www.who.int/es].

World Health Organization. (2010). *Countdown to 2015 decade report (2000-2010): taking stock of maternal, newborn and child survival*. Geneva: WHO. [Disponível em: http://www.who.int/es].

Adversidade e imaginação: dinâmicas de suporte social entre as mulheres na Guiné-Bissau

ALINE AFONSO

CLARA CARVALHO

Introdução

Este texto tem como principal objetivo compreender e analisar as várias práticas de financiamento utilizadas pelas mulheres, na Guiné-Bissau, para aceder aos serviços de saúde no país, quer através de grupos formais ou informais auto-organizados ou enquadradas por organizações não-governamentais. A Guiné-Bissau é signatária da Declaração do Milénio, assumindo os compromissos nomeadamente com os ODM 4 – reduzir a mortalidade infantil, ODM 5 – melhorar a saúde maternal e o ODM 6 – combater o VIH/SIDA, a malária e outras doenças. Como signatária compromete--se a alargar a cobertura do serviço universal de saúde, ou seja, alargar o acesso e prestar serviços de alta qualidade, "em que todas as pessoas elegíveis têm acesso aos serviços que necessitam[1]", sedo que a "proteção contra riscos financeiros faz parte do pacote de medidas que fornecem proteção social geral[2]". Apesar destes compromissos, a fragilidade das estruturas e políticas públicas para o setor de saúde na Guiné-Bissau levou as populações a recorrerem a mecanismos de autoajuda e/ou ao apoio das Organizações da Sociedade Civil (OSC) para fazerem face às suas situações de infortúnio, em particular no que respeita aos problemas de saúde, e do seu agregado familiar. A limitação dos serviços de saúde estatais disponíveis, a sua difícil acessibilidade, a falta de recursos destes serviços que obrigam os utentes a pagar ou a disponibilizar o material utilizado conduzem os utentes a assumirem uma parte ou mesmo a totalidade dos custos, o que muitas vezes limita o acesso a estes serviços.

[1] OMS, 2013: xi
[2] OMS, 2013: xiii

MULHERES NO MERCADO DA SAÚDE

A situação vivida na Guiné-Bissau é comparável à que se observa noutros países na região, onde as limitações na oferta do serviço de saúde, o seu preço e mercantilização conduziram os indivíduos e as famílias a assumirem grande parte dos custos associados a estes cuidados. Num contexto de fragilidade económica, as dificuldades em lidar com problemas de saúde fazem com que este seja um dos principais riscos com que os agregados familiares, e os seus membros, se podem confrontar. A noção de saúde e doença como risco, nomeadamente risco económico e de sobrevivência (Van Dijk e Dekker, 2010: 3), conduz-nos a centrar a nossa análise nas práticas de prevenção e atuação em caso de infortúnio, mais do que nos suportes de cuidados de saúde existentes.

A vulnerabilidade ao risco e imponderáveis da vida quotidiana é uma das características da pobreza, e muitos dos programas de apoio social visam, em primeiro lugar, diminuir essa fragilidade (Barrientos e Hulme, 2008). Numa obra dedicada à questão das escolhas de saúde num espaço mercantilizado, Rijk van Dijk e Marleen Dekker (2010) sustentam que se deve deixar de olhar para a saúde e o risco apenas em termos de uma escolha racional, pois numerosos outros fatores podem influenciar as escolhas individuais, tais como a confiança no sistema, nas soluções e nos praticantes, perspetiva adotada igualmente por Ellen Foley num estudo sobre o acesso à saúde em Saint-Louis, Senegal (Foley, 2010). Comum a todas as situações de infortúnio e doença é a necessidade de minimizar o risco, incluindo o risco representado pela perda de saúde. Considerando que os cuidados de saúde são hoje parte do mercado de serviços, as soluções passam, essencialmente, por se recorrer a mecanismos de apoio económico. Um dos exemplos apontados em diferentes estudos é o envolvimento dos agregados familiares em sistemas mutualistas, realçando-se os trabalhos realizados sobre este tema na Etiópia (Dekker, 2010) e no Togo (Leliveld et al., 2010). Seguindo essa linha de pesquisa, procuramos neste texto identificar as principais estratégias das mulheres, enquanto responsáveis do grupo familiar, para diminuir o risco potencial da doença dos seus membros.

Argumenta-se que as práticas de financiamento desenvolvidas pelas mulheres se apresentam como o mecanismo fundamental para o seu acesso, e das suas famílias, aos serviços de saúde na Guiné-Bissau. A investigação expôs o papel da mulher como peça-chave na organização das redes de entreajuda. Para Imam (1997: 6-7) o estudo das mulheres em geral e da

ADVERSIDADE E IMAGINAÇÃO

mulher africana em particular, além de contribuir para ampliar e aprofundar o conhecimento sobre as realidades africanas, tem destacado a importância das mulheres "não apenas como *'passive breeders'*, mas como agentes económicos activos na criação de novos desenvolvimentos, também na resistência e na colisão com a opressão". Pretende-se com este texto contribuir para uma melhor compreensão das mulheres enquanto agentes económicos, chefes de família e, principalmente, responsáveis pela saúde e bem-estar do agregado familiar. Espera-se que a análise das ações de entreajuda identificadas neste trabalho permita uma revisão das políticas sociais relacionadas com o papel da mulher no setor de saúde.

Para a consecução dos objetivos propostos, este artigo apresenta-se estruturado em três partes. Começamos por traçar uma breve análise do panorama político-económico guineense, tendo em conta os impactos dos sucessivos conflitos político-militares e da implementação dos programas de ajustamento estrutural, situando o papel assumido pelo Estado no setor de saúde. Percebe-se que não seria possível isolar os programas de ajustamento estrutural da relação com os conflitos político-militares ou do facto de se tratar de uma economia maioritariamente dependente da exportação de caju. A segunda parte pretende analisar, sem pretensões de realizar um trabalho exaustivo, as práticas de sobrevivência e entreajuda desenvolvidas pelos guineenses, para a sua sobrevivência e das suas famílias e, em especial, pelas mulheres, com enfoque particular nas práticas relacionadas com a gestão de recursos financeiros. Procura-se ainda perceber como estas práticas estão relacionadas com o setor de saúde. Finalmente, abordamos a estrutura, dinâmica e os principais mecanismos de entreajuda nos grupos de *mandjuandadi*[3], nos grupos de jovens e associações culturais, em Bissau e na região sul do país. Partindo da relação entre captação de recursos e acesso aos serviços de saúde, é analisado o funcionamento dos sistemas de poupança e de créditos coletivos desenvolvidos no âmbito destes grupos e a sua articulação com os diferentes apoios sociais e casos de doenças e *desgostos*[4].

---

[3] Grupos de mulheres baseados no sistema das classes de idade. A estrutura e funcionamentos dos grupos será apresentada e discutida ao longo do texto.

[4] Termo utilizado para indicar falecimentos.

1.1. Principais opções metodológicas

Esta investigação inseriu-se no âmbito do projeto "Género e pluralismo terapêutico: acesso das mulheres ao setor de saúde privado em África" (PTDC/AFR/108615/2008) e procurou caracterizar o papel social desempenhado pelas mulheres na sociedade guineense e, em particular, nas áreas estudadas. A pesquisa utilizou uma metodologia qualitativa, tendo começado pela análise e discussão da bibliografia relacionada e em seminários metodológicos realizados com a equipa do projeto durante o primeiro ano. A equipa do projeto elaborou e discutiu uma base para o guião geral de entrevistas que depois foi adaptado pelos investigadores de acordo com as características específicas de espaço. Na Guiné-Bissau foram utilizados como instrumentos de investigação o levantamento de dados estatísticos e relatórios disponibilizados por instituições públicas e do terceiro setor, a observação direta e entrevistas semiestruturadas. Cada uma destas técnicas forneceu um conjunto de informações diferenciadas e complementares, o que permitiu aprofundar o conhecimento do objeto de estudo. O trabalho de campo foi realizado na Guiné-Bissau, especificamente em Bissau e na Região Sul (Tite, Buba, Fulacunda, tabanca de Kâ, tabanca de Aidara), de abril a junho de 2011. A região sul foi a escolhida por reunir um número significativo de projetos já identificados com base nas entrevistas realizadas em Bissau, na área da saúde[5].

Convém ressaltar que existem diferenças marcantes entre Bissau (capital) e a Região Sul, onde decorreu uma parte da investigação. Na Guiné-Bissau, a maioria das estruturas de governo, a sede das organizações internacionais e de algumas empresas que têm escritórios no país estão concentradas na capital. Em Bissau é maior a exposição a oportunidades de formação, a fluxos globais de pessoas, bens e modelos de vida, a ideologias e práticas de desenvolvimento. Por outro lado, a precariedade da vida citadina levou, em alguns casos, à reconfiguração das práticas de entreajuda comuns no meio rural. Na Região Sul, menos urbanizada, as estratégias comunitárias prevalecem e revelam-se fundamentais para aceder aos serviços de saúde e para a sobrevivência das famílias.

---

[5] O desenho da pesquisa e a investigação de campo tiveram um universo mais alargado que o apresentado neste texto, incluindo entrevistas às organizações da sociedade civil guineense, representantes do setor público de saúde e pessoal médico.

ADVERSIDADE E IMAGINAÇÃO

Conforme referido anteriormente, o trabalho de campo realizado transcendeu o objetivo deste texto. Assim, de acordo com os objetivos do projeto "Género e pluralismo terapêutico: acesso das mulheres ao setor de saúde privado em África", foram privilegiadas neste estudo as iniciativas, individuais ou comunitárias, que visavam criar contribuições diretas ou indiretas para a promoção do acesso das mulheres e dos seus familiares ao setor de saúde. Os principais grupos selecionados foram as associações de *abota*[6], os grupos de *mandjuandadi*, os grupos culturais, as associações das *tabancas*[7] e as associações de mulheres em Bissau. Foram ainda consideradas as Organizações da Sociedade Civil (principalmente ONGD) com projetos cuja abordagem contribuísse para o melhor acesso ao setor de saúde[8]. Finalmente, foram realizadas entrevistas junto de representantes de instituições governamentais do setor de saúde e do corpo médico. Considerando-se a necessidade de incluir informantes-chave, a amostra foi constituída de acordo com a disponibilidade e acessibilidade dos entrevistados, que indicavam outros detentores de interesse, através de um sistema de seleção conhecido por "bola-de--neve". Assim, a amostra selecionada para este estudo é não-probabilística e intencional.

Foram realizadas 29 entrevistas a representantes das ONGD, responsáveis por associações e técnicos de saúde. A duração das entrevistas foi variada, com duração média de 50 minutos. As entrevistas aos grupos foram mais alargadas, podendo ocupar uma manhã. O resumo do perfil das entrevistas utilizadas neste trabalho encontra-se na tabela seguinte:

---

[6] Grupos de poupança coletiva com contribuições definidas. Também será discutido ao longo do texto.

[7] Designação das comunidades locais em crioulo.

[8] Optou-se, por razões metodológicas, por não analisar a relação das OSC com o acesso ao setor de saúde das comunidades, sendo estas apenas referenciadas quando necessário para o entendimento das questões aqui apresentadas.

MULHERES NO MERCADO DA SAÚDE

TABELAS 1 E 2
Identificação dos entrevistados[9]

1. Organizações do Estado e da sociedade civil

Identificação	Local
H. Simão Mendes – Dois médicos nas áreas de saúde reprodutiva e atendimento ambulatório, e uma nutricionista	Bissau – Hospital Simão Mendes
Instituto Nacional de Estudos e Pesquisas	Bissau
ADI	Buba
Centro de Saúde de Buba – duas enfermeiras	Buba
AIDA – Um farmacêutico e uma assistente social	Bissau – Hospital Simão Mendes
Casa Emanuel	Bissau
AD	Bissau
Swissaid	Bissau
DIVUTEC	Bissau
ADIM	Bissau
Nadel	Bissau
Caritas	Bissau
ADI – Técnico e membro da direcção	Bissau
Rede Ajuda (Bubacalhau e Associação de Jovens e mulheres produtoras de sabão e compota)	Buba e Fulacunda
Para-ka-tem	Tite
Associação de Desenvolvimento Integrado das Mulheres – ADIM	Bissau
Associação das Viúvas dos Combatentes da Liberdade da Pátria	Bissau

2. Organizações comunitárias formais ou informais:

Identificação	Local
Matronas	Cao de Baixo, Empada
Comité de Gestão de Associação	Tabanca de Kã- Empada
Matrona e dois ASB	Centro de Saúde de Aidara
Membros da associação da Tabanca	Tabanca de Aidara
Matrona	Tabanca de Inhala I
Som de Tina	Bissau
Thossan	Bissau
Amizade de N'Pantcha	Bissau
Grupo 3	Bissau
Velha Guarda do Bairro da Ajuda	Bissau
Grupo de Brá	Bissau
Netos de Bandim	Bissau

[9] Todos os entrevistados foram informados sobre os objetivos do projeto e autorizaram a gravação das entrevistas. Foram utilizados pseudónimos para proteger as identidades dos informantes.

80

Os entrevistados foram contactados no seu local de residência ou de trabalho, sendo algumas das reuniões realizadas por intermédio de organizações não-governamentais com as quais interagem. As entrevistas em Bissau foram feitas em português e em crioulo. Nas cidades e tabancas das regiões, as entrevistas foram realizadas em português e crioulo, tendo-se recorrido ao auxílio de um tradutor quando as entrevistas foram realizadas no idioma do local.

O trabalho de terreno decorreu sem grandes constrangimentos logísticos ou de acesso aos entrevistados. Uma questão a ser ressaltada refere-se às expetativas dos entrevistados em relação ao propósito do trabalho. Devido ao longo relacionamento que a maior parte das comunidades/entrevistados têm com as organizações da sociedade civil, ainda que clarificado o propósito académico da entrevista, era percetível que, num primeiro momento, existia a expetativa de receber algum apoio. Além disso, condicionavam as respostas ao que pressuponham ser do interesse das organizações que implementam projetos na área do género, como por exemplo na resposta: "temos já constituída uma associação e o presidente é uma mulher". A associação de facto existia, a presidente era uma mulher, mas quem acumulava a responsabilidade pela gestão da associação era o secretário, um homem.

A análise empreendida neste texto sofreu limitações devido a (1) escassez de literatura acerca do setor de saúde na Guiné-Bissau; (2) dificuldade em aceder aos registos escritos das organizações da sociedade civil identificadas[10]. Neste último caso, o problema decorria da falta da prática das pequenas organizações informais de manter registos das atividades.

1. Conflito, liberalização económica e os setores socias na Guiné-Bissau

A Guiné-Bissau proclamou unilateralmente a sua independência em 24 de setembro de 1973, sendo reconhecida por Portugal em 11 de setembro de 1974. Até 1991 esteve sob um regime de partido único, tendo sido realizadas as primeiras eleições livres em 1994, após um período de 3 anos de transição.

---

[10] Especial agradecimento a Jerusa Costa, por ter partilhado os seus conhecimentos, contactos e meios logísticos. Algumas entrevistas utilizadas neste trabalho foram realizadas em conjunto com a referida investigadora.

MULHERES NO MERCADO DA SAÚDE

Alcançar uma paz duradoura ainda é um desafio para o país[11] que, durante o período de investigação, estava a ser dirigido por um governo de transição. Para Sangreman *et al.* (2006), os conflitos "fazem parte integrante da história moderna da Guiné-Bissau assumindo a forma, quer de resistência contra a sua potência colonizadora, Portugal, quer de lutas e tensões de ordem interna, entre diversas tendências políticas, baseados na luta pelo poder[12]". Apesar de uma aparente concertação social, a constante instabilidade militar e política reflete-se negativamente no dia-a-dia das populações. No dia 12 de abril de 2012, no contexto da segunda volta das eleições presidenciais, deu-se um outro golpe militar[13], o qual causou de imediato a paralisação parcial e mesmo total das atividades económicas e de alguns projetos desenvolvidos por organizações governamentais[14] e não-governamentais.

[11] De acordo com o autor, o PAIGC constituiu-se como força única, não deixando espaço para outros movimentos independentistas. Apesar da instabilidade económica, este domínio do PAIGC permitiu alguma estabilidade militar até 14 de novembro de 1980, quando Nino Vieira empreende um golpe de Estado vitorioso e se mantém no poder até 1998, apesar da contestação interna sempre reprimida. O conflito político-militar de 1998/1999 foi um dos mais violentos vividos pelo país e tem origem no conflito entre o Chefe de Estado-Maior General das Forças Armadas, Brigadeiro Ansumane Mané, afastado das suas funções no contexto do Inquérito sobre o Tráfico Ilegal de Armas para os Independentistas de Casamansa, e o presidente Nino Vieira que apelou à intervenção das tropas do Senegal e da Guiné-Conacry. A entrada de tropas estrangeiras provocou o aumento do apoio popular aos rebeldes e ao seu chefe, transformando o que era de início um ato estritamente militar num movimento essencialmente político. Depois do fracasso do acordo de Paz de Abuja (1998) foi lançada uma operação militar em Bissau que culminou com o exílio de Nino Vieira em Portugal (Sangreman *et al*, 2006: 12-18).
[12] Tendo as clivagens de origem étnica como base. Ver Sangreman *et al*, 2006; De acordo com o DENARP (2011: 12) os períodos de governação não ultrapassavam seis meses entre 2000-2004, e dois anos, entre 2004-2009.
[13] O Escritório do Coordenador Residente do Sistema das Nações Unidas na Guiné-Bissau considerava, na sequência do golpe de estado de 12 de abril de 2012, que apesar de não se verificarem aumentos nos preços dos alimentos e de não haver riscos imediatos para a campanha do caju, a produção de arroz estaria em risco devido às dificuldades de escoamento dos produtos, e que o *stock* de diesel estava muito baixo para dar continuidade ao suprimento de energia. Saliente-se que o arroz é o principal produto da dieta nacional.
[14] O Instituto Português de Apoio ao Desenvolvimento (IPAD), actual Camões – Instituto da Cooperação e da Língua (CICL), no seguimento do Golpe de Estado, encerrou o Programa de Apoio ao Sistema da Educação na Guiné-Bissau (PASEG), retirando do país cerca de 30 docentes que davam formação a professores guineenses em diversas disciplinas. Até às eleições

ADVERSIDADE E IMAGINAÇÃO

A economia guineense está dependente, maioritariamente, da exportação da castanha de caju[15]. De acordo com Documento de Estratégia Nacional de Redução de Pobreza (DENARP II) (MEPIR 2011: 15), em 2009 o caju representou mais de 90% das exportações totais e cerca de 17% das receitas do Estado. A dependência deste produto coloca a economia guineense em situação de vulnerabilidade devido às flutuações conjunturais dos preços do mercado e à fragilidade do setor privado, maioritariamente informal, expressa também por existirem apenas 75 empresas registadas em 2009. A campanha de caju absorve anualmente a maior parte da mão-de-obra disponível, interferindo inclusive no desenvolvimento de outras atividades, como a restauração, hotelaria, serviços domésticos, visto que parte desta mão-de-obra encontra maior retorno na coleta da fruta. Os serviços de educação também são afetados, já que em muitos casos professores e alunos deixam a sala de aula para participarem na campanha. As importações totalizavam 54,9 bilhões de Fcfa e as exportações 34,5 bilhões de Fcfa (INE, 2011)[16].

A análise de alguns dos indicadores de desenvolvimento demonstra os problemas enfrentados pela maior parte da população guineense no seu

de 2014, a União Europeia não reconheceu o governo guineense, o que levou à limitação dos apoios e investimentos.

[15] Outros dois produtos que se destacam nas exportações, embora em pequenas quantidades, são o peixe e a madeira.

[16] De acordo com o DENARP II (2011: 5), apesar da instabilidade política e institucional, das deficiências das infraestruturas económicas básicas, e do impacto das crises económicas internacionais e petróleo, a situação económica na Guiné-Bissau tendia a melhorar, apresentando uma taxa média de crescimento real em 2010 de 3,5%, impulsionado pela agricultura (6,3% em 2009), com uma influência notória da fileira de caju. Embora o preço de exportação de castanha de caju tivesse uma contracção de quase 30% em 2009, o impacto nas receitas de exportação foi compensado por um aumento importante no volume de exportações. Ainda de acordo com este Instituto, as reformas empreendidas nos últimos três anos contribuíram para a estabilização macroeconómica e a melhoria na gestão das finanças públicas, com a redução do défice orçamental, mais de 10% entre 2005 e 2007, para 3,2% em 2008 e 3,0% em 2009, em virtude do aumento de receitas internas e controlo das despesas, incluindo os salários dos funcionários públicos, que representam mais de 75% das receitas públicas. Com o apoio dos parceiros, o Governo relançou o investimento público e pagamento dos débitos atrasados ao setor privado. Outras iniciativas foram iniciadas, como a construção e reabilitação de algumas artérias principais da cidade de Bissau, a conclusão dos estudos para a construção de 500 km de estradas que ligam a Guiné-Bissau à Guiné-Conacri e ao Senegal, e a manutenção de rotina de 400 km de estradas em terra.

MULHERES NO MERCADO DA SAÚDE

dia-a-dia. De acordo com o INE (2011), 65,7% dos agregados familiares declararam que a principal fonte de iluminação é a vela e apenas 2,6% informaram dispor de eletricidade; 34,3% indicaram consumir água de poço não protegido, 26,6% de poço protegido e somente 6,3% indicaram dispor de água canalizada dentro de casa ou no quintal; 63,4% cozinham com lenha, 35% com carvão, enquanto apenas 1,1% informou dispor de gás; 20,2% informaram não dispor de qualquer sistema de esgoto, 44,7% dispõem de latrina não melhorada, 20,7% dispõem de latrina melhorada, 9,8% de casa de banho com fossa séptica e 4,2% de casa de banho com rede de esgoto. O país está classificado entre os que apresentam os mais baixos indicadores de desenvolvimento no mundo. De entre os 187 países analisados no Índice de Desenvolvimento Humano de 2011 (IDH), a Guiné-Bissau foi classificada na 176.ª posição[17]. Este cenário de carência é particularmente penoso para as mulheres que, na sociedade guineense, assumem a responsabilidade das atividades de produção e reprodução. As diferenças são mais evidentes quando comparamos a situação da capital com a do interior. De acordo com o INE (2011a: 2), enquanto em Bissau 31,2% dos agregados familiares são chefiados por mulheres, nas outras regiões este número cai para 19,6%. No que se refere à taxa de alfabetização das pessoas maiores de 15 anos, 69,8% das mulheres e 89,8% dos homens residentes em Bissau informaram que sabem ler e escrever, enquanto nas outras regiões 56,7% dos homens informaram saber ler e escrever e o índice feminino é de 26,2%[18]. Paradoxalmente, o índice de atividade é maior nas outras regiões (73,2%) do que em Bissau (44,6%), embora se mantenham as diferenças entre homens e mulheres, já que o índice de atividade feminino é de 42,2% em Bissau e 67,2% nas outras regiões, enquanto o masculino é de 60,5% em Bissau e 82,1% nas outras regiões.

Estes dados demonstram não só as diferenças entre a capital e o interior, como entre homens e mulheres, situação confirmada pelas atividades económicas que estas desenvolvem. De acordo com o DENARP II (2011: 14) o

---

[17] O Índice de Desigualdade de Género (IDG) não está calculado para a Guiné-Bissau.

[18] De acordo com Vasconcelos (2011: 132), apesar da crescente adesão das raparigas ao sistema de ensino, a gravidez precoce é um dos fatores com impacto no desempenho escolar: "em algumas escolas, as raparigas grávidas são obrigadas a passar para o turno da noite, e a atitude de muitos professores perante a gravidez das alunas é de quase desistência e recriminação. De acordo com a autora, as raparigas relataram casos de assédio sexual por parte dos professores, com represálias como chumbos ou faltas disciplinares perante a recusa das alunas.

contributo das mulheres para o crescimento económico dá-se principalmente através do "desenvolvimento da produção agrícola (incluindo fileiras do arroz, castanha de caju e horticultura), pecuária e pesca", do seu papel no setor informal urbano e rural, especialmente no comércio do trabalho doméstico. Segundo o *Inquérito Ligeiro para a Avaliação da Pobreza (ILAP2)*, 2011, 77,1% das mulheres ativas estão ocupadas no setor primário e cerca de 23,0% no setor terciário (serviços), dos quais 12% para o subsetor do comércio.

1.1. Processo de liberalização económica e a sua relação com os setores sociais na Guiné-Bissau

Além da instabilidade decorrente dos conflitos político-militares, a estrutura económica do país foi também afetada pelas políticas de desenvolvimento adotadas no período pós-independência. Na década de 1980 começa o processo de transição de uma economia planificada de tipo socialista para a economia de mercado, sendo os primeiros Programas de Ajustamento Estrutural (PAE) implementados em 1986/87. Em 1991, na sequência do II Congresso Extraordinário do PAIGC, teve início a transição para um regime de multipartidarismo. Estas mudanças, além dos efeitos provocados na esfera económica, implicaram também mudanças na esfera social e nas questões de género, tendo a mulher que assumir as consequências da diminuição dos serviços oferecidos pelo Estado.

A investigação realizada, bem como a literatura disponível[19], evidenciaram que, sob uma aparente racionalidade económica, os processos de liberalização da economia no espaço africano forneceram a justificação ideológica para a maior desresponsabilização do Estado da intervenção nas áreas sociais. A adoção do modelo neoliberal implicou transformações que não se restringiram à esfera produtiva, influenciando o papel da mulher na família e na sociedade. Das mulheres requer-se uma maior dedicação às atividades de reprodução social e, consequentemente, a diminuição do tempo disponível para as atividades de produção económica. Neste cenário, foi no setor informal que as mulheres encontraram o caminho para a sobrevivência, tanto sua como das suas famílias.

---

[19] Ver, entre outros: Chabal e Daloz (1999), Afonso (2011), Olukoshi (2000).

Os PAE começaram a ser impulsionados a partir de meados dos anos 80, com objetivo declarado de promover o crescimento económico por meio da liberalização da economia e do setor privado. Tratava-se de um conjunto de medidas para implementar nos países em desenvolvimento mediante contrapartidas financeiras negociadas diretamente entre o Fundo Monetário Internacional (FMI), o Banco Mundial e os governos nacionais (Afonso, 2011: 29). De acordo com Chabal e Daloz (1999: 120), a implementação dos Programas de Ajustamento Estrutural no espaço africano tinha por base o diagnóstico de que a política económica não era viável, pelo menos em parte, porque o Estado atrapalhava o funcionamento eficaz do mercado. Os programas teriam assim como prioridade o processo de liberalização do mercado, o reajustamento da moeda, a promoção dos produtos de exportação em que o país tivesse "vantagem comparativa" e, consequentemente, a redução do peso do Estado. De acordo com os autores, a adoção destas medidas implicou, entre outros fatores, a drástica redução das despesas do Estado em áreas como educação, saúde e infraestruturas básicas, que conduziram de imediato ao aumento da precaridade para um grande número de africanos.

As medidas empreendidas pelos PAE acabaram por acarretar, a curto e médio prazo, o aumento do nível de pobreza[20]. Para Bangura (1995: 96), devido à pouca capacidade de organização ou acesso ao poder, os grupos sociais subordinados seriam os mais penalizados com os cortes. Olukoshi (2000) destaca que a diminuição dos rendimentos das famílias teria como consequência a queda nos níveis nutricionais da população, o aumento dos problemas de saúde e o declínio nos níveis de educação. Este conjunto de transformações teria também forçado os agregados familiares a buscar alternativas de geração de recursos no setor informal.

Em finais de 1986, o Governo da Guiné-Bissau aprovou o Programa de Ajustamento Estrutural por um período de seis anos (Cruz, 2007: 62): a primeira etapa seria a da estabilização (1987-89), que procurava restituir os equilíbrios macroeconómicos internos e externos; a segunda etapa seria a do crescimento (1990-1992), que pretendia acelerar o ritmo de expansão económica e consolidar os ganhos da estabilização. A implementação dos PAE dá-se num contexto de crise económica caracterizada por um excessivo

---

[20] Para uma análise mais detalhada sobre esta questão ver: Oppenheimer (2006); Bangura (1995); Olukoshi (2000); Pfeiffer & Chapman (2010); Afonso (2011).

índice de consumo público e privado com forte impacto nas importações, estrangulamento na produção agrícola, elevados défices orçamentais, altas taxas de inflação, défice externo acumulado e consequente atraso no cumprimento do serviço da dívida, acrescidos de uma forte dependência externa. Como refere Cruz (2007: 64):

> "As estratégias de sobrevivência encetadas pelas populações engrossaram o já selvático setor informal, precipitou o movimento migratório, tanto dos meios rurais para o urbano como para os países limítrofes. Nesta perspectiva que vimos que este processo foi conduzido com um total menosprezo pelos valores morais que secundarizaram o homem, ignoraram princípios de justiça social e como consequência, vimos os guineenses em situação de exclusão propicia ao aniquilamento da auto-estima".

As consequências da aplicação dos Planos de Ajustamento Estrutural no setor de saúde revelaram-se desastrosas para as populações locais, tanto no meio rural como urbano. O setor de saúde sempre foi deficitário na Guiné-Bissau, onde os princípios dos cuidados de saúde primários de Alma-Ata (1978) nunca chegaram a ser verdadeiramente implementados. A limitação da atuação do estado a partir da década de 80 e a transição das suas responsabilidades para as ONG (Pfeiffer e Chapman, 2010) conduziram não só a uma desresponsabilização dos serviços de saúde estatais, como à proliferação dos cuidados de saúde proporcionados pelas ONGD e instituições religiosas. Na Guiné-Bissau, um país essencialmente rural que, embora pequeno, tem uma estrutura hidrográfica que dificulta a circulação motorizada, o acesso aos poucos centros de saúde existentes é extremamente difícil. As populações confiam nos cuidados de saúde prestados pelos terapeutas tradicionais, muitos dos quais atraem pacientes de países vizinhos, num contexto de pluralismo médico (Leslie, 1980). A mesma situação está bem documentada noutros contextos africanos, em particular no que tange aos cuidados de saúde materno-infantis (Turshen, 1999). Olukoshi (2000) refere que as consequências dos programas de privatização do setor da saúde nos países africanos foram o aumento da prestação destes serviços por missões religiosas e ONG, além da proliferação de centros de medicina tradicional. Para o autor, o setor de saúde teria sempre entrado em declínio pela falta de investimento na aquisição//manutenção dos equipamentos. É hoje reconhecido que os programas de privatização do setor da saúde, ao invés de beneficiarem os mais pobres, acabaram por contribuir para o aumento da desigualdade no acesso, por naturalmente favorecerem aqueles que podem pagar pelo tratamento (Oxfam, 2009; Pfeifer & Chapman, 2010). A elite guineense recorre às poucas clínicas particulares existentes no país e, por vezes, às OSC que fornecem serviços pagos[21]. Outros optam por procurar atendimento fora do país, especialmente no Senegal e em Portugal. Acrescente-se que o setor privado concentra os investimentos nas áreas urbanas e mais ricas. Ao operar sobre a lógica do mercado, os custos para o consumidor aumentaram, tanto pela prescrição de exames e procedimentos não necessários, como pela diminuição da qualidade do serviço público oferecido.

São as populações mais vulneráveis e, em particular, as mulheres, os mais afetados pela desresponsabilização do Estado dos setores sociais. Os PAE provocaram uma deterioração do nível de vida das populações na Guiné-Bissau, sendo responsáveis pela proliferação das atividades informais (Gomes, 2009: 71). O agravamento das condições salariais e o atraso nos pagamentos reforçou a crise no seio das famílias e pôs em causa a responsabilidade social dos homens como chefes de família. Esta situação conduziu as mulheres a procurarem reforço noutras atividades geradoras de rendimentos a fim de garantirem a sobrevivência da própria família.

Com maior ou menor variação entre as diferentes comunidades, os papéis dos homens e das mulheres estão bem definidos na sociedade guineense. Para Vasconcelos (2011: 128), as ideologias de género condicionam "as opções e escolhas que os atores fazem ao longo das suas vidas, bem como no acesso a determinados recursos e capitais (humano, social, simbólico) essenciais para os seus percursos individuais e respetivas táticas e estratégias". Num estudo sobre a violência contra as mulheres neste país, Roque (2010) salienta que as diferenças de género influenciam o estatuto social dos sujeitos e são expressas nas relações estruturais de desigualdade entre homens e mulheres, que se manifestam tanto ao nível económico, como político e familiar. Segundo esta autora, o discurso e o pensamento dominante sobre o género refere-se a relações de poder e submissão, onde ser homem representa *"ter poder e exercê-lo em relação às mulheres, às crianças e na comunidade"* enquanto o papel assignado às mulheres obriga-as a *"deveres*

---

[21] Exemplo da Casa Emanuel que fornece serviços de saúde como maneira de financiar o orfanato, a escola e o próprio centro de saúde.

de respeito, obediência, abnegação, fidelidade e de segredo" (2010:29). Os homens dominam a esfera pública e caracterizam-se "pela capacidade de ter voz" enquanto as mulheres são remetidas à esfera doméstica e à responsabilidade *"pela manutenção da ordem social e de determinados modelos e regras sociais, mesmo que estes não correspondam à realidade, nomeadamente o facto do homem não cumprir a sua função social de provedor da família"* (idem: 30). A responsabilidade pela saúde dos filhos e pelo cuidado da família é da mulher, como foi relatado por uma das entrevistadas:

> *"Não, homem não lava a roupa. A mulher é que lava a roupa. (...) não, mulher é que cozinha. (...) Não, mulher é que lava a criança. Se o homem é letrado, ele vai ver o que a criança fez e se for a mulher que é letrada, ela é que vai ver. Porque isso depende de que é letrado. (...) Sempre, a mulher tem mais preocupação com a criança que está doente (...) A mulher sente aqui, no coração"*[22].

Note-se que, à imagem do que sucedeu noutros regimes de partido único e ideologia marxista em África (Chabal, 1998), a tentativa de diminuir situações de desigualdade foi sempre política, sendo empreendida pelo partido no poder. Como refere Gomes (2009: 66), o PAIGC, desde a sua fundação em 1956, procurou combater as discriminações com base no género, investindo na educação das mulheres, na sua integração em órgãos políticos, primeiro nos Comités de Tabanca, a partir de 1970, e logo nos órgãos de decisão do partido, nos tribunais populares e nos meios de comunicação do partido[23]. A luta armada serviu como instrumento para uma discussão alargada dos papéis sociais de ambos os géneros na sociedade guineense. Entretanto, de acordo com a autora, para as mulheres que não estiveram envolvidas na *luta*, a situação permaneceu a mesma. A posterior degradação das estruturas do Estado e das atividades económicas acabariam por empurrar as mulheres para o setor informal. Em 1994, o Governo formado após as primeiras eleições livres contava com apenas duas mulheres entre os seus 26 membros (Gomes, 2009: 72).

Os cortes no financiamento das áreas de educação e saúde, além do aumento dos preços destes serviços, implicaram um peso acrescido para as mulheres. Conforme citado anteriormente, devido à divisão sexual

---

[22] Associadas de Aidara.
[23] Sendo Cármen Pereira, em 1973, nomeada vice-presidente da Assembleia Popular do Estado.

MULHERES NO MERCADO DA SAÚDE

do trabalho, as mulheres seriam as responsáveis por cuidar da casa e dos filhos. As mulheres procuram transferir recursos das atividades comerciais para o financiamento dos serviços de saúde. Além do aumento do custo dos serviços de educação, os PAE têm efeitos negativos na frequência e desempenho escolar dos adolescentes em consequência da necessidade de usar o trabalho não remunerado dos filhos mais velhos, em especial das raparigas, para as tarefas domésticas. Trata-se de um sistema que reproduz as condições de pobreza para as gerações futuras.

2. Práticas de sobrevivência e entreajuda na Guiné-Bissau

Pretendemos compreender as práticas de sobrevivência e entreajuda desenvolvidas pelos guineenses e, em especial, pelas mulheres, no contexto da fragilidade das políticas públicas para o setor de saúde. Procura-se contemplar na análise os principais mecanismos de entreajuda desenvolvidos pelas comunidades por iniciativa própria, além daqueles desenvolvidos com o apoio de OSC guineense ainda que não diretamente relacionados ao setor de saúde, mas que contribuíssem para o melhor acesso aos serviços.

Numa primeira fase, a responsabilidade pela provisão de grande parte dos serviços sociais foi transferida para as organizações da sociedade civil. Diante da degradação dos serviços sociais, a partir dos anos 80, o Banco Mundial e os outros doadores passam a conduzir os recursos da ajuda para as OSC, nomeadamente para as Organizações Não Governamentais (Afonso, 2011: 39). De acordo com Jackson (2005: 169), a *"non-governmentality"* tinha como premissa que o bem-estar da população deveria ser alcançado por meio dos atores não estatais, o que acabou por lançar novos pressupostos como *"'community-based development' from the 'bottom up'"* ancorados na estrutura das iniciativas de desenvolvimento local e das *"grassroots associations"*. Ainda de acordo com o autor, a *"non-governmentality"* implicou uma mudança de paradigma: de um Estado centralizado, agente de desenvolvimento, financiado externamente, para os atores não estatais, facilitadores do autodesenvolvimento (2005: 175). Com a transferência dos recursos para as OSC, Jackson (2005: 178) evidencia o surgimento das *"mushroom NGO"* com projetos desenhados de acordo com as linhas de financiamento externos existentes. Distinguimos aqui o papel das ONG, nacionais e internacionais, daquele que é realizado pelas associações locais, mesmo que estas tenham sido incentivadas pelas ONG. Numa primeira parte iremos debruçar-nos

ADVERSIDADE E IMAGINAÇÃO

sobre os princípios organizativos e o alcance das associações locais. Depois abordaremos um tipo particular de associação, as *mandjuandadi*, revendo a forma como estas associações, fortemente influenciadas pelas associações de idade rurais, conseguem funcionar como grupos de interajuda.

2.1. *Entreajuda, sistemas de poupança e de crédito coletivo*

Além das iniciativas desenvolvidas com o apoio das OSC, as populações organizaram-se em iniciativas económicas e sociais, tendo como prática principal a entreajuda. As práticas de ajuda mútua não são um fenómeno exclusivamente guineense, sendo estas práticas descritas por diversos autores noutros países africanos, entre os quais salientamos aqui o exemplo dos PALOP. Em Angola, Afonso (2011) analisa a reconstrução/construção das redes de entreajuda no caso das vendedoras do mercado informal de Luanda, no contexto pós-guerra e urbano, incluindo a integração de uma componente monetária. De acordo com a autora, o setor informal é um espaço privilegiado de (re)construção das redes de solidariedade. Estes sistemas de entreajuda, conjuntamente com as redes familiares e as redes criadas nas instituições religiosas, complementam-se e retroalimentam-se[24], revelaram-se como o mecanismo principal de sobrevivência das vendedoras e das suas famílias, ainda que se entenda como uma entreajuda pragmática, como uma entreajuda reconfigurada para o meio urbano, por vezes estabelecida com fins específicos e com a inserção do elemento monetário. A necessidade de capital para o acesso a bens e serviços nas cidades deu origem tanto a novas formas de entreajuda, como a novas formas de relações e redes. Em Moçambique, Dava, Low e Matusse (1998: 338) indicam que as práticas tradicionais de entreajuda têm ressurgido como um instrumento de sobrevivência e de superação das dificuldades encontradas no meio urbano: "na procura de mecanismos apropriados, é natural que as pessoas retornem àquelas práticas que existiram no passado e que terão sido parcialmente perdidas ou não praticadas durante algum período (os

---

[24] Grassi (2009:14) retoma o conceito de capital social de Pierre Bourdieu, e nota as "normas de reciprocidade, recurso a propriedades comuns e outros vínculos que permitem a ação social das instituições", cujo valor provém "do nível de interação entre as pessoas, exprimindo-se a nível do valor coletivo do apoio mútuo, na confiança, na reciprocidade e na informação que produzem um valor para os que partilham uma pertença comum".

anos de guerra)". Para os autores (1998: 323), nas áreas urbanas prevalecem as práticas que privilegiam o dinheiro nas relações, enquanto nas zonas rurais destacam-se as práticas que privilegiam a troca de mão-de-obra e o pagamento em espécie.

O recurso à interajuda mantém-se em contexto migratório, como demonstra o estudo de Samuel Weeks (2012) sobre a comunidade cabo-verdiana na periferia de Lisboa. As práticas de interajuda, trazidas de Cabo-Verde e reconstruídas no contexto suburbano, incluem as seguintes atividades: *djunta mon*, que engloba a oferta de água, acolhimento, colaboração para a realização de tarefas ou mesmo a partilha de refrigeradores, tanques de lavar roupa e fornos; *laja kaza*, quando a comunidade se reúne para construírem ou repararem uma casa; criação de um sistema de responsabilidade rotativa pela guarda das crianças ou do "emprego de rotação", quando os trabalhos de limpeza doméstica remunerados são passados para os parentes ou amigos próximos que acabam de chegar das ilhas. O autor descreve também a pertença aos grupos de crédito rotativo chamados de *totokaixa*.

Os grupos de crédito-rotativo ou *Rotating Savings and Credit Associations* (ROSCAs) são populares em diversos países, nomeadamente os africanos, com algumas variações no seu modelo de funcionamento e diversas denominações, como "totokaixa" em Cabo Verde, Xitique em Moçambique e Kixikila em Angola. Na Guiné-Bissau constituem uma das práticas de entreajuda mais usuais entre as mulheres, chamados de *abota*[25]. A sua popularidade deve-se ao fato das populações mais vulneráveis terem maior dificuldade em aceder às linhas formais de crédito: é difícil obter informações sobre a existência e o funcionamento dos programas oferecidos pela banca; não dispõem de bens que possam servir como garantias para o crédito; o negócio que gerem, seja por ser informal ou pela pequena dimensão, dificilmente é aceite como garantia. Alguns não sabem ler nem preencher os formulários necessários para solicitarem um empréstimo (Afonso, 2011: 164-165). De acordo com Ducados e Ferreira (1998: 2; 4), as pessoas mais desfavorecidas

---

[25] Lopes (2011), que analisou o papel da mulher no desenvolvimento de programas de microcrédito nas regiões de Pitche e Pirada (setores da região administrativa e jurídica de Gabu) de 2003 a 2004, refere que a integração nos programas de microcrédito fez com que as mulheres se sentissem mais "ouvidas e respeitadas", implicando em mudanças no seu papel familiar e comunitário.

procurariam desenvolver uma série de esquemas, "instituições" e interme-
diários financeiros fora do setor formal, como forma de gerar rendimentos
para a sua sobrevivência. Assim, uma das principais características dos
países em desenvolvimento seria um dualismo financeiro, onde a par do
setor financeiro formal (institucional e regulado), existiria igualmente
um setor financeiro informal que teria uma capacidade mais reduzida de
mobilizar recursos de poupança e financiamento do investimento.

Na Guiné-Bissau, os grupos de *abota* são associações informais que
funcionam como um sistema de poupança, já que não há pagamento de
juros nem quaisquer outras taxas para o seu funcionamento. Podem ser
constituídos no âmbito das famílias ou, mais comummente, por grupos
de vizinhos ou de pessoas que partilham uma mesma ocupação, como as
bideiras, vendedoras do mercado. Nos casos identificados neste trabalho,
os valores variam de grupo para grupo, dependendo principalmente da
capacidade de pagamento dos associados e do motivo para o qual o grupo
foi criado. Conforme relatam as associadas da tabanca de Aidara:

> *"depende das pessoas... se forem dez e estipularem 1000 francos conseguem 10 mil que
> vão guardar (...). No tempo de chuva sabe que a partir do mês de, a partir do tempo de,
> aliás do mês de agosto, setembro, outubro e novembro é um tempo difícil, é um tempo
> muito difícil na tabanca. Não conseguimos dinheiro. Nesse tempo cada um está à procura
> da alimentação[26]"*

Para Ducados e Ferreira (1998: 5), as vantagens em integrar grupos
informais de crédito consistem no fácil acesso ao financiamento comparativamente ao setor formal (devido ao conhecimento e confiança pessoal
em que assentam os esquemas) e aos custos baixos ou nulos do crédito. Por
seu turno, as desvantagens deste sistema decorrem da lógica do informal:
mobilização limitada a quantias reduzidas de capital, e funcionamento
baseado na confiança mútua e conhecimento direto.

A confiança e solidariedade entre os membros são as bases para o funcionamento dos grupos de *abota*. A lógica da entreajuda pode ser verificada
"quando da alteração na ordem do beneficiário, diante de alguma situação
passada por um dos membros em que este evidencie maior urgência em
receber o dinheiro" (Afonso (2011: 168)). O beneficiário do período pode

---

[26] Associadas da Tabanca de Aidara.

ceder a sua vez em favor de outro sem pagamento de juros ou quaisquer encargos. A solidariedade entre os membros também se evidencia no que se refere ao apoio para o pagamento dos montantes individuais. A falha de um dos membros do grupo na maioria das vezes é compensada pelos demais, mais uma vez sem a cobrança de juros ou quaisquer encargos, conforme se pode constatar nesta resposta de uma das entrevistadas sobre eventuais problemas no pagamento da *abota*:

> **Mulher2**: *"Vais na vossa abota, se por acaso não é neste mês que ias receber, ias receber depois e tens essa preocupação, logo vais lá e dizes que queres que te ajudem para me darem a minha abota agora porque tenho um assunto a tratar logo te dão o dinheiro e vais tratar do teu assunto".*

O incumprimento dos pagamentos implica um processo de exclusão social através de sanções: não volta a integrar o mesmo grupo e, muito provavelmente, não pode integrar qualquer outro grupo na vizinhança conhecedores da situação[27]. Ainda que o princípio constitutivo do grupo se baseie na solidariedade entre os seus membros, isto não quer dizer que o conflito entre os mesmos também não faça parte da realidade dos grupos.

O dinheiro proveniente dos grupos de *abota* é a principal garantia para a provisão das despesas de saúde. As associadas da *tabanca* de Aidara indicam a sua participação nos grupos de *abota*, que funcionam paralelamente (e são anteriores) à associação de mulheres da tabanca.

> *"se aquele dinheiro sentires que não vai ser suficiente logo vais no coiso emprestar dinheiro e juntar a ele para ir à consulta".*

> *"tem associação, tem abota (...) O dinheiro da abota é quase o mesmo. Porque quando tiver abota e tiver uma criança doente pode tirar no dinheiro da abota que guardas quando te dão, podes tirar para ir comprar os medicamentos para curar a criança. Você*

---

[27] Frias (2006: 264) relata a mesma situação em relação aos grupos de *xitique* em Moçambique, indicando que os casos de fuga e incumprimentos não são comuns. Além de limitar a participação noutros grupos de *xitique*, *"para além do estigma social que o passará a acompanhar, poderá ter consequências nefastas, sobretudo se se deparar com tempos e situações difíceis, momentos em que as solidariedades se tornam essenciais".*

também pode estar grávida podes tomar aquele dinheiro para ir à consulta, comprar o cartão e fazer tudo o que é necessário para a grávida".

As associações e o mecanismo de *abota* têm funcionado como um meio eficiente para obstar aos problemas que se levantam no quotidiano destas populações. Neste contexto de privação de apoio social todos os grupos de solidariedade são ativados pelas mulheres, como é o caso das associações de *mandjuandadi* que abordamos de seguida.

3. Mandjuandadi e grupos culturais – que ligações com o setor de saúde?

Os grupos de mandjuandadi desenvolvem principalmente uma função lúdica e de socialização. As práticas de entreajuda, mais especificamente as relacionadas com a saúde, não são o motivo primário de constituição dos grupos. As *mandjuandadi* são associações que se desenvolveram nas *praças* coloniais fortemente inspiradas nos sistemas de associação locais. As associações, que interpelam membros dos diferentes bairros e *tabanca,* são um importante foco de formação de identidades coletivas e de legislação comunitária. O tipo de agremiação mais generalizado é o das classes de idade, definidas como um grupo etário restrito, nascido num período de tempo determinado (equivalente, em regra, à distância entre duas iniciações sucessivas de adolescentes), pelo que a inserção na classe de idade é determinada desde o nascimento. As classes de idade podem implicar a pertença a sociedades de iniciação, como é testemunhado em estudos sobre os Djola da Casamança (Mark, 1985; Schloss, 1988), e, na Guiné-Bissau, entre os Balanta (Handem, 1986) e os Bijagó (Duquette, 1983; Henry, 1994; Sousa, 1995). Nas *praças* crioulas desenvolveu-se um sistema paralelo de *mandjuandadi*, de carácter lúdico, mas que mantinham características de interajuda próprias das associações rurais. Trajano Filho (2009) descreve o mesmo tipo de associação, designado por *tabanca,* em Cabo Verde. Por seu lado, Semedo realça as características de resiliência das *mandjuandadi* guineenses:

"grupo organizado que obedece a regras previamente definidas, surgiram e/ou se desenvolveram nas antigas praças coloniais (centros ou entrepostos comerciais). Foram lugares também criados pelos nativos para continuarem a ser eles próprios, para poderem

exprimir-se e se impor, através das cantigas, das vestimentas, da gastronomia, de suas lutas quotidianas, sua identidade. Era ali o lugar onde, por meio das cantigas, se expressavam (e se expressam) as tensões familiares e sociais[28]"

A pertença a um determinado grupo não está necessariamente relacionada com uma área geográfica; há casos de membros que mudam para outras cidades e até mesmo outros países e continuam a colaborar com o grupo, embora mantendo a unidade etária. Estes grupos são compostos maioritariamente por mulheres, organizados sob o propósito da prática de uma atividade lúdica (com canto, dança e instrumentos). A idade é um dos elementos mais agregadores, conforme explica a Rainha do grupo *"Velha-guarda da Bairro da Ajuda"*, composto por mães e avós na faixa dos 30-37 anos: *"A minha idade é 37, não é 17 anos, não é? ... é velha-guarda, 30"*.

As mulheres constituem o cerne dos grupos de *mandjuandadi* onde desempenham inúmeras funções lúdicas e organizativas: "outra bate a tina, outra toca *sicó*, outra mulher canta[29]". Habitualmente os homens estão integrados nos grupos como ocupantes de cargos específicos ou com a responsabilidade de tocar algum instrumento, nomeadamente o tambor. O grupo Thossan contava, na data da entrevista, com 33 membros, dos quais 29 mulheres e 4 homens, sendo um destes escolhido para ser o responsável pelo grupo. Quando questionada a respeito do destaque dado a um dos poucos membros do sexo masculino a Rainha do grupo responde: *"vimos vantagem no macho. Mulher tem a sua vantagem, macho tem a sua vantagem por isso optamos para macho no nosso grupo, elegemos macho como rei, elegemos macho cordeiro e elegemos macho como presidente do grupo[30]"*.

Os grupos apresentam uma estrutura hierarquizada, com títulos e diferentes estatutos. De forma geral, os principais cargos são os de Rainha (por vezes a mais velha do grupo, aquela que organiza o grupo), Meirinha (segunda posição hierárquica após a Rainha), Cordeira, Rei, Cordeiro (por vezes o título designa substituto do Rei), Vice-rei, Mãe, Pai, (ou Mãe

---

[28] Semedo (2010:38). Ainda de acordo com a autora:" trata-se de um lugar do meio, de encontro, de desconstrução e de reconstrução, de um modo de estar que, por um lado, subverte o modo de estar do colonizador e, por outro, recria um espaço em que se reconhecem vários traços étnicos".

[29] D. Magda.

[30] D. Fátima, Thossan.

ADVERSIDADE E IMAGINAÇÃO

do grupo, Pai do grupo), Madrinha, Padrinho, Responsável, Conselheira (mais velha, que juntamente com a Mãe resolve os problemas do grupo), Financeira/Tesoureira, Conde (responsável pelas vestimentas). Outros grupos apresentaram na sua estrutura cargos como os de Secretária e Responsável de Logística e Património[31]. Os grupos estão abertos a receber novos membros, onde a música e a dança marcam os rituais de entrada:

> *"E quem quiser entrar grupo, tem de chamar, organizamo-nos nós os membros das mandjuandadi sentamo-nos e ele vem fazer o seu pedido. E não impomos nenhuma condição. O que é certo se vais entrar no nosso grupo somente lhe informamos que no dia tal iremos a sua casa. Iremos a sua casa como convidados seus, iremos e aquilo que lá tens vamos divertir, pronto, a partir daí sabes que, daquela data sabe que entrou dentro de um grupo de mandjuandadi. Assim é que consideramos e colocamos o seu nome na lista[32]".*

Todos os grupos entrevistados citaram que cobram quotas, que variam entre os grupos em valor e periodicidade (foram citadas contribuições de cinquenta francos pagos nos dias de ensaio, três vezes por semana, cem francos por dia de ensaio, também com três ensaios semanais, cem francos semanais, duzentos e cinquenta francos semanais, mil francos mensais). Estas quotas são o principal mecanismo de sustentação financeira do grupo. No caso da "Velha Guarda do Bairro da Ajuda", as contribuições são depositadas numa conta bancária e controlada por três dos principais elementos do grupo, *"Rainha, Mãe do grupo e Financeira, tem que ter três assina-turas"*, indica a Rainha. Embora a pertença ao grupo seja voluntária, estes desenvolveram mecanismos de cobrança das contribuições, conforme nos relata o responsável pelo "Som de Tina":

> *"Paga, paga, paga, porque isto aqui, há uma lei que nós deitamos ali, quem não foi por exemplo paga até ao último ensaio daquela semana significa de que o próximo dia a seguir não pode assistir o ensaio... Vai ficar de fora até quando liquidar a sua dívida, então ali pode continuar a ensaiar"*

Alguns grupos desenvolveram estratégias de captação de fundos adicionais por meio da cobrança pela animação de diversas atividades, como o

---

[31] Presidente do grupo Amizade de N'Pancha.
[32] Rainha do Grupo 3.

choro (funerais) e comícios. Apesar dos diversos obstáculos e da sazonalidade dos trabalhos, a Rainha da "Thossan" indica os valores arrecadados:

> *"Se alguém nos quer levar para fora, se conhecer uma pessoa do grupo, mas você não é do grupo e queres nos levar para fora, vais ter de falar com essa pessoa do grupo e ela vem informar na reunião dizendo que ele e o fulano são assim e que o mesmo fulano queria levar grupo ao seu toca choro. Nós lhe vamos contar o montante que nos vai pagar para nos deslocar, vai custear o nosso transporte daqui até ao local, dantes cobrávamos 50.000, mas depois vimos que é pouco e não chega para dividirmos nós mesmo, agora são 75 mil para a nossa deslocação para fora. É isso que cobramos porque a situação não está fácil. Cobramos 75 mil, mas tem que garantir a viatura para a nossa ida".*

O presidente do grupo Amizade de N'Pancha apresenta valores diferentes, que ele relaciona com a baixa valorização do trabalho das *mandjuandadi*:

> *"(...) nunca, nunca os grupos de mandjuandadi façam um trabalho aqui custam 100.000 nunca, no máximo o grupo de mandjuandadi aqui na Guiné-Bissau, no máximo, já alguém diz 50.000 ele chora que ainda é difícil, no máximo são 50.000, 40 ao pegar 40, 50.000 não chega nada".*

Não foram identificados apoios regulares por parte do Estado ou de OSC, conforme indica a Rainha do "Grupo 3": *"não, o Estado não nos apoia. Não temos ninguém que nos apoie"*. O responsável pelo grupo Amizade de N'Pancha relata: *"são todo o meu esforço, o governo da Guiné-Bissau, a cultura, a direcção da cultura da Guiné-Bissau não apoia, nem sequer, não apoia nenhum grupo que vai preparar para o desfile[33], nenhum"*. O responsável do grupo "Som de Tina" também relata a dificuldade em levantar fundos adicionais: *"quando entregamos o orçamento muita gente recusa dizem que é muito não temos dinheiro, não temos condições, às vezes nós vamos com o nosso custo próprio, o nosso alojamento depende tudo de nós, é isso"*.

Ao aprofundar a entrevista na questão da possibilidade de levantar recursos extra por meio da apresentação em eventos de cunho político, os grupos mais uma vez relatam a baixa valorização dos espetáculos dos grupos de *mandjuandadi*. De acordo com a Rainha da Thossan, os músicos são mais valorizados: *"tempo de trabalho ou campanha, não conseguimos contrato sabe que*

---

[33] Desfile anual do Carnaval.

nas campanhas eles valorizam mais os músicos em relação a nós. A nós, eles querem dar um mínimo de dinheiro, pagam mais aos músicos, desinteressam-se de nós". O responsável pelo grupo Amizade de N'Pancha ressalta a mesma questão:

> *"na campanha política, os partidos políticos aproveitam do grupo de mandjuandadi porque naquele momento eles precisam de grupo de mandjuandadi, contratam o grupo sempre a dizer olha, temos, vamos matar uma vaca, metade para vós, quantas caixas de cervejas é que precisaram dele, de sumo, vinho tinto e lhe dá, mas o dinheiro é um pouco difícil"*

Na primeira entrevista aos grupos de *mandjuandadi*, deparamo-nos com a Rainha e fundadora do grupo "Velha Guarda do Bairro da Ajuda", 39 anos, mãe de três filhos, a mais velha com 20 anos, grávida pela primeira vez. O marido emigrou para Coimbra, para trabalhar numa fábrica de cimento. A entrevistada explicou que sustenta sozinha os filhos e a mãe, que por sua vez a ajudam nos seus negócios. Para garantir o sustento da família, ela desdobra-se numa série de atividades: trabalha diariamente na Guiné Telecom, como técnica de telecomunicações: *"subo lá em cima daquele poste, lá em cima".* Encontramo-la depois com uma tenda montada no festival anual de música de Bubaque, a servir refeições e a vender bebidas. Seguidamente encontramo-la a vender pipocas no *ferry* que leva os passageiros para a ilha de Bubaque. Também visitamos a entrevistada no seu pequeno restaurante, de estrutura de palha, com mesas e cadeiras de plástico, cuidadosamente decorado com bandeirolas, numa das principais ruas do Bairro da Ajuda. Neste local, contando apenas com um pequeno fogareiro a carvão, cozinha e serve refeições. Assim explicava como concilia as suas inúmeras atividades profissionais com as obrigações de Rainha:

> *"toda a vez que é rainha, todo o mundo reconhece que eu sou a rainha. Nem se for noutro grupo consideram como rainha naquele grupo com todo o respeito e tudo total de qualquer grupo (...) é somente eu. Tempos e horas diferentes. Se tenho o trabalho com o grupo eu vou deixar tudo, somente na saída do trabalho 4 horas. Depois de 4 horas, sempre o grupo trabalha em cima da 5, quatro e meia, cinco horas".*

Além do propósito da "brincadeira", os grupos ainda funcionam como uma rede de entreajuda, como também descreve a Rainha do "Grupo 3" – explicando o nome e o processo de formação do seu grupo: *"Normalmente nos desgostos somente grupos, grupos e grupos de mandjuandadi. Às vezes, se não tiver grupo, vais e ficas isolado. Bom, daquela maneira que íamos, víamos as outras pessoas nos seus grupos e nós não tínhamos, éramos somente nós três".* O Presidente do grupo Amizade de N'Pancha relata: *"não é só, não é só brincar, não é só dançar, tocar não o grupo está composto para ser, saber da situação de cada um".*

Cada grupo desenvolveu os seus próprios mecanismos de entreajuda. No caso de nascimentos, foram indicadas práticas como a visita por parte dos membros e apoio na compra de alguns produtos necessários: *"na mandju-andadi, se tens filho todo o mundo vai lá e visita[34]"*, *"caso alguém dá luz, o grupo sempre tem o nosso costume de arranjar sabão (...) algumas coisinhas porque não temos meio, sempre arranjamos alguns: sabão, vela, ou como se diz óleo Johnson, sabonete, sempre a apoiar com ele[35]". No caso* de desgostos (falecimentos) o "dinheiro de vela" ganha destaque, como explicam as Rainhas da Velha-Guarda do Bairro da Ajuda e da Thossan:

> *"Se tens algum desgosto, logo as pessoas descem todos encontrar aqueles 500 francos que é a abota que nós dissemos dinheiro de velas que é uma pequena ajuda, bate aquela na mão da mãe, entreguei aqueles 500 e entregar para aquela pessoa que tem desgosto[36]"*

> *"Qualquer elemento do grupo se tivermos desgosto, damos e a cada elemento do grupo dizemos: o fulano do grupo tem desgosto. É convocada uma reunião de urgência, dissemos reunião urgente. Tiramos cada um, um pano, um pano, juntamos todo, tiramos os nomes das pessoas que colocamos na lista, os panos são juntados num local e depois carregado para levar ao local do desgosto e dizermos: fulano, um elemento do grupo tem desgosto, te entregamos. A quotização da vela é 500 francos cada um e juntamos tudo e te entregamos. (...). No dia em que vais fazer o almoço, vai nos dar aquilo que vamos comer e vamos quotizar 2.500 cada um e te entregamos. Assim é que funcionamos no nosso grupo e ajudamos uns aos outros (...). Você é que vai comprar todas as coisas: comida, bebida e preparar tudo. Mas os outros membros do grupo, eles também vão fazer a sua quotização e quando eles chegarem, vão reembolsar aqueles gastos que você fez[37]".*

No caso de doença, os mecanismos de entreajuda também funcionam, conforme explica a Rainha da Thossan: *"Por isso é que vamos reunir hoje porque*

---

[34] Rainha da Velha Guarda do Bairro da Ajuda.
[35] Presidente do grupo Amizade de N'Pancha.
[36] Rainha da Velha Guarda do Bairro da Ajuda.
[37] Rainha da Thossan.

ADVERSIDADE E IMAGINAÇÃO

temos um elemento do grupo que está doente. Se estiver doente, nós temos que quotizar 1.500 francos cada elemento do grupo, vamos quotizar e entregamos a meirinha e financeira para levar para a pessoa que está doente".

Outro mecanismo de entreajuda citado é a possibilidade de realizar empréstimos junto da caixa do grupo. Esta prática permite aceder a serviços de saúde que não estariam ao alcance financeiro mais imediato da família do paciente. Em alguns grupos, conforme citado por Afonso (2011), estes empréstimos "conjugam a lógica monetária, a confiança entre os membros e a entreajuda": os empréstimos são, de forma geral, rigorosamente anotados no livro do tesoureiro e sobre estes são cobrados juros. Os juros servem mais como um mecanismo de regulação da prática do empréstimo do que como um mecanismo de rentabilização do caixa. O presidente do Amizade de N'Pancha explica o funcionamento dos empréstimos no grupo:

"se o grupo faça o empréstimo a todos os elementos, todos os membros porque no regulamento do grupo, tem um ponto que diz assim: qualquer pessoa ou elemento do grupo que está doente não é caso intencional, o grupo tem direito de dar alívio ao empréstimo e tem alguma parte que o grupo tem o direito de dar sem emprestar (...). Se Aline está doente vai pegar no contacto, informar o responsável e o responsável vai ter juntamente com o tesoureiro ou tesoureira e perguntar olha senhora ou senhor está doente, mas ele precisa do montante para ir ao hospital, quanto é que temos no fundo? Se está lá 10.000 ou 5.000, façamos o seguinte: olha vamos emprestar 2.500 e o grupo vamos dar o apoio de 1500, num montante de 4000, depois dele recuperar e retomar a atividade normal, vai retribuir aquele 2500, mas aquele 1500 são apoio do grupo".

Alguns grupos não cobram juros e não estabelecem prazo de devolução do dinheiro, conforme nos relata Domingos, quando perguntado se o dinheiro tem que ser devolvido: *"não, não, não. É a oferta que o grupo dá".* A Rainha da Thossan indica que, no grupo, o dinheiro deve ser devolvido: *"fundo de grupo se você não tem ou não está na altura, fundo do grupo podes emprestar, o rei faz papel e você assina e recebe".* D. Manuela[38] relata a possibilidade dos empréstimos no Grupo 3:

"se tens o teu filho doente e nos pedir para lhe emprestarmos o dinheiro que temos guardado, a quantia que pedires te emprestamos para comprares os medicamentos para

---

[38] Nome fictício dado a Rainha do "Grupo 3" neste texto.

tratar o seu filho e quando o teu filho estiver melhor, se estiver na altura de nos pagar, busca o dinheiro. Não lhe vamos impor nenhum prazo para nos pagar, mas se tiver e o seu filho estiver doente, saberá que este dinheiro, o tinha emprestado no cofre por isso devo devolver".

Por vezes o tipo de apoio prestado pelo grupo não é organizado, cada membro contribui da maneira que pode e, neste caso, além do sentimento de pertença ao grupo, depende também da maior ou menor proximidade que se tenha com aquele membro, conforme relata o responsável do grupo Som de Tina:

> *"Por exemplo estás doente, tem desgosto, às vezes por exemplo como eu, no desgosto do meu pai o grupo me apoiou. (...) Ah, porque eles arranjaram, foi comigo até S. Domingos, custearam os seus transportes e alguns deram alguma contribuição e aquele fundo também tiram uma parte e me deu e alguns por exemplo bem sei que em qualquer grupo tem pessoas que gostam mais do outro em relação aos outros não é ou que têm mais amizade e aqueles que têm amizade comigo, alguns arranjam uma caixa de sumo, uma caixa de cerveja, alguns compraram pano para mim então e levam isto, mas aquele pano às vezes é surpresa, só no momento que as famílias estão por exemplo a precisar de uma coisa então eles levam o pano e dê a essa pessoa".*

As *mandjuandadi*, embora conhecidas pelas suas atividades lúdicas, desempenham uma função menos conhecida enquanto grupo de solidariedade social de base. Conforme foi descrito pelas entrevistadas, estes grupos são particularmente ativos nos casos relacionados com cuidados de saúde ou ainda com funerais. O fato de se tratarem de formas de associação tradicionais, que se estendem por toda a idade adulta dos seus membros, permite-lhes ter uma continuidade e uma capacidade de intervenção que suplanta a das associações locais, incentivadas pelas ONG, que mencionámos anteriormente.

Note-se que as *mandjuandadi* não funcionam como grupos de microcrédito, ao contrário de algumas associações referidas. Contudo, a sua abrangência em termos de associados nas praças urbanas, a sua visibilidade e o apoio que dão em situações de crise de vida dos seus membros, permite-lhes assumir o papel de mutualidades populares vocacionadas para o apoio às famílias, em particular nas necessidades derivadas de problemas de saúde.

Notas conclusivas

Pretendeu-se neste artigo analisar a estrutura, dinâmica e os principais mecanismos de entreajuda desenvolvidos no âmbito dos grupos associativos informais, que podem ou não ser incentivados pelas ONG, onde se incluem as *mandjuandadi*, os grupos de jovens, as associações culturais, em Bissau e na região sul do país. Verificou-se que, de forma a assegurar o acesso aos serviços básicos de saúde, em especial na área materno-infantil, as OSC desenvolveram uma série de iniciativas, muitas delas utilizando a estratégia de mobilização das comunidades. São diversos os campos de atuação: educação para a saúde, projetos de microcrédito, mutualidades de saúde, além do fornecimento de equipamentos para serem utilizados pela comunidade. De uma forma geral, é visível a força, e a dinâmica, da sociedade civil guineense: um breve passeio nos bairros e *tabanca* guineenses permite visualizar inúmeras placas e letreiros, alguns mais arranjados, outros pintados à mão, que indicam a existência de diversas estruturas organizacionais comunitárias. A sua estrutura, funcionamento e operacionalidade são diversas, podendo ser formais e informais, algumas ativas, outras apenas mantendo a estrutura, ou ainda criadas com o único objetivo de realizar ou atuar como parceiro de um projeto de desenvolvimento.

As associações, sejam elas informais ou incentivadas pelas OSC, baseiam-se no princípio da interajuda e são financiadas pelas quotizações dos seus membros. Foi aqui identificado o mecanismo da *abota*, o qual, à imagem do que acontece em numerosos contextos africanos, se baseia na criação de grupos de crédito-rotativo ou *Rotating Savings and Credit Associations*. O mesmo mecanismo é adotado pelas *mandjuandadi*, grupos inspirados nas associações de idade rurais, das quais adotam os princípios da unidade de género e etária e o princípio da interajuda. Embora estes grupos sejam sobretudo conhecidos pelas suas atividades lúdicas, também servem de suporte aos seus membros, recobrindo funções de proteção social. Salientou-se que os contributos, financeiros ou em serviços, são sobretudo mobilizados para facilitar o acesso aos serviços de saúde, seja dos membros da mandjuandadi ou da sua família.

Verificou-se que a situação de extrema instabilidade do país, que agravou a situação de penúria dos cuidados de saúde, incentivada pela aplicação dos PAE desde os anos 80, colocou grande parte da população numa situação de extrema fragilidade. Os diferentes papéis assignados a cada género remetem para as mulheres a responsabilidade pela sobrevivência do agregado familiar. Os mecanismos de interajuda no interior dos grupos de *abota* ou das *mandjuandadi* têm-se mostrado os mais eficazes para obstar aos problemas quotidianos da população. O envolvimento das mulheres nestes grupos visa criar redes de sociabilidade e de interajuda, que são ativados em situações de crise, e representam um dos principais mecanismos para minorar o risco constituído pela doença num contexto em que os cuidados de saúde se encontram mercantilizados.

Referências

Afonso, A. (2011). *Vendedoras no setor informal de Luanda: sobrevivência e entreajuda em contexto de liberalização económica*. Tese de Doutoramento em Estudos Africanos. Lisboa: ISCTE-IUL.

Bangura, Y. (1995). Perspectives on the Politics of Structural Adjustment, Informalisation and Political Change in Africa. In T. Mkandawwire & A. Olukoshi (Eds.). *Between Liberalisation and Oppression: The Politics of Structural Adjustment in Africa*. Dakar: CODESRIA.

Barrientos, A. & Hulme, D. (2008). *Social protection for the poor and poorest*. Basingstoke and New York: Palgrave

Chabal, P. & e Daloz, J.P. (1999). *Africa Works: Disorder as a Political Instrument*, Oxford: James Currey.

Cruz, J. L. (2007). *O Programa de Ajustamento Estrutural na República da Guiné-Bissau: uma avaliação política e ética*. Dissertação de Mestrado. Lisboa: ISCTE-IUL. Disponível em www:<http://hdl.handle.net/10071/1338>.

D'Alva, M. M. (2004). *Saúde da família na Guiné-Bissau: estudo de caso de implementação na região sanitária de Bafatá*. Comunicação ao VIII Congresso Luso-Afro--Brasileiro de Ciências Sociais. Coimbra.

Dava, G., Low, J. & Matusse, C. (1998). Mecanismos de Ajuda Mútua e Redes Informais de Protecção Social: Estudo de Caso das Províncias de Gaza e Nampula e a Cidade de Maputo. *Pobreza e Bem-Estar em Moçambique: Primeira Avaliação Nacional (1996-97)*. Disponível em http://siteresources.worldbank.org/INTPGI/Resources/342674-1092157888460/Mozambique_MapeamentoPobreza.pdf

Dekker, M. (2010). Individual or shared responsibility: The financing of medical treatment in rural Ethiopian households. In R.Van Dijk & M. Dekker (Eds).

Markets of Well-being. Navigating Health and Healing in Africa (pp. 228-254). Leiden: Brill.

Ducados, H. & Ennes Ferreira, M. (1998). O financiamento informal e as estratégias de sobrevivência económica das mulheres em Angola: a Kixikila no Município da Sambizanga (Luanda). *Documentos de Trabalho/CesA*. 53. 1-17. Lisboa: Instituto Superior de Economia e Gestão.

Duquette, D. G. (1983). *Dynamique de l'art bidjago (Guinée-Bissau). Contribution à une anthropologie de l'art des sociétés africaines*. Lisboa: Instituto de Investigação Científica e Tropical.

European Commission (2008). *Guinea Bissau-Country: Strategy Paper and National Indicative Programme for the period 2008-2013*. Bissau: Delegação da Comissão Europeia

Foley, E. (2010). *Your Pocket is What Cures You: The Politics of Health in Senegal*. New Brunswick: Rutgers University Press

Frias, S. (2006). *Mulheres na esteira, homens na cadeira? Mulheres, economia informal e mudança cultural: estudo realizado na cidade de Maputo*. Tese de Doutoramento. Lisboa: ISCSP.

Gomes, P. (2009). Género e Cidadania na Guiné-Bissau: uma Evolução Histórica. In M. Mwewa, G. Fernandes & P. Gomes (Eds.). *Sociedades Desiguais: Género, Cidadania e Identidades*. São Leopoldo: Nova Harmonia.

Grassi, M. (2009). *Capital Social e Jovens Originários dos PALOP em Portugal*. Lisboa: Imprensa de Ciências Sociais.

Handem, D. L. (1986). *Nature et fonctionnement du pouvoir chez les Balanta-Brassa*. Bissau: INEP.

Henry, C. (1994), *Les îles où dansent les enfants défunts. Âge, sexe et pouvoir chez les Bijogo de Guinée-Bissau*. Paris: CNRS & Éditions de la Maison des Sciences de l'Homme.

Imam, A. (1997). Engendering African Social Sciences: An Introductory Essay. In A. Imam, A. Mama, e F. Sow (Eds.). *Engendering African Social Sciences*. Dakar: CODESRIA.

Instituto Nacional de Estatística (2011). *Inquérito Ligeiro para a Avaliação da Pobreza (ILAP2)*. Bissau: Ministério da Economia do Plano e Integração Regional.

Jackson, S. (2005). "The State Didn't Even Exist": Non-Governmentality in Kivu, Eastern DR Congo. In J. Igoe & T. Kelsall (Eds). *Between a Rock and a Hard Place: African NGOs, Donors and the State* (pp165-96). Durham, NC: Carolina Academic Press.

Leslie, C. (1980). Medical Pluralism in World Perspective. *Social Science and Medicine* 14B. 191-195.

Leliveld, A., Hart, C., Gnimadi, J. & Dekker, M. (2010). Can't buy me health: Financial constraints and health-seeking behaviour in rural households in Central Togo. In R.Van Dijk & M. Dekker (Eds). *Markets of Well-being. Navigating Health and Healing in Africa* (pp. 255-281). Leiden: Brill.

Little, K. (1957). The Role of Voluntary Associations in West African Urbanization. *American Anthropologist, 59.* 579-595.

Lomnitz, L. A. (1988). «Informal Exchange Networks in Formal Systems: A Theoretical Model». *American Anthropologist, 90* (1). 42-55.

Lopes, C. (2011). O papel da mulher no microcrédito na Guiné-Bissau – estudo de caso Pitche e Pirada. *Seminário sobre Ciências Sociais e Desenvolvimento em África* (pp.105-122). Lisboa: CEsA, ISEG.

MacCormack, C. (1979). Sande: the public face of a secret society. In B. Jules-Rosette (Ed.). *The New Religions of Africa.* Norwood, N.J.: Ablex Publishing.

Mark, P. (1985). *A cultural, economic and religious history of the Basse Casamance since 1500.* Stuttgart: Franz Steiner Verlag Wiesbaden.

Martins, J. G. (2011). *O papel das Associações de Base na recuperação comunitária em Estados Frágeis no Pós-Conflito: O caso do bairro de Quelele (Bissau) no pós-guerra de 1998-1999.* Dissertação de Mestrado. Lisboa: Universidade Técnica de Lisboa. Instituto Superior de Economia e Gestão.

Ministério da Economia, do Plano e da Integração Regional (2011). *Guiné-Bissau: Segundo Documento de Estratégia Nacional de Redução da Pobreza (DENARP II).* Relatório do FMI 11/353. Disponível em: http://www.imf.org/external/lang/ Portuguese/pubs/ft/scr/2011/cr11353p.pdf

Olukoshi, A. (2000). Structural Adjustment and Social Policies in Africa: Some Notes. In *GASPP Seminar 4, Global Social Policies and Social Rights? Session Two: Regional Social Policy Trends and Issues 1* (8-10). New Delhi: India. Disponível em: http://gaspp.stakes.fi/NR/rdonlyres/FA5DE69C-1098-45B7-9601CDF241602B93/0/ aolukoshi.pdf

Organização Mundial de Saúde (2013). Relatório *Mundial de Saúde 2013: pesquisa para a cobertura universal de saúde.* Disponível em: http://apps.who.int/iris/bitst ream/10665/85761/26/9789248564598_por.pdf

Oppenheimer, J. (2006). *Moçambique na Era do Ajustamento Estrutural: Ajuda, Crescimento e Pobreza.* Lisboa: IPAD.

Oxfam (2009). Blind Optimism, Challenging the Myths About Private Health Care in Poor Countries. *Oxfam Briefing Paper.* Disponível em: http://www. oxfam.org/en/policy/bp125-blind-optimism.

Pfeiffer, J. & Chapman, R. (2010). Anthropological Perspectives on Structural Adjustment and Public Health. *Annual Review of Anthropology*. 210: 149-165.

Roque, S. (2010). *Violência contra mulheres na Guiné-Bissau: uma análise de percepções e de regras sociais de sexo e seu papel na legitimação da violência*. Bissau: PNUD/FNUAP

Sangreman, C. (2006). A evolução política recente na Guiné-Bissau: as eleições presidenciais de 2005, os conflitos, o desenvolvimento, a sociedade civil. *Documentos de Trabalho/CesA*, 70. Lisboa: Instituto Superior de Economia e Gestão.

Schloss, M. (1992), *The Hatchet's Blood: Separation, Power and Gender in Ehing Social Life*. Tucson: University of Arizona Press.

Semedo, O. (2010). *As Mandjuandadi – Cantigas de Mulher na Guiné-Bissau: da tradição oral à literatura*. Tese de Doutoramento. Belo Horizonte: Pontífica Universidade Católica de Minas Gerais.

Sousa, A. & Waltisperger, D. (1995). *La maternité chez les Bijagos de Guinée-Bissau. Une analyse épidémiologique et son contexte ethnologique*, Paris: Centre Français de la Population et le Développement.

Trajano Filho, W. (2009). The Conservative Aspects of a Centripetal Diaspora: the case of Cape Verdean Tabancas. *África* 79 (4): 520-542.

Trajano Filho, W. (2010), *Lugares, pessoas e grupos: as lógicas do pertencimento em perspectiva internacional*. Brasília: Athalaia.

Turshen, M. (1999). *Privatizing Health Services in Africa*. New Brunswick, NJ: Rutger

United Nations Joint Program on HIV/AIDS in Guinea Bissau (2008). *Annual Support to the National Strategic Framework (PEN)*. Disponível em: http://www.gw.one.un.org/UNJointProgrammeHIVAIDS11Junho.pdf

Vasconcelos, J. (2011). Discursos, práticas e dinâmicas em torno de jovens raparigas em Bissau. *Seminário sobre Ciências Sociais e Desenvolvimento em África* pp. 123-140. Lisboa: Instituto Superior de Economia e Gestão e CesA.

Van Dijk, R. & Dekker, M. (2010). Introduction: Economic ethnographies of the marketization of health and healing in Africa. In R.Van Dijk & M. Dekker (Eds). *Markets of Well-being. Navigating Health and Healing in Africa* (pp. 1-28). Leiden: Brill.

Weeks, S. (2012). *'As you receive with one hand, so should you give with the other': The Mutual-Help Practices of Cape Verdeans on the Lisbon Periphery*. Dissertação de Mestrado em Antropologia Social e Cultural. Lisboa: Universidade de Lisboa, Instituto de Ciências Sociais.

Taxas hospitalares e os princípios da privatização: perspetivas do setor saúde pública da África do Sul

THEODORE POWERS

Um dos desafios com que os pobres e as classes trabalhadoras na África do Sul se têm defrontado, no período pós-apartheid, tem sido a negociação para o acesso a serviços sociais básicos. Não é totalmente surpreendente que isto tenha afetado principalmente aqueles que eram considerados cidadãos de nações independentes sob o período do apartheid. A necessidade de terras, habitação e serviços de saúde são questões inextricáveis do desenvolvimento desigual na África do Sul há mais de 300 anos. O modelo socio-espacial desenvolvido durante o regime do apartheid desenvolveu e ampliou a geografia social racialmente segregada desenvolvida no período colonial na África do Sul. Entretanto, a forma como o Congresso Nacional Africano (ANC, em inglês) tem tentado reverter estas desigualdades históricas congrega várias críticas de académicos. Um sentimento de falta de ação por parte do ANC para enfrentar estas forças históricas tem dado origem a uma série de movimentos sociais que exigem estratégias alternativas para a prestação de serviços sociais (Zuern, 2011).

O debate sobre qual a melhor forma de transformar a sociedade Sul-Africana desenrola-se, igualmente, no domínio da saúde pública. Aqui, as limitações fiscais da política macroeconómica neoliberal confrontam-se com os efeitos sociais, políticos e de saúde pública da maior epidemia de VIH/SIDA do mundo e de uma crescente epidemia de Tuberculose resistente a medicamentos. Como os cuidados primários de saúde são gratuitos para todos os cidadãos sul-africanos, estes foram excluídos do debate mais amplo sobre os efeitos da política macroeconómica neoliberal, que se concentrou principalmente na privatização e nos seus efeitos socioeconómicos. Com o estudo do Plano de Serviços Integrado da província do Cabo Ocidental – ou Healthcare 2010 – descrito abaixo indica, as políticas de privatização acompanharam a implementação da política neoliberal de saúde pública

MULHERES NO MERCADO DA SAÚDE

através de mecanismos de recuperação de custos, como, por exemplo, as taxas hospitalares. Como essas dinâmicas surgiram em conjunto, exige-se que a análise académica preste mais atenção às componentes *de jure* e *de facto* de uma determinada política e os seus subsequentes efeitos.

Transição Política, Austeridade e Saúde Pública na África do Sul

A abordagem de desenvolvimento adotada pelo ANC tem passado por uma controversa transformação desde a negociada transição para o período pós-apartheid. O programa eleitoral de 1994 do partido no governo foi o Programa de Reconstrução e de Desenvolvimento (PDR), um quadro político que prometeu uma "vida melhor para todos". Adotado após a vitória do ANC nas primeiras eleições democráticas da África do Sul, o PDR assentava no conceito de "crescimento através da redistribuição". Este documento político teve inspiração na Carta da Liberdade do ANC (1955), o qual postulava que a riqueza económica do país "deve ser restaurada para o povo". No entanto, esta política foi abandonada apenas dois anos depois, após um processo de implementação ineficaz. O plano de estratégia macro-económica denominado Crescimento, Emprego e Redistribuição (GEAR, em inglês) substituiu o PDR em 1996. Este enquadramento político alterou aquela que era a filosofia de desenvolvimento da África do Sul pós-apartheid de "redistribuir através do crescimento". A adoção do GEAR marcou uma rutura acentuada com as anteriores políticas do ANC, pois foi desenhada de acordo com os programas de ajustamento estrutural do Fundo Monetário Internacional (Bond, 2005).

Esta mudança na abordagem ao desenvolvimento socioeconómico por parte da África do Sul implicou uma redução do papel do Estado nos esquemas do desenvolvimento. Ao invés de o governo implementar serviços sociais públicos nas áreas anteriormente carenciadas, a austeridade fiscal imposta pela GEAR exigiu que essas iniciativas fossem realizadas através de parcerias público-privadas (PPPs) ou por privatizações. Um elemento-chave desta abordagem foi a eliminação das subvenções como estratégia de desenvolvimento. No caso da África do Sul, isso teria envolvido taxar as áreas mais ricas e com melhores serviços para garantir a extensão daqueles mesmos serviços sociais a áreas onde esses não existissem, ou seja, não-brancas. No entanto, a privatização dos serviços sociais significou que as zonas que anteriormente não beneficiavam desses serviços seriam forçadas a pagar o

TAXAS HOSPITALARES E OS PRINCÍPIOS DA PRIVATIZAÇÃO

preço da implementação do acesso às necessidades básicas, como a água, através do princípio da recuperação de custos. Isto provocou um aumento do preço da água e da eletricidade na África do Sul.

Apesar da recuperação de custos ter tido semelhantes efeitos no fornecimento de água e eletricidade, o setor de saúde pública tem sido geralmente imune às consequências da privatização ocorrida na era pós-apartheid. O desenvolvimento dos cuidados de saúde primários tem sido um ponto fundamental da estratégia de desenvolvimento do ANC desde a transição do regime. Desde 1994, o governo construiu 1.345 clínicas de saúde e modernizou outras 263 (Coovadia et al., 2009: 12). Para além disso, as taxas de uso dos cuidados de saúde primários foram abolidas para todos os sul-africanos. O desenvolvimento das infraestruturas de saúde tem tentado contornar a desigual distribuição de recursos entre "raças" e áreas urbanas/rurais causadas pelo colonialismo e pelo regime do apartheid. É significativo que os serviços de saúde tenham permanecido sob o controlo do estado e não fossem terceirizados a empresas privadas. Em vez disso, o setor de saúde pública sul-africano passou lentamente de uma concentração em áreas urbanas brancas para uma distribuição geográfica e social mais equilibrada dos cuidados de saúde primários.

Na província do Cabo Ocidental, isso foi alcançado em parte através da criação de novas clínicas e hospitais. Desde o início da democracia, clínicas, hospitais diurnos e um hospital distrital foram construídos no município de Khayelitsha, que está localizado a aproximadamente vinte e cinco quilómetros do centro da Cidade do Cabo. Isto foi alcançado em parte através de parcerias público-privadas (PPPs). As clínicas de VIH/SIDA e da Tuberculose em Khayelitsha foram criadas por uma parceria entre os Médicos Sem Fronteiras (MSF) e o Departamento de Saúde do Cabo Ocidental. Conquanto agora estejam sob o controlo do ministério provincial da saúde, estas iniciativas iniciaram a prestação de medicamentos antirretrovirais (TAR) e desenvolveram provas científicas comprovando a eficácia do tratamento do VIH/SIDA através do TAR num ambiente urbano de baixos recursos (MSF, 2011). Embora tenham sido feitos progressos substanciais no desenvolvimento das infraestruturas de saúde em Khayelitsha, permanecem ainda sérios desafios relativos aos recursos humanos. Esta é uma questão urgente, numa área onde 34,3% das mulheres grávidas são VIH positivas e quase 70% das pessoas que vivem com VIH estão co-infectadas com tuberculose (Stinson et al., 2016, Garone et al., 2011).

MULHERES NO MERCADO DA SAÚDE

A disponibilização de pessoal adequado para o sistema de saúde pública é uma questão que se relaciona diretamente com o quadro macroeconómico neoliberal que permanece em vigor desde a adoção do CER. Na província do Cabo Ocidental, esta questão foi exacerbada pela implementação do Plano de Serviços Abrangentes (2007-2010), também conhecido como Healthcare 2010. Esta política foi desenvolvida pelo Departamento de Saúde do Cabo Ocidental para "reduzir" o setor de saúde pública de modo a encaixá-lo nas rubricas orçamentais provinciais para a saúde, prescrito pelo quadro orçamental nacional de médio prazo. O Healthcare 2010 afirmou ter conseguido este equilíbrio, reduzindo o número de serviços especializados ao mesmo tempo que expandia os cuidados de saúde primários na província. Na verdade, esta política reduziu o número de enfermeiros a trabalhar nos cuidados primários, fechando simultaneamente camas especializadas em hospitais terciários. Os efeitos do Healthcare 2010 levaram à mobilização de médicos, enfermeiros, sindicatos e ativistas para o VIH/SIDA, procurando prevenir o encerramento de camas e proteger os serviços de saúde pública no Cabo Ocidental. Juntamente com este núcleo de ativistas da saúde pública, organizações não-governamentais, organizações profissionais e sindicatos formaram a Coligação contra os Cortes na Saúde Pública do Cabo Ocidental. A pressão exercida sobre o governo por esta aliança pela saúde pública levou à reversão do encerramento de camas especializadas, o que foi percebido como uma vitória popular.

Porém, o Healthcare 2010 manteve-se em vigor, assim como os seus efeitos negativos sobre os serviços dos cuidados primários. Além disso, os médicos que trabalham em hospitais especializados no setor de saúde pública observaram que a implementação desta política se articulou com a aplicação de taxas hospitalares à classe pobre e trabalhadora sul-africana. As taxas hospitalares para serviços especializados foram abolidas em 1994 para crianças com menos de seis anos, idosos, mulheres grávidas e mulheres a amamentar. Para os restantes sul-africanos, a manutenção das taxas tem sido a política governamental no Cabo Ocidental, desde a transição negociada para a saída do apartheid. No entanto, no hospital Groote Schuur, somente foram aplicadas estas taxas quando foi adotado o Healthcare 2010. Para os médicos que trabalharam no hospital especializado de Groote Schuur, isto refletiu a filosofia subjacente à nova política de saúde pública: esse governo estava disposto a oferecer serviços de saúde até um certo custo em vez de alocar os recursos necessários para enfrentar o ónus da doença produzida por uma dupla epidemia de VIH e Tuberculose na província do Cabo Ocidental.

A aplicação de taxas hospitalares juntamente com o Healthcare 2010 trouxe a gestão do setor de saúde pública alinhou-se com o fornecimento de serviços sociais na era pós-CER. Assim como o custo do desenvolvimento de infraestruturas de serviços sociais tem sido suportado por comunidades anteriormente desfavorecidas, também assim é a manutenção das instalações do sistema de saúde pública – pelo menos em parte. Através da adoção de um mecanismo de recuperação de custos, os princípios subjacentes à privatização desenvolveram-se na prestação de um serviço social gerido ostensivamente de forma publica. O caráter híbrido da política de saúde pública na província do Cabo Ocidental desafia a rígida divisão entre público e privado que constitui muita da literatura sobre a transformação dos "estados em desenvolvimento" no contexto da globalização neoliberal. O exemplo do Healthcare 2010 chama a atenção para um espectro de medidas associadas à privatização. Com base neste estudo de caso, propomos que a análise da privatização foque as políticas subjacentes a esta implementação, em vez de apenas referir as mudanças na gestão dos serviços sociais.

Desigualdade Social, Privatização e Saúde Pública na África do Sul pós-apartheid

Na África do Sul pós-apartheid, a persistência de níveis de desigualdade social elevados e a continuação dos entraves à mobilidade social, lançaram dúvidas sobre as estratégias de desenvolvimento empregadas pelo ANC (Banco Mundial, 2012). A literatura académica que analisa a desigualdade social na era pós-apartheid tem-se concentrado principalmente na adoção de políticas macroeconómicas neoliberais e na privatização dos serviços estatais (Bond, 2005; Desai, 2002; McDonald 2002; McDonald & Ruiters, 2005; Padayachee & Habib, 2000). A principal preocupação destas análises tem sido o aumento do custo dos serviços básicos devido à recuperação de custos. A privatização de serviços, tais como água e a eletricidade, implicou a transferência dos custos de expansão das infraestruturas para áreas mal servidas, sobre os mais desfavorecidos sob o domínio do apartheid (Desai e Pithouse, 2004). Embora seja claro que a alocação de subsídios sociais afeta o impacto social da extrema pobreza na África do Sul, a utilização de modelos de desenvolvimento neoliberais limita os efeitos paliativos dos subsídios de assistência social (Seekings & Nattrass, 2005).

Em geral, o Congresso Nacional Africano tem expandido os serviços sociais a áreas anteriormente mal servidas desde que o partido chegou ao poder em 1994. No entanto, esse progresso não se tem realizado sem problemas. Um estudo divulgado em 2002 descobriu que, dentre os 7 milhões de pessoas que receberam acesso à água desde 1994, aproximadamente 18% (ou 1.260.000 pessoas) não conseguiam pagar as suas contas e outras 1,2 milhões de pessoas foram forçadas a escolher entre comprar água ou outros bens essenciais, como alimentos, para sustentar suas famílias (McDonald & Smith 2002: 38). Em suma, dos 7 milhões de pessoas a quem o acesso à água foi fornecido, 2,46 milhões ou mais de 35%, não conseguiram continuar a utilizar este serviço público privatizado devido ao seu custo. Outra revisão crítica da prestação de serviços na África do Sul concluiu que até 2 milhões de pessoas foram despejadas de suas casas, construídas pelo estado, e outros 10 milhões de pessoas tiveram o fornecimento de água ou eletricidade cortado desde que o ANC chegou ao poder (McDonald & Pape, 2002).

Apesar da incapacidade de muitos utentes em suportar os custos de recursos públicos mercantilizados, a lógica neoliberal rejeita o subsídio cruzado e insiste que cada comunidade deve "recuperar" o custo total da implementação de infraestruturas necessárias para prestar serviços sociais. Daí que os pobres, predominantemente negros, da África do Sul, poderão ter de pagar mais pelos serviços do que a maioria da elitista classe média sul-africana. Como Desai e Pithouse realçam, prosseguir a recuperação de custos em vez de subvenções cruzadas no contexto sul-africano tem desconsiderado os legados raciais do apartheid (Desai & Pithouse 2004: 244). As áreas mais ricas e com mais serviços no período pós-apartheid continuam predominantemente habitadas por sul-africanos brancos que beneficiaram do sistema de apartheid. A privatização da água, em particular, leva à mobilização social nas periferias urbanas de Joanesburgo, Cidade do Cabo e Durban. O Fórum Anti-Privatização e o Comité de Crises de Eletricidade de Soweto, em particular, cresceram em resposta aos surtos de cólera e disenteria que foram a consequência direta dos cortes de água (Deedat & Cottle, 2002). Estes incidentes reforçaram a ideia de que são os corpos dos sul-africanos pobres que carregam os efeitos da história da África do Sul e da austeridade neoliberal (Fassin, 2007).

A implementação da CER desacelerou a transformação do setor de saúde pública sul-africano através de uma pressão descendente sobre o orçamento nacional de saúde. De 1998 até 2006/07, as dotações nacionais e provinciais para a saúde permaneceram estagnadas em termos reais devido a esse quadro macroeconómico (McIntyre & Thiede 2007). Na Província do Cabo Ocidental, a combinação de salários crescentes para profissionais de saúde e austeridade fiscal levou, de 1995/6 a 1999/2000, a uma redução de 27,9% no pessoal de saúde (Blecher 2002: 453). A CER afetou igualmente negativamente a reprodução social dos profissionais de saúde do setor público. Para se adaptarem à austeridade fiscal, as escolas superiores de enfermagem transformaram-se num sistema de "Ensino e formação contínua" (FET) no final da década de 1990. Isso limitou o número de enfermeiros que poderiam ser formados e a qualidade da formação que receberam. Os efeitos negativos da CER podem também ser observados na estagnação dos salários do setor público, o que levou a uma "fuga de cérebros" de profissionais do setor de saúde pública para o setor privado sul-africano e para os sistemas de saúde do hemisfério norte. A saída de pessoal qualificado resultou numa escassez de profissionais e a uma abundância de vagas para o setor de saúde pública sul-africano. A incapacidade de encontrar pessoal qualificado prejudicou a prestação de serviços de saúde em províncias rurais anteriormente carenciadas, tais como, em particular, as do Cabo Norte e do Cabo Oriental.

A disponibilização de financiamento para a saúde pública acompanhou o padrão desigual de alocação de recursos herdado pelo apartheid. O ANC tenta equilibrar as despesas per capita entre as províncias através do princípio da Repartição Equitativa (ou per capita) nas dotações orçamentais nacionais para a saúde. No entanto, as províncias que possuem sistemas de saúde bem organizados e dotados de recursos obtêm a maior parte do financiamento da saúde pública. Isto deve-se ao facto de eles terem a capacidade de gastar os fundos estaduais alocados aos seus departamentos de saúde. As recém-formadas províncias que incorporaram os antigos *bantustans*, como a do Cabo Oriental, tiveram maiores dificuldades com esse processo. A crónica falta de pessoal e os recentemente desenvolvidos sistemas administrativos levaram à subutilização e à reafectação de fundos destinados aos cuidados de saúde. Depois de devolvidos ao Tesouro Nacional, esses recursos financeiros não gastos foram reatribuídos aos ministérios provinciais da saúde que excederam os seus orçamentos – tais como o Departamento de Saúde

MULHERES NO MERCADO DA SAÚDE

do Cabo Ocidental – reforçando a distribuição desigual dos serviços e recursos de saúde.

Apesar do padrão desigual, a alocação de recursos para a saúde pública não produziu um excedente de serviços de saúde nas províncias mais ricas e mais desenvolvidas. De fato, as políticas de saúde pública adotadas pelo partido no poder têm lutado para acompanhar as procuras colocadas no setor da saúde por uma crescente carga de doenças na África do Sul. A epidemia de VIH/SIDA figura de forma proeminente nesta dinâmica através da pressão exercida sobre o setor de saúde pública pelas doenças ditas "oportunistas" que surgem devido ao vírus. No entanto, as limitações nos serviços existentes impostas pela austeridade fiscal não devem ser subestimadas. Este é particularmente o caso dos serviços especializados, uma vez que o ANC prosseguiu uma agenda de transformação que enfatiza o acesso aos cuidados de saúde primários no setor de saúde pública.

Durante a era pós-apartheid, o ANC tentou responder às exigências da população por uma igualdade social e à extensão dos serviços sociais, ao mesmo tempo que implementava políticas sociais neoliberais. Central a esta abordagem tem sido a tentativa de manter a autonomia política no meio da influência das forças económicas transnacionais associadas ao movimento sem restrições do capital financeiro (Hirsch, 2005). Dentro deste quadro mais amplo, o ANC procurou equilibrar as exigências colocadas ao setor de saúde pública por um crescente aumento de doenças com o imperativo político de prestar cuidados primários àqueles historicamente excluídos dos serviços estatais. Enquanto o partido no poder negociava este equilibro difícil de políticas, ativistas da saúde, sindicatos e organizações não governamentais lutavam por um maior financiamento para o sistema de saúde pública num contexto de austeridade fiscal neoliberal.

Healthcare 2010 e a Coligação Contra os Cortes na Saúde Pública

A implementação do Healthcare 2010 na província do Cabo Ocidental introduziu os princípios de privatização no sistema de saúde pública sul-africano através da aplicação de taxas hospitalares. A implementação do Healthcare 2010 fez emergir igualmente uma aliança social que rejeitou o encerramento de camas do setor público e a adoção de normas de saúde neoliberais. As atividades coordenadas de médicos, enfermeiros, ativistas de VIH/SIDA e sindicatos levou à reabertura das anteriormente fechadas camas do setor

TAXAS HOSPITALARES E OS PRINCÍPIOS DA PRIVATIZAÇÃO

público. No entanto, esta Coligação não reverteu a implementação do Healthcare 2010 ou a aplicação de taxas hospitalares.

O Plano Abrangente de Serviços (2007-2010) – ou Healthcare 2010 – foi primeiro redigido em maio de 2005 e passou por vários processos internos de revisão no Departamento de Saúde da Província do Cabo Ocidental antes de ser publicamente divulgado no final de 2006. O plano propôs reestruturar a distribuição de serviços públicos de saúde na província do Cabo Ocidental para melhor atingir os objetivos declarados do ANC: estender os cuidados primários àqueles a quem foram negados serviços médicos adequados durante a era do apartheid. Apesar destes objetivos progressistas, o HealthCare 2010 provocou uma significativa rejeição política por parte dos setores não-governamentais e públicos de saúde. A principal razão da rejeição do Healthcare 2010 foi a implementação de limites no fornecimento de serviços especializados de saúde. Isso envolveu o encerramento de camas especializadas em hospitais terciários em toda a província do Cabo Ocidental.

Apesar da ênfase política na mudança de serviços para o nível de cuidados primários, o Healthcare 2010 causou uma diminuição do número total de enfermeiros de cuidados primários no distrito de saúde do Cabo Metropolitano. A política de racionalização dos recursos humanos implicou maiores cargas de trabalho para os enfermeiros, apesar de ser justificado por considerar que o apoio adicional de administrativos e assistentes farmacêuticos deveria, teoricamente, diminuir a sua carga de trabalho. Os efeitos desta política foram imediatamente sentidos pelo pessoal de saúde. Numa clínica de cuidados primários em Khayelitsha, os médicos trabalhavam regularmente em turnos de 48 horas ao fim de semana, e a equipa de enfermagem era demasiado pequena para conseguir implementar um sistema de turnos regular (Powers & Monte 2007).

A campanha contra o HealthCare 2010 começou a ganhar forma no início de 2007, quando o Tesouro Provincial da Província do Cabo Ocidental divulgou os números do orçamento de 2007/08. Em março de 2007, o ministro provincial das Finanças, Lynne Brown, anunciou um aumento de 30 milhões de Rand (aproximadamente US $ 4,3 milhões) no orçamento para as instituições de saúde terciária do hospital de Groote Schuur e do hospital de Tygerberg. Após este anúncio, realizou-se uma reunião no dia 2 de abril no hospital Groote Schuur entre o chefe de saúde provincial, Craig Househam, e vários clínicos hospitalares. Nesta reunião, Househam declarou um défice de R400m (US $ 57,1 milhões) no financiamento do orçamento provincial de saúde. Este défice criou uma oportunidade para o Departamento de Saúde do Cabo Ocidental eliminar 60 camas especializadas no Groote Schuur como parte da reestruturação do setor de saúde pública.

Os médicos que entrevistei no hospital Groote Schuur descreveram esta reunião como controversa. Vários dos médicos que mais tarde se envolveram com a Coligação Contra os Cortes na Saúde Pública desafiaram abertamente o anúncio de encerramento de camas na reunião de 2 de abril. Apesar de os médicos questionarem os efeitos de limitar o alcance dos serviços hospitalares especializados no setor público, o Departamento de Saúde prosseguiu com o encerramento de camas especializadas na província do Cabo Ocidental. De acordo com médicos do hospital Groote Schuur, esta medida causou uma queda imediata na qualidade dos cuidados que os médicos poderiam prestar aos pacientes do hospital.

> Eu sou médico no hospital que foi o principal afetado pelos cortes propostos e envolvi-me por causa de uma série de coisas distintas. Em primeiro lugar, como prestador de serviços de primeira linha, enfrentei diariamente a questão da escassez de camas, que é realmente uma das partes mais frustrantes do trabalho que fazemos. Foi algo com que tivemos de lidar semanalmente. Pessoas à espera de cama durante várias horas, incapaz de realizar operações porque as pessoas não tinham cama naquele momento, aplicando cuidados deficientes, porque os antibióticos e os medicamentos não estavam a ser administrados, e sobretudo a desumana indignidade de deixar tantos acidentados durante tanto tempo à espera, e a frustração de tentar cuidar das pessoas naquelas condições.

As condições em que os médicos trabalhavam, após a diminuição do número de camas, realçou os efeitos negativos que o Healthcare 2010 teve sobre a prestação de cuidados de saúde pública. Os tempos de espera mais longos, a falta de camas e o "tratamento inadequado" dos pacientes assinalam apenas algumas das consequências da implementação da política de saúde neoliberal.

No entanto, a redução dos serviços especializados não representou apenas a negação da dignidade e do respeito aos pacientes que procuravam tratamento. Igualmente significativo foi que o encerramento de camas – e, por conseguinte, a redução de serviços especializados impostos pelo

TAXAS HOSPITALARES E OS PRINCÍPIOS DA PRIVATIZAÇÃO

Healthcare 2010 – negou cuidados de saúde de alto nível aos que dependiam do setor público para o seu bem-estar físico. Relativamente a esta questão, um médico da Groote Schuur disse:

> Este sempre foi um hospital privado, um hospital de privilégio branco antes do apartheid e muitas pessoas não podiam aceder aos serviços especializados aqui dispensados; a ironia absoluta é que agora, na África do Sul do pós-apartheid, quando os negros pobres podem ter acesso a este hospital, ele está a ser destruído e desmantelado, literalmente, à frente dos nossos olhos.

O médico de Groote Schuur realçou ainda:

> Tratou-se de impor uma agenda de cuidados de saúde diferenciados para diferentes tipos de pessoas, o que, segundo penso, é uma espécie de privatização. Para as pessoas que não têm acesso a recursos e assistência médica, existem alguns cuidados de saúde básicos. Porém, cuidados médicos ou de cirurgia altamente especializados, ficam no domínio do setor privado e os profissionais de saúde que disponibilizam esses cuidados sentem continuamente a pressão de não conseguirem fazer seu trabalho no setor público e de se transferirem para o privado. E atualmente é isso que vemos a acontecer.

Esta questão é particularmente importante dado os altos níveis de desigualdade social na África do Sul. Apesar da existência de serviços especializados de alta qualidade no setor de saúde pública, o ANC tem escolhido limitar ou restringir o acesso a esses procedimentos devido ao quadro macroeconómico neoliberal adotado durante a era pós-apartheid. Para as pessoas e organizações que se juntaram à Coligação, este foi um resultado inaceitável.

Dado esse impacto negativo sobre aqueles que são historicamente os mais desfavorecidos, um vasto leque de organizações não-governamentais, sindicatos e ativistas de saúde juntaram-se aos médicos do Groote Schuur para solicitar a reabertura das camas encerradas pelo Healthcare 2010. A Coligação da Província do Cabo Ocidental contra os Cortes na Saúde Pública incluía a Associação Médica Sul-Africana, o Sindicato Nacional dos trabalhadores da Educação, Saúde e Aliados (Nehawu), o Congresso dos Sindicatos Sul-Africanos (Cosatu), a Treatment Action Campaign e várias outras notáveis organizações não-governamentais. Após um período prolongado de debate público sobre o assunto, o Tesouro Nacional da África do Sul interveio para fornecer fundos adicionais e reverter o encerramento de camas. Além disso, a pressão pública levou o Departamento de Saúde a conquistar 34,7% da dotação orçamental total para a Província do Cabo Ocidental para o ano financeiro de 2008/09 (Joseph 2008). Na perspetiva de um investigador do sindicato Nehawu, estes aumentos no financiamento foram o resultado direto da pressão pública colocada ao Congresso Nacional Africano pela Coligação contra os Cortes na Saúde Pública:

> Pensamos que o Departamento de Saúde se reintegrou porque as vozes públicas que se fizeram ouvir começaram a envergonhar o departamento, portanto, mesmo o Tesouro Nacional, que são os responsáveis pelo financiamento dos hospitais terciários, aumentou 11% este ano e é isto mesmo o nos disseram em Nedlac. Mas isso não aconteceu porque eles compreenderam o que estávamos a dizer, que os serviços estavam a começar a desmoronar-se devido a restrições orçamentárias. Eles fizeram-no porque começaram a sentir-se mal e verdadeiramente envergonhados.

Em termos de alocação de fundos para a saúde, a campanha da Coligação contra o encerramento de camas foi um enorme sucesso. No entanto, os efeitos negativos da falta de pessoal no nível dos cuidados primários continuaram a sentir-se. Além disso, a implementação do Healthcare 2010 coincidiu com a adoção de taxas hospitalares no hospital Groote Schuur.

Segundo os médicos enrevistados, os pacientes começaram a reclamar junto deles relativamente às taxas hospitalares após o encerramento de camas no Groote Schuur. Alguns médicos relataram que os pacientes estavam relutantes em vir para consultas de acompanhamento ou continuar o tratamento devido à implementação daquelas taxas. As taxas hospitalares são um problema para os pacientes que sofrem doenças crónicas em particular, uma vez que estes têm necessidade de recorrer a serviços especializados regularmente. Para uma província com uma epidemia dupla de VIH e de Tuberculose, este é um ponto importante. Embora o restabelecimento das camas tenha levado à dissolução da Coligação Contra os Cortes na Saúde Pública, a política neoliberal do Healthcare 2010 permaneceu em vigor, juntamente com as taxas hospitalares que acompanharam sua implementação.

Taxas Hospitalares e a Recuperação de Custos na África do Sul pós--apartheid

Após as primeiras eleições democráticas na história da África do Sul, as taxas hospitalares foram abolidas para crianças menores de 6 anos, pessoas idosas, grávidas e mães em período de amamentação em 1994. Esta decisão política foi influenciada pela Declaração de Alma-Ata de 1978 e ecoou as recomendações da Comissão Gluckman de 1942-44 (Coovadia et al., 2009). O foco nos cuidados de saúde primários surgiu do trabalho da Rede Nacional Progressiva de Cuidados Primários (NPPHCN, em inglês) durante a fase final do período do apartheid e a influência desta rede na política de saúde pós-apartheid (Mbali, 2013). Em abril de 1996, o ANC assumiu o compromisso com o setor da saúde, altura em que os serviços de cuidados primários de saúde foram disponibilizados para todos os cidadãos sul-africanos em clínicas públicas de saúde (McIntyre et al., 1998). Apesar do pressuposto generalizado de que a eliminação das taxas hospitalares conduziria automaticamente mais pessoas a aceder serviços de saúde pública, esse facto não está provado e tem sido um tema de debate acalorado na literatura académica.

McCoy & Khosa (1996) encontraram poucas alterações no nível de utilização dos serviços públicos de saúde durante os 12 meses da mudança política de 1994, enquanto outros estudos concluíram que o efeito da abolição das taxas hospitalares foi limitado (Wilkinson et al., 2001). No entanto, estudos posteriores apontam para um aumento significativo da percentagem de utilizadores dos serviços públicos de saúde após a abolição das taxas hospitalares na África do Sul, que chega aos 39% (Bayat & Cleaton--Jones, 2003; Walker & Gilson, 2004). Note-se que estudos foram criticados por tirarem conclusões sobre dinâmicas nacionais com base em estudos de pequena escala (Lagarde & Palmer, 2008). Outros analistas argumentaram que estes estudos se basearam apenas em registos de clínicas e entrevistas com funcionários de clínicas e hospitais, excluindo os dados dos agregados familiares, o que os tornou menos precisos (Ridde & Morestin 2011). Um estudo recente baseado em dados nacionais, que teve em conta as críticas anteriores, descobriu que a abolição das taxas hospitalares produziu um aumento de 7% na aceitação dos serviços públicos de saúde na África do Sul (Koch 2012). Assim, no presente artigo, presumir-se-á que a abolição das taxas hospitalares na África do Sul produziu, de facto, um aumento

MULHERES NO MERCADO DA SAÚDE

do acesso ao setor de saúde pública por parte dos cidadãos mais pobres e dos trabalhadores.

Apesar da invocação de "taxas hospitalares" como uma prática uniforme no setor de saúde pública sul-africano, os estudos revelam uma grande variabilidade de um hospital para outro. Além de crianças, idosos, mulheres grávidas e mães em período de amamentação, os pacientes que ganham menos de R4,000 por mês estão teoricamente isentos de pagar taxas hospitalares em hospitais especializados na África do Sul (Muller, 2012). Um dos estudos, sobre um paciente a seguir um tratamento de VIH/SIDA num hospital público especializado, aponta que as três primeiras idas à consulta eram gratuitas, mas à quarta visita ao hospital o paciente teria de fazer prova de falta de rendimentos para ser isento do pagamento da taxa hospitalar (Meyer-Rath & Richter 2007: 52). Apesar deste quadro normativo, vários estudos têm denunciado que são cobradas taxas hospitalares a quem deveria estar isento (Harris et al., 2011: S118). Isto depende, em larga medida, dos "poderes discricionários" dos administradores e dos prestadores de serviços (Harris et al., 2011: S118). Além disso, são aplicadas multas se um paciente "salta" o nível de cuidados primários e vai diretamente para instituições terciárias (McIntyre et al., 1998: 43).

Para além do poder dos administradores locais descritos anteriormente, a determinação das taxas hospitalares é uma responsabilidade provincial no sistema (quase) federal da África do Sul. Como mecanismo político, o montante da taxa hospitalar a ser aplicada a serviços particulares é geralmente determinado pelo Ministro Provincial da Saúde (MEC) (Meyer-Rath & Richter 2007: 54). Apesar do controlo do Ministério da Saúde sobre o valor das taxas, quando cobradas as taxas hospitalares são devolvidas aos tesouros provinciais. Este valor não é necessariamente realocado ao serviço de saúde e, portanto, não se concretiza em nenhum benefício direto para a saúde dos cidadãos sul-africanos (McIntyre et al., 1998: 22). O total das taxas hospitalares gera entre 5 a 6% do total de gastos do setor público na área da saúde (McIntyre et al., 1998: 42). Como tal, a cobrança de taxas hospitalares é um mecanismo de recuperação de custos que produz um rendimento substancial para o Estado.

Devido à aplicação desigual e arbitrária das taxas hospitalares no setor de saúde pública, a sua implementação foi bastante contestada por diferentes sindicatos, organizações não governamentais e movimentos sociais na África do Sul. Em 2005, o Sindicato Nacional dos trabalhadores da Educação, Saúde e Aliados (Nehawu) contestou o aumento da taxa hospitalar de 20 Rands para 25 Rands na província de Gauteng. O Nehawu alertou para as consequências negativas que as taxas hospitalares teriam sobre a possibilidade de as classes mais pobres e desfavorecidas poderem aceder aos serviços de saúde e propôs, em alternativa, um "seguro nacional de saúde" (Nehawu, 2005). De forma semelhante, o People's Health Movement South Africa exigiu a abolição das taxas hospitalares como parte do projeto da política de Seguro Nacional de Saúde (PHM 2012). Esta exigência para melhorar a acessibilidade aos serviços públicos de saúde foi apresentada como parte de um "apelo à ação" na Assembleia Nacional da Saúde da África do Sul (5-6 de julho de 2012). Nesta reunião, mais de 300 delegados, representando uma vasta gama de organizações não-governamentais, sindicatos, profissionais de saúde e ativistas, aprovaram a "ação", desenvolvendo um esforço conjunto da sociedade civil para acabar com a prática das tarifas hospitalares na África do Sul (PHM 2012). Participaram ainda nesta reunião alguns elementos-chave da Coligação Contra Cortes de Saúde Pública da Província do Cabo Ocidental.

Apesar da crescente oposição às taxas hospitalares nos hospitais especializados, este mecanismo de recuperação de custos continua em vigor. O incremento do sistema de subsídios sociais, com o objetivo de diminuir os efeitos dos níveis de desigualdade social no país, não impediu que a capacidade das classes mais pobres e desfavorecidas sul-africanas em aceder ao setor de saúde pública continue ameaçada. Apesar dos esforços de ativistas da saúde pública, as taxas para hospitais especializados, como o Groote Schuur, constituem ainda uma barreira para muitos sul-africanos que pretendem aceder ao setor de saúde pública. Esses serviços estão a sofrer a pressão fiscal macroeconómica neoliberal. A possibilidade de ser instituído um sistema de saúde "de duas camadas" é o resultado cada vez mais provável da implementação desta política fiscal na África do Sul pós-apartheid.

Política Neoliberal, Condições Materiais e as Políticas de Privatização

A adoção de normas políticas neoliberais durante a era pós-apartheid produziu uma série de debates controversos sobre qual a melhor abordagem a adotar para "desenvolver" a sociedade sul-africana. Central a essas preocupações têm sido os efeitos das privatizações sobre os mais pobres e vulneráveis, destacando-se a recuperação de custos como um mecanismo político inadequado dadas as desigualdades decorrentes da divisão racial dos recursos durante o apartheid. O impacto social da política de recuperação de custos e da privatização dos serviços locais tem sido bem documentado; no entanto, não foi dada a mesma atenção aos efeitos desta política nos processos democráticos locais. Numa análise sobre os efeitos da privatização em África, Hibou (2004) sustenta que a privatização das funções estatais não implicou um definhamento do Estado, mas uma diversificação das instituições governamentais que, devido à crescente privatização, não são responsáveis perante a população.

Fazendo eco desta visão sobre a sociedade sul-africana, Heller (2003) argumenta que a a política de recuperação de custos envolveu uma maior dependência de "formas tecnocráticas de tomada de decisão" com base em critérios "neoliberais e neo-administrativos " (Heller, 2003: 168). De acordo com esta perspetiva, o papel do governo local é reduzido ao de um "guarda noturno", supervisionando a contratação de serviços com gestão financeira transparente, na qual a recuperação de custos é um dos principais índices de boa governação (Heller 2003: 169). Este foco em modelos de administração e de eficiência financeira exclui o contributo de movimentos cívicos e das comunidades no processo político (Khan, 1998). No entanto, Pitcher (2012) complexifica esta perspetiva ao considerar que a privatização tem sido um processo desigual e em mudança durante o período pós-apartheid. Inicialmente, os recursos estatais foram privatizados como meio de manter a estabilidade macroeconómica e de produzir uma classe capitalista negra através do Black Economic Empowerment. No entanto, este processo foi posteriormente adaptado para manter o controle político sobre os paraestatais como meio de criar um estado "orientado para o desenvolvimento" para contrariar o desemprego em massa (Pitcher 2012).

A diversidade de exemplos de privatização e recuperação de custos na África do Sul pós-apartheid constitui um interessante estudo de caso para refletir sobre os efeitos sociais destes mecanismos políticos. A privatização dos serviços sociais produziu um efeito "ioiô" na sociedade sul-africana altamente desigual: estes serviços foram estendidos para serem posteriormente reduzidos devido à incapacidade de os sul-africanos mais pobres e pertencentes à classe trabalhadora suportarem os seus custos. O foco de grande parte da análise académica tem sido sobre a forma como os mecanismos de recuperação de custos afetam a estrutura de preços da prestação de serviços. Como o Healthcare 2010 destaca, a implementação de medidas de recuperação de custos pode não ser realmente acompanhada por uma privatização definitiva. Este exemplo coloca, portanto, uma questão premente para a análise: como estudar um efeito social que se associa à privatização quando o serviço social que produz esse resultado não foi externalizado para o setor privado?

O trabalho de Talal Asad (2000) oferece um possível ponto de partida para resolver esta questão. Numa análise crítica dos efeitos sociais dos direitos humanos nas relações internacionais, Asad questiona "o que fazem os direitos humanos?". O autor discute se é produtivo analisar o impacto social desse conceito com base na sua definição normativa. O contrafactual oferecido é a aplicação por parte dos Estados Unidos do conceito de direitos humanos para alcançar os seus objetivos em política externa no Médio Oriente. Em vez disso, Asad impõe um exame dos direitos humanos com base nos efeitos produzidos pela aplicação do conceito. Seguindo essa linha de raciocínio, também nos podemos perguntar: o que faz a privatização?

A análise das políticas de privatização da saúde pública permite destacar que não é a externalização dos próprios serviços do Estado que constitui a base da crítica académica. São antes os efeitos sociais negativos desse processo sobre as pessoas mais pobres e da classe trabalhadora. Portanto, a abordagem analítica dever privilegiar a forma como esses efeitos sociais negativos são produzidos, em vez de simplesmente afirmar que um tipo de política – neste caso, as práticas do Estado que externalizam serviços sociais para empresas privadas – produz efeitos sociais particulares. Focar apenas as questões da privatização poderá constituir um meio insuficiente de entender como os serviços sociais se tornam inacessíveis para as pessoas pobres e da classe trabalhadora. Como demonstrou o Healthcare 2010, a recuperação de custos dentro de um ambiente de políticas de serviços estatais pode ter os mesmos efeitos negativos sobre o acesso aos serviços que a própria privatização.

1. Em vez disso, poder-se-á examinar todo um conjunto de políticas de Estado que excluem as pessoas pobres e da classe trabalhadora de aceder os serviços públicos. A análise de um conjunto dessas políticas juntamento os com seus efeitos pode oferecer um meio mais pormenorizado para entender como os princípios da política

neoliberal afetam as pessoas mais pobres. Seguindo os ditames da austeridade fiscal neoliberal, o Healthcare 2010 reduziu a qualidade tanto dos serviços público de saúde primária como dos cuidados de especialidade na província do Cabo Ocidental. No entanto, esta política levou igualmente a um aumento do custo no acesso a esses benefícios. Estes desenvolvimentos constituíram uma barreira no acesso aos serviços de saúde para os sul-africanos pobres e da classe trabalhadora. Ligar os princípios de austeridade fiscal do Healthcare 2010 aos seus efeitos sobre a qualidade dos serviços de saúde pública primários e especializados é um passo essencial. No entanto, ligar somente as normas de política *de jure* com seu impacto social não leva em consideração a implementação *de facto* das taxas hospitalares juntamente com a política de saúde pública. A consideração das condições sociais produzidas por um conjunto de políticas permite uma perspetiva holística de como a austeridade macroeconómica neoliberal afeta negativamente o setor de saúde pública na África do Sul. Embora um exame sobre as formas divergentes como os princípios de privatização são aplicados nas políticas públicas seja um ponto de partida útil, é somente quando essas ideais abstratas estão ligadas aos seus efeitos que uma análise do impacto social das normas políticas neoliberais pode ser construída.

Conclusão

Para além de demonstrar uma das formas em que a lógica da austeridade fiscal coloca em movimento processos de violência estrutural, a implementação do Healthcare 2010 conduziu à transferência da prestação de determinados serviços de saúde para o setor privado, em linha com a privatização de outras funções estatais na era pós-apartheid (Farmer 1996, 2004). Esta política de saúde pública neoliberal levou à aplicação das taxas hospitalares nas instituições de saúde terciárias, alinhando esta prestação de serviços de saúde com o modelo de recuperação de custos implementado no pós-apartheid. Como observaram os médicos do hospital Groote Schuur, a implementação do Healthcare 2010 foi igualmente uma privatização *de facto* de certos serviços de saúde especializados. O movimento em direção a um sistema de saúde de " duas camadas" é talvez a forma mais concreta em que a austeridade fiscal do período pós-apartheid reproduziu

TAXAS HOSPITALARES E OS PRINCÍPIOS DA PRIVATIZAÇÃO

as desigualdades do período de apartheid em relação à prestação de serviços de saúde.

Embora os efeitos sociais produzidos pela implementação do Healthcare 2010 imitem o observado pelos estudiosos da privatização, a política desafia essa caracterização, uma vez que se baseia no controlo estatal sobre os serviços de saúde. Este desencontro entre efeitos e ideais, exige, portanto, repensar a abordagem analítica adotada na análise dos efeitos das políticas neoliberais de saúde pública. Ao invés de depender em categorias como "privatizadas" ou "estatais", o Healthcare 2010 impulsiona uma conceptualização que permite que uma série de políticas e efeitos sociais sejam analisados com maior detalhe. Neste texto, argumento que um foco nos princípios da privatização na política estatal, acompanhado de uma atenção particular aos efeitos dessas ideias, pode permitir que um conjunto mais completo de práticas a serem tidas em consideração. Dada a aplicação desigual e variável da externalização corporativa por parte dos que controlam o estado sul-africano, tal abordagem poderá ser necessária para uma melhor conceção dos meios através dos quais é abordada – ou produzida – a desigualdade social na era pós-apartheid.

Os resultados descritos acima, relativos ao estudo de caso, podem também ter relevância para entender a trajetória da política social na África do Sul pós-apartheid. O país tem sofrido uma pressão crescente das forças financeiras internacionais no meio de uma tendência decrescente dos preços dos bens após a crise financeira global de 2008. A diminuição dos preços dos principais bens de exportação veio pressionar as finanças públicas da África do Sul, levando a um aumento dos défices orçamentários e a uma baixa na notação de risco do crédito. À medida que o clima macroeconómico piorou, a atenção voltou-se para o custo dos programas sociais na África do Sul, tais como os subsídios sociais e os financiamentos para a educação e a saúde pública. Uma das implicações do argumento realçado acima é que um princípio da privatização – recuperação de custos – pode tornar-se cada vez mais central para a política social na África do Sul. Dado que tais medidas afetam principalmente os pobres, que são desproporcionalmente afetados pela dupla epidemia de VIH/Tuberculose, só podemos esperar que esse resultado não aconteça.

Referências

Asad, T. (2000). What do Human Rights Do? An Anthropological Enquiry. *Theory and Event* 4(4).

Bayat, A. & Cleaton-Jones, P. (2003). Dental clinic attendance in Soweto, South Africa, before and after the introduction of free primary dental services. *Community Dentistry and Oral Epidemiology* 31(2), 105-110.

Bond, P. (2005). *Elite Transition: From Apartheid to Neoliberalism in South Africa.* 2nd Edition. Scottsville: University of KwaZulu-Natal Press.

Blecher, M. (2002). Downsizing of Provincial Department of Health – Causes and Implications for Fiscal Policy. *South African Medical Journal* 92(6): 449-455.

Coovadia, H., Jewkes, R. Barron, P., Sanders, D. & McIntyre, D. (2009). The Health and Health System of South Africa: historical roots of current public health challenges. *The Lancet.* Published online on 25 August 2009.

Deedat, H. & Cottle, E. (2002). Cost recovery and prepaid water meters: a case study in Madlebe, KZN. In D. McDonald (ed). *Cost recovery and the crisis of service delivery in South Africa.* Johannesburg, South Africa: Rural Development Services Network.

Desai, A. & Pithouse, R. (2004). "What Stank in the Past is the Present's Perfume": Dispossession, Resistance and Regression in Mandela Park. *South Atlantic Quarterly* 103(4): 841-875.

Desai, A. (2002). *We Are the Poors: Community Struggles in Post-Apartheid South Africa.* New York: Monthly Review Press.

Farmer, P. (1996). On Suffering and Structural Violence: A View from Below. *Daedalus* 125(1): 261-283.

Farmer, P. (2004). An Anthropology of Structural Violence. *Current Anthropology* 45(3): 305-325.

Fassin, D. (2007). *When Bodies Remember: Experiences and Politics of AIDS in South Africa.* Berkeley: University of California Press.

Garone, D., Hilderbrand, K., Boulle, A. M., Coetzee, D., Goemaere, E., Van Cutsem, E. & Besada, D. (2011). Khayelitsha 2001-2011: 10 Years of Primary Care HIV and TB Programmes. *Southern African Journal of HIV Medicine.* 12(4): 33-39.

Harris, B., Goudge, J., Ataguba, J. E., McIntyre, D., Nxumalo, N., Jikwana, S. & Chersich, M. (2011). Inequities in Access to Health Care in South Africa. *Journal of Public Health Policy* 32(S1): S102-S123.

Heller, P. (2003). Reclaiming Democratic Spaces: Civics and Politics in Post transition Johannesburg. In R. Tomlinson, R. A. Beauregard, L. Bremner & X.

Mangcu (eds.). *Emerging Johannesburg: Perspectives on the Postapartheid City* (pp. 155-184). New York: Routledge.

Hibou, B. (2004). Introduction: From Privatizing the Economy to Privatizing the State. In B. Hibou (ed.). *Privatizing the State* (pp. 1-47). New York: Columbia University Press.

Hirsch, Adam. (2005). *Season of Hope: Economic Reform Under Mandela and Mbeki.* Scottsville and Ottowa: UKZN and IDRC Publishers.

Joseph, Natasha. (2008). *Health budget will let city hospitals reopen 68 more beds.* Cape Times. 19 May 2008. Page 3.

Koch, Steven F. (2012). *The abolition of user fees and the demand for health care: re-evaluating the impact.* University of Pretoria Department of Economics Working Paper 2012-19 (May). Pretoria: University of Pretoria.

Khan, F. (1998). *A Commentary on Dark Roast Occasional Paper No. 1: 'Developmental Local Government: The Second Wave of Post-Apartheid Urban Reconstruction.'* Cape Town: Isandla Institute.

Lagarde, M. & Palmer, N. (2008). The impact of user fees on health service utilization in low- and middle-income countries: how strong is the evidence? *Bulletin of the World Health Organization.* 86(11), 839-848.

Mbali, M. (2013). *South African AIDS Activism and Global Health Politics.* London: Palgrave Macmillan.

McCoy, D. & Khosa, S. (1996). Free health care policies. In D. Harrison, P. Barron & J. Edwards (eds.). *South African Health Review* (pp. 157-165). Durban: Health Systems Trust & Henry J. Kaiser Family Foundation.

McDonald, G. & Pape, J. (2002). Introduction. In G. McDonald & J. Pape (eds). *Cost Recovery and the Crisis of Service Delivery in South Africa* (pp. 1-16). Cape Town: HSRC Publishers.

McDonald, D. & Ruiters, G. (2005). Introduction: From Public to Private (to Public Again?). In D. McDonald & G. Ruiters (eds.). *The Age of Commodity: Water Privatization in Southern Africa* (pp. 1-12). London: Earthscan.

McDonald, D. & Smith, L. (2004). Privatizing Cape Town: From Apartheid to Neoliberalism in the Mother City. *Urban Studies* 41(8), 1461-1484.

McDonald, D. A. (2002). Up Against the (Crumbling) Wall: The Privatization of Urban Services and Environmental Justice. In David A. McDonald (ed.). *Environmental Justice in South Africa* (pp. 292-325). Athens, OH: Ohio University Press.

McIntyre, D., Gilson, L., Valentine, N. & and Soderland, N. (1998). *Equity of Health Sector Revenue and Allocation: A South African Case Study.* Bethesda, MD: Partnerships for Health Reform.

McIntyre, D. & Thiede, M. (2007). Health Care Financing and Expenditure. In
P. Ijumba & A. Padarath (eds.). *South African Health Review* (pp. 35-46). Durban:
Health Systems Trust.

Médecins sans Frontières. (2011). Khayelitsha 2001-2011. Activity Report: 10
years of HIV/TB Care at Primary Health Care Level. Summary. Cape Town:
Médecins sans Frontières.

Meyer-Rath, G. & Richter, M. (2007). User Fees, Transport Costs, and the Ethics
of Exemption: How Free is Free Art? *The Southern African Journal of HIV Medicine*
(June 2007): 52-56.

Muller, A. (2012). The Green Paper for National Health Insurance – An Opportunity
for Universal Healthcare Threatened by Contesting Interests. People's Health
Movement – South Africa. Accessed on 17 October 2012 at: http://www.
phmsouthafrica.org/79-featured/76-the-green-paper-for-national-health-
-insurance-an-opportunity-for-universal-healthcare-threatened-by-contes-
ting-interests.html.

National Education, Health and Allied Worker's Union. (2005). Nehawu Response
to the Unreasonable Hospital Consultation Fee/User Fee Hike in Gauteng.
Communication Department, 2 March 2005. Accessed on 17 October
2012 at: http://www.nehawu.org.za/images/Press%20-%2002-03-05%20
-NEHAWU%20STATEMENT%20ON%20USER%20FEES.pdf

Padayachee, V. & Habib, A. (2000). Economic Policy and Power Relations in South
Africa's Transition to Democracy. *World Development* 28(2)

People's Health Movement South Africa. (2012). Statement and Call to Action
of the First National Health Assembly (NHA) of South Africa Held in Cape
Town 5-6 July 2012. Accessed on 17 October 2012 at: http://www.phmsoutha-
frica.org/statement-and-call-to-action-of-the-first-nha-of-south-africa.html

Pitcher, A. (2012). Was privatization necessary and did it work? The case of South
Africa. *Review of African Political Economy* 39(132): 243-260.

Powers, T. & Monte, L. (2007). Quantifying the Public Health Crisis in Khayelitsha:
A Survey of Human Resources in the South African Public Health Sector.
Centre for Social Science Research, Working Paper 20071025.1. Cape Town:
University of Cape Town.

Ridde, V. & Morestin, F. (2011). A scoping review of the literature on the abolition
of user fees in health care services in Africa. *Health Policy and Planning* 26(1),
1-11.

Seekings, J. & Nattrass, N. (2005). *Class, Race and Inequality in South Africa.* New
Haven: Yale University Press.

Stinson, K., Goemaere, E., Coetzee, D., Pattern, G., Cragg, C., Mathee, S., Cox, V. & Boulle, A. (2016). Cohort Profile: The Khayelitsha Antiretroviral Programme, Cape Town, South Africa. *International Journal of Epidemiology*. Advanced Access published on May 20, 2106. Accessible at: http://ije.oxfordjournals.org/content/early/2016/05/19/ije.dyw057.extract

Walker, L. & Gilson, L. (2004). "We are bitter, but we are satisfied": nurses as street--level bureaucrats in South Africa. *Social Science & Medicine*. 59(6), 1251-1261.

Wilkinson, D., Gouws, E., Sach, M. & Karim, S. (2001). Effect of removing user fees on attendance for curative and preventive primary health care services in rural South Africa. *Bulletin of the World Health Organization*. 79(7), 665-671.

World Bank Group. (2012). *South Africa Economic Update: Focus on Economic Opportunity*. Washington, D.C.: World Bank.

Zuern, E. (2011). *The Politics of Necessity: Community Organizing and Democracy in South Africa*. Madison: University of Wisconsin Press.

O sector petrolífero e a responsabilidade social das empresas num quadro de cooperação em Moçambique

SARA FERREIRA

Introdução

O presente artigo tem como objetivo o descortinar das questões em torno da Responsabilidade Social das Empresas (RSE) petrolíferas no contexto moçambicano[1]. Construído em torno do estudo de caso da empresa Galp Energia, enfatizando a análise ao relatório de sustentabilidade, pretende dar uma perspetiva dos diferentes intervenientes e as suas articulações. A intervenção do setor privado na esfera do desenvolvimento não é um facto novo, porém as mecânicas que introduzem nos países como um novo ator de cooperação são recentes, levando à criação de um novo cluster de cooperação.

A atividade empresarial revestida de fundamentos sociais e ambientais, sem serem exclusivamente económicos, não é uma realidade atual. Num cenário de grandes desigualdades entre países do sul e do norte, e com a crescente globalização comercial e dependência dos mercados entre estados economicamente pobres e ricos, conjeturou-se uma convergência de forças globais para a redução da pobreza[2]. A partir deste conceito, cresceu a consciência de que o Estado por si só poderá não compreender recursos suficientes para garantir as estruturas básicas da sociedade. Numa última instância, esta realidade poderá converter-se na crise do Estado de providência.

---

[1] O presente artigo, inserido no projeto de investigação do Centro de Estudos Africanos "Género e Pluralismo Terapêutico: acesso das mulheres aos cuidados de saúde privados em Africa", apresenta dados e conclusões expostos na dissertação do curso de Mestrado em Desenvolvimento e Saúde Global.

[2] Em exemplo os Objetivos de Desenvolvimento do Milénio. (http://www.un.org/millenniumgoals/)

MULHERES NO MERCADO DA SAÚDE

Abordando as diretivas globais sobre a questão – UN Global Compact e a Global Reporting Iniciative –, irá, especificamente, focar o quadro de cooperação de um país africano – Moçambique – em que quase metade do orçamento de Estado depende da ajuda externa[3]. Se o financiamento a organizações não-governamentais (ONG) e agências internacionais decaiu na década de 90 pelas expectativas irrealistas dos doadores e pelo limitado grau de eficiência destas (Igoe e Kelsall 2005), compreende-se, então, a necessidade de se analisar a atuação de novos atores, qual o seu discurso desenvolvimentista e a estratégia e fundamentações por estes repercutidas no domínio público.

Fazendo o contraponto com as sociedades ocidentais, em que a RSE é construída num quadro de regulamentação, visualiza-se de extrema importância o conhecimento dos motivos que levam a uma gestão empresarial direcionada para o social, num contexto em que só muito recentemente os setores que estavam tradicionalmente abrangidos pelo poder do Estado passaram para um domínio privado.

> "Na esteira do modelo económico definido na Constituição de 1990 e consolidado na Constituição de 2004, é introduzido um conjunto de leis de base que regula o funcionamento dos mercados e consagra as regras de concorrência. E é neste sentido que, para propiciar oportunidades de negócios ao investimento privado, cabe ao poder legislativo dar sinais inequívocos de que a competitividade radica na dignidade da pessoa humana e no conteúdo constitucional de liberdade das empresas, pelo papel que as mesmas desempenham no mercado." (Silva, pág. 209).

Não existem muitos estudos científicos sobre Moçambique que façam a ligação entre políticas públicas, projetos de responsabilidade social do setor privado e relatórios de sustentabilidade, e o seu quadro legislativo, em especial sobre empresas petrolíferas.

Num ambiente global caracterizado pelo neoliberalismo e pela conexão legitimada entre estruturas públicas e privadas (em parte devido à falência do estado social nos países ocidentais), este estudo pretende entender, numa atmosfera geral de crise económica, o motivo que leva as empresas a despenderem recursos financeiros em prol de uma atuação direcionada

---

[3] "(...) corresponde a 40% da renda nacional." (Niassa 2009)

para as questões sociais em Moçambique. Procurou-se assim descrever os contornos desta atuação num país caraterizado pela sua dependência dos doadores e de outros atores externos.

O presente artigo parte da questão "Como é formulado o quadro de cooperação através da intervenção de um novo ator – o setor privado? Os projetos de RSE de uma empresa petrolífera em Moçambique", e da interpretação dos dados recolhidos no terreno, sendo composto de três partes distintas. A primeira resume e contextualiza o conceito de Responsabilidade Social das Empresas e a evolução do conceito desde o seu início até aos dias de hoje. É ainda questionada a forma como os modelos desenhados nas sociedades ocidentais se podem aplicar à realidade africana e, em particular, à moçambicana.

Seguidamente, será demonstrado o entrecruzamento de atores num espaço único de cooperação e os novos significados conferidos ao conceito de cooperação. Numa aproximação ao ator em estudo – Galp Energia –, procuram-se descrever as mudanças e agitações ocorridas no país em torno do surgimento das empresas petrolíferas no país e as novas diretivas do governo. O estudo debruçar-se-á, posteriormente, sobre o imposto denominado "fundo social", o qual é reinterpretado no discurso das petrolíferas como ações de responsabilidade social. Em tom conclusivo, esta realidade será transposta para o caso de estudo da Galp Energia, analisando-se, além de outras fontes, o relatório de sustentabilidade social da empresa.

1. Opções metodológicas

Este artigo ambiciona, através do método "estudo de caso", compreender melhor os significados da conduta empresarial responsável interligada com o setor público; perceber a atual gestão social das empresas, apreendendo as lógicas de funcionamento, no caso específico, da empresa Galp; captar as implicações que esta atitude tem para o próprio funcionamento da empresa no contexto político em que se insere e, por fim, para as narrativas e representações dos sujeitos que atinge. Por ser uma investigação fundamentalmente de índole antropológica, foi privilegiada uma metodologia qualitativa. Esta foi dividida em três partes distintas, seguindo o que Gaston Bachelard afirma serem os princípios fundamentais de toda e qualquer investigação social: "O facto social é conquistado, construído e verificado." (*apud* Quivy e Campenhoudt, 2008, pág. 23).

MULHERES NO MERCADO DA SAÚDE

Num primeiro momento, a investigação incidiu na revisão de literatura e análise de fontes bibliográficas, tanto qualitativas como quantitativas, permitindo uma contextualização dos quadros conceptuais existentes. O local de pesquisa incidiu em bibliotecas de ciências sociais e em documentos disponíveis online. Os elementos de análise e interpretação envolveram a análise de obras e monografias especializadas sobre o assunto, não descurando o recurso a artigos científicos em revistas especializadas do campo de investigação. Com teor mais quantitativo, foi dado relevância a estudos e dados disponíveis e publicados em centros estatísticos.

Nesta primeira fase, e a par da revisão bibliográfica, foram iniciados os primeiros contactos e entrevistas exploratórias em Portugal. Pretendeu-se, com esta ferramenta, explorar o terreno (neste caso Moçambique), introduzir novos conceitos na investigação e compreender a viabilidade do presente trabalho. Os primeiros contactos foram realizados de um modo aberto e flexível, com o intuito de preparação do trabalho de investigação. Esta primeira abordagem permitiu conhecer os indicadores de cooperação e conflito entre o investigador e o sujeito de investigação, uma melhor visualização de variáveis externas e quais as estratégias preferenciais para ultrapassar obstáculos, originando uma reformulação do objeto de pesquisa.

Na segunda fase do processo, decorrido no período de um mês[4] (Maio de 2012), o instrumento consistiu na observação indireta e direta. No que se refere à primeira, recorreu-se à técnica de entrevistas semiestruturadas, num total de dezasseis entrevistas (menos rígidas, de carácter flexível) e recolha de materiais informativos (com por exemplo atas e relatórios, etc.). O terreno de investigação foi Moçambique e o local de recolha de informação respeitou à capital do país – Maputo.

Foi realizada uma amostra intencional (Richardson, 2008) e dirigida, ou seja, os informantes foram escolhidos mediante determinadas características, não se focando tanto sobre o indivíduo, mas sim no lugar que ocupa na entidade em análise, tornando-se assim informadores-chaves.

---

[4] Desde já verifica-se uma limitação no decorrer do estudo pelo pouco tempo disponível à recolha de material.

a) ao nível do Governo

– Instituto Nacional de Petróleo (INP); Centro de Promoção e Investimento (CPI); Ministério dos Recursos Minerais (MIREM e Ministério da Saúde (MISAU).

b) ao nível das organizações da sociedade civil

– World Wide Fund for Nature (WWF) e Plataforma da Sociedade Civil para Recursos Naturais (PSCRN): Aquela organização foi estudada pelo facto de estar em contacto com o governo através da PSCRN e por ser o recetor de financiamento da embaixada do Canadá na realização do estudo sobre RSE. Representa, desta forma, as organizações da sociedade civil. Para além daquele estudo, a Embaixada do Canadá financia igualmente o MIREM.
– JOINT – liga de ONG em Moçambique;
– Grupo Moçambicano da Dívida (GMD) – movimento da sociedade civil com missão de sensibilização para as questões mais latentes do país;

Estas duas organizações moçambicanas revelaram-se importantes de investigar pelo facto de serem plataformas de ONG conhecedoras da atividade das organizações, representando-as e permitindo uma visão global do peso e do papel da sociedade civil no país.

– Keppa – ONG responsável pela realização de seminários de consciencialização para os problemas envolventes de RSE;
– Instituto de Estudos Sociais e Económicos (IESE) – Centro de investigação que atua como consultor e parceiro do governo em determinados temas.

c) ao nível dos doadores

– Embaixada do Canadá.

Este informante foi da máxima importância por ser um dos principais doadores de ajuda externa ao país e por ser financiador dos dois projetos a decorrerem para a definição de linhas orientadoras sobre RSE para o setor extrativo.

d) ao nível de empresas

- Do it – consultores do estudo sobre RSE financiado pela embaixada do Canadá;

Petrogal – Empresa representativa da Galp Energia no país.

e) Grupo-alvo

Pelas características dos projetos de RSE e pelo curto tempo possível no terreno, não foram realizados contactos ao nível das comunidades recetoras dos projetos de RSE.

No que respeita aos dados recolhidos, as entrevistas foram na sua totalidade marcadas previamente, pelo que o entrevistado, na formulação do pedido, teve contacto à priori com o assunto e motivo desta. Os contactos ao nível das ONG foram estabelecidos com elevado grau de facilidade, porém, no que respeita ao governo e às empresas, o processo teve contornos mais morosos, com dificuldade de acesso à informação. O registo processou--se através de gravador, exceto quando o entrevistado recusava o seu uso, tendo-se, nessa situação, recorrido ao registo em papel.

A terceira e última fase do trabalho foi dedicada à análise de dados, à interpretação e discussão das informações recolhidas durante a investigação, pretendendo responder à pergunta de partida e aos objetivos da investigação, tendo como base o quadro teórico formulado e a revisão bibliográfica.

Em jeito de conclusão, procurou-se indicar quais as linhas que orientaram o processo e apresentar os contributos do trabalho numa dimensão antropológica sobre responsabilidade social das empresas.

2. RSE no desenvolvimento de um país africano

Responsabilidade Social das Empresas (RSE), de um modo lato e de acordo com o Livro Verde *Promover um quadro europeu para a responsabilidade social das empresas* (da Comissão Europeia), é um conceito segundo o qual as "empresas decidem, numa base voluntária, contribuir para uma sociedade mais justa e para um ambiente mais limpo. (...). Esta responsabilidade manifesta-se em relação aos trabalhadores e, mais genericamente, em relação a todas as partes interessadas afetadas pela empresa e que, por seu turno, podem influenciar os seus resultados" (Livro Verde, 2001, pág. 4). Ter uma atitude socialmente responsável "(...) não se restringe ao cumprimento de todas as obrigações legais – implica ir mais além através de um "maior" investimento em capital humano, no ambiente e nas relações com outras partes interessadas e comunidades locais" (*ibid* pág. 7.)

A adoção deste novo discurso empresarial – ética[5] nos negócios – não terá só em conta os aspetos económicos como também os aspetos sociais e ambientais, permitindo-lhes gerir os conflitos que por vezes surgem com permanência no local onde estas operam.

Embora com significados diferentes, denotam a existência de uma sociedade civil mais consciente e organizada, uma sociedade económica mais ambiciosa e competitiva. Porém, poderá também demonstrar a incapacidade do Estado em dar respostas sociais aos seus beneficiários. Neste ponto, e com o prévio conhecimento de que esta atitude se traduz numa capacidade dinâmica das empresas para com os seus stakeholders[6] (Clarkson, 1995), permite-nos desde logo refletir sobre uma atividade ou um intuito paradoxal permeável a várias utilizações.

Numa tentativa de transmitir a forma como, atualmente, as empresas incorporam o discurso ético, deveremos contextualizar a natureza e evolução do conceito. Trata-se de uma forma distinta dos modelos clássicos de responsabilidade e de regulação empresarial, como se explica seguidamente.

Embora com contornos distintos dos contemporâneos, verificamos, no final do século XIX, com a publicação da obra *The Gospel of Wealth* de Andrew Carnegie, uma das primeiras abordagens ao conceito de caridade a partir da premissa de que as organizações deverão ir mais além de uma atuação direcionada apenas para o lucro, mas sim com uma preocupação pelo quadro social em que se inserem (Stonner e Freeman, 1985). Outro dos autores que encontra estas referências na história é Howard Bowen, no livro *Social Responsibilities of the Businessman*, publicado em 1953, onde refere que "(...) no campo da Responsabilidade Social da Empresa, as primeiras

---

[5] Utilizarei o conceito ética definido segundo os autores Stoner e Freeman (1985, pág. 77-78) que compreende a forma como as nossas decisões e ações afetam direta e indiretamente os indivíduos que nos rodeiam.

[6] "os administradores, os gestores, os trabalhadores, a inserção no meio ambiente, na comunidade científica e tecnológica e na comunidade local, e as relações de "upgrading" permanente com os fornecedores e clientes, entre outros." (Gago, pág. 9)

manifestações desta ideia surgiram no início do século, em trabalhos de Charles Eliot (1906), Arthur Hakley (1907) e John Clark (1916). Tais ideias, porém, não tiveram maior aceitação nos meios académicos e empresariais, onde deviam soar – considerada a época – como heresias socialistas." (Duarte e Dias, 1986, pág. 41)

Uma das primeiras e principais aplicações de RSE transporta-nos a 1900, quando a empresa Cadbury (fábrica de chocolate) estabeleceu a Bournville Village Trust, em Birmingham, ao construir todo um complexo destinado aos seus trabalhadores e famílias com escolas, postos de saúde, lojas, livrarias, entre outros, aplicando de forma inovadora a gestão empresarial socialmente responsável. O próprio Sir Adrian Cadbury escreveu diversos textos e artigos abordando e desenvolvendo o conceito. (McIntosh, 2003:1)

Porém, a visão clássica de responsabilidade social, no início do século XX, encontrava-se fundida com a ideologia liberalista da economia – corporação funcionava quase exclusivamente numa ótica de benefício para os seus acionistas, de máxima obtenção de lucro. Encontramos estas novas conceções de uma nova gestão empresarial associadas ao movimento socialista da época, que foi grandemente criticado. O conceito de responsabilidade social estava ainda relacionado com atos de caridade pessoal, impregnado de conotações religiosas efetuadas através de doações e delimitado num plano filantrópico (Banerjee, 2007, pág. 5), causando grandes controvérsias numa época capitalista de produção, tendo sido combatidas pelo lado mais conservador.

Acontecimentos mundiais importantes desenvolveram de forma mais efetiva a ideia da atuação voltada para as questões sociais e o discurso ético começou, com uma visível influência das igrejas protestantes (como no caso Cadbury) a acompanhar o processo de gestão empresarial. Os anos 20 ilustram a época em que este tipo de pensamento começou a ganhar mais peso na sociedade. Embora por um grupo restrito de empresários e intelectuais, começou a ser inserido na atuação empresarial um "novo" tipo de comportamento. Surgiram assim, a par destes movimentos, as primeiras fundações filantrópicas, como, por exemplo, a Rockfeller (1913) e a Ford (1936). Acompanhando a história, um dos marcos basilares para a crítica de que a corporação só deveria responder às necessidades dos seus acionistas incide nos efeitos da Grande Depressão. Registou-se um aumento significativo de uma atuação empresarial responsável com os seus colaboradores, contribuindo em cadeia para a noção de um melhor bem-estar societal a partir do setor privado. As empresas, com a crescente pressão da sociedade e do Estado, começaram a incorporar a dimensão social na sua gestão empresarial, sendo promovida a ação filantrópica pela própria empresa – filantropia empresarial – considerada como um dos primeiros passos no caminho da Responsabilidade Social.

O comportamento socialmente responsável, e a sua aceitação no mundo dos empresários, não foi um processo constante e isolado. Este esteve envolto no quadro dos acontecimentos mundiais e na perceção dos benefícios que poderiam alcançar, pela mudança de estratégia empresarial. Benefícios esses que passam pela publicidade positiva da marca, aquando da realização da atuação ética, numa dimensão tanto interna como externa. Nesta época, começaram a surgir conceitos mais depreciativos associados à prática de RSE, tais como o de "greenwashing" (Johnson, 1958, apud Banerjee, 2007) ainda utilizado no léxico atual. A ONG CorpWatch define[7] aquele conceito como sendo o "O fenómeno das corporações social e ambientalmente destrutivas que tentam preservar e expandir os seus mercados, posicionando-se como amigas do meio ambiente e líderes na luta para erradicar a pobreza." (tradução do autor).

No contexto específico dos EUA, verificamos como um dos fatores mais relevantes os motivos e efeitos da Guerra do Vietname, que originou movimentos de boicote às empresas envolvidas no conflito. Novos determinismos criaram a necessidade de mudança de estratégia, e, nos anos 60, os movimentos da sociedade civil, mais influentes do que na Europa, pela composição estrutural do país (opinião pública, associações de luta pelos direitos humanos, igrejas, entre outros), coagiram as empresas, de certa forma, a uma "lavagem de imagem" através da transformação das suas práticas. Na Europa, um dos movimentos que mais influenciou foi o Maio de 68 em França, que resultou no incremento da postura ética das atividades empresarias. Tanto na Europa como nos EUA, começou a existir esta consciencialização, causada em muito pela crise dos princípios keynesianos e, consequentemente, foram publicados os primeiros relatórios da ação socialmente responsável. Em França, pela cobrança acérrima da sociedade, foi lançada a lei de obrigatoriedade do balanço socioeconómico das *Societés*

---

[7] "The phenomenon of socially and environmentally destructive corporations attempting to preserve and expand their markets by posing as friends of the environment and leaders in the struggle to eradicate poverty."

MULHERES NO MERCADO DA SAÚDE

Coopératives Ouvrières (SCOP) (Zarpelon, 2006). Já em Portugal, só começou a ser implementada esta política na primeira metade da década de 90.

A popularização do conceito de Responsabilidade Social ocorreu também na dimensão estrutural da empresa. Esta nova reconfiguração deu-se também ao nível dos *stakeholders*, sendo que estes, anteriormente, restringiam-se exclusivamente aos acionistas, tendo sido alargado a todas as partes envolvidas direta ou indiretamente no processo de produção e na atuação da empresa (Ethos Valor, 2006, pág. 65).

Sem dúvida que a responsabilidade social empresarial tem sido um tema bastante abordado e discutido numa multiplicidade de canais e a uma escala internacional, comprovado não só pelas inúmeras Organizações que têm sido criadas, como pelas Declarações, Conferências, Programas, Relatórios, Cimeiras, Fóruns e Agendas[8] que se têm desenvolvido em torno dessa mesma questão. Tal como afirma Archie Carroll, "Estes novos órgãos governamentais estabeleceram que a política pública nacional reconhecesse oficialmente que o meio ambiente, os funcionários e os consumidores são partes interessadas importantes e legítimas do negócio". (Carroll, 1991, pág. 39, T.A.)[9]

2.1. Entre dois modelos de RSE

O modelo de Archie Carroll foi um marco no que se refere à interpretação multidimensional de responsabilidade social corporativa pela análise não isolada das estruturas distintas de atuação – económica, legal, ética e filantrópica (discricionária). Como o autor refere, o desempenho da

---

[8] Enumerando as que me parecem de maior relevância para a evolução do conceito de RSE atual: 1948 – Declaração Universal do Direitos Humanos; 1972 – Conferência das Nações Unidas sobre o Ambiente; 1987 relatório "O nosso futuro comum" e o Programa de Ação para o Desenvolvimento Sustentável; 1992 – Conferência das Nações Unidas do Ambiente e Desenvolvimento, também denominada como Cimeira da Terra, de onde emergiu o programa global de ação designado de Agenda 21; 2002 – Declaração do Milénio das Nações Unidas. Relativamente a alguns estudos elaborados, gostaria de referir: Princípios Relativos ao Governo de uma Empresa e Guia com Directrizes para as Empresas Multinacionais (OCDE); Princípios e Direitos Fundamentais no Trabalho (OIT); Livro Verde (2001), entre muitos outros.

[9] "These new governmental bodies established that national public policy now officially recognized the environment, employees, and consumers to be significant and legitimate stakeholders of business"

empresa sintetiza um contrato social entre esta e a sociedade (incluindo processos, políticas, princípios), defendendo que, independentemente de serem privadas, estão inseridas numa sociedade e deverão acompanhar, de certa forma, os interesses públicos. Carrol define quatro fases estruturadas em pirâmide que sintetizam a Responsabilidade Social das Empresas e incluem as responsabilidades económica, legal, ética e filantrópica. Visser (2005) defende que a disposição das fases do modelo de Carrol depende do contexto onde este é aplicado. Assim, aplicado ao contexto africano verifica-se uma alteração da fase quatro (filantrópica) para a fase dois (legal), devido ao fraco nível de investimento estrangeiro nas economias em causa, gerando altos níveis de desemprego. (Visser, 2005).

Resumindo, na pirâmide de Carroll (1991) as quatro fases da responsabilidade corporativa são (ordem da base para o topo): (i) responsabilidades económicas; (ii) responsabilidades legais (iii) responsabilidades éticas (iv) responsabilidades filantrópicas. Já Wayne Visser (2005) afirma que o modelo de Carroll se aplica a sociedades ocidentais e que, quando transposto para o contexto africano, a organização da pirâmide é reformulada da seguinte forma: (i) responsabilidades económicas; (ii) responsabilidades filantrópicas; (iii) responsabilidades legais; (iv) responsabilidades éticas. Ou seja, sendo que a primeira se mantém estanque, a filantrópica atinge o segundo lugar,

> "As empresas perceberam também que não conseguem prosperar em sociedades que falham e a filantropia é vista como a forma mais direta para melhorar as perspetivas das comunidades nas quais o seu negócio funciona" (Visser, 2005, pág. 40, T.A.).[10]

Crane & Matten (2004, apud Visser, 2005, pág. 38) afirmam que as empresas norte-americanas encontram-se norteadas para o lucro dos *shareholders*, porém, a contribuição das empresas, no contexto africano, atinge uma dimensão diferente e o seu investimento é fortemente enaltecido tanto pelos governos como pela população.

---

[10] "Companies also realise that they cannot succeed in societies that fail, and philanthropy is seen as the most direct way to improve the prospects of the communities in which business operates".

No que respeita à responsabilidade filantrópica no contexto Europeu, é atingida mais no quadro legal de regulamentação, enquanto que nos EUA como em África aquela reflete uma versão mais arbitrária de atuação (ibid, pág. 40). A importância desta fase no continente africano é vista, por vezes, em termos de segurança pelo próprio sucesso do negócio (Beyer, 2000), não respondendo às necessidades reais das comunidades e gerando uma nova definição de desenvolvimento

"(...) o negócio está a afetar o próprio significado do desenvolvimento."[11] (Blowfield, 2005, 515, T.A.)

O contexto africano contém particularidades que levam à criação de modelos diferentes dos formulados noutras realidades, pelo que a sua análise deverá compreender movimento e uma visão holista, em vez de uma interpretação estanque das suas dimensões. Se, num passado recente, a função primordial das empresas era a vertente económica, atualmente, com os efeitos da crise económica e das catástrofes ambientais, a empresa não poderá funcionar numa vertente exclusivamente de obtenção de lucro, menosprezando as outras dimensões. Numa visão holística as dimensões não são colocadas em posições diferentes, podendo, no entanto, atingir significados e importâncias distintas aquando da sua aplicação. Na perspetiva de Beyer e Blowfield, a fase filantrópica disposta numa fase anterior à legal iria gerar conflitos de diversas ordens, inclusive entraria em conflito com a supremacia do estado e dos seus cidadãos. A empresa não deverá dar mais importância às ações filantrópicas do que cumprir os requisitos legais que o estado lhe impõe.

A aplicação de um modelo concetual que englobe todas as dimensões de responsabilidade, tanto ao nível interno como externo à empresa, em que o discurso empregue nos relatórios fosse fiscalizado por entidades independentes, exigindo a veracidade dos mesmos; o entendimento que a exploração dos recursos naturais de um país poderá ser um elemento impulsionador de desenvolvimento em que a participação destas no processo é imprescindível; aliado à boa gestão governamental; e à ativa participação das organizações da sociedade civil; poderia diminuir o risco de aumentar o fosso entre ricos e pobres tão característico em países "abençoados ou

---

[11] "(...) business is affecting the meaning of development itself."

amaldiçoados" com recursos naturais. Moçambique encontra-se numa fase crucial devido ao crescente interesse das empresas extratoras, e os relatórios de sustentabilidade tornam-se necessários como forma de mensurar as atividades dessas companhias a operar no país, não só como forma de dar a conhecer dados financeiros aos *stakeholders*, como transmitir, à comunidade e à opinião pública, material consistente e fiel da performance transparente, ética e sustentável desta. Penso que um dos pontos de partida seria a sua regulamentação e consequente fiscalização.

Outro dos desafios, numa visão mais antropológica (Rajak, 2006), é integrar a RSE no rol de interligações estabelecidas entre a empresa e o contexto envolvente, e não como uma máquina separada do seu contexto. Os relatórios seriam uma forma de excelência para este fenómeno. Como será demonstrado mais à frente, o relatório da Galp explicita exclusivamente atividades incorporadas no fundo social (imposto) ou na Avaliação de Impacto Ambiental (AIA), sem existir qualquer referência ao coletivo social que a compõe. As imagens do relatório e os slogans incorporam esta vertente, mas o discurso factual não. A promoção deste discurso e envolvência da empresa criaria uma ligação maior à comunidade, um maior conhecimento das suas necessidades, o verdadeiro *empowerment* da população, delineando estratégias eficientes, afastado do atual conceito da comunidade enquanto sujeitos passivos das suas impostas "boas ações" de RSE e de consequente "lavagem da imagem".

3. Contextualização da pesquisa de terreno[12]

A história de Moçambique ficou assinalada com a independência do país em 25 de junho de 1975 depois de séculos de colonização portuguesa, sendo que até finais do séc. XIX a presença portuguesa em Moçambique não era muito significativa. Situado na costa oriental do continente africano, com uma área de 799 380km², dos quais 2500km² são costa, o país faz fronteira com a África do Sul, Swazilândia, Malawi, Tanzânia e Zimbabwe e tem como capital a cidade de Maputo. Moçambique possui uma grande diversidade cultural e étnica, porém com poucos registos escritos, derivado ao facto de a transmissão de conhecimento se realizar maioritariamente através da

---

[12] Neste capítulo além das referências indicadas consultar: Boaventura S. Santos (2003); Orlando Nipassa (2009); Forquilha (2008); Adriano Moreira (1960) e Jorge Dias (1961).

oralidade (Firmino, 2002). Com o português como língua oficial, o país contém uma multiplicidade linguística, percorrido de Norte a Sul por várias línguas nacionais. A representação religiosa no território também é bastante diversa, embora a religião com maior número de seguidores seja a cristã, com aproximadamente 5 milhões de aderentes, seguida da muçulmana com 4 milhões; cerca de 50% da população confessa as religiões tradicionais (AICEP, 2010).

Segundo o Instituto Nacional de Estatística de Moçambique (2012)[13], a população está estimada em 22.4 milhões de habitantes, dos quais cerca de 12 milhões são do sexo feminino e 11 milhões do sexo masculino. Entre 1997 e 2010, verificou-se um crescimento populacional de 1%. Caracteriza-se por ser uma população jovem, sendo que 47% da população tem menos de 15 anos. Tem uma taxa de natalidade elevada e uma esperança média de vida baixa, pois apenas 3% da população tem mais de 65 anos. A esperança média de vida tem vindo a aumentar nos últimos anos, estando em 54,21 anos em 2012. Em termos de distribuição, cerca de 70% da população vive em meios rurais e a restante em espaços urbanos. A taxa de natalidade é 5,47 nascimentos por mulher em 2012, e a taxa de mortalidade diminuiu quase 8% entre 1997 (21%) e 2010 (13,5 %). A mortalidade infantil baixou consideravelmente entre 1997 (144/1000) e 2010 (77/1000). Contudo, a mortalidade infantil em Moçambique continua entre as mais elevadas do mundo[14].

Em termos políticos, Moçambique é uma república, sendo o seu presidente em 2012 Armando Emílio Guebuza, pertencente ao partido da Frente de Libertação de Moçambique (Frelimo). É composto por onze Governos Provinciais, sendo cada um destes administrado por um Governador indicado pelo Presidente da República (AICEP, 2010). Com uma governação extremamente centralizada, Moçambique aprovou a Lei dos órgãos locais (2005) dando um *input* à descentralização e ao desenvolvimento local a nível distrital. Foi a partir de 2006, com a implementação do Estatuto Orgânico do Governo Distrital, que cada distrito passou a ser uma unidade orçamental com uma gestão própria. Ao nível do Município (44 no território

---

[13] www.ine.gov.mz

[14] No décimo primeiro lugar dos países no mundo com a maior taxa de mortalidade infantil no mundo, com uma taxa de 77/1000. (CIA World FactBook, 2010)

nacional), e no sentido de dar voz e peso a estes, os governos municipais são escolhidos através de eleições.

3.1. Mudanças e Agitações em torno da descoberta de Petróleo

A indústria extrativa em Moçambique só recentemente, com o arranque dos megaprojetos[15] na área do carvão, gás natural e areias pesadas e com a recente descoberta de petróleo e gás natural na Bacia do Rovuma (província de Cabo Delgado), se começou a desenvolver e a ganhar relevo na produção e exportação do país, influenciando a balança económica moçambicana.

As mudanças e agitações do setor visualizam-se, essencialmente, na esfera económica e social.

> "O aumento dos níveis de imigração de comunidades não-indígenas em busca de emprego e oportunidades de negócio pode resultar em conflitos sociais por terras de cultivo e territórios de pesca e por terra para estabelecimento e criação de gado"[16] (WWF Report, 2010, pág. 10, T.A.).

Tem-se verificado um choque entre a atividade de exploração de petróleo e as atividades tradicionais da população. Os baixos índices de educação e de recursos tecnológicos geram graves assimetrias culturais e tornam as comunidades marginalizadas pela desigual distribuição da riqueza originária do petróleo. Outro setor que é atingido pela exploração do petróleo é o turismo (derivado ao impacto negativo no ecossistema), que tende a diminuir refletindo-se no consequente decrescimento das atividades económicas ligadas ao turismo que, nesta zona de Moçambique, têm um peso determinante para o sustento das comunidades.

No que respeita à distribuição dos megaprojetos (ver figura nº 1) na província, existem sete áreas com concessões (ver figura nº 2) de Contrato de Pesquisa e Produção de Petróleo. A Empresa Nacional de Hidrocarbonetos faz parte de quase todos os consórcios com 10% do capital.

---

[15] "Megaprojetos são atividades de investimento e produção com características especiais. Primeiro a sua dimensão é definida, pelos montantes de investimento (acima de US$500 milhões) e impacto na produção e comércio, é enorme." (Castel-Branco, 2008:1-2).

[16] "Increased levels of immigration by non-indigenous communities in search for jobs and business opportunities may result into social conflicts over farming and fishing grounds and over land for settlement and cattle grazing."

FIGURA 1
Mapeamento de empresas petrolíferas a operar em Moçambique

COMPANHIA	País de Origem	Área de Pesquisa
ANADARKO	E.U.A	Bacia do Rovuma, Área 1
ARTUMAS	Canadá	Bacia do Rovuma, "onshore"
ENI	Itália	Bacia do Rovuma, Área 4
Statoil Hydro	Noruega	Bacia do Rovuma, Áreas 2 e 5
PETRONAS	Malásia	Zambézia "offshore" e Bacia do Rovuma. Áreas 3 e 6
BANG	E.U.A	Zambézia e Sofala
DNO	Noruega	Zambézia e Sofala

Fonte: MIREM apud (Castel-Branco, 2009:12).

FIGURA 2
Mapa de exploração e pesquisa

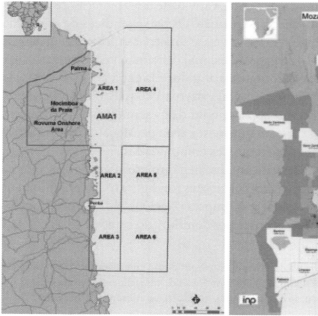
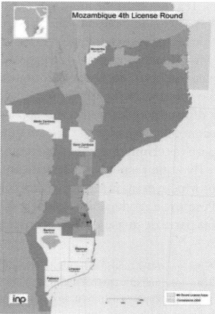

Fonte: www.inp.gov.mz.

O SECTOR PETROLÍFERO E A RESPONSABILIDADE SOCIAL DAS EMPRESAS

No caso específico da Galp Energia, SGPS S.A[17], com centro de decisão em Portugal, é uma empresa portuguesa do setor energético e a responsável pela reestruturação deste setor no país. Foi constituída em Abril de 1999, tendo ficado com 100% do capital da Petrogal[18] e da Gás de Portugal[19]. Os motivos para a fusão daquelas empresas foram a criação de competitividade nos mercados internacionais, a gestão dos recursos integrada, melhorando significativamente a produtividade da mesma, e uma maior capacitação para a solução de resposta aos clientes.

A Galp Energia é representada no território moçambicano por uma empresa denominada Moçacor que, até há bem pouco tempo, era responsável, em regime de exclusividade, pela distribuição do gás em Moçambique. No final de 1997, foi criada a Petrogal Moçambique, que tem como objetivo a pesquisa e exploração de petróleo e gás natural, exploração de postos de combustíveis e comercialização de produtos de refinação. A Holding portuguesa Galp Energia (anteriormente Petrogal S.A) é, então, a atual titular do capital social da Petrogal Moçambique.

A Petrogal Moçambique detém 76% da Moçacor e os restantes 24% são detidos pela Petromoc-Petróleos de Moçambique, SARL. A criação da Petrogal Moçambique visou não só apoiar a Moçacor a melhorar a sua qualidade de serviços na distribuição do gás, bem como construir uma rede de postos de abastecimento para a distribuição de líquidos e lubrificantes. Tendo esta empresa iniciado a sua atividade no primeiro semestre de 1999, possui já 12 postos de abastecimento no território moçambicano, designadamente nas províncias de Maputo, Gaza, Inhambane, Manica, Sofala, Nampula e Cabo Delgado.

A guerra civil afetou praticamente todos os setores económicos de Moçambique, e a Moçacor não foi exceção, tendo passado por uma fase de estagnação, motivado por problemas políticos, sociais e económicos. Na tentativa de combater estas dificuldades, tem-se vindo a verificar a implementação de políticas no sentido de a tornar mais competitiva, objetivo

---

[17] Os presentes dados foram retirados da tese de mestrado realizada por Luís Sítima no ISCTE em 2002, com o título "A Mudança Estratégica e Impacto ao Nível da Cultura e Clima Organizacional (O Caso da Galp)".

[18] Empresa responsável pela produção e exploração de petróleo e na refinação e comercialização de produtos petrolíferos.

[19] Empresa responsável pela importação e transmissão de gás natural da Transgás, e à distribuição de gás natural.

alcançado pelo facto de esta ser a empresa no setor com maior peso e predominância no território nacional.

Os últimos acontecimentos fazem prever que será a maior atividade no setor petrolífero na história de Moçambique. A questão sobre os impactos que estas descobertas terão para o futuro das populações torna-se cada vez mais importante de ser analisada. Questões como – De que forma as receitas fiscais estão a ser geridas? Que tipo de política empresarial as corporações adotam? Que consequências serão sentidas a um nível local pelas populações? De que forma é que intervêm na esfera social? E quais os efeitos desta atuação no domínio público? – carecem de resposta urgente para que o país possa efetivamente reter os efeitos positivos desta descoberta. O nascimento de um novo país de petróleo e gás torna imperativo a adoção cuidadosa de políticas que beneficiem as comunidades e desenvolvam a economia, sendo que, à semelhança de outros países, existe o risco de se verificar, como referido por alguns autores, o "paradoxo da abundância" ou a "maldição do petróleo" (Ian Gary, 2003), assistindo-se ao agravamento das dissimetrias sociais e a uma nova reconfiguração social que, por vezes, é mais nefasta que benéfica. Num exemplo próximo de Moçambique, Angola é um dos maiores exportadores e produtores de petróleo do mundo e mesmo assim "os angolanos são hoje das pessoas mais pobres do planeta e o país está entre aqueles com o ranking mais baixo do índice de desenvolvimento humano".[20] (Ferguson, 2006, pág. 198, T.A.).

As empresas, particularmente as do petróleo, sofrem com a pressão dos mercados internacionais e são extremamente dependentes destes, nomeadamente no que lhes impõem em termos de concorrência, de criação de uma boa imagem e boa reputação. Existem diversas teorias, como já referido, sobre modelos conceptuais de RSE, sendo que uma das principais formas de análise é através da relação entre a corporação e os seus *stakeholders* (Clarkson, 1995). O que pressupõe que poderá depender tanto do contexto, como pela pressão e/ou influência que os *stakeholders* atingem no domínio público. Os *stakeholders*, como Clarkson refere (1995: 106 e 107), podem ser o principal condutor de transmissão para a opinião pública do comportamento adequado ou inadequado da empresa, atingindo positivamente ou negativamente toda a sua performance. A Galp não é exceção e, não acreditando

---

[20] "Angolans today are among the most desperately poor people on the planet, and the country ranks near the very bottom of the usual indices of "human development".

em boa vontade das empresas porque, como vários autores referem, não é essa a sua função primordial, têm levado a cabo diversas estratégias socialmente responsáveis nos países onde desenvolvem a atividade.

Em termos legislativos?

A constituição de Moçambique refere que "a República de Moçambique é um Estado independente, soberano, democrático e de justiça social." É a partir desta base legal que o regime fiscal terá de operar com vista a permitir que os recursos disponíveis no país sejam distribuídos de forma a beneficiar as várias comunidades, criando a edificação de uma sociedade de justiça social e o *empowerment* das populações, com o consequente aumento da qualidade de vida. Porém, a legislação é omissa ou pouco explícita no que concerne a participação da comunidade no processo de decisão e na definição das necessidades, no que refere aos projetos que respeitam às empresas petrolíferas, comprometendo o consagrado na constituição.

Em termos fiscais?

Em consonância com os últimos avanços no setor, o regime fiscal tem sido alterado e ajustado. Grande parte destas alterações respeita à pressão que os doadores estrangeiros têm realizado, bem como a influência dos mercados estrangeiros. Um dos fatores mais importantes foi a redução dos benefícios fiscais e isenções, assim como a candidatura à Iniciativa de Transparência na Indústria Extrativa (ITIE) em 2009, que tem como objetivo a fiscalização e publicação das receitas provenientes dos recursos extrativos, fomentado a governação transparente, monitorizado por um órgão partilhado por empresas, governo e sociedade civil.

Avizinha-se um grande percurso pela frente, sendo a presente fase crucial para a aplicação de medidas eficazes que germinem num real desenvolvimento para a população. Contudo, a falta de transparência[21] por parte do governo moçambicano tem sido um entrave ao desenvolvimento da nação, criando conflitos pela bruma criada que envolve a gestão das receitas, sendo estas últimas um dos pontos fulcrais para o impacto na economia.

---

[21] Justificado mais à frente no artigo.

MULHERES NO MERCADO DA SAÚDE

Com a pouca visibilidade que as contribuições dos megaprojetos tinham nas receitas da economia do país, o FMI[22] sugeriu que se criasse um modelo de contratos para os futuros investidores e concessões em que só restringidas cláusulas ficariam em segredo entre o estado Moçambicano e as empresas concessionárias.

O artigo mais importante de análise no presente trabalho, e o que trouxe mais incongruências durante a pesquisa de terreno, foi o artigo 11 da Lei nº 12/2007, obrigando as empresas que assinam contratos com o governo Moçambicano no setor da indústria extrativa de petróleo e gás, exigindo-lhes que parte das receitas provenientes da atividade petrolífera seja alocada para o desenvolvimento das comunidades em projetos de cariz social.

Cada contrato demonstra condições e montantes a serem aplicados nos respetivos fundos em prol da comunidade. Porém, não é tornado publico quais são as condições, qual o montante a transferir e de que forma serão aplicados.

O fundo social, que é constituído pelas receitas de um imposto, é gerido por uma Comissão dos Projetos Sociais representativa dos três ministérios envolvidos no processo: MIREM, INP, Ministério de Planificação e Desenvolvimento (MPD), criada em 2008 sob proposta da Ministra dos Recursos Minerais. Esta Comissão tem como principal objetivo o financiamento de programas que promovam o desenvolvimento das comunidades que sofram os impactos da atividade da indústria extrativa.

Em contexto de entrevista[23] foi-me informado que, excluindo os outros agentes de cooperação, a aplicação destes fundos em projetos se baseia numa estreita interligação entre governo, comunidade e empresas. Porém, na realidade esta abordagem na sua aplicação visualiza-se distinta da sua matriz inicial. Os projetos são candidatados pelos governos provinciais e selecionados, implementados e geridos pela entidade reguladora. Todo o processo é envolto num secretismo e na falta de transparência. Os concursos

---

[22] Após a independência, países socialistas, como a Holanda e Suécia, apoiaram o país. Embora as agências internacionais tenham "entrado" em Moçambique em 1987, só em 1992, com o Acordo Geral de Paz, se verificou uma intervenção mais direta do FMI e BM nas políticas do país, condicionando a assistência ao desenvolvimento e assumindo a gerência das políticas macroeconómicas do país. As instituições financeiras impuseram as suas máximas e "forçaram" Moçambique a abandonar a política "socialista" e a implementar reformas neoliberalistas e programas de ajustamento estrutural (Pfeiffer, 2007).

[23] Entrevista ao INP – Dr. João Manjate

não são tornados públicos, não existe regulamento nem clarificação sobre de que forma a comunidade interveio no processo de decisão.

Contrariamente ao transmitido pelo INP, através de informação facultada pela Ente Nazionale Idrocarburi[24] (ENI), no que se refere às empresas, não existe uma acentuada interferência ou consulta a estas, ou seja, não existe consulta na fase de decisão (Castel-Branco, 2008). São entregues, porém, relatórios anuais que especificam onde o fundo social foi aplicado, com possibilidade de a empresa visitar no terreno o desenvolvimento dos projetos.

Em termos de regulação?

É deixada a cargo da Comissão dos Projetos Sociais – entidade que gere o capital e tem a função de fiscalizar o bom decorrer dos mesmos, sendo o INP a entidade máxima em todo o processo. Embora seja uma comissão interministerial, ao entrevistar elementos do MPD, estes demonstraram pouco conhecimento sobre a existência e/ou aplicação deste fundo. Este facto é demonstrativo do fosso de informação existente entre membros dos vários ministérios, o que nos permite inferir uma total inexistência de informação na opinião pública.

4. A cooperação e o novo ator

Num quadro de cooperação multidimensional, será necessário compreender como é que os vários atores atuam neste novo quadro, como formulam o conceito de desenvolvimento e a sua representação num panorama específico. Este acontecimento é, de certa forma, recente num contexto global, sendo que há duas décadas atrás não foi previsto pelas agências internacionais, comunidade internacional, investigadores, governos, entre outros, o peso que os investimentos privados iriam ter em África num cenário de cooperação (Nils Bhinda, 1999).

Os atores de desenvolvimento são diversos e com a nova intervenção do setor privado, no domínio dos atores convencionais (agências internacionais, associações da sociedade civil, igreja, comunidade), surge o novo

---

[24] Empresa com maior percentagem do consórcio, parceira da Galp e entidade que operacionaliza os processos no terreno

cluster[25] da cooperação portuguesa. Pela definição do IPAD (agora Camões Instituto da Cooperação e da Língua), *cluster* de cooperação transmite o objetivo global de "Promoção de polos endógenos de desenvolvimento rural integrado e sustentável, indutores de qualidade de vida e criação de bem comum, através do fortalecimento dos atores sociais, inclusão social, capacitação e eficiência coletiva, aumento da segurança alimentar, criação e diversificação de rendimento, transformação e qualificação da oferta e acessibilidade aos mercados, ao crédito e aos financiamentos".

Analisando a relação de interdependência mundial, sabemos que na cena internacional surgem uma pluralidade de atores que intervêm na ajuda externa com vários papéis de atuação e provenientes de diversos setores, incluindo o setor privado e parcerias público-privadas, que se vão juntar às organizações não-governamentais (ONG) e às agências intergovernamentais, originando mudanças conceptuais desenvolvimentistas. Existem autores que chegam mesmo a afirmar que os "negócios, muito mais que os governos ou as organizações governamentais (ONG), terão o controlo da situação"[26] (Elkington, 1999, pág. 3, T.A.) transparecendo a mudança e transição global que estamos a viver no início do novo Millennium.

No decorrer do trabalho, compreendemos as questões de desenvolvimento através do novo ator de cooperação: o setor privado. No contexto específico de Moçambique, incidindo no setor das empresas petrolíferas, este atinge uma normativa particular. A forma como as empresas empregam o seu discurso ético no país está intrinsecamente ligado, salvo algumas exceções, às políticas do Estado e a cláusulas contratuais, tal como se verifica no caso específico da Galp. A perceção de RSE envolve, desta forma, apenas dois atores, a empresa e o governo, e utopicamente a comunidade, pois na prática não se tem concretizado.

Na intervenção dos atores privados, no contexto específico de Moçambique, observamos exemplos de empresas petrolíferas e turísticas que projetam África, e consequentemente Moçambique, como uma potencial fonte de lucro, investindo neste através da expansão de novos mercados, bem como no uso de novas tecnologias em nome do desenvolvimento das comunidades, sem, contudo, a participação das mesmas. Por outro lado,

---

[25] http://www.ipad.mne.gov.pt/Paginas/default.aspx

[26] "Business, much more than governments or non-governmental organizations (NGOs), will be in the driving seat."

O SECTOR PETROLÍFERO E A RESPONSABILIDADE SOCIAL DAS EMPRESAS

sendo um país que apresenta grandes lacunas a nível de infraestruturas (importante no sucesso dos seus investimentos) e de forma a colmatar estas insuficiências, intervêm com estratégias "filantrópicas", projetos de Responsabilidade Social e Empresarial, de forma a facilitar o acesso das mesmas às comunidades locais e à sociedade civil, deste modo protegendo e expandindo os seus mercados, isto é, fazendo "desenvolvimento comunitário" em seu próprio benefício (Barnes, 2005).

Esta cooperação ainda se encontra em estágios muito incipientes no setor petrolífero. O governo de Moçambique, por informações facultadas em contexto de entrevista[27], é extremamente fechado em relação à colaboração das organizações da sociedade civil no que respeita à integração destas nos projetos desenvolvidos no âmbito do fundo social, tendo, inclusivamente, o diretor do INP referido: "O que é que as ONG têm a ver com isto?" (ver nota de rodapé 21). Pelas parcas políticas de informação e transparência, a sociedade civil encontra-se à margem do debate e pouca informação lhes é transmitida. Como já referido, as ONG em Moçambique têm alcançado um papel principal nas questões de desenvolvimento, gerando por vezes conflito com os próprios interesses do Estado. Todavia, acredito que em termos de projetos de RSE, seria enriquecedor a contribuição destes no debate. Além de parceiras, a intervenção das ONG poderá contribuir para a criação de uma crítica construtiva da atividade da empresa, assegurando que estas sejam "socialmente responsáveis para a comunidade e para o ambiente onde operam"[28] (UN Global Compact Report, 2007 p. 10, T.A.). Desempenhando um papel de monitorização do cumprimento das obrigações legais por um lado e, por outro, ao serem as entidades que se encontram mais próximo das comunidades, de fiscalização das informações reportadas nos relatórios de sustentabilidade, criando pressão para a veracidade destes.

A constatação desta realidade surgiu após a realização de entrevistas a organizações da sociedade civil, nomeadamente, à GMD, à Joint e à World Wide Fund for Nature Foundation (WWF)[29]. No sentido de se apurar a

---

[27] Entrevista (08-05-2012): Dr. João Manjate – Diretor de Administração e Finanças do INP.
[28] "socially responsible to communities and to the environment they operate in."
[29] Entrevistas realizadas em Maio de 2012:
GMD – Jerónimo Napido – Diretor Executivo;
Joint – Simão Tilã – Diretor Executivo;
WWF – Sean Nazareli – Diretor de Projetos

representação deste ator no quadro de cooperação, foram selecionadas estas específicas organizações (GMD e Joint) por serem plataformas de organizações, consequentemente, conhecedoras do espectro total deste agente. No que se refere à WWF, além de ser a organização que está a ser financiada pela embaixada do Canadá para a elaboração de um estudo sobre RSE no país, o informante encontra-se associado à PSCRN (parceiro do governo) tornando-se num ponto de ligação importante para uma visão holista da questão.

Compreende-se que o conceito de RSE é, ainda, um conceito recente no país, pouco regulamentado, denotando-se a pouca vontade tanto das empresas, bem como do governo em demonstrar os mecanismos do investimento em projetos sociais. Como referiu o Diretor Executivo da Joint – Simão Tilã (maio 2012) "Nada está a ser feito de RSE em Moçambique e as poucas ações são eventos mediáticos, com o objetivo exclusivo de retorno para a marca." Afirmando, inclusive, que não existe cooperação entre empresas e ONG e que "tudo o que fazem aliados ao governo é para lavagem de dinheiro, caso contrário, fariam junto de ONG".

Como refere Frynas (2009), as empresas petrolíferas desenvolvem estratégias bem delineadas de melhoramento da performance no domínio social, devido à dependência dos mercados e da reputação a nível internacional, e se nos países onde estas estão sediadas trabalham, de modo geral, diretamente com organizações da sociedade civil, torna-se difícil justificar a discrepância de estratégia e falta de ligação que esta dimensão atinge em países de rendimento baixo, nomeadamente em Moçambique, como se verifica no caso específico da Galp, demonstrado mais à frente.

Pelas informações transmitidas em contexto de entrevista (ver nota de rodapé nº 9) verifica-se que, atualmente, não existe nenhuma parceria, apoio ou articulação entre este ator, as empresas e o governo, originada por uma sociedade civil com poucos recursos financeiros e de *know-how*. Um exemplo demonstrativo da crescente consciencialização da necessidade de se colmatar esta lacuna, entre os três atores, foi o financiamento da Embaixada do Canadá a ONG. Esta financia, atualmente, dois projetos paralelos sobre RSE, um direcionado ao MIREM e outro a ONG, motivado pelos poucos recursos destas últimas em Moçambique.

> "Tendo em conta que grande parte das ONG não têm fundos disponíveis para participarem nos debates, faltando-lhes capacitação, conhecimento e

awerness, a embaixada está a financiar a WWF, por ser a organização que gere os fundos da plataforma da sociedade civil, para que possa participar no debate e trazer ideias e dados novos para a discussão"[30].

O quadro de cooperação analisado através do estudo de caso da Galp encontra-se então desfragmentado[31], sem articulação de responsabilidades dos atores afetos a este. A mecânica poderá ser definida da seguinte forma:

- Empresas aproveitam-se do imposto pago ao estado para informarem os seus *stakeholders* e a opinião pública da sua atuação socialmente responsável, produzindo uma imagem credível nos mercados internacionais, como visualizado através da análise aos relatórios de sustentabilidade da Galp;
- O governo utiliza o imposto pago para o fundo social para conduzir, segundo as suas diretivas, os projetos de investimento social, pois o processo que envolve a seleção, monitorização e implementação fica exclusivamente a cargo deste[32];
- As organizações da sociedade civil encontram-se à margem, não contribuindo para o debate nem para a definição das estratégias, sem qualquer tipo de acesso a informação[33];
- A comunidade não intervém no processo de decisão nem de consulta de necessidades (Castel-Branco, 2008).

Podemos, então, concluir que não são estabelecidas ligações eficazes entre os diferentes intervenientes, condicionando o desenvolvimento eficiente das comunidades que são sujeitas aos impactos das atividades de exploração das empresas, vislumbrando a necessidade de novas orientações e formulações estratégicas de RSE, incluindo todos os atores e germinando o *empowerment* das comunidades e a minimização dos impactos do setor.

---

[30] Entrevista Chloe Baundery – Especialista de Cooperação da Embaixada do Canadá – 14-05-2012
[31] Na perspetiva da comunidade.
[32] Informação facultada em contexto de entrevista com INP
[33] Informação facultada em contexto de entrevista com INP

5. Responsabilidade Social versus Fundo Social

A aplicação do Fundo Social está envolta em secretismo. Com base na investigação de terreno, verificou-se que não existem quaisquer marcas, registos e regulamentos sobre a sua administração. Gerou-se uma dicotomia entre fundo social e responsabilidade social da empresa e, tal como refere Carlos Castel-Branco,

> "Presentemente, o INP e as multinacionais estão a decidir, isoladamente, como gastar estes fundos e que projetos podem ser apoiados." (Castel-Branco, 2009, pág. 23).

Paralelamente, não existe registo que demonstre a participação das comunidades na seleção dos projetos (ver Frynas, 2005), embora, no relatório se refira "(...) estreita colaboração com as autoridades provinciais e locais e representantes das comunidades e associações profissionais" (Relatório da Comissão de Gestão de Projetos Sociais, pág. 2).

Estando o conceito de responsabilidade social distante, na sua definição basilar, de uma imposição legal, este fundo pode ser possuidor de confusões conceptuais e de limites pouco definidos. O Centro de Integridade Pública (CIP)[34] afirma sobre a problemática da inexistência de regulamentos que "Moçambique deve adotar melhores práticas de gestão de recursos petrolíferos" e que pelas características que definem atualmente o fundo, empresas que estão mais preocupadas com a imagem da marca "(...) tomam iniciativas próprias de investir em projetos sociais de alegada visibilidade, com ou sem consulta comunitária (...)" (CIP, 2010).

Em consonância com as definições do conceito de RSE, a gestão responsável consubstancia-se exclusivamente num comportamento voluntário por parte das empresas, pelo que o fundo social não poderá ser interpretado como tal, pois falha neste enquadramento conceptual.

---

[34] CIP é uma ONG que tem desenvolvido a sua atividade na "promoção da integridade, da transparência, da ética e da boa governação na esfera pública, assim como a promoção dos direitos humanos em Moçambique", criando uma vasta produção científica sobre assuntos mais sensíveis no país e atuando também como parceiro do governo. (http://www.cip.org.mz/index.asp?sub=about)

O SECTOR PETROLÍFERO E A RESPONSABILIDADE SOCIAL DAS EMPRESAS

"As atividades de RSE devem superar a lei e exceder as suas 'obrigações mínimas'. Assim, uma corporação que cumpre os requisitos legais ambientais em termos de emissões não é necessariamente uma corporação socialmente responsável somente porque está a cumprir a lei. Se, contudo, canalizar recursos corporativos para promover o bem-estar da comunidade, como, por exemplo, providenciar serviços de cresce gratuitos aos funcionários ou baixar as suas emissões para além dos requisitos legais, então, estas ações podem ser denominadas socialmente responsáveis". (Banerjee, 2007, pág. 17-18, T.A.)[35]

Compreende-se que a corporação ao cumprir com as imposições legais e superando-as, gerando, consequentemente, um impacto na comunidade, é entendido como RSE. O conceito em si é portador de discussão, contudo, anexado ao conceito de fundo social, envolve um dinamismo difícil de conciliação.

Ultrapassando a esfera científica, no campo pragmático da questão, e embora este fundo exista desde 2008, poucos são os impactos positivos observados nas comunidades envolventes – o poder de compra e os índices de qualidade de vida mantêm-se praticamente estagnados[36], o que demonstra a pouca eficácia da implementação destes. Através desta análise compreende-se a razão de vários autores referirem que "as empresas extrativas de recursos estão muitas vezes localizadas em países pobres e os benefícios tendem a fluir para grupos de elite dessas regiões, enquanto marginalizam ainda mais as comunidades pobres que dependem da terra para a sua sobrevivência e que se tornam as vítimas do desenvolvimento, submetendo-as às consequências de impactos sociais e ambientais negativos"[37] (Banerjee, 2007, pág. 59, T.A.).

---

[35] "(...) CSR activities should go beyond the law and exceed its 'minimum obligations'. Thus, a corporation that meets environmental legal requirements in terms of its emissions is not necessarily a socially responsible corporation because it is merely abiding by the law. If, however, it contributes corporate resources to promote community welfare such as providing free day care for its employees or lowering its emissions beyond the legal requirement then these actions can be termed socially responsible."

[36] www.ine.gov.mz

[37] "Resource extractive industries are often located in poor countries, and the benefits tend to flow to elite groups in these regions while further marginalizing poor communities who depend on the land for their survival and who become the victims of development by bearing the brunt of negative environmental and social impacts."

E a Responsabilidade Social na Saúde Pública

Nos países com importantes recursos naturais como Moçambique a saúde pública e os cuidados primários de saúde em particular são disponibilizados por três atores distintos: agências de saúde governamentais, ONG e empresas, sendo as últimas maioritariamente do setor petrolífero e extrativo. Em muitos países da África Subsariana, as agências governamentais de saúde são subsidiadas pelo enclave entre os doadores internacionais e as empresas petrolíferas através dos seus departamentos de responsabilidade social (Calain, 2008).

O papel do governo na saúde pública encontra-se convenientemente definido e estabelecido através das suas políticas de saúde pública e enquanto elemento regulador. Por seu turno, as ONG e as agências internacionais são atores clássicos na área da emergência médica e dos cuidados de saúde primários desde os cenários de pós-guerra. A intervenção das empresas, além de recente, tem um papel heterogéneo e ainda indefinido. Com objetivos distintos, as empresas, através dos seus projetos de responsabilidade social, têm financiado as mais diversas campanhas e iniciativas na área da saúde pública. Podemos enumerar diversos motivos que interligam a RSE das empresas petrolíferas à saúde global: (1) licença para operar no território (Frynas, 2005); (2) aceitação por parte da comunidade; (3) proteção dos próprios trabalhadores e, por último, (4) imagem positiva para a opinião pública.

As dinâmicas dos projetos de responsabilidade social, em países com estas características, surgem através de parcerias e relações contratuais definidas pelos próprios governos. Em Moçambique, como referimos, a RSE tem um carácter obrigatório e contratual denominado fundo social, ou seja, a empresa é obrigada a pagar parte dos seus lucros para projetos de RSE. Contrariamente a países como Angola e Nigéria (Tallio, 2015) em que este sistema está implementado há muito, o governo de Moçambique encontra-se num estágio embrionário na implementação e gestão desta obrigação contratual, não atingindo uma dimensão predominante na área da saúde ou na definição de políticas públicas. Contudo, o Estado ao negociar e desenvolver esta norma está a promover o envolvimento de outros atores no desenvolvimento das comunidades, pela incapacidade de fornecimento de bens públicos.

A aplicação deste fundo, no que respeita à saúde das populações, não é compensatório dos eventuais malefícios da atividade extrativa, nem estes

O SECTOR PETROLÍFERO E A RESPONSABILIDADE SOCIAL DAS EMPRESAS

projetos são implementados nas áreas rurais circundantes à atividade, mas aplicado pelo governo nos planos anuais do sistema de saúde.

Através da análise aos relatórios de sustentabilidade percebe-se o envolvimento nos projetos sociais e culturais que constituem parte intrínseca da atividade da empresa. O enfoque na área da saúde é devido aos efeitos da atividade e direcionada aos grupos mais vulneráveis da comunidade, tais como mulheres e crianças. No caso específico da Galp, os programas não afetam a governação do Estado na área da saúde ou influenciam na definição de políticas públicas ou como novos agentes de desenvolvimento. Assim, a responsabilidade social da Galp, mais a efetivação adequada do imposto social, poderia trazer melhores resultados para a população em geral e especialmente para as mulheres.

6. Galp e a performance socialmente responsável

Sendo os factos apresentados demonstrativos do universo das empresas petrolíferas, o estudo de caso da Galp permitiu uma representação singular desta realidade, partindo de uma análise à atividade global da empresa e ao seu relatório de sustentabilidade.

A empresa, em termos gerais, encontra-se inserida no contexto social onde opera e as ações de cariz social fazem os relatórios de sustentabilidade o seu veículo de excelência (Reichardt, 2006). São estes que lhes permitem comunicar as suas ações, demonstrar o seu valor e revelarem-se transparentes no conjunto das dimensões de atuação: económicas, sociais e ambientais, ao que Elkington denomina de "triple bottom-line" (Elkington, 1999).

A Galp Energia não é exceção, publicando as suas responsabilidades, tanto a nível nacional como internacional, num discurso direto aos *stakeholders*, à disposição de todos no sítio da internet. Apresenta um relatório cuidado, demonstrando a preocupação no domínio social, em todos os locais que desenvolve a sua atividade lucrativa. No caso específico de Moçambique, é-nos transmitido pelo relatório de sustentabilidade que desenvolvem ações de responsabilidade social no consórcio na Área 4 *offshore* do Bloco de Rovuma[38].

---

[38] Com um peso reduzido no que respeita aos restantes investimentos da empresa a nível global.

MULHERES NO MERCADO DA SAÚDE

No que respeita aos relatórios de sustentabilidade em Moçambique, não existe uma obrigatoriedade legal das empresas para publicarem as suas atividades, fazendo com que estas sejam disseminadas de forma pouco clara e pouco metódica. Tal como acontece noutros contextos africanos, os relatórios são muito incipientes e raros "(...) continuam por não usar o relatório anual ou de sustentabilidade como uma ferramenta efetiva para criar uma relação de confiança com os *stakeholders*."[39] (Reichardt, 2006, pág. 172, T.A.) Porém, a Galp, ao ser uma empresa portuguesa, publica o seu relatório de sustentabilidade anualmente, informando das suas atividades, incluindo as realizadas em Moçambique.

Ao ler-se o relatório de sustentabilidade da Galp em Moçambique, existe todo um discurso sobre a motivação que leva a empresa a atuar de forma responsável em todos os locais onde opera. Contudo, verifica-se um parco conhecimento das mesmas ações pelos elementos representativos da empresa em Moçambique[40] onde estas ações são desenvolvidas.

Através dos contactos estabelecidos com a Galp[41], fui informada que a atividade da empresa, na área 4 da bacia de Rovuma, corresponde a 10% de investimento de capital financeiro, sendo a operadora a ENI e, portanto, esta a portadora da informação sobre os projetos de âmbito social. Foi-me facultado o relatório das atividades de RSE pela operadora, sendo a informação equivalente à do relatório de sustentabilidade da Galp. Junto desta informação veio anexada a cláusula do contrato que menciona que a concessionária se encontra obrigada, mediante a celebração do contrato de pesquisa e exploração, a pagar 250 mil dólares por ano para projetos de apoio social, ou seja, para o imposto denominado de fundo social, já abordado anteriormente, até completarem o total de 1 milhão de dólares (equivalente a quatro anos de exploração e pesquisa).

O entendimento desta cláusula reporta o relatório de sustentabilidade da Galp para um espaço vazio. Como já indicado, um imposto não poderá ser considerado como responsabilidade social, no âmbito que esta é de caracter

---

[39] "(...) are still not using the annual or sustainability report as an effective tool to build stakeholders relationships and trust."

[40] "(...) no nosso relatório de sustentabilidade vêm referências a estas situações as quais eu desconheço completamente." (informação transmitida pelo Dr. Abílio Madalena – representante da Galp em Moçambique por correio eletrónico – março 2012).

[41] Colaboradores indicados pelo responsável máximo do departamento da Galp Internacional, Dr. Carlos Bayan Ferreira – informações facultadas via correio eletrónico em Abril de 2012.

voluntário (Carroll, 1991, 1999; Banerjee, 2007; Frynas, 2005; Blowfield, 2005). A situação seria diferente caso existisse legislação específica sobre RSE, mas tal não acontece em Moçambique.

As ações referidas estão inseridas em duas esferas distintas, sendo a primeira "projetos de apoio social no âmbito do imposto" e a segunda "estudos de AIA, exigido à empresa antes do início da pesquisa e exploração". Não são conhecidos quaisquer projetos para o desenvolvimento da comunidade realizados pela concessionária fora do limite do fundo social, como se verifica na Statoil (aquisição de frigoríficos) e a Anadarko (extensão da rede de rádio)[42] (CIP, 2010).

O relatório da empresa, no que concerne aos projetos de responsabilidade social, pode responder a diferentes necessidades: (i) pressão dos mercados internacionais para a imagem da empresa com um bom código de conduta; (ii) necessidade do relatório social satisfazendo os *stakeholders*; (iii) pressão a nível internacional com maior peso desde a comunicação de Kofi Annan para a importância do Global Reporting Iniciative; (iv) falta de entidades fiscalizadoras da informação patente nos relatórios; (v) redução do conflito entre a empresa e as comunidades; (vi) pressão dos governos, entre outras.

Se verdadeiros estes fatores, a RSE encontra-se intrinsecamente ligada ao contexto onde é aplicada. A conduta responsável da Galp em Portugal atinge uma performance de grande envolvimento com a comunidade, desempenhada pela Fundação Galp, independentemente do carácter mediático das ações e o marketing para a marca. Porém, quando observamos o seu desempenho em Moçambique, o carácter responsável é compulsivo. Se, para o governo de Moçambique, este imposto significa investimento direto para o desenvolvimento em áreas com escassez de assistência social (Blowfield, 2005), para as empresas, ao procurarem novas zonas de exploração que necessitam de licenças, geralmente operando em áreas com graves lacunas de apoio social, através deste mecanismo é-lhes "permitida" a despreocupação de toda a parte operacional e definição de políticas de responsabilidade social, ficando esta, exclusivamente, a cargo do Estado.

---

[42] Analisando comparativamente os relatórios de sustentabilidade das empresas concessionárias na bacia de Rovuma, a Anadarko e a Statoil demonstram uma postura de maior compromisso com a sociedade e com a imagem da própria marca, por ultrapassarem o que lhes é exigido legalmente através do imposto "fundo social" e o AIA, realizando de forma autónoma atividades de cariz social.

MULHERES NO MERCADO DA SAÚDE

Questões de participação da população, diagnóstico de necessidades, articulação com os diferentes atores, incluindo o Estado, deixa de ser uma preocupação, passando apenas a pagarem pela sua presença e pelos impactos da sua atividade a nível ambiental e social. As opiniões poderão divergir neste domínio, como Frynas refere:

> "Fundamentalmente, como as companhias petrolíferas não são agências de desenvolvimento, não tendem a priorizar metas gerais de desenvolvimento, por isso há limitações inerentes na contribuição que as iniciativas sociais podem fazer para melhorar o bem-comum"[43] (2005, pág. 593, T.A.).

Se existem autores que afirmam que as empresas não têm condições nem motivação para serem atores de desenvolvimento, do outro lado há quem defenda que, ao estarem inseridos num contexto social e gerando impacto às comunidades envolventes e para o meio ambiente, torna-se impreterível o apoio social e a sua atuação sustentável, pois a sua atividade não é uma ilha isolada do restante contexto.

Conclusão

O presente estudo, incidindo sobre os megaprojetos, teve como objetivo verificar a existência de um novo quadro da cooperação através das atividades socialmente responsáveis do setor privado petrolífero em Moçambique. Uma primeira conclusão se pode retirar: o "paradoxo da abundância" é uma realidade inalienável da maioria dos países do hemisfério Sul. Moçambique, sendo uma das economias mais emergentes, com a descoberta de existência de gás e petróleo, mantém um dos Índice de Desenvolvimento Humano mais baixo do mundo, sem significativas melhorias da qualidade das populações envolventes à atividade. (Castel-Branco, 2011). Diversos autores consideram que países de rendimento baixo, mas ricos em recursos naturais, serão ade "abençoados ou amaldiçoados". Os exemplos mostram que não é linear que a existência e exploração dos recursos do país contribua para o desenvolvimento social deste. Moçambique corre o risco de ser um destes casos,

---

[43] "Most basically, perhaps, as oil companies are not development agencies, they do not tend to prioritize overall development goals, so there are inherent limitations on the contribution social initiatives can make to the greater whole."

caso o governo não tome medidas e políticas de proteção no que respeita ao setor extrativo, não realizando uma boa gestão dos fundos. Nesse caso, o vácuo entre ricos e pobres tornar-se-á mais evidente, incluindo entre as populações das áreas envolventes às diversas explorações, que deveriam ser as principais beneficiárias pelo impacto socio-ambiental criado por estas.

Se, em termos de impacto financeiro, os megaprojetos contribuem com uma mínima parcela, em termos sociais e através da atividade socialmente responsável a situação não é muito diferente. Em primeiro, é preciso mencionar que as conclusões que se apresentam referentes à empresa Galp poder-se-ão eventualmente aplicar, com a devida precaução que as transposições representam, às outras empresas petrolíferas, pois o seu enquadramento permitiu a visualização da problemática integrada na atividade global petrolífera.

O conceito de RSE, compreendido como ponto de partida para a investigação de terreno, alterou-se, transformando-se num conceito permeável a vários contextos, situações e interpretações dos seus atores. A formulação do conceito é totalmente díspar da premissa formulada numa base teórica, analisada e contextualizada nos países do Norte.

A primeira conclusão que se pode retirar do estudo da Galp é a brutal transformação de gestão, não declarada e encoberta pelos relatórios de sustentabilidade. A estratégia da Galp sediada em Portugal implica o compromisso com a atividade social, com um departamento específico e com uma fundação que gere e implementa os projetos de SER. Porém, a atividade da empresa em Moçambique é totalmente diferente. A análise do relatório de sustentabilidade da empresa comprova esta evidência. Não faltam referências a projetos de atuação socialmente responsáveis nos países em que operam, incluindo parcerias com o Estado, compreendendo-se a preocupação para com as populações envolventes. Contudo, a investigação de terreno permitiu concluir que estas referências e projetos não são mais do que uma resposta ao que é exigido na legislação, sendo enquadradas no âmbito do fundo social ou nas atividades relacionadas com o AIA.

A situação complica-se um pouco mais quando a empresa refere que estes projetos são da sua autoria e realizados em parceria com o Governo, quando, na realidade, isto não se verifica no terreno. Este fundo é um imposto e, como tal, a sua gestão fica a cargo do estado. A Galp não tem autoridade na escolha dos projetos, na sua gestão ou monitorização, sendo-lhe enviado, unicamente, um relatório anual com uma descrição superficial do desenrolar dos projetos, informação essa compatível com o que é referido nos relatórios de sustentabilidade.

Uma multinacional, à partida, atua com uma mesma linha estratégica e operacional, não descurando, obviamente, a autonomia das filiais. Contudo, não se deixa de constatar com estranheza que esta empresa emprega inúmeros esforços e capital financeiro em atividades de RSE nos locais onde está sediada no hemisfério Norte e que se verifique uma alteração brutal de estratégia quando se analisa a empresa em países do hemisfério Sul. Conclui-se assim que:

1º – Se, no primeiro caso, a pressão exercida pela opinião pública, mercados comerciais e a importância de reputação com os seus *stakeholders* e agentes fiscalizadores das ações exige um comportamento mais ético, entendido em termos de risco de descoberta de ações que possam manchar a imagem, no segundo caso, a falta de controlo e a maior influência dos lobbies irá permitir o desfasamento do que é divulgado e o que é praticado. O controlo fiscalizador sobre as empresas poderá estar na origem do grau de atuação ética e responsável para com a sociedade e ambiente.

2º – Ausência de uma estratégia que oriente os métodos e práticas da conduta socialmente responsável por parte do governo moçambicano, deixando um campo aberto de atuação e utilização do conceito por cada um dos seus atores. É preciso realçar, contudo, que existe a consciência, por parte do governo, da lacuna sobre a forma como as empresas devem e podem atuar na esfera social, estando a decorrer um estudo, financiado pela embaixada do Canadá, com o intuito de modelar e definir o caminho sobre a RSE.

3º – A ação de RSE em Moçambique é um tema com diferentes características mediante o seu contexto e interpretação. Se a um nível teórico a RSE é um conceito permeável a vários significados, subsiste uma outra dimensão: o lado prático da questão, abandonando a esfera da semântica, tornando a sua utilização flexível mediante o enquadramento da sua aplicação.

Referências

AICEP Portugal Global (2010). *Mercados – informação global*. Moçambique: Dossier de Mercado.

Barnes S. T. (2005). Global Flows: Terror, Oil & Strategic Philanthropy. *Review of African Political Economy*. 32 (104-105), 235-252.

Banerjee, S. B. (2007). *Corporate Social Responsibility. The Good, the Bad and the Ugly*. UK: Edward Elgar Publishing.

Bhinda, N., Leape, J., Martin, M. & Griffith-Jones, S. (1999). *Private Capital Flows to Africa: Perception and Reality*. The Hague: Forum on Debt and Development.

Blowfield, M. (2005). Corporate Social Responsibility: reinventing the meaning of development?. *International Affairs*. 81, 515-524.

Calain, P. (2008). "Oil for health in sub-Saharan Africa: health systems in a 'resource curse' environment" Globalization and Health, vol. 4 nº 10.

Carroll, A. (1991). The pyramid of corporate social responsibility: toward the moral management of organizational stakeholders. Business Horizon pp. 39 a 48.

Castel-Branco, C. (2008). Mega Projectos em Moçambique: Que Contributo para a Economia Nacional?. *Fórum da Sociedade Civil sobre Indústria Extractiva*. Maputo: Museu de História Natural.

Castel-Branco, C. (2011). Moçambique no índice de Desenvolvimento Humano: Comentários. *Informação sobre Desenvolvimento, Instituições e Análise Social*, Boletim nº 40. Maputo: IESE.

CIP (2010). *Moçambique deve adoptar melhores práticas de gestão de recursos petrolíferos*. Nota de imprensa nº 10/2010.

CIP (2010). *Newsletter*. 4.

Clarkson, M. (1995). A Stakeholder Framework for Analyzing and Evaluating Corporate Social Performance. *The Academy of Management Review*. 20(1), 92-117.

Comissão Europeia (2001). *Livro Verde: Promover um quadro europeu para a responsabilidade social das empresas*. Bruxelas: Comissão Europeia.

Dias, J. (1961). A Expansão Ultramarina Portuguesa à Luz da Moderna Antropologia. *Estudos de Ciências Políticas e Sociais*, 52.

Duarte, G. D. & Dias, J. M. (1986). *Responsabilidade Social: a empresa hoje. Rio de Janeiro: Livros Técnicos Científicos*.

Elkington, J. (1999). Triple bottom-line reporting: Looking for balance. *Australian CPA*. 69(2).

Ethos Valor (2006). *Responsabilidade social das empresas: a contribuição das universidades*. São Paulo: Peirópolis.

Ferguson, J. (2006). *Global Shadows – Africa in the Neoliberal World Order*. Durham and London: Duke University Press.

Frynas, J. G. (2005). The false development promise of Corporate Social Responsibility: evidence from multinational oil companies. *International Affairs*. 81 (3).

Forquilha, S.C. (2008). O Paradoxo da Articulação dos Órgãos Locais do Estado com as Autoridades Comunitárias em Moçambique: Do discurso sobre a descentralização à conquista dos espaços políticos a nível local. *Cadernos de Estudos Africanos*. 16-17, 89114. Disponível em: http://cea.revues.org/187

Gago, C. (2005). *Responsabilidade Social das Empresas: 25 Casos de Referência*. Lisboa: Companhia das Cores.

Gary, I. & Terry, K. L. (2003). O Fundo do Barril: O 'Boom' do Petróleo em África e os Pobres. *Catholic Relief Services*. Disponível em: http://crs.org/publications/showpdf.cfm?pdf_id=185

Giddens, A. (1998). *The third way: The renewal of social democracy*. Cambridge: Polity Press

Igoe, J. & Kelsall, T. (2005). *Between a Rock and a Hard Place: African NGOs Donors and the State*. Durham: Carolina Academic Press.

McIntosh, M. (2003). *Raising a Ladder to the Moon: The Complexities of Corporate Social and Environmental Responsibility*. New York: Palgrave MacMillan.

Moreira, A. (1957). Política Ultramarina. *Estudos de Ciências Políticas e Sociais*. 1. Lisboa: Junta de Investigações do Ultramar.

Nipassa, O. (2009). Ajuda Externa e Desenvolvimento em Moçambique: Uma Perspectiva Crítica. *Dinâmicas da Pobreza e Padrões de Acumulação em Moçambique*. Maputo: IESE.

Quivy, R. & Campenhoudt, L. (2008). *Manual de Investigação em Ciências Sociais*. Lisboa: Gradiva.

Rajak, Dinah (2006). The gift of CSR – Power and the pursuit of responsibility in the mining industry. In W. Visser W. *et al* (eds.). *Corporate Citizenship in Africa. Lessons from the past; paths to future*. London: Greenleaf Pub

Reichardt, M. &Reichardt, C. (2006). Tracking sustainability performance through company reports – A critical review of the South African Mining Sector. In W. Visser W. *et al* (eds.). *Corporate Citizenship in Africa. Lessons from the past; paths to future*.

Santos, B. S. & Trindade, J.C. (2003). *Conflito e transformação social: uma paisagem das justiças em Moçambique*. Lisboa: Edições Afrontamento.

Silva, L. (2009). *Responsabilidade Social Corporativa como Factor de Vantagem Competitiva e do Desenvolvimento Sustentável*. Tese de Doutoramento. ISCTE-IUL.

Stoner, J. A. & Freeman, R. E. (1985). *Administração*. 5ª ed. Rio de Janeiro: Prentice-.

Tallio, V. (2015). The CSR (corporate social responsibility) projects of the oil companies in Angola, anecdotal fact or significant new trend for the development intervention? The example of public health. *Journal of Southern African Studies*, 40 (1).

UNDP (2007). *Country Report Mozambique. Corporate Social Responsibility*. UNDP: Global Compact Report.

Visser, W. (2005). *Revisiting Carroll's Corporate Social Responsibility Pyramid: An African Perspective*. Nottingham: The University of Nottingham. Disponível em: http://www.waynevisser.com/chapter_wvisser_africa_csr_pyramid.pdf.

Windsor, D. (2006). Corporate Social Responsibility: Three Key Approaches. *Journal of Management Studies*. (43), 93-114.

WWF (2010). *Training Manual for Civil Society Organizations in the Albertine Are*. Public Interest Law Alliance (PILA).

Zarpelon, M. (2006). *Gestão e Responsabilidade Social*. Rio de Janeiro. Qualitymark.

SEGUNDA PARTE

SAÚDE COMUNITÁRIA EM MOÇAMBIQUE

Saúde comunitária em Moçambique: repensando os desafios da distância e da coesão social nas áreas rurais

ALBERT FARRÉ

Introdução

Este artigo pretende contribuir para os atuais esforços do governo de Moçambique para melhorar os serviços de saúde nas áreas rurais, através dos Agentes Polivalentes Elementares (APE). Esta nova figura é chamada a ser o ator principal do sector da saúde comunitária, que é um dos três sectores em que se subdivide o Sistema de Saúde em Moçambique[1]. O APE será encarregue de duas grandes tarefas: por um lado, fornecer serviços elementares de saúde preventiva e curativa às populações sob a sua responsabilidade; por outro lado, estabelecer uma ligação destas mesmas populações com a rede sanitária[2], tentando assim reduzir os vazios que o SNS tem em muitas áreas rurais.

Para serem capazes de desempenhar a primeira tarefa os APE vão receber uma formação específica[3]. Por outro lado, visando facilitar a sua função de elo de ligação entre as zonas rurais mais afastadas e a rede sanitária, os APE vão ser escolhidos, sempre que for possível, entre a própria comunidade (Bhutta, Lassi, Pariyo & Hiocho, 2010). Porém, em ambos os casos,

---

[1] Os outros dois são: O Sistema Nacional de Saúde (SNS) e o Sector Privado (República de Moçambique, Resolução 4/95). É de salientar que embora os APE assinem um contrato com a *Direcção Distrital de Saúde* não pertencem ao SNS (Bhutta *et al.i*, 2010). Para uma visão geral do processo de descentralização do SNS ver Weimer (2012).

[2] Posto de saúde, Centro de saúde, Hospital Rural/Geral, Hospital Provincial, Hospital Central, (Ministério do Plano e Finanças- Ministério de Saúde, 2003). Para uma avaliação das desigualdades nos serviços de saúde em Moçambique ver O'Laughlin (2012).

[3] Pode-se consultar el curriculum das formações de APE no relatório *Global Experience of Community Health Workers for Delivery of Health Related Millenium Development Goals: A Systematic Review, Country Case Studies, and Recommendations for Integration into National Health Systems* (Bhutta *et al.i*, 2010).

MULHERES NO MERCADO DA SAÚDE

o fundamental para os APE conseguirem qualquer resultado é a participação ou envolvimento comunitário[4] (Martins, 2001), quer dizer, a atitude com que a população vai receber os APE, e a vontade de colaboração e de integração no quotidiano da vida rural que estes agentes de saúde vão encontrar.

Este artigo estrutura-se em três partes. A primeira oferece uma revisão bibliográfica da problemática da saúde comunitária em Moçambique, confrontando dois tipos de bibliografia diferente. Por um lado, analisam--se três relatórios sobre saúde comunitária realizados por académicos de diferentes continentes: o primeiro realizado na University of Western Cape, na África do Sul (Lehman & Sanders, 2007); o segundo, realizado por académicos do Paquistão, Uganda e Peru, o qual tem o interesse de incluir Moçambique como estudo de caso (Bhutta *et al*, 2010); e o terceiro por académicos da Columbia University, nos Estados Unidos de América (The Earth Institute, 2012)[5]. Também fazemos referência a dois documentos aprovados pelo Ministério de Saúde de Moçambique (MISAU) em 2004, pois enquadram a problemática da saúde rural em Moçambique: a *Estratégia de Envolvimento Comunitário*, (Outubro de 2004) e a *Política da Medicina Tradicional e Estratégia da sua Implementação* (Abril 2004). Por outro lado, vamos abordar a literatura antropológica sobre parentesco no sul de Moçambique, e descrever quais podem ser os principais desafios de uma política de saúde comunitária nesta região, à luz desta disciplina.

Na segunda parte apresentam-se os dados de trabalho de campo recolhidos entre junho e julho de 2010 no distrito de Morrumbene, província de Inhambane. Foram feitas 21 entrevistas semiestruturadas, sendo aqui exposta uma breve amostra de cinco destas entrevistas, seguidas de um

---

[4] Segundo Hélder Martins, (2001) o envolvimento implica um nível mais alto que a simples participação. Enquanto participação seria trabalhar *com* a comunidade, o envolvimento implicaria trabalhar *para* a comunidade. Assim, na medida que a comunidade trabalha para si própria o envolvimento comunitário estaria mais próximo do conceito inglês de *empowerment*. Hélder Martins, médico, foi o ministro de saúde do primeiro governo moçambicano independente. Depois foi estudar ao Brasil, país onde as políticas de saúde comunitária estavam já sendo aplicadas. Para o caso brasileiro ver (Lehman & Sanders, 2007; Bhutta *et al*, 2010).

[5] Só os dois primeiros relatórios levam o logotipo da Organização Mundial da Saúde (OMS), o que não deixa de ser indicativo do presente contexto internacional em matéria de Saúde Global (Bastos, 2002; Velásquez, 2005).

SAÚDE COMUNITÁRIA EM MOÇAMBIQUE

comentário que identifica os principais desafios de qualquer programa de saúde comunitária projetado no sul de Moçambique. A terceira parte apresenta algumas orientações úteis para a formação e escolha de agentes de saúde comunitária no sul de Moçambique.

Parte I. Saúde comunitária: olhares globais e locais

Qual é a minha comunidade?

Uma das primeiras dificuldades que se encontra quando se utiliza a palavra "comunidade" é a indefinição do seu alcance real, em termos demográficos, geográficos, políticos ou administrativos. A designação de "comunidade" é frequentemente utilizada para referir todos estes âmbitos e nenhum deles em particular. No contexto rural moçambicano, pelo facto de não termos muitas referências administrativas mais pequenas que a localidade[6],é frequente utilizar-se o conceito de "comunidades" para referir o conjunto de populações rurais em geral.

> One would be hard-pressed to find an article that does not emphasize the importance of participation for the success of CHW [Community Health Workers] programmes. However, there is much less clarity about the exact meaning and purpose of community participation. It carries with it a number of different underlying philosophies and political agendas (Lehmann & Sanders, 2007: 21).

A história recente de Moçambique é um magnífico exemplo das diferentes filosofias e agendas políticas que se podem encontrar (segundo o tempo e o lugar) sob o conceito geral de "participação comunitária". Em 1978, três anos depois da independência, e um ano após a Conferência da OMS em Alma Ata (Cazaquistão)[7], o governo moçambicano iniciou um

---

[6] Ver a Leis dos Órgãos Locais do Estado (LOLE)-Lei 8/2003 e seu regulamento (Decreto 11/2005). Quando referimos o *círculo*, a *célula*, a *zona* e as *dez casas* não estamos a tratar de unidades administrativas do Estado, mas de unidades organizativas do partido Frelimo a nível local. As pessoas apontadas para ocupar estes cargos são consideradas Autoridades Comunitárias (Decreto-Lei 15/2000). Para uma descrição das ambiguidades e a confusão que este fato provoca entre a população ver capítulo de Beatriz Moreiras neste livro.

[7] Alma Ata foi o local da reunião onde a OMS adoptou os serviços primários da saúde como uma prioridade para os países em desenvolvimento.

MULHERES NO MERCADO DA SAÚDE

programa de saúde comunitária enquadrado no projeto mais amplo da construção de uma sociedade socialista. Este programa estava baseado em brigadas de ativistas que iam ao encontro das populações até então marginalizadas pelo governo colonial[8] (Walt, 1981; Walt & Melamed, 1984). Apesar da guerra civil, que desestabilizou Moçambique entre 1977 e 1992, aproximadamente 1500 APE foram formados entre 1978 e 1988. Porém, a insegurança das zonas rurais que afetou a maior parte do território moçambicano durante a década de oitenta travou a expansão do programa, e o Ministério de Saúde declarou oficialmente a sua suspensão em 1989 (Bhutta *et al*, 2010). Em 2011, o governo moçambicano, ainda com o partido FRELIMO no poder, lançou de novo o programa de formação de APE a escala nacional, embora adaptado a um formato adequado ao presente contexto ideológico internacional (ver jornal *O País*, de 27 de Abril de 2011[9]).

Contudo, tendo em conta os diferentes contextos políticos e ideológicos que, de uma forma ou outra, fazem bandeira de fortes ligações com as comunidades, o aspeto principal para avaliar a participação ou envolvimento destas é saber quem é que define a comunidade. Noutras palavras, se a dita comunidade é definida desde dentro ou desde fora. No primeiro caso é a própria comunidade que toma a iniciativa de identificar-se como um sujeito coletivo com interesses comuns, geralmente perante um outro sujeito coletivo de igual ou maior dimensão. No segundo caso é um poder central que, na sua estratégia de espalhar-se pelo território, desenha uma série de comunidades segundo a agenda política do próprio centro. É claro que, neste segundo caso, os critérios de coesão e organização da população

---

[8] Durante o colonialismo, a rede sanitária estava orientada a população de origem portuguesa e focada nas capitais de província, e muito especialmente em Lourenço Marques. Cristina Malhão-Pereira (2007) que foi professora de ensino secundário na cidade de Inhambane na década de setenta, explica como teve um parto no hospital de uma missão protestante devido à inoperacionalidade dos serviços do Estado naquela capital de Província. Na capital foram formados enfermeiros e parteiras africanos que ocupavam posições subalternas no sistema sanitário, e sofriam o racismo quotidiano do contexto colonial. Samora Machel, primeiro presidente de Moçambique, foi um dos enfermeiros formados pelo sistea colonial. Também um dos entrevistados foi formado como técnico de farmácia durante o período colonial.

[9] "O MISAU vai formar cerca de 2000 agentes de saúde comunitária" www.opais.co.mz (consultado no 28-06-2012)

SAÚDE COMUNITÁRIA EM MOÇAMBIQUE

atingida, em caso de serem conhecidos, ficam subordinados ao programa político que presidiu à sua instituição (Lehman & Sanders, 2007).

No primeiro caso a comunidade tem uma dimensão política e, geralmente, consegue escolher ou reconhecer uma autoridade que a representa como tal (sem isso querer dizer que não existem conflitos internos, pois o conflito é consubstancial a qualquer comunidade política). No segundo caso, a comunidade vai ter uma natureza administrativa, e o poder central que a desenhou vai apontar uma autoridade da sua confiança (Taylor, 2010). Em ambos os casos, pode haver mais ou menos aceitação do poder estabelecido. Contudo, a fonte do poder é radicalmente diferente e, portanto, também serão diferentes a legitimidade outorgada pelas populações e o tipo de participação ou envolvimento destas. De fato, só pode haver envolvimento real no primeiro dos casos.

Esclarecer os problemas da saúde comunitária

A nova estratégia de saúde comunitária baseada nos APE pretende abordar alguns problemas que não são novos. Um deles é a distância, e os problemas que esta supõe para o acesso das populações rurais aos serviços públicos de saúde. Uma primeira tentativa de solução por parte da FRELIMO foi a chamada socialização do campo, que visava concentrar as populações rurais em aldeias comunais, onde concentrar-se-iam também os serviços públicos[10]. Uma segunda hipótese para confrontar o problema da distância é a de espalhar Agentes da Saúde-os novos APE- nas comunidades rurais. Os desafios aqui são de natureza diferente: um deles é a própria ambiguidade do conceito de comunidade. Outro é a ligação efetiva do novo ator da saúde – o APE – com o SNS. Existe uma divergência de opiniões sobre o alcance real dos agentes de saúde comunitária como provedores públicos de serviços de saúde (Lehman & Sanders, 2007). Enquanto os defensores dizem que é um sistema adaptado às características das comunidades rurais e portanto mais eficaz (Werner, 1981; Kahssay, Taylor & Berman, 1998; The Earth Institute, 2012), os mais críticos afirmam que é simplesmente um sistema barato – mais barato que estender o SNS a todo o território – de fornecer serviços de saúde para populações maioritariamente pobres,

---

[10] Para uma avaliação das causas do falhanço desta solução ver Casal (1988; 1991) e Borges Coelho (1998), West (1998).

MULHERES NO MERCADO DA SAÚDE

e com pouco poder negocial para exigir ao Estado o seu direito a serviços públicos condignos (Berman *et al.*, 1987; O'Laughlin, 2012).

Para além das questões relativas à distância e as melhores estratégias para garantir a equidade no acesso aos serviços de saúde, existe também um problema epistemológico. As políticas públicas tendem a reproduzir o olhar hegemónico sobre a saúde baseado numa visão dualista entre duas realidades supostamente contrapostas: uma medicina biomédica (baseada na ciência e de alcance universal) e uma medicina tradicional (baseada nas ditas práticas culturais locais que se integram no campo da religião/magia). Este olhar dualista tende a simplificar realidades muito complexas produzidas pela interação de ambas realidades. Pode-se identificar duas variantes de simplicação. Um tipo de simplificação tende a explicar que as populações rurais, iludidas pelas cosmologias e rituais locais, não entendem nem aproveitam os serviços de saúde modernos. Neste caso o problema encontrar-se-ia na ignorância e atraso das populações rurais[11]. No lado oposto, outro tipo de simplificação tende a dizer que as populações rurais têm um *corpus* de conhecimento local, alternativo à saúde biomédica, que é preciso valorizar e pôr em diálogo com o SNS. Neste caso, o problema encontrar-se-ia nas instituições de saúde biomédicas, a sua prepotência ligada ao desprezo pela diferença (etnocentrismo). Este dualismo extremo têm condicionado as viragens nas políticas de saúde de muitos países africanos, e tem sido acompanhado pelo debate académico (Dozon 1987; Green, 1988; West, 2006; Granjo, 2009). Baseando-se em alguns exemplos de terreno, este artigo pretende mostrar que esta visão dualista não é partilhada por muitas populações rurais, as quais estão desde há muito habituadas a conviver com *epistemes* diferentes, assim como às mudanças e interferências que existem entre eles (Borges Coelho, 2004). O conceito de saúde comunitária poderia ser uma forma de reduzir as tendências dualistas e focar mais na forma *composta* de experimentar a saúde.

---

[11] Este tipo de olhar está normalmente ligado à administração colonial, mas a sua força não acabou com o colonialismo, e a sua hegemonia foi-se reproduzindo sob a capa de outros discursos mais atuais. Relativamente ao caso moçambicano é interessante a leitura do documento "Política da Medicina Tradicional e Estratégia da sua Implementação" *Boletim da República*, 14 Abril 2004, I série número 4, pág. 130-134.

SAÚDE COMUNITÁRIA EM MOÇAMBIQUE

Na nossa opinião, o sucesso de uma nova tentativa de relançar a saúde comunitária depende da capacidade desta política de repensar os dois desafios mencionados da saúde rural: a equidade no acesso de serviços de saúde, e a equidade no tratamento às diferentes maneiras de experimentar a saúde e a doença e o pluralismo terapêutico no universo social moçambicano.

Uma primeira aproximação sobre a política de saúde comunitária que está sendo pensada em Moçambique é a definição de comunidade que aparece na *Estratégia de Envolvimento Comunitário* feita pelo Ministério da Saúde: "*Comunidade*: é um conjunto de pessoas vivendo numa área geográfica limitada, de forma organizada e coesa, mantendo vínculos sociais entre elas." (República de Moçambique, 2004: 5).

É uma definição de comunidade estática, que deve muito à visão clássica de comunidade entendida como unidade de três componentes: unidade geográfica, interesses comuns e cultura comum. Proponho que esta abordagem deve ser repensada e substituída por outra muito mais dinâmica. Por exemplo, pensar as comunidades rurais como uma unidade empiricamente constatável a nível geográfico, económico e cosmológico pode, mais uma vez, não dar conta das complexidades existentes no meio rural. Por um lado, a mobilidade é um fator fulcral tanto da história como do sistema de parentesco no sul de Moçambique. As deslocações (longas e curtas; ligadas ao comércio, à indústria mineira ou à guerra) foram, desde há muito, uma prática habitual que não permite pensar as populações rurais como se estivessem isoladas algures, ou como se mantivessem uma homogeneidade e coesão que travassem as mudanças sociais (O'Laughlin, 1996). Esta maneira urbana de pensar o campo assemelha-se muito à forma colonial de pensar as tribos. Para evitar este risco, é necessário conhecer as complexidades criadas pelas diferentes mobilidades, assim como pelos direitos e deveres em relação a saúde e a doença "escondidos" sob a capa do parentesco (Mariano & Paulo, 2009).

Assim, propomos aprofundar duas características das sociedades do sul de Moçambique que o APE devia ter em conta. Por um lado, a importância do parentesco materno no âmbito da saúde materno-infantil. Por outro lado, a grande mobilidade das pessoas, habituadas pela história a um modo de vida e de autoajuda mais baseado em redes de longa distância do que em relações de vizinhança muito coesas.

MULHERES NO MERCADO DA SAÚDE

Parentesco materno e implicações para a saúde comunitária

Durante o trabalho de campo em Marrucua estiva alojado em casa do Sr. Emídio[12], um carpinteiro desempregado que poucos anos atrás havia colaborado como ativista para um projeto de sensibilização sobre o HIV-SIDA, feito com o apoio de uma ONG irlandesa chamada GOAL. Como eu sabia da sua experiência na mobilização comunitária pedi-lhe que me abrisse os caminhos de Marrucua: ser o meu acompanhante, tradutor e anfitrião.

Em casa de Sr. Emídio morava, para além da esposa e filhos, uma nora com um bebé de quase um ano, chamado Onofre. O pai de Onofre era um filho do Sr. Emídio que estava na África do Sul de forma quase permanente, para tentar ganhar algum dinheiro. Um dia, ao regressarmos das entrevistas quando já era quase noite, reparei que a nora e o bebé não estavam em casa. Perguntei e disseram-me que Onofre estava doente e a mãe foi levá-lo à casa do pai dela. A primeira reação, quase irreflexiva, foi perguntar porque não foi para o hospital. E a resposta foi também rápida e clara: já havia ido e deram-lhe paracetamol, mas o bebé continuava doente.

Meses mais tarde, enquanto eu estava a ler a bibliografia antropológica sobre o sul de Moçambique, reparei que o debate sobre, por um lado, a figura do irmão da mãe e, por outro, a importância ritual dos filhos das filhas para as cerimónias aos antepassados de uma linhagem, é um dos mais longos e polémicos da antropologia social da África austral[13]. Comparando aquele debate com as minhas notas de campo descobri também que não se tratava de um debate ultrapassado.

Embora não seja este texto o lugar para descrever os pormenores deste debate longo e especializado, vou tentar apresentar um resumo das regras mais importantes do parentesco, assim como das suas principais implicações no âmbito da saúde materno-infantil:

- No sul de Moçambique, embora a linhagem seja patrilinear, existe um grupo corporativo horizontal que é tão importante como a linhagem. O grupo de filhos e filhas de um mesmo pai (chamado *group of siblings*

---

[12] Todos os nomes de pessoas foram mudados.

[13] Começou na década dos vinte entre Henri Junod (1927) e Radcliffe-Browm (1952), e foi recuperado por Kopytoff (1964) nos anos sessenta e continuado por Kuper uma década mais tarde (1976). Na primeira metade dos anos oitenta Adam Kuper (1983) e Luc de Heusch (1983) voltaram a confrontar os seus diferentes pontos de vista sobre o assunto.

em inglês) mantêm uma relação muito próxima que vai para além da vontade de cada um deles. Esta relação imperativa liga a saúde de cada um deles ao bem-estar de todos os membros do grupo, e concretiza-se na relação de brincadeira que um homem tem com os filhos das irmãs, assim como na relação especial da irmã sobre as filhas dos irmãos.

- Esta relação horizontal implica que a mulher casada e com filhos mantêm não só a sua pertença, mas também a sua agência na linhagem paterna, entanto que irmã e mãe.
- De facto, o *lobolo* é uma cerimónia chefiada principalmente pelos irmãos da mulher *lobolada*, e não pela geração mais velha do pai e os tios desta, que ocupam uma posição de honra, mas secundária. Assim, a lógica do *lobolo* enquadrar-se-ia principalmente dentro do grupo de siblings (Kopytoff, 1964; Kuper 1981; de Heusch 1983; Kuper, 1983).
- Os filhos da irmã são reconhecidos como membros da família e têm uma posição de relevo nas cerimónias aos antepassados (por exemplo, nas chamadas *missas mhamba*). As filhas do irmão, pelo seu lado, têm uma relação muito forte com as suas tias paternas (chamadas *hahani*[14]) e, de facto, muitas vezes alguma das primeiras é "pedida" por alguma das segundas para irem ficar em casa dela, e ajudarem lá nos trabalhos domésticos. Esta proximidade física implica também um papel muito importante da tia paterna na educação da sobrinha.
- Portanto, a relação do grupo de *siblings* mantêm-se –ou até acrescenta-se à medida que tanto os homens como as mulheres (os irmãos e as irmãs) têm descendência. De facto, os problemas de saúde ou fertilidade de um membro do grupo de *siblings* deve mobilizar a todo o grupo, pois entende-se que todos eles estão condicionados pela doença o azar de um irmão ou irmã.
- Dentro do grupo de *siblings* a chefia, e as responsabilidades que lhe seguem, é atribuída segundo a senioridade dos filhos da primeira mulher. É importante notar que existem duas formas de herança. As propriedades pessoais são herdadas pelo filho mais velho, mas a

---

[14] *Hahani* é o nome que recebe a tia paterna, que designa uma forma de pai em feminino. A relação da *hahani* com as filhas dos seus irmãos poderia ser definida como de tia-pai a sobrinha-filha (Earthy, 1968).

chefia da família é herdada pelo irmão que segue ao falecido. Assim, um homem que seja o primogénito de uma primeira mulher só recebe a chefia da família (que inclui as funções sacerdotais no culto aos antepassados e decisões sobre o uso da terra da família) depois de ter falecido o último filho da última mulher do seu avô (Webster, 1977).

- Os funerais de uma mulher casada não podem fazer-se sem a presença de algum irmão dela ou, em caso não ser possível, de um filho de um irmão dela.

De todos estes direitos e deveres produzidos pelo parentesco entre *siblings* retira-se um conjunto de consequências que afetam ao conceito de comunidade em geral, assim como a qualquer estratégia comunitária de saúde materno-infantil em particular.

Por exemplo, os problemas de uma mulher para engravidar, ou o facto de sofrer abortos naturais, ou as doenças dos filhos nos primeiros anos de vida relacionam-se em primeiro lugar com a mãe e, por extensão, com a família dela (Mariano & Paulo 2009; Chapman, 2011; ver também o semanário *Savana* do dia 06-09-2009[15]).

Quando uma mulher tem problemas graves ou de longa duração seja de fertilidade, ou seja, durante ou depois do parto, considera-se que as causas dos problemas podem proceder de comportamentos ou conflitos onde a mãe está direta ou indiretamente envolvida em tanto que membro do grupo de *siblings*. Assim, nestes casos, uma das coisas mais razoáveis a fazer é irem visitar a casa do pai[16] para consultar e indagar sobre o problema. E isso foi precisamente o que fez a mãe de Onofre, com a aceitação e o acordo dos sogros.

De facto, a mulher deve visitar a casa paterna sempre que algum problema grave afete um irmão dela. Durante o trabalho de campo, por exemplo, uma mulher referiu ter ligado a uma irmã mais nova para lhe explicar que é importante manter o contacto com os irmãos, e visitá-los, sobretudo quando eles ou os filhos deles têm problemas de saúde. A irmã mais velha sentia-se responsável pelo facto de, aparentemente, ninguém ter explicado à mais

---

[15] "O drama de não poder ter filhos", Semanário *Savana* 06-11-2009 pp. 14 e 19.
[16] Quando o pai já faleceu o irmão mais velho da primeira mulher é chamado de pai pelos membros do *sibling*.

nova esta norma. A ideia subjacente é que as pessoas do "mesmo sangue" (filhos e filhas do mesmo pai[17]) devem cuidar da saúde em conjunto.

Quando a própria mulher casada é quem está doente, e não consegue viajar sozinha, o pai ou algum irmão pode ser chamado para vir recolhê-la. Assim, não é um caso estranho, por exemplo, o facto de pessoas internadas no hospital serem levadas pelos irmãos antes de recebem alta do serviço médico[18].

Em resumo, o facto de as mulheres manterem fortes ligações com o grupo de *sibling* supõe que a comunidade de referência em matéria de saúde inclui a família da mulher. Esta condição mantém-se inalterável mesmo quando a família da mulher mora longe, e as visitas supõem uma despesa importante em transporte. Contudo, é verdade que a expansão de redes de comunicações móveis facilitou o contacto entre pessoas que moram longe. Os telefones servem agora para duas coisas: é mais fácil falar e saudar pessoas sem necessidade de deslocar-se, mas também é mais fácil ser-se informado dos problemas que há "lá em casa" e, portanto, já quase ninguém pode alegar desconhecimento. Graças ao telefone móvel, o imperativo moral da visita em certas ocasiões importantes torna-se mais premente.

Mobilidade masculina: outra constante na história do sul de Moçambique

As mulheres casadas do sul de Moçambique praticam uma alta mobilidade geográfica para manter as relações nas duas famílias a que pertencem, porém não são as únicas. Um conjunto de fatores de natureza diversa contribui também para uma grande mobilidade masculina. A seguir vamos a expor de maneira sintética vários destes fatores.

---

[17] Evidentemete, quando não há bom entendimento entre as diferentes mulheres loboladas de um homem, a organização do grupo de *siblings* (o conjunto de filhos dele) torna-se mais dificil, às vezes até impossivel. O que faz com que um segundo casamento sem o acordo da primeira mulher seja considerado uma fonte constante de problemas de saúde e, portanto, uma atitude irresponsável. A primeira mulher normalmente aceita, e às vezes até promove, que o marido case uma irmã mais nova ou uma filha do irmão dela, pois desta maneira a relaçao desigual entre primeira e segunda mulher já vêm formatada por uma relação desigual prévia entre as duas mulheres (irmã mais velha/irmã mais nova (*nhonzo/nzizana*); ou *hahani*/filha).

[18] Durante o meu trabalho de campo tive noticias de dois casos: um no hospital rural de Morrumbene e outro no hospital provincial de Inhambane. Nos dois casos tratava-se de pessoas que depois de ficar um tempo no hospital "não estavam a melhorar".

Por um lado, há, novamente, razões da estrutura do parentesco. Vamos acrescentar mais alguns pontos ao resumo atrás começado:

- A exogamia exige que os membros de um grupo de *sibling* devam casar-se fora da família paterna e materna. Não há possibilidade de um homem renovar a aliança que o pai fez com a família da mãe. Cada homem da linhagem deve abrir novas alianças, o que de facto significa que alguns deles vão casar longe (Webster, 1981).
- Além do mais, David Webster (1977) tem salientado como a sucessão lateral (de irmão para irmão) também estimula que os jovens não fiquem em casa, pois mesmo os primogénitos sabem que, regra geral, não vão atingir posições de chefia na família até eles próprios serem velhos.

Aos imperativos exogâmicos do parentesco somam-se aspetos históricos e ecológicos. O comércio do planalto interior com a costa foi, desde muito antes da chegada dos portugueses, nos finais do século XV, uma atividade importante na região. A caça, em particular de elefantes para o comércio das pontas de marfim, baseava-se também na mobilidade (Smith, 1970; Alpers, 1984; Zimba, 2003). Também a crescente importância da captura e comercialização de escravos desde os portos de Inhambane e Lourenço Marques desde metade do século XVIII até os inícios do século XX não ajudou à estabilidade geográfica das populações do sul de Moçambique (Harries, 1981; Capela, 2002).

Quando, na metade do século XIX, se produz a descoberta das minas do ouro e diamantes nas repúblicas bóeres constituídas aquém do rio Vaal, não foi de estranhar os homens do sul de Moçambique, como tantos outros homens da África austral, optassem pelo trabalho assalariado de forma maciça. Porém, o facto dos migrantes do sul de Moçambique serem os que mais tempo ficavam a trabalhar nas minas pode relacionar-se com o facto de estarem já habituados a prolongados períodos da ausência nas tarefas agrícolas (Harris, 1959). Contudo, o fim do comércio de marfim pela prática extinção dos elefantes na região, assim como a consolidação da conquista militar portuguesa – e o programa associado de fixar pela força a população africana no chão para melhor trabalharem e pagarem impostos –, contribuíram para esta opção (Fialho, 1998; Covane, 2001).

SAÚDE COMUNITÁRIA EM MOÇAMBIQUE

Finalmente, os deslocamentos forçados produzidos pela longa guerra civil que Moçambique sofreu logo após a independência (1977-1992) ainda fez com que a mobilidade e as relações familiares a distância tomassem novas dimensões (Lubkemann, 2005; Rodgers, 2008; Farré, 2008).

Assim, o hábito historicamente consolidado de migrações, trânsitos comerciais, expedições de caça[19], visitas entre *siblings*, assim como as deslocações forçadas nos múltiplos períodos de conquista e guerra (desde o mfecane no início do século XIX, até é guerra civil de finais do XX, passando por tudo o leque de guerras coloniais), tudo têm consolidado a mobilidade e as redes sociais de longa distância como uma forma de vida das populações do sul de Moçambique até a data de hoje (Farré, 2010).

Parte II. Saúde e *comunidades* em Marrucua

Através da revisão bibliográfica, tentámos mostrar que o parentesco e a mobilidade foram e continuam a ser duas características marcantes das sociedades do sul de Moçambique. Agora falta saber se esta informação é relevante para os desafios que supõe relançar um programa de saúde comunitária no sul de Moçambique. Para isso, vamos apresentar cinco exemplos concretos das entrevistas feitas durante o trabalho de campo.

O trabalho de campo foi feito em Marrucua[20]. Marrucua situa-se no norte do distrito de Morrumbene, numa faixa de terra de cerca de 8 km (este-oeste) que fica entre a praia do oceano Índico e a estrada nacional N1, e que se estende aproximadamente uns 6-7Km em direção norte-sul. A orografia é uma duna típica do litoral do sul de Moçambique. Assim, situando-nos na estrada nacional, há uma subida e depois uma descida até a praia, com locais bastante íngremes. O solo é muito arenoso e pouco fértil para a agricultura. Só cresce mandioca e amendoim, dependendo da chuva pode chegar a crescer milho, mas, regra geral, as pessoas não correm o risco de semear milho. Perto do mar sazonalmente aparece um riacho e, portanto, existem alguns poços de água doce. No período colonial a exploração de coqueiros pela empresa Cumbana Agrícola empregava muitas pessoas, mas esse palmar foi abandonado. Algumas pessoas utilizam esta faixa de terra

---

[19] Para um estudo sobre as dimensões que tinham as a expedições de caça de elefantes, envolvendo a grandes quantidades de homens e de mulheres, ver o trabalho de Benigna Zimba (2003).

[20] Marrucua é uma célula que pertence ao círculo de Nhaca (ver nota de rodapé 6).

MULHERES NO MERCADO DA SAÚDE

mais fértil para fazer pequenas hortas (tomate, alface, cebolas...). A célula onde fizemos as entrevistas não tinha posto de saúde[21] e as unidades sanitárias mais próximas eram os hospitais rurais de Morrumbene (20km ao sul seguindo a Estrada Nacional 1) e de Massinga (20 km ao norte seguindo a Estrada Nacional 1). Na célula de Marrucua, durante o mês de Junho e Julho de 2010, visitámos 18 pessoas que haviam estado doentes num passado recente, e que aceitaram explicar o seu percurso no processo terapêutico[22]. Para este artigo selecionámos cinco entrevistas onde são salientados aspetos relacionados com a saúde comunitária[23]. As entrevistas foram conduzidas por mim próprio, acompanhado do Sr. Emídio[24], na casa dos entrevistados. Todos foram informados dos objetivos académicos da nossa pesquisa[25], assim como esclarecemos que não tínhamos relação com nenhum projeto, nem podíamos disponibilizar medicamentos. Na altura da nossa visita alguns dos entrevistados já se sentiam melhor, outros não, mas poucos se consideravam completamente curados. Porém, o nosso interesse principal não era avaliar a eficácia dos diferentes tratamentos, senão recolher a narrativa dos doentes sobre o percurso feito, e conhecer o seu nível de satisfação com as escolhas que decidiram fazer.

Estamos cientes que os resumos que apresentamos a seguir são amostras preliminares, significativas apenas na medida em que apresentam uma diversidade de casos encontrados numa área geográfica limitada. O objetivo de trazer estes resumos é simplesmente mostrar como alguns dos assuntos tratados na primeira parte, nomeadamente a mobilidade constante da população, a diversidade de situações num rádio geográfico pequeno, e a

---

[21] Embora anteriormente existisse um posto de saúde, com um socorrista e uma parteira com níveis de formação elementar. Parece que a má relação entre os dois fez com que a parteira pedisse transferência, e alguns anos mais tarde o socorrista faleceu.

[22] Também fizemos três entrevistas a pessoas que ocupavam uma posição relevante no âmbito da saúde em Marrucua (um ervanário e adivinho; um líder de uma igreja zione; e um agente da saúde), perfazendo um total de 21 entrevistas.

[23] A rivalidade entre os diferentes tipos de curandeiros e as igrejas zione, também evocada nas entrevistas, merece, pela sua complexidade, ser desenvolvida num outro artigo.

[24] As entrevistas foram feitas principalmente em língua xitshwa, exceto uma – a quarta das aqui apresentadas – que foi realizada em português. O Sr. Emidio fazia a tradução simultânea, e eu escrevia no meu caderno de campo já em português.

[25] Previamente foi pedida licença às autoridades para a pesquisa. O Chefe da célula de Marrucua acompanhou-nos à sede em Morrumbene para informar o chefe de posto e o secretário permanente do administrador. Este último carimbou a minha credencial.

constante reformulação dos imperativos do parentesco em relação à saúde, aparecem como pano de fundo em diferentes casos empíricos. Todos eles indicam a necessidade de as comunidades rurais serem pensadas de maneira mais flexível e mais dinâmica, e não simplesmente como unidades geográficas de populações coesas. Para uma análise mais aprofundada de cada caso concreto em relação ao pluralismo terapêutico seriam necessários mais dados, e também uma metodologia de tratamento dos dados mais específica.

O caso da Júlia Amanda

A Júlia tem 28 anos de idade e é mãe de dois filhos. Em fevereiro de 2010 começou com dores de dentes e gengivas. Mais tarde apareceu uma ferida no colo. Não podia trabalhar nem cuidar das crianças. Finalmente o marido foi ter com o pai da Júlia para ver o que fazer. O marido já tinha completado todo o lobolo. O pai decidiu ir procurar e carregar a Júlia com a carroça os 10 Km de distância que há do lar da Júlia até em casa dele.

Com a Júlia já em casa do pai, foi feita a cerimónia de informar os antepassados (ku pahla). Foram chamados dois curandeiros, mas nenhum deles conseguiu nada. Ambos disseram que o problema era um bichinho que estava dentro dos ossos, e chamaram a doença de "reumatismo".

Dois meses depois, como a Júlia não estava a melhorar, a mãe da Júlia (que está divorciada do marido[26]) pediu para levar a Júlia para casa dela. A mãe da Júlia trabalha na África do Sul, no sector do comércio informal, mas quando foi informada da doença da filha regressou para saber o que se passava.

O pai demorou dois dias a aceitar, mas finalmente mãe e filha foram a pé até a célula de Marrucua, onde mora a mãe quando em Moçambique (e onde foi feita a entrevista). A mãe, que contestou muitas das perguntas, levou a filha ao agente de saúde, um vizinho de Marrucua que trabalha numa farmácia privada de Massinga. Este senhor disponibiliza medicamentos a quem lhe bate a porta por problemas de doença.

Graças ao tratamento do agente de saúde, Júlia melhorou muito. Quando perguntei qual era o tratamento, mostraram-me um pacote com muitas carteiras vazias de medicamentos: havia carteiras de amoxiciclina, ibuprofeno e vitaminas. Ainda não pagaram nada, pois o agente disse para aguardar o fim do tratamento, e depois pagar.

Agora que está melhor, Júlia vai retornar para casa do pai e, depois, para casa do marido.

---

[26] Como salientou Webster (1981) os divórcios são uma realidade frequente na região.

MULHERES NO MERCADO DA SAÚDE

O caso da Júlia mostra um exemplo de ligação dos problemas de saúde de uma mulher adulta e casada (lobolada) com a sua família de origem. O marido delega estes problemas no pai dela, não por desleixo, mas seguindo as normas estabelecidas de causalidade de doenças. Neste caso, não foram evocados os irmãos. Mas é interessante notar que a mãe da Júlia, segundo ela afirmou, regressou da Africa do Sul para tomar conta da filha. Também que só quando o problema estiver resolvido é que a Júlia regressará a casa do marido, passando primeiro pela casa do pai. De resto, não fica claro quem cuidava dos filhos da Júlia enquanto ela estava ausente do lar. Provavelmente, a família dela enviou uma irmã mais nova (*nzizana*) para ajudar nas tarefas domésticas.

Caso de José Octávio

José Octávio tem 48 anos. Nos inícios de 2009 começou a doer-lhe o tornozelo. Coxeava, e a perna coxa emagreceu do joelho para baixo.

Primeiro tentou um cushcusheiro (adivinho), que afirmou tratar-se de um problema de bicho no osso (reumatismo), mas não conseguia nada.

Então decidiu ligar a irmã, que casou na Beira com um comando da polícia. A irmã enviou dinheiro para ele viajar até a Beira, e depois acompanhou a ele ao Hospital Central da Beira. José ficou seis meses na Beira. Segundo disse recebeu como tratamento "sangue, soro e injeções". De 15 em 15 dias também recebeu quimioterapia, e deram-lhe um cartão que pode apresentar em qualquer hospital.

Melhorou, mas não curou. Regressou a Marrucua por causa do falecimento do pai. O pai faleceu por uma doença no sexo: "Tinha alguma coisa que não queria sair". Fizeram as tradições de falecimento.

Na altura da entrevista, a perna doente está novamente muito mais delgada que a outra.

O caso de José Octávio, para além de ser um exemplo da ajuda de uma mulher casada ao bem-estar de um irmão, mostra-nos uma realidade frequente em Moçambique: o acesso a centros de diagnóstico e tratamentos mais complexos muitas vezes não se segue a uma transferência decidida pelo pessoal sanitário da rede do SNS. Pelo contrário, é graças a "conhecer alguém" na cidade com acesso aos Hospitais Centrais. O que José disse que lhe fizeram no Hospital Central da Beira exemplifica, mais uma vez, a difícil comunicação entre o pessoal sanitário e os utentes, devido

SAÚDE COMUNITÁRIA EM MOÇAMBIQUE

as diferentes lógicas na maneira de perceber a doença e a cura. Podemos concluir que José não entendeu bem nem o que lhe diagnosticaram nem o tratamento. Saiu da Beira quando soube do falecimento do pai, e não tem intenção de regressar porque percebeu que lá não encontra a solução para o seu problema.

Um outro aspeto interessante para a saúde comunitária que podemos inferir deste caso é que uma percentagem muito elevada de óbitos ocorre no setor comunitário sem serem comunicados às autoridades: as pessoas morrem em casa e, sem assinatura do médico nem tratar dos documentos de óbito, são enterradas no cemitério familiar, onde os familiares realizam as cerimónias fúnebres. Os APE poderiam contribuir para um melhor registo dos óbitos que ocorrem fora do hospital.

O caso de Ximena Pinto

Ximena tem 57 anos. Em Julho de 2010 começou a sofrer de dores no estômago e a sair sangue do sexo. Também lhe faltava o apetite de comer.

Foi visitar o agente de saúde de Marrucua quando começaram as dores de estômago, e recebeu comprimidos e injeções. Também experimentou tomar uma erva que procurou ela própria, mas viu que era melhor tomar os comprimidos. Não foi ao cushcusheiro (adivinho) por ser muito caro e por não confiar nele.

Para vir tratar com o agente de saúde de Marrucua andou muito, desde Mata [Mata está fora da célula Marrucua]. Mas gosta de ser tratada por ele porque "é um senhor muito experiente e tem cartão de saúde". Como mora muito longe, Ximena primeiro foi a casa do irmão [em Marrucua, e onde foi feita a entrevista], dormiu lá, e no dia seguinte às 6:30 pôde estar na porta da casa do agente da saúde antes de ele sair para a farmácia onde trabalha. O marido acompanhou-a até à casa do irmão[27].

Ximena, uma mulher já de idade avançada, mantém contacto com o irmão e, provavelmente, foi este quem a informou da existência do agente de saúde de Marrucua, seu vizinho. Ela própria experimentou tratar-se com ervas e viu que não conseguia melhorar, demonstrando como as pessoas combinam tratamentos vindos de *epistemes* diferentes, e os avaliam segundo a sua eficácia empírica. Regra geral, não praticam um dualismo do tipo "isto

---

[27] Antes de acabar a versão final deste artigo recebemos a triste notícia de Marrucua de que Ximena tinha falecido.

é incompatível com aquilo". O caso de Ximena mostra-nos também que, mesmo sendo a distância uma dificuldade importante, não é um impedimento se as pessoas acham que vale a pena fazer o esforço. Assim, pode-se dizer que muitas vezes os pacientes não vão aos postos e centros de saúde não tanto porque estejam muito longe, como por lá não encontram nem acolhimento nem qualquer possibilidade de comunicação com o pessoal da saúde que os recebe[28]. Por exemplo, na cidade de Inhambane recolhemos a testemunha de uma mulher que nos disse que "no hospital nem olham para ti. Perguntam o que é que dói e já estão a escrever a receita". Assim, no caso da nossa pesquisa em Marrucua, a pergunta pertinente seria: O que é que fez que Ximena e o seu marido decidissem fazer o esforço de chegar até casa do agente de saúde de Marrucua?

O caso do Mazana, "agente de saúde" de Marrúcua

Mazana (alcunha pela qual é conhecido em Marrucua) já está reformado como funcionário público. Recebeu formação como técnico de farmácia no fim do período colonial, e disse estar muito orgulhoso daquela formação pois aprendeu a dar injeções, coisa que, segundo ele, agora os técnicos de farmácia não aprendem.

Mazana passou grande parte da sua vida trabalhando na farmácia de diferentes hospitais: primeiro em Morrumbene e depois no hospital José Macamo de Maputo [antigo hospital dos tuberculosos durante o período colonial]. Quando se reformou, embora estivesse já muito habituado ao modo de vida de uma cidade como Maputo, decidiu regressar a terra onde nasceu e reabilitar a casa de alvenaria dos pais. Quando lhe perguntei porque decidiu abandonar Maputo [e a possibilidade de viver com água e energia em casa] e regressar a Marrucua, respondeu o seguinte: "A cidade é como a maré, é melhor o barco sair antes de ficar inutilizado por ela".

Encontrou emprego na farmácia privada de Massinga, onde se desloca cada dia com o carro que trouxe de Maputo. Quando pode, compra medicamentos na farmácia onde trabalha e leva para casa. Segundo disse: "se pessoas doentes batem na minha porta, eu não posso ficar como se não pudesse fazer nada". "Peço às pessoas para pagar o que puderem, pois não posso negar a ajuda a alguém só porque não tem dinheiro". Quando os medicamentos não curam, Mazana não estranha, pois sabe que há coisas que devem ser tratadas pela medicina tradicional.

---

[28] Este problema foi referido no artigo "Ivo Garrido exige outra postura de trabalho aos seus subalternos". *Canal de Moçambique*, 9-11-2011, p.20.

SAÚDE COMUNITÁRIA EM MOÇAMBIQUE

Entre os entrevistados, Mazana é uma pessoa especialmente valorizada pelo seu comportamento. Especialmente porque aceita escutar quais são as doenças das pessoas antes de pedir dinheiro, ao contrário do que fazem os médicos tradicionais. Note-se que, segundo o representante da AERMO[29] em Marrucua, a primeira consulta num médico tradicional, sem receber tratamento, custa cem meticais, o que equivale a três euros aproximadamente. No caso de Mazana, a sua vontade de escutar, assim como a de não exigir dinheiro como condição *sine qua non*, estão carregadas de uma componente moral (Schwalbach, 1998). No final do tratamento, os pacientes, agradecidos, entregam o que poderem. Nesta relação já não há só um pagamento por um serviço recebido, mas algo mais, difícil de definir em toda a sua complexidade, que respeita a relações entre pessoas não mediadas pela lógica de mercado. Este exemplo é uma boa referência para os APE, pois para eles conseguirem um bom desempenho vão ter de conseguir criar este relacionamento com as populações. Os APE recebem um kit de medicamentos – que não podem ser vendidas – e uma formação como agentes comunitários. Contudo, comparando com o caso de Mazana, vão ter duas limitações importante: a idade e a experiência.

As pessoas tratam Mazana com muito respeito como "agente de saúde", mas também como um mais velho (*nhonzo*) que regressou a terra dele depois de ter trabalhado no aparelho do Estado. Como apontamos anteriormente, quando tratamos do parentesco e da sucessão colateral – de irmão para irmão –, só os homens mais idosos, regra geral, podem ocupar posições de chefia na família. A própria frase do Mazana sobre a maré e os barcos recolhe este sentido: a cidade é própria para o aventureirismo dos jovens mas, quando a juventude passar, é melhor abandoná-la e regressar perto da campa dos pais, pois ali os mais idosos são respeitados.

De facto, surpreendeu-nos a quantidade de casais idosos que passaram grande parte da sua vida profissional na cidade, e que agora moram nas zonas rurais. Isto quer dizer que o chamado êxodo rural é, em parte, balanceado por uma corrente migratória de pessoas idosas que vão da cidade para o campo[30]. Portanto, os APE vão ter de estar informados desta realidade existente "nas comunidades", pois os idosos têm umas problemáticas de saúde específicas. Por um lado, os mais velhos ocupam uma posição social

---

[29] Associação dos Ervanários de Moçambique.
[30] Ver, neste sentido, o conceito de circularidade das migrações (Potts, 2011).

MULHERES NO MERCADO DA SAÚDE

que faz com que o APE deva saber tratá-los sem desrespeitar as hierarquias e tabus que separam os mais velhos dos mais novos (nhonzo/nzizana). Por outro lado, em algum momento os APE vão ter de quebrar o silêncio[31] que existe entre mais novos e mais velhos à volta de certas questões, o que requer adotar uma estratégia bem estudada.

O caso do Filipe Santana

Filipe não sabe a idade que tem. Vive sozinho, pois perdeu a família durante a guerra. Desde 2005, sente dores no pé e na perna direita, que estão inflamados. Mesmo assim, no início podia movimentar bem o tornozelo e os dedos dos pés. Andava bem. Quando começou a sentir dores foi ao hospital de Massinga. Comprou comprimidos e pomada na farmácia privada, pois na farmácia do hospital não havia. Depois do tratamento melhorou. Não sabe dizer a doença que tem.

Um tempo mais tarde, foi chamado ao hospital e foram-lhe dadas quatro injeções e a perna direita normalizou: ficou igual à perna esquerda. Mas a dor ainda não desapareceu totalmente.

Alguém o aconselhou a tratar-se com ervas em vez de ir ao hospital. Tratou-se muito tempo com ervas, e de muitas maneiras: "ervas para ferver na panela; ervas de queimar e esfregar na pele como se fosse pomada; ervas para pôr na comida".

Como sabiam que está doente, algumas pessoas aproximavam-se da casa dele para dar-lhe uma opinião, e vender ervas. Gastou muito dinheiro em ervas para nada, mais de 3.000 meticais. Agora já nem consegue recordar.

À pergunta "Porque deixou de ir ao hospital?" respondeu: "Quando a pessoa está doente é como uma criança: acredita o que lhe dizem os outros." Outros vizinhos, sentem pena dele e trazem-lhe comprimidos da África do Sul.

O caso do Filipe é interessante porque, por um lado, levanta o facto das consequências sociais da guerra estarem ainda presentes na saúde dos que tiveram a sorte de sobreviver. Outra ideia que se infere deste caso é a importância dos conselheiros: a pessoa sem família, que confia no que lhe diz o primeiro que passa, é facilmente enganada. Como Filipe não tem família, ninguém sente que o problema dele se possa repercutir na própria saúde.

---

[31] Tirei a ideia de "quebrar o silêncio" do depoimento de um estudante num grupo de discussão sobre percepção do HIV e as dificuldades de comunicaçãoe entre gerações (Monteiro, 2011:14).

SAÚDE COMUNITÁRIA EM MOÇAMBIQUE

Por outro lado, neste caso parece que no hospital de Massinga houve um bom diagnóstico e um tratamento adequado; apenas faltou uma melhor comunicação com Filipe para explicar-lhe a importância de não deixar o tratamento, e incutir-lhe mais confiança. Tal como no caso do José Octávio anteriormente evocado, os problemas com as pernas são frequentes. A experiência de Filipe parece indicar que o tratamento no hospital era eficaz. Contudo, quando um vendedor ambulante veio lhe recomendar ervas, ele aceitou de imediato o novo tratamento, embalado pelas boas palavras de alguém que se interessou pela sua saúde. Existem pessoas doentes e isoladas que são alvo dos vendedores ambulantes. Estas pessoas vão recolher ervas no mato para vender nas cidades, e no caminho aproveitam para lucrar com pessoas como Filipe. Alguns vizinhos sentem pena dele, e alguns até lhe entregam medicamentos, mas ninguém toma conta dele porque, de facto, ninguém se sente diretamente responsável. Dito por outras palavras, o facto de ser vizinho de alguém não implica necessariamente que existam interesses comuns. Até pelo contrário, a proximidade é muitas vezes causa de suspeita de feitiçaria.

Os APE poderiam preencher este vazio. Por um lado, informando ao pessoal do SNS das doenças mais frequentes e ajudando assim na eficácia curativa do SNS. Por outro lado, ajudando as pessoas sem família a não ser alvo de outros interesses.

Parte III. Entre a diversidade e a mobilidade. Que lugar para os APE?

Os exemplos de campo apresentados neste artigo não representam a diversidade de atores de Marrucua. Tracey Luedke (2006) descreveu para a província de Tete três formas de construção da autoridade no âmbito da saúde que designou por: o presidente (AMETRAMO[32]), o bispo (igrejas zione e variantes) e a mãe (mediação espiritual). No decorrer do trabalho de campo, encontramos alguns casos equiparáveis, nomeadamente o recurso a uma associação de médicos tradicionais e a igrejas tradicionais[33]. Neste artigo, porém, preferimos focar nas relações de parentesco e na mobilidade

---

[32] Associação dos Médicos Tradicionais de Moçambique.
[33] No caso de Marrucua encontramos um curandeiro que pertencia a AERMO (Associação dos Ervanários de Moçambique) que, como explica Luedke (2006), resulta de uma cisão da AMETRAMO.

MULHERES NO MERCADO DA SAÚDE

como dois elementos importantes para qualquer política no âmbito da saúde, mas que nos debates públicos são habitualmente as "áreas escondidas do quotidiano" (Mariano & Paulo, 2009).

Na primeira parte do capítulo salientámos a existência de um olhar dualista que separa a chamada medicina tradicional e os sistemas públicos de saúde, existindo até uma estratégia do governo moçambicano que define os limites das relações entre eles (República de Moçambique, 2004). Por outro lado, o debate académico tem focado preferencialmente as possibilidades de entendimento e de colaboração profissional entre médicos de diferentes epistema (Green, 1988; West, 2006; Granjo, 2009).

Os APE vão trabalhar num contexto onde existem uma diversidade de atores, alguns dos quais com alguma reputação entre a população. Sendo os APE os últimos a chegar, vão ter de mostrar o que é que podem oferecer de novo. O caso do sucesso do Mazana mostra-nos um possível lugar a preencher, um caminho que estaria baseado na união entre a escuta das pessoas, uma atitude respeitosa do seu contexto e referentes socioculturais (nomeadamente as ligações "de sangue" que unem os *siblings*), sem descurar a eficácia de certas práticas preventivas e curativas da biomedicina. Dito por outras palavras, não é necessário apenas o diálogo com os médicos tradicionais, deve-se conversar mais e melhor com os utentes dos serviços de saúde.

João Schwalbach, médico que foi diretor da Faculdade de Medicina da UEM, já referiu a necessidade de acrescentar a eficácia da medicina através da melhor relação entre o médico e o paciente:

> *Nestas relações [médico-doente, sejam elas individuais ou coletivas] torna-se importante, com carácter de urgência, continuar a desenvolver a aliança entre a prática clínica e o perceber do significado que a doença tem para o seu portador e para os seus familiares, acrescentando, assim, uma dimensão de humanidade ao saber profissional, de modo a ultrapassar o sentido puramente biológico com que ainda uma parte dos profissionais médicos encara, infelizmente, o doente (Schwalbach, 1998: 74).*

Muitas áreas rurais, onde não se encontram médicos, poderiam conhecer esta atitude através dos APE. Além do mais, o facto dos APE terem uma função eminentemente informativa e preventiva, e do seu local de trabalho ser "nas comunidades", isto é, fora dos constrangimentos burocráticos da rede nacional de saúde, poderia facilitar o acréscimo da "dimensão de humanidade" a que Schwalbach se refere. Esta dimensão pode concretizar-se em torno de duas ideias importantes, expostas de seguida.

A primeira é que quando se fala de medicina e de saúde existe a tendência a focar nos conhecimentos[34] (no sentido empírico e contrastável da eficácia de um tratamento, por exemplo) e muito pouco no tipo de relação entre as pessoas, fundamental para se realizar um bom diagnóstico clínico. A segunda é que a saúde não depende só do indivíduo. Como os exemplos de Marrucua indicam, as relações de parentesco são muito importantes tanto para a prevenção como para os tratamentos curativos. Muitas vezes, a chamada medicina tradicional (o conjunto de práticas diferentes que se incluem ou podem ser incluídas sob o termo "tradicional") tem mais a ver com manter ou refazer boas relações entre parentes do que com conhecimentos empíricos. Assim, o facto de os APE conhecerem e valorizarem que mulheres e homens pertencem a duas linhagens distintas, cujos membros podem estar espalhados por grandes distâncias, e que a saúde e o bem-estar dependem também da correta manutenção das relações familiares, pode ajudar estes agentes a serem aceites e respeitados pelas populações rurais. Com efeito, pode ser uma ajuda no processo de *envolver-se* nas diferentes comunidades com quem vão trabalhar. É preciso que, durante a sua formação, estes conhecimentos do meio social sejam valorizados. Aprender não é sempre descobrir coisas novas, por vezes é conhecer a importância do que já sabemos, mas nunca havíamos reparado que sabemos.

Em relação à estratégia de envolvimento comunitário, considerando neste caso o estatuto político e não só administrativo da comunidade, reconhece-se a difícil posição dos APE no seu seio. Com efeito, são membros integrantes de um sector profissional – a saúde comunitária – que não pertence ao SNS nem ao sector privado (República de Moçambique, Resolução 4/95). O envolvimento comunitário precisa de uma atitude adequada por parte dos APE: para além de serem formados e equipados para realizar uma tarefa no âmbito da saúde, terão de ter uma atitude de ativismo cívico, cientes da importância de oferecer serviços públicos de qualidade no processo de construção de uma democracia pelo conjunto dos cidadãos, e cientes

---

[34] Edward Green aconselhou ao Gabinete de Estudos de Medicina Tradicional (GENT) do MISAU, a pôr de lado as plantas e a focar mais nos conhecimentos locais (local knowledge), considerando este o conhecimento válido da população, diferente da magia ou da superstição. Uma crítica a esta proposta encontra-se no artigo de Harry West (2006).

MULHERES NO MERCADO DA SAÚDE

da importância dos cidadãos reclamarem uma prestação de contas pelo desempenho dos serviços públicos.

No entusiasmo próprio dos primeiros anos da independência esta posição ativista foi um fator importante para implementar ações de saúde pública nas áreas rurais. Na atualidade, porém, existe uma grande desmotivação entre os funcionários do SNS (CESC, 2012) assim como uma perda do engajamento público de muitos profissionais, que preferem trabalhar no sector privado por encontrarem lá melhores condições de trabalho (Weimer, 2012; ver jornal *O País* de 02-10-2012[35]). Agora, os APE nem vão pertencer ao SNS, e pode-se dizer que as suas condições laborais vão ser piores que as dos funcionários do SNS. Como conseguir motivar a camada de jovens que vão receber a formação de APE para terem a atitude que exige um bom desempenho das suas funções é um dos desafios mais importantes do novo programa de saúde comunitária[36]. A maneira como estas questões vão ser abordadas pelo governo vai mostrar quem tem mais razão, se os proponentes dos agentes de saúde comunitária como provedores eficazes de serviços públicos (comunitários), ou os seus críticos.

Conclusões

Neste artigo mostramos os limites de uma conceção da comunidade baseado só na vizinhança. Verificamos que as redes de parentesco, embora estejam muitas vezes espalhadas pelo território, fornecem redes de apoio que são chave para qualquer política de saúde pública no contexto rural. É claro que as relações de parentesco mudam, em permanente adaptação a situações de incerteza. Contudo, para perceber como se alteram estas redes de relacionamento, é útil conhecer as suas regras internas, pois ajuda a perceber as possibilidades existentes, e as circunstâncias concretas das escolhas feitas.

Um dos desafios de qualquer programa de envolvimento comunitário (Martins, 2001) é que o agente comunitário tem de ter a atitude e as capacidades adequadas para garantir o fluxo de informação nas duas direções: do

---

[35] "Médicos desertam do Serviço Nacional de Saúde", www.opais.co.mz consultado no 02-10-2012.

[36] Para aprofundar a problemática dos incentivos e da dificuldade de manter a continuidade dos agentes de saúde comunitária ver relatório de Lehman & Sanders (2007).

SAÚDE COMUNITÁRIA EM MOÇAMBIQUE

APE para a população e da população para o APE. No âmbito dos cuidados de saúde, garantir este fluxo de dupla direção é mais difícil que em qualquer outro (por exemplo, a agricultura), pois a privacidade e os tabus sociais ligados ao parentesco e à fertilidade (Mariano & Paulo, 2009; Chapman, 2011), assim como o próprio medo que experimentam as pessoas quando se sabem doentes, dificultam a tarefa do APE e a sua comunicação com a população alvo dos seus serviços.

A escolha do APE entre a própria população onde vai trabalhar é, sem dúvida, um facto muito importante no sentido de aproveitar uma certa relação de confiança prévia, mas não é suficiente. O facto dos APE terem uma função principalmente de saúde preventiva, e só terem capacidade curativa a um nível muito elementar, faz com que o ponto central das suas competências esteja no âmbito comunicativo. O agente comunitário tem de ser capaz de transmitir e fazer entender informações vindas do centro (os conteúdos que recebeu na formação técnica, por exemplo) e, ao mesmo tempo, deve saber escutar e entender as preocupações da população e os riscos percebidos por elas.

Assim, é importante sublinhar que a distância das populações locais com o SNS não é apenas uma distância geográfica, é também uma distância comunicativa. O pessoal sanitário muitas vezes não fala a língua local e, sobretudo, não tem uma atitude que ajude a que o utente se sinta bem acolhido nas instalações sanitárias. Esta segunda distância é muito mais difícil de superar que a primeira, sendo preciso salientar que a tarefa atribuída ao APE é de difícil execução.

Referências

Alpers, E. (1984). State, Merchant Capital and Gender Relations in Southern Moçambique to the End of the Nineteenth Century: Some Tentative Hypothesis. *African Economic History.* 13, 23-55.

Bastos, C. (2002). *Ciência, poder, acção: as respostas à SIDA*, Lisboa: Imprensa de Ciências Sociais.

Berman, P.A., Gwatkin D.R. & Burger, S. E. (1987) Community-based health workers: head start or false start towards health for all?". *Social Science and Medicine.* 25 (5), 443-459.

Borges Coelho, J.P. (1998). State Resettlement Policies in Post-Colonial Rural Moçambique: The Impact of Communal Village programme on Tete Province, 1977-1982. *Journal of Modern African Studies*. 24 (1), 61-91.

Borges Coelho, J. P (2004). Estado, comunidades e calamidades naturais no Moçambique rural. In Sousa Santos, B. & Cruz e Silva, T., (orgs), 2004, *Moçambique e a reinvenção da emancipação social* (pp. 49-76). Maputo: Centro de Formação Jurídica e Judiciária.

Bhutta, Z. A., Lassi, Z. Pariyo, G. & Hiocho, L. (2010). *Global Experience of Community Health Workers for Delivery of Health Related Millenium Development Goals: A Systematic Review, Country Case Studies, and Recommendations for Integration into National Health Systems*. Geneve: WHO.

Capela, J. (2002). *O tráfico de escravos nos portos de Moçambique 1733-1904*. Porto: Edições Afrontamento.

Casal, A. Y. (1988). A crise de Produção Famíliar e as Aldeias Comunais em Moçambique. *Revista Internacional de Estudos Africanos*. 8-9, 157-191.

Casal, A. Y. (1991) Discurso socialista e camponeses africanos: legitimação política--ideológica da socialização rural em Moçambique (FRELIMO 1965-1984). *Revista Internacional de Estudos Africanos*. 14-15, 35-76.

Centro de Aprendizagem e Capacitação da Sociedade Civil (2012). *A Responsabilização Democrática na Prestação de Serviços: um estudo de caso sobre os Serviços de Saúde da Mulher e da Criança*. Maputo: CESC e MASC.

Covane, L. (2001). *O Trabalho Migratório e a Agricultura no Sul de Moçambique (1920--1992)*. Maputo: Promédia.

Chapman, R. (2011). *Family Secrets. Risking reproduction in Central Moçambique*. Nashville: Vanderbilt University Press.

Dozon, J. P. (1987). Ce que valoriser la médecine traditionelle veut dire. *Politique Africaine*. 28, 9-20.

Earth Institute (2012). *One Million Community Health Workers. Technical Task Force Report*. New York: Columbia University.

Earthy, D. (1968) *Valenge Women. The Social and Economic Life of the Valenge Women of Portuguese East Africa*. London: Frank Cass & Co Ltd.

Farré, A. (2008). Vínculos de sangue e estruturas de papel: ritos e território na história de Quême (Inhambane). *Análise Social*, 43 (2), 393-418. Disponível em [http://www.ics.ul.pt/analisesocial/docs/v43/2/10.pdf]

Farré A. (2010). Formas de investimento das poupanças no local de origem por parte dos emigrantes do sul de Moçambique. O caso do distrito de Massinga (Inhambane). In L. Brito, C. Castel-Branco, S. Chichava e A. Francisco (org.).

Proteção social. Abordagens, desafios e experiências para Moçambique (pp. 213-233). Maputo: Instituto de Estudos Sociais e Económicos.

Fialho, J. (1998). *Antropologia económica dos Thonga do Sul de Moçambique*. Maputo: AHM.

Fialho, J. (2003). Eficácia Simbólica nos Sistemas Tradicionais de Saúde. *Cadernos de Estudos Africanos*. 4, 121-134.

Granjo, P. (2009). Saúde e doença em Moçambique. *Saúde e Sociedade*. 18 (4), 567-581.

Green, E. (1988). Can collaborative programs between biomedical and African indigenous health practitioners succeed?. *Social Science and Medicine*. 27 (11), 1125-1130.

Heusch, L. (1983). Du bon usage des femmes et des boeuf. Les transformations du mariage en Afrique austral. *L'Homme*. 23 (4), 5-32.

Harris, M. (1959). Labor emigration among the Mozambique Thonga: cultural and political factors. *Africa*. 29 (1), 50-66.

Harries, P. (1981). Slavery, Social Incorporation and Surplus Extraction: The Nature of Free and Unfree Labour in South-East Africa. *The Journal of African History*, 22, (3), 309-330.

Junod, H. (1927). *The life of a south African tribe* (2 vols, 2nd, revised edition). London: Macmillan.

Kahssay, H.; Taylor, M.; Berman, P. (1998), *Community health workers: the way forward*, Geneva, World Health Organization.

Kopytoff, I. (1964). The Mother's Brother in South Africa Revisited. *American Anthropologist*. 66 (3), 625-628.

Kuper, A. (1976). Radcliffe-Brown, Junod and the mother's brother in South Africa. *Man*. 11, 111-115.

Kuper, A. (1981). Tied by Bridewealth: The Tsonga case. In E. Krige & J. Comaroff, (eds.). *Essays on African Marriage in Southern Africa* (pp. 68-83.). Cape Town: Juta.

Kuper, A. (1983). Des femmes contre des boeufs. Réponse a Luc de Heusch. *L'Homme*. 23 (4), 33-54.

Lehmann, U. & Sanders, D. (2007). *Community Health Workers: What do we know about them?*. Geneve: WHO.

Lubkemann, S. (2005). Migratory Coping in Wartime Mozambique: An Anthropology of Violence and Displacement in 'Fragmented Wars'". *Journal of Peace Research*. 42 (4), 493-508.

Luedke, T. (2006). Presidents, Bishops and Mothers: The Construction of Authority in Mozambican Healing. In T. Luedke & H. West (eds.). *Borders and Healers*.

Brokering Therapeutic Resources in Southeast Africa (pp. 43-64). Bloomington: Indiana University Press.

Malhão-Pereira, C. (2007). *Venturas e desventuras em África*. Lisboa: Civilização Editora

Mariano, E. & Paulo, M. (2009). *Infertilidade/Fertilidade. Áreas escondidas do nosso quotidiano*. Maputo: Kula.

Martins, H. (2001). *Proposta de Política de Envolvimento Comunitário para a Saúde*. Maputo: MISAU.

Ministério do Plano e Finanças & Ministério de Saúde (2003). *O Nível Primário do Sector da Saúde em Moçambique*. Cascais: Princípia.

Monteiro, A. (2011). Dondo e Maringue: Realidades Contextuais de Prevenção Intervenção do HIV/SIDA. *Estudos Moçambicanos*. 22, 9-26.

O'Laughlin, B. (1996). Through a Divided Glass: Dualism, Class and the Agrarian Question in Mozambique. *The Journal of Peasant Studies*. 23 (4), 1-39.

O'Laughlin, B. (2012). O Desafio da saúde rural. In L. Brito, C. Castel-Branco, S. Chichava e A. Francisco (org.). *Proteção social. Abordagens, desafios e experiências para Moçambique* (pp. 333-371). Maputo: Instituto de Estudos Sociais e Económicos.

Potts, D. (2011). *Circular Migration in Zimbabwe & Contemporary Sub-Saharan Africa*. Claremont: UCT.

Radcliffe-Brown, R. (1952). The mother's brother in south Africa. In *Structure and Function in Primitive Society* (pp. 15-31). London: Cohen & West.

República de Moçambique (2004). Política da Medicina Tradicional e Estratégia da sua Implementação. *Boletim da República*, 14 abril 2004. I série. 4, 130--134.

Ministério da Saúde (2004). *Estratégia de Envolvimento Comunitário*. Maputo: MISAU.

Rodgers, G. (2008). Everyday life and the political economy of displacement on the Mozambique-South Africa borderland. *Journal of Contemporary African Studies*. 26 (4), 385-399.

Schwalbach, J. (1998). Saúde e Medicina: o Eu o Outro. In C. Serra (org.). *Estigmatizar e Desqualificar. Casos, análises, encontros*. Maputo: Livraria Universitária-UEM.

Smith, A. (1970). Delagoa Bay and the Trade of South-Eastern Africa. In R. Gray & D. Birmingham (eds.). *Pre-colonial African Trade* (pp. 265-270). London: Oxford University Press.

Taylor, M. (2010). Community Participation. In K. Hart, L. L. Laville & A. Cattani (eds.) *The Human Economy. A Citizen's Guide* (pp. 236-247). Cambridge: Polity Press.

Velásquez, G. (2005). Mondialisation et Accès aux Médicaments – perspectives sur l'Accord sur les ADPIC de l'OMC (troisième édition révisée). *Economie de la Santé et Médicaments*, 7. Genève: WHO.

Walt, G. (1981). Commitment to Primary Health Care in Moçambique: a Preliminary Review", *Rural Africana*, 8-9, Fall 1980-Winter 1981, pp. 91-98.

Walt, G., Melamed, A. (eds.) (1984). *Mozambique: Towards a People's Health Service*, London: Zed Books.

Webster, D. (1977). Spreading the Risk: The Principle of Laterality among the Chopi. *Africa*. 46 (2), 192-207.

Webster, D. (1981). The Politics of Instability: divorce and ephemeral alliance among the Chopi. In E. Krige & J. L. Comaroff (eds.). *Essays on African Marriage in Southern Africa* (pp. 50-67). Cape Town: Juta.

Weimer, B. (2012). Saúde para o povo? Para um entendimento da economia política e das dinâmicas da descentralização no sector da saúde em Moçambique. In B. Weiner (org.). *Moçambique: Descentralizar o Centralismo. Economia Politica, Recursos e Resultados* (pp.423-451). Maputo: IESE.

Werner, D. (1981). The village health worker: lackey or liberator. *World Health Forum*. 2, 46-54.

West, H. (1998). This Neighbor Is not my Uncle! Changing Relations of Power and Authority on the Mueda Plateau. *Journal of Southern African Studies*. 24 (1), 141-160.

West, H. (2006). Working the Borders to Beneficial Effect: The Not-So-Indigenous Knowledge of Not-So-Traditional Healers in Northern Mozambique. In T. Luedke & H. West (eds.). *Borders and Healers. Brokering Therapeutic Resources in Southeast Africa* (pp. 21-42). Bloomington: Indiana University Press.

Zimba, B. (2003). *Mulheres invisíveis: o género e as políticas comerciais no sul de Moçambique, 1720-1830*. Maputo: Promédia.

Líderes comunitários como facilitadores de políticas de saúde no norte de Moçambique: sobre o tratamento antirretroviral e sua adesão em erati.

BEATRIZ MOREIRAS ABRIL

Introdução e contextualização histórica

Segundo o Programa Conjunto das Nações Unidas sobre o HIV/AIDS (ONUSIDA), Moçambique esté dentro do ranking do dez países com maiores taxas de infetados pelo Vírus da Imunodeficiência Humana, apesar de o governo Moçambicano ter anunciado em 2015 a redução em 64% dos níveis de infeção. O primeiro caso confirmado de VIH em Moçambique detetou-se na cidade de Pemba em 1986 (Matsinhe, 2005). A partir desse momento, o aumento de novos casos ou incidência foi exponencial, devido, em grande medida, ao contexto social e económico do momento, pois o país estava numa situação de vulnerabilidade, devido aos efeitos dos ajustes estruturais do Ocidente, à situação sociopolítica interna de Guerra Civil (1978-1992) e aos antecedentes coloniais e da Guerra da Independência (1964-1975). Os dois conflitos deixaram o país com um número elevadíssimo de deslocados, de jovens adultos perdidos e ainda com falta de infraestruturas sanitárias. O deslocamentos físicos e sociais, assim como o desaparecimento de pessoas devido à guerra, tiveram impacto na deterioração de conhecimentos técnicos e identidades sociais, criando referentes sociais instáveis e desenraizados para as novas gerações que frequentemente careciam de meios para transmitir e praticar conhecimentos relativos à saúde. Simultaneamente, devido ao ideal de governo de "socialismo moderno", instaurado após a independência e liderado pela Frente de Libertação de Moçambique (FRELIMO), pretendia-se erradicar os traços sociais decorrentes do que era considerado "tradicional", juntamente com os do colonialismo. Através deste processo de eliminação, tudo o que pertencia às culturas locais, como rituais, cerimónias ou cultos foram proibidos e perseguidos. Inclusive a prática da medicina e dos cuidados tradicionais foram classificados como "obscurantistas" e a sua perda e/ou proibição, repercutiu-se no défice de cuidados de saúde da população moçambicana.

O estado de caos político, económico e social foi afetado pelo aparecimento do VIH e pela sua rápida disseminação. Foi criado um estado de emergência pela doença devido às altas taxas de infeção geradas e às suas reprecursões sociais e económicas. O próprio Ministério de Saúde Moçambicano (MISAU) focou-se em reduzir primeiramente as taxas de infeção para depois centrar os seus esforços na prevenção da evolução da doença para a fase SIDA, mediante a aplicação e extensão do tratamento antirretroviral (TARV). Em 2001, através do Diploma Ministérial nº 183-A/2001, regulou-se o processo de introdução oficial de anti-retrovirais no país e em 2002 o TARV já era administrado no Hospital Central de Maputo e no Hospital Central da Beira, tendo como perpetiva a expansão até à Zambézia e a Nampula (Matsinha, 2005). O TARV é uma conjugação de fármacos de diferentes grupos, marcados principalmente pelo nível dos linfócitos do grupo quatro (CD4), o qual é definido, segundo a ONUSIDA, como a melhor estratégia para prevenir as infeções oportunistas nos infetados pelo VIH. Em consequência, e segundo a estatísticas da biomedicina, o TARV diminui a mortalidade e morbilidade por SIDA, diminuindo também o custo sanitário (ocorrendo menos hospitalizações e menos tratamentos em infeções oportunistas) e conseguindo obter uma melhoria na quantidade e qualidade de vida das pessoas que viven com VIH.

Estima-se que 1.5 milhões de Moçambicanos e Moçambicanas vivam com VIH, dos quais 800.000 são mulheres e cerca de 200.00 são menores (ONUSIDA). A feminização da infeção, e da consequente doença, repercute--se diretamente na atividade económica e social do país, já que, segundo dados recentes do *Population Reference Bureau* (PRB), Moçambique é um dos poucos países em que a taxa laboral das mulheres supera a dos homens, sendo estas maioritariamente empregues no setor agrícola informal e noutras ocupações não qualificadas (PRB, 2016).

A distribuição do TARV privilegia maioritariamente a população feminina e as crianças, e precisa de um melhor uso para obter o maior rendimento possível. A aplicação óptima da terapia rege-se por dois conceitos chave: a prevenção e a adesão. Em relação à prevenção de novas infeções, os esforços devem ser dirigidos à diminuição da necessidade de fabricar, comprar e administrar ARV, repercutindo-se nos custos diretos estimados, que estão

LÍDERES COMUNITÁRIOS COMO FACILITADORES DE POLÍTICAS DE SAÚDE

calculados pela ONUSIDA em 9.500-10.000 euros/ano/pessoa (2009). No caso específico de Moçambique, onde a economia flutua com base numa situação política instável e onde a dívida externa com a Europa e outros é elevada, a melhoria com os níveis de prevenção é especialmente importante.

No ambiente biomédico e farmacológico é onde surge outro fundamento: a adesão, que é entendida como a capacidade do paciente ser devidamente envolvido na escolha, iniciação e controlo do TARV. Esta adesão permitiria manter o cumprimento rigoroso do tratamento, com o objectivo de conseguir uma supressão adequada da replicação viral (Escobar et al., 2008). Ao aprofundar esta visão, entende-se que a adesão desejável não se referiria unicamente a um cumprimento do tratamento farmacológico por parte da pessoa receptora, mas sim uma atitude, um compromisso que implicaria uma participação activa na escolha e continuação de um comportamento global. A biomedicina reconhece que o compromisso nem sempre é fácil de cumprir, muito menos quando os acessos ou instalações sanitárias não são as desejáveis, mas mesmo assim defende que a adesão deve ser o *modus operandi* de todo o utilizador do TARV, uma vez que depende das resistências geradas aos medicamentos e, portanto, da eficiência e da eficáca do tratamento.

A partir da concepção medicalizada ocidental, a maior responsabilidade no processo de adesão recai sobre as pessoas doentes. Embora se reconheça que a adesão também é determinada pelo acesso ao provedor do serviço de saúde, ou ainda pelo desempenho da equipa de saúde, pelo universo socio-cultural ou pelas políticas relacionado com o esquema do TARV, o que acontece quando o universo sócio-cultural é complexo, desconhecido ou incompreendida pela equipa de saúde ou pelo sistema de saúde? Quais são as responsabilidades e o compromisso atribuídos a um usuário, pertencente a um sistema social cuja dinâmica não é compreendida ou conhecida das equipas de saúde?

A distância cultural, social e económica que existe entre os países "doadores" de tratamento médicos e os "recetores" traduz-se em diferentes esquemas de pensamento. Estes são frequentemente desconsiderados ao introduizr os tratamentos médicos em contextos sociais com modelos explicativos da saúde e da doença que não coincidem com a orientação do modelo ocidental. Assim, detectam-se importantes problemas de adesão em várias regiões da África Subsariana, tais como o norte de Moçambique. Em Erati encontraram-se diferentes modelos de definição para o TARV e

MULHERES NO MERCADO DA SAÚDE

para as suas dificuldades de adesão, assim como para a própria infecção (HIV) ou doença (SIDA).

Desde o momento de aprovação da introdução dos TARV em Moçambique existem discrepâncias: a postura oficial perante a implementação do tratamento no país era de oposição, pois o próprio MISAU duvidava que os pacientes aderissem de forma integral ao TARV. Na base desta desconfiança sobre a possibilidade de adesão intuiu-se a existência de não apenas dificuldades estruturais (organizativas e físicas), mas também culturais e sociais, relacionadas com o contexto concreto de onde se pretendia aplicar o TARV. Posteriormente, e antes do início do trabalho de campo ao qual este artigo diz respeito, alguns trabalhadores relacionados com o TARV no norte de Moçambique já tinham apontado a diferença entre as dificuldades habituais de adesão e as dificuldades reais que encontravam no contexto:

> *... todos os dias existem muitas outras situações, como o abandono ou o maltrato dos doentes, as crianças órfãs da AIDS ou a falta de recursos para alimentos adequados, o que dificulta a adesão ao tratamento, entre outros...* (Peracaula, 2009)

Contra a previsão inicial do MISAU de 2012 até 2015, vários distritos do norte de Moçambique foram incluídos no chamado "Plano de Aceleração", através do qual se pretendia estender o TARV a todo o país. De acordo com um relatório global sobre a resposta à AIDS, implementado através da colaboração do Conselho Nacional de Combate ao HIV e SIDA (CNCS) e da ONUSIDA, entre os distritos abrangidos pela rede de distribuição de TARV, o de Erati (que será contextualizado na seção seguinte) foi reconhecido como uma prioridade.

O objectivo deste artigo é difundir uma experiência concreta que surgiu no contexto de um trabalho de mestrado e que, pela sua importância, pode contribuir para encontrar estratégias que facilitem a melhoria dos níveis de prevenção de infecções em caso de SIDA e a dos níveis de adesão ao TARV em Erati e em zonas socio-culturalmente semelhantes.

Metodologia e Trabalho de Campo

Este artigo resulta de uma investigação conduzida no Hospital Rural de Namapa, distrito de Erati, na província de Nampula. Nampula é a segunda província mais populosa de Moçambique. Com 3.861.347 habitantes (Governo de Moçambique, 2016) e situada no norte do país, faz fronteira com as províncias de Cabo Delgado, Niassa e Zambézia. É constituída por 21 distritos, divididos em diferentes postos administrativos, entre os quais encontramos a área geográfica onde se efectuou este estudo: Distrito de Erati. Erati está localizada ao norte da província de Nampula, limitando--se em sua parte mais a norte com o vizinho Cabo Delgado através do rio Lúrio, e ao sul, leste e oeste com outros distritos da província. Em Erati encontramos uma população jovem, principalmente feminina e rural. A agricultura é a actividades económica dominante, sendo praticada principalmente como actividade de subsistência. Segundo a bibliografia, na agricultura destinada ao uso alimentar predomina a cultura de mandioca, milho e feijão, enquanto a mapira, o mileto e os amendoins, ao lado da comercialização das sementes do cajueiro e do algodão, compõem a maior potencialidade do distrito. A observação no terreno permitiu verificar que os produtos relacionados com a economia do distrito, são aqueles que estão disponíveis para a maioria das pessoas inseridas no programa TARV, para realizar suas refeições.

Erati é constituído por três postos administrativos: Namiroa, Alúa e Namapa. Neste último (o mais populoso do distrito e capital de Erati) foi onde se realizou a maior parte do trabalho de campo, deixando uma parte menor para um posto de saúde de Namiroa: Centro de Saúde de Mirrote. O trabalho de campo (Agosto-Outubro 2009)[1] foi autorizado previamente pelo comité nacional de bioética para a saúde de Moçambique, sendo apresentado o compromisso do investigador. A aprovação da investigação foi identificada com a referência: 295/CNBS16, protegendo assim a recolha de dados mediante as seguintes técnicas:

- Seis grupos focais
- Vinte entrevistas individuais aprofundadas semi-estruturadas
- Duas projecções técnicas visuais com posterior debate

---

[1] O trabalho foi apoiada pela colaboração do Hospital Rural de Namapa (Hospital de referência no distrito de Erati e impulsor do TARV na zona), pela unidade periférica de saúde, Centro de Saúde Mirrote, e pelo Projecto Saúde Erati

- Observação de participantes no processo de usuários no serviço TARV: recepção, citações, consultas ATS, pré-TARV, visita médica e recolha de medicamentos
- Uma observação participante numa conversa comunitária
- Uma observação participante na actividade de ajuda alimentar para usuários sem recursos no TARV.
- Uma observação participante numa pesquisa activa

Para realizar as técnicas, contou-se com pessoas locais que traduziam Português-Makua-Português quando era necessário. Este facto foi tido em consideração no momento da validação das transcrições, eliminando algumas seções que pareciam tendenciosas, mas existe a possibilidade de existência de viés não identificados. Trabalhadores da saúde, usuários do TARV, ativistas para a sensibilização sobre o HIV/SIDA[2], líderes comunitários e a população em geral foram incluídos na amostragem. A amostra total foi de 147 pessoas[3]. A todas foram solicitados as respetivas autorizações, sendo informadas sobre a anonimidade do seu papel. Foram utilizadas folhas de consentimento informado e folhas de informações de participantes para grupos focais e entrevistas individuais. Os nomes utilizados nos trechos das entrevistas foram modificados, com o fim de preservar a identidade das pessoas participantes no estudo.

O que dificulta a adesão ao TARV em Erati

As opiniões dos grupos de líderes comunitários, de pessoas incluídas no programa TARV e de os activistas foram as mais valorizadas para este estudos, pois consideramo-los como os/as potenciais e/ou reais representantes do

[2] Os activistas são voluntários/trabalhadores que são membros de uma comunidade e que são seleccionados e treinados com uma ONG e/ou instituição de saúde, sob orientação e apoio metodológico desta.

[3] É necessário refletir que, nesta amostra, se incluem as pessoas que participaram na projeção de técnicas visuais na comunidade, como assistentes e participantes do debate, mas a amostra com maior interação por meio de grupos focais ou entrevistas individuais corresponderia a 97 participantes. Mesmo assim, deve-se notar que, no momento da redação deste artigo, temos consciência da grande dimensão da amostra de participantes em relação à curta permanência no campo e que isso poderia levar a uma tendência de compreensão dos processos sociais mais profundos.

receptores do TARV em Erati. Partindo dessa premissa, concentramos-nos nas dificuldades referidas por estes grupos durante o trabalho de campo, que podem ser classificadas em quatro blocos:

- A desinformação/incompreensão da população
- O estigma/falta de privacidade
- O efeito secundário: fome/má alimentação
- As dificuldade no acesso ao sistema de saúde.

A estes conjuntos de dificuldades vêm-se somar as grandes barreiras transversais que, em si mesmas, são um limite à adesão: género e idade. Ser mulher (especialmente uma viúva) ou ser menor (especialmente um órfão), coloca as pessoas HIV-positivas do distrito de Erati numa situação particularmente vulnerável que dificultava ainda mais a sua adesão ao TARV.

Especificando Barreiras

a) A desinformação e incompreensão do próprio conceito de HIV/SIDA

Aspectos como a prevenção da infecção e da reinfecção ou o conhecimento do TARV eram frequentemente relegados para um plano marginal e as pessoas demonstravam não os conhecer. A distância cultural na forma de entender as relações de causa-efeito em matéria de saúde, o analfabetismo e a ignorância do contexto de referência em que a biomedicina actua foram frequentemente identificados como responsáveis desta incompreensão generalizada, a que se somam a ineficácia das políticas de saúde. A taxa de analfabetismo no distrito, que se supõe ser maior entre as mulheres devido à dinâmica do país, é aproximadamente de 75%. Frequentemente as pessoas responsabilizaram a falta de adesão com o défice educativo:

> *EB: Pode ser que uma pessoa informada e educada na escola ou na universidade não queira continuar o TARV? –EL: Não. Não compartilho dessa opinião. Penso que uma pessoa bem formada não pode deixar de tomar o TARV. Tomará e cumprirá porque é uma pessoa formada. Agora, uma pessoa sem formação...aí sim, muito mais...é preciso informar. –EB: Então, pensa que é um problema de falta de formação na população em geral? –EL: Sim. É. É falta de educação. (Fragmento da entrevista a Justino, líder comunitário)*

Esta passagem demonstra um estereótipo muito generalizado. Neste caso, o entrevistado refere que uma pessoa treinada num sistema educativo não pode abandonar o TARV. Como explicar, então, as taxas de abandono em países "desenvolvidos" ou entre colectivos com altos níveis culturais? Entende-se que o entrevistado interpreta a pessoa "bem formada" como aquela que conseguiu reduzir a distância cultural com o médico, mas não considera ou explica outras possibilidades em vez disso, em outras transcrições, mostramos a realidade conhecida e os participantes se referem a qualquer um como arriscado; independentemente do estrato económico ou sócio-cultural:

> **EB: Mas desde a administração de Namapa ou desde o próprio hospital, há algum tipo de actividade?** *–EU: Eles falam, sim! Dizem que aquí temos uma doença que não é brincadeira... porque leva a morte. Podem ser ministros, eles têm! Podem ser administradores, eles têm! Mesmo Guebuza[4] pode ter essa doença! E eles também recebem o TARV!*
>
> (Fragmento da entrevista a Helena, utilizadora e activista do TARV)

A distância cultural e a incompreensão do contexto em que actua a biomedicina podem ser expressas, tal como já se referiu neste mesmo capítulo, pelo desasjuste das mensagens ao contexto cultural o pela resistência à mudança de hábitos/interpretações (Bavo, 2013). Depois de aplicar as técnicas de observação e entrevistas, constatou-se que as mensagens desasjustadas estavam a chegar, principalmente, devido à existências de redes de poder e em consequência de uma atitude prepotente por parte do próprio sistema de saúde. Este último parece derivar das premissas do próprio programa do "socialismo moderno", mediante o qual foi imposto um sistema de saúde que abominava tudo o que estivesse relacionados com as crenças tradicionais e menosprezava uma grande parte dos destinatários. Por sua vez, a resistência à mudança de ambos os lados (médicos e destinatários) é uma atitude generalizada na comunidade do distrito.

b) O estigma

El estigma es un muro universalmente conocido para la adhesión a los programas TARV. Tomando la definición de estigma de forma homóloga a

---

[4] Refere-se a Armando Emidio Gebuza, ex-presidente da República de Moçambique.

la de Gregorio & Bernstein, y aludiendo a un estudio que aborda el estigma social de la enfermedad mental (Corrigan & Lundin, 2001), se entiende cómo esta barrera cuenta con dos dimensiones: la sentida y la efectivada; y se definen así:

O estigma é um muro universalmente conhecido para a adesão aos programas TARV. Tomando a definição de estigma de forma homóloga à de Rosário Andrade e Jorge Iriart, e aludindo a um estudo que aborda o estigma social da saúde mental (Corrigan & Lundin, 2001), entende-se como esta barreira conta com duas dimensões, a sentida e a real; e se pode definir da seguinte forma:

O primeiro remete à perceção de depreciação pelo indivíduo portador de alguma característica ou condição socialmente desvalorizada, o que acarreta sentimentos como vergonha, medo, ansiedade e depressão, levando à autoexclusão das relações sociais. Já o estigma efetivado é definido como uma experiência real da discriminação, quando a exclusão em função do estigma passa a ocorrer, resultando em violação de direitos e implicando ostracismo social. (Andrade & Iriart, 2015)

Em Erati, o estigma sentido foi frequentemente referido sob as manifestações de sentimento de vergonha e de depressão por ser possuidor de HIV e estas foram repetidamente nomeadas pelos participantes no estudo como dificuldade para aderir correctamente ao TARV:

EB: Acredita que há pessoas que podem sentir vergonha? –EU: Sim. Muita gente tem vergonha. É por isso que muitos morrem lá fora, na comunidades, porque sentem vergonha. (Fragmento da entrevista a Elsa, utilizadora do TARV no Hospital Rural de Namapa)

(Falando de desprezo por parte de outras pessoas no hospital)... Muitas pessoas ficam desmoralizadas e quando isto ocorre três o quatro vezes as pessoas envergonham-se... até que abandonam... (Fragmento de uma entrevista a Fernando, utilizador do TARV em Erati)

Em relação ao estigma real é interessante, neste ponto, voltar a citar Matsinhe quando explica como um estudo realizado pelo MISAU na província de Tete em 2004 obteve uma percentagem de cerca de 75% de respostas positivas ao perguntar se preferiam conhecer as pessoas com HIV positivo dentro das suas comunidades. Depreende-se que esta maioria poderia querer identificar as pessoas de risco para as controlar ou isolar o perigo da SIDA. A efectivação do estigma foi palpável no trabalho de campo e está directamente relacionada com o sistema de saúde e a sua baixa eficácia, através de: localização de um bloco específico e secção para o departamento do TARV dentro da área hospitalar, o tratamento público na farmácia que disponibiliza a medicação específica ou a existência de um cartão identificador do TARV. Os seguintes relatos são disso um exemplo:

> *...há grandes desmoralizações na farmácia pública. Quando vamos à farmácia, o que se passa é que...aquelas pessoas* **(referindo-se aos restantes utilizadores do hospital, atendidos noutros departamentos)**, *quando têm conhecimento do tipo de medicamentos, o tipo de caixas que são entregues, o tipo de pessoas... começam a olhar e dizem: −Veja, veja, aquele que recolhe aquele medicamento ali...tem "a coisa"...tem SIDA* **(imitando as pessoas)**

O anonimato e a confidencialidade são características que não foram suficientemente tomadas em conta, e em consequências as pessoas inseridas no programa TARV sofriam frequentemente desprezos e abusos pelo resto da comunidade. O estigma social específico que implica ser portador de HIV no norte de Moçambique faz-nos pensar que os sintomas e infecções associadas ao vírus são interpretadas dentro de um contexto de percepção da contaminação e da moralidade, mais próprios da cultura local que da biomedicina.

Em relação ao impacto do estigma social, P. Corrigan e R. Lundin explicam como as consequências acontecem em dois âmbitos: o público e o privado. No âmbito público incluem-se as reacções que a população em geral tem em relação aos doentes e no âmbito privado destaca os preconceitos que a própria pessoa tem sobre si pelo facto de estar doente. Os autores defendem que ambos os campos têm que ser entendidos com base em três componentes: estereótipos, preconceitos e discriminação. Os estereótipos e os preconceitos resultam na discriminação e esta retroalimenta-os (Corrigan & Lundin, 2001). Assim, no impacto da esfera pública contactámos com pessoas excluídas do âmbito social, isoladas e negligenciadas pela comunidade, que estavam abandonadas à sorte da evolução da doença e aos escassos serviços sociais do governos ou das ONGs.

Partindo da cultura local e dos estereótipos e preconceitos ligados aos conceitos de contaminação e moralidade, quando passamos para o impacto privado podemos entender como "o privado", na sociedade Makúa, não respeita somente a um indivíduo, mas a um extenso grupo familiar. Matsinhe explica como a doença pode ser vista como pertencente "aos outros/estrangeiros", "à moral", ao "feitiço ou à magia" e situada como "fatalista e próxima da morte", mas nenhuma destas causas é entendida como individual. As pessoas que vivem na sociedade Makúa entendem que o que sucede a uma pessoa não é responsabilidade individual e, portanto, não existe apenas um preconceito individual, mas um preconceito sobre o grupo familiar, uma vez que os acontecimentos se explicam através das relações dentro de uma denominada família extensa, conforme se explicará mais à frente com o intuito de clarificar este conceito. Por isso, as pessoas rejeitam enérgica e frequentemente qualquer possibilidade de ser HIV positivo.

> *Oiça... aquí havia uma senhora que estava a insultar uma menina. A mulher tinha aquelas coisas...herpes, então quando a menina lhe falou sobre ir ao hospital, ela irritou--se e disse-lhe: Estás a dizer-me que tenho HIV! Porquê? Não é HIV, são apenas bolhas. E ela insultou-a! Insultou-a... hoje! Ali nas casas, na comunidade, no bairro.. assim que ela começou a dizer que a levaria ao hospital, ela nem pensou nisso, começou a insultá-la.*
> (Fragmento da entrevista a Elsa, utilizadora do TARV no Hospital Rural de Namapa)

Os efeitos secundários do TARV e o défice alimentar

Durante o trabalho de campo, verificou-se que os efeitos secundários ligados à falta de uma alimentação adequada geraram uma grande barreira à adesão ao TARV. Esta deficiêcia alimentar foi atribuía à fraca formação dos pacientes em técnicas de cultivo e nos princípios de um dieta saudável e, mais frequentemente, por contarem com poucos recursos para adquirirem bens de consumo:

> *... A nossa alimentação aquí no Norte é de mandioca seca... e é uma chima... Muito pesada!... provoca reumatismo, provoca anemia... por isso, se tomarmos TARV sem uma alimentação adequada...nós continuamos a sofrer. –EB: **Então, pode esse ser um motivo do abandono?** –EU: Sim, por isso há alguns que abandonam. E quando abandonam não há recursos. Existe apenas o perigo de morte.* (Fragmento da entrevista a Neto, utilizador do TARV)

EB: *É fácil para vocês conseguirem grandes quantidades de comida? –EU:* *Se é fácil? Não, não é fácil! Temos falta de comida. Por exemplo...aquela farinha... o que temos é aquela farinha negra, a farinha de mandioca... a farinha de mandioca, prejudica!... e não apenas ao que estamos em TARV, mas a qualquer pessoa. É a nossa comida regional... é o que normalmente comemos aquí... porque não temos arroz, nem farinha de milho... de vez em quando deveríamos comer esparguete, batatas... isso é o que deveríamos ter...mas não é fácil. Não é fácil...nada fácil.* (Fragmento da entrevista a Salvador, utilizador do TARV).

A mim o TARV não me provoca grandes efeitos... o que eu lamento é que...é pela alimentação. As vezes passamos um dia inteiro sem comer nada. Esta nossa alimentação... esta mandioca seca dura que comemos... esta que raspam ao mesmo tempo que esperamos... às vezes provoca bebedeira. Às vezes não se sabe se é o próprio comprimido ou a refeição que consumi... Devemos colocar isso entre parêntesis... Não sei bem porque acontece... EB: A mandioca? –EU: A mandioca, sim. Cria problemas. Diarreias, vómitos... –EB: Em combinação com a medicação? Sim, sim, sim. (Fragmento da entrevista a Cristina, utilizadora do TARV)

O distrito de Erati, segundo o governo Moçambicano, tem uma distribuição de terras em que 84% das explorações agrícolas familiares se dividem entre pelo menos três membros diferentes de uma família extensa. Destas terras, pelo menos metade são exploradas por mulheres e quase 40% são exploradas por menores de 10 anos. A transversalidade de género e de idade tem forte impacto aqui, pois a estes dados deve-se acrescentar que, embora a sociedade Makúa seja matriarcal, a propriedade das terras está maioritariamente em nome dos homens, com cerca de 85% da terra registada por estes (Governo de Moçambique, 2005).

EB: *É fácil para vocês obter mandioca? –EU:* *Não, não é fácil. É fácil porque cresce no jardim, mas, por exemplo, eu que tenho uma menina nas costas ... para mim não é fácil ir ao jardim, porque não consigo cavar mais de duas plantas, não resisto. Com a fragilidade do meu corpo, não consigo trabalhar três horas ... está-se sempre ao sol! Por exemplo, o médico disse-me que a minha filha não pode estar mais de duas horas no sol, e eu tenho sempre que carregá-la às costas! Não posso trabalhar ao sol com ela... não é bom.* (Fragmento de entrevista com Cristina, utilizadora do TARV)

Neste ponto, é também interessante referir umas passagens de uma entrevista a um dos médicos com anos de experiência na área de trabalho, como uma dado adicional à problemática:

> *... se um homem tem para oferecer a uma mulher três refeições por dia.. a mulher esquece tudo e nem pára para pensar na SIDA... (Fragmento de entrevista a Nelson, médico)*
>
> *Outra mulher que encontrei disse-me: –Eu quero ter SIDA. Porquê?, perguntei--lhe... Quero ter SIDA porque assim dar-me-ão apoio, aceitar-me-ão nas associações que dão recursos para esses doentes e para as crianças. Como passo fome, prefiro ter SIDA e que me dêem e esses produtos de manutenção para as crianças... Ela não tinha medo da SIDA, nem como doença nem como situação. (Fragmento de entrevista com Nelson, médico do HRN)*

As dificuldade referidas pelos utilizadores surgem num contexto sócio--político que impede a redução da pobreza. As catástrofes naturais do início do século e as secas regulares resultaram numa situação de insegurança alimentar no distrito, que governo e ONGs tentaram mitigar introduzindo actividades diversas. Contudo, debe-se considerar o peso das políticas de crescimento económico que tendem a aumentar as desiguldades sociais, e o desinteresse pelas políticas agrícolas que promovam os mercados locais são responsáveis, em grande parte, pela falta de conhecimentos e ferramentas referidas pelas pessoas. (Castel-Branco, Brito, Chichava, & Francisco, 2012; Woodhouse, 2012)

Acesso ao sistema de saúde

Foram expostos dois tipos de motivos: um ligado a aspectos psicológicos e outro defendido sob aspectos físicos. Entre os primeiros encontramos principalmente argumentos de maus tratos por parte do pessoal de saúde, tabus relacionados com o centro de saúde, bem como os elevados tempos de espera. Os impedimentos físicos cingiram-se à falta de infraestruturas adequadas e à falta de recursos para chegar ao hospital, embora frequente-mente tenham explicado solucionar este problema através da colaboração dos vizinhos/familiares. Em baixo, expõe-se um fragmento que mostra o impedimento pscicológicos mais referido pelos utilizadores, o maus tratos recebidos no próprio hospital:

EB: Existem mais problemas para além da falta de pessoal? –EU: Sim. Aqui no nosso serviço de TARV, no hospital de dia, não são apenas os técnicos que faltam. Há igualmente falta de enfermeiros formados na secção da farmácia, para poder proporcionar os medicamentos aos doentes de TARV. Porque somos misturados com os doentes das consultas normais... mas quando nos encontramos lá... os farmacêuticos não nos consideram. Tratam-nos com nomes impróprios, nomes sujos... (Fragmento da entrevista a Salvador, utilizador do TARV em Namapa)

Esta transcrição remete-nos novamente para o problema distância cultural referido anteriormente e que se repercute no estigma sentido e real, assim como no impacto deste. As pessoas a quem este utilizador se refere são técnicos de saúde, formados e treinados em TARV. O tratamento inadequado para os receptores do tratamento indica uma distância e incompreensão do contexto sócio-cultural em que estão envolvidos os receptores e provedores de saúde. De igual modo, podemos relacionar essas impressões com os rumores e tabús em torno ao ambiente hospitalar e da biomedicina em geral, objectivando que se possam retroalimentar numa etiologia sócio-cultural, uma vez que isso nos foi transmitido em várias ocasiões.

A partir desta classificação de dificuldades desenho-se um diagrama de ideias com o qual se pretende expôr de forma clara as quatro grandes dificuldade referidas, os motivos que as desencadeiam e os fluxos de influência entre eles, incluindo-os numa interpretação do quadro lógico (Figura 1):

Infelizmente, esta árvore não permite visualizar algumas das dinâmicas observadas, uma vez que o esquema do quadro lógico é limitado. Isso será complementado nos próximos capítulos, mas é necessário realçar que foi a partir deste diagrama, e do estudo dos fluxos de influências, que começámos a trabalhar sobre, pelo menos, três das barreiras identificadas: desinformação, estigma e efeito secundário. Estas barreiras poderiam ser reduzidas se os utilizadores do TARV contassem com a colaboração/influência das autoridades comunitárias. Para este artigo, a última dificuldade identificada, a do acesso, não será analisada.

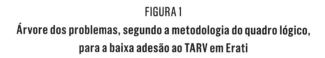

FIGURA 1
Árvore dos problemas, segundo a metodologia do quadro lógico, para a baixa adesão ao TARV em Erati

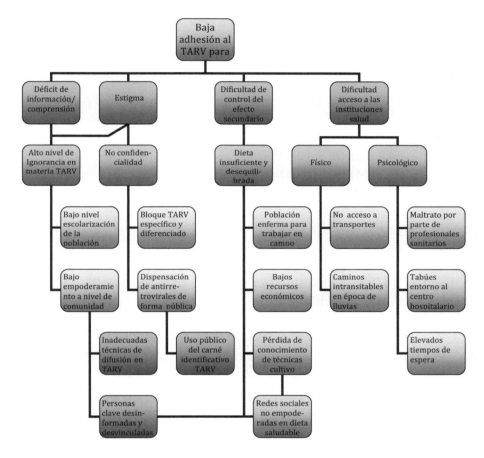

Fonte: Dados extraídos do trabalho de campo em 2009. (Moreiras, 2012).

Liderança comunitária, marco institucional e minimização de dificuldades

A nível institucional existem no país planos organizados de combate contra a doença, que são revistos de 4 em 4 anos. Nos três últimos Planos Estratégicos Nacionais de combate ao HIV/SIDA (PEN's): 2005-2009;

MULHERES NO MERCADO DA SAÚDE

2010-2014 e 2015-2019, incluiu-se como objectivo e como princípio orientador a participação e integração de líderes comunitários nas políticas para o HIV/SIDA, com o propósito de acelerar uma resposta comunitária e familiar mais efectiva. Especificamente no PEN 2010-2014 especificava-se que, para uma redução da vulnerabilidade a nível sócio-cultural, era necessário um aumento do número de líderes comunitários formados e capacitados para implementar abordagens relativas à doença e em relação directa com a equidade de género.

O governo de Moçambique definiu o quadro de atuação das autoridades comunitárias através da Lei 15/2000 e da Leis dos Órgãos Locais do Estado (LOLE, 2003) e seu respetivo regulamento (2005). Também o MISAU definiu uma *Estratégia de envolvimento comunitário* (Ministério da Saúde, 2004). Nesta, o MISAU colocava os líderes ou autoridades comunitárias como parte do âmbito da comunidade, entendida aqui como um conjunto de pessoas vivendo numa área geográfica limitada, de forma organizada e coesa, mantendo vínculos sociais entre elas. É necessário realçar que, em determinadas ocasiões e ao longo do texto, se pode entender a comunidade em termos do grupo que recebe tratamento para o HIV/SIDA e de trabalho com líderes comunitários, isto é, num sentido amplo tal como expresso pela OMS, incluindo:

> ... *todos os indivíduos ou grupos afetados pelo HIV/SIDA. Compreende as pessoas que vivem com HIV/SIDA e que estão a receber ou não o TARV, os seus familiares e amigos, os profissionais de saúde da comunidade, incluindo os que prestam apoio ao tratamento, e os líderes da comunidade (incluindo os líderes religiosos e os curandeiros tradicionais) (OMS, 2003)*

O conceito de autoridade comunitária definido pelo MISAU inclui os "chefes tradicionais", os secretários de bairro ou aldeia e outros líderes legitimados como tais pelas respectivas comunidades locais que são reconhecidas pelo estado. No campo da acreditação das autoridades comunitárias, 29 delas foram reconhecidas oficialmente e aceitou-se que os líderes tradicionais lidassem com os aspectos mais tradicionais como os rituais, as cerimónias ou os conflitos sociais (Ministério da Administração Estatal, 2005).

Considera-se que um aspecto chave poderia influir em três das quatro grandes problemáticas detectadas. Uma melhor informação e vinculação em máteria de HIV/SIDA de certas pessoas influentes na comunidade, tal como sugere o próprio MISAU, poderia ajudar a reforçar a coesão e empoderar as redes sociais em matéria de saúde e isto poderia ter efeitos positivos na alimentação a que os utilizadores têm acesso e na diminuição do estigma que sofrem, tendo repercussão em três das grandes barreiras de adesão já referidas. Porém, quem seriam essas pessoas? Todas as autoridades comunitárias são válidas, em qualquer momento e lugar, para realizar esta tarefa?

Partindo da hipótese da existência de pessoas-chave na comunidade (lideranças comunitárias) e assumindo a política de "envolvimento comunitário" do próprio Ministério da Saúde de Moçambique (MISAU), propusemo-nos realizar uma análise dos diferente actores comunitários existentes, as suas posições, hierarquias internas e suas funções, segundo as percepções da população incluída na amostra e das referências ao papel dos líderes comunitários na abundante literatura a este respeito.

Lideranças comunitárias: Entre o "tradicional" e o "imposto"

Foram mencionados com maior frequência doze tipos de líderes comunitários pelos entrevistados: Régulo/Rainha, Cabo, Secretário, Ancião, Chehe, OMM, Chefe de Quarteirão, Capitão, Aio, Chefe de Posto ou Círculo, Parteira e Curandeiro. Note-se que os entrevistados demonstraram alguma dificuldade em diferenciá-los, e argumentaram a fusão das origens e pertences de certos personagens. A amálgama de líderes e a mistura do tradicional com o imposto pelo corpo do estado era uma das confusões de fundo. Deve-se notar que a esta mistura de lideranças e funções foram acrescentados os vestígios da estrutura sócio-política da época colonial e pós-colonial. Portanto, é compreensível que uma das nossas maiores dificuldades durante o trabalho de campo fosse localizar e diferenciar cada um dos líderes que era mencionado.

Encontrámos igualmente grupos de pessoas, homens e mulheres, membros influentes da comunidade, que eram escolhidos no seio desta e definidos como organizações de base comunitária, chamados coloquialmente de conselho de líderes comunitários ou comités de saúde comunitários. Estas pessoas têm a função de liderar as tomadas de decisão dentro da comunidade. Podem ser líderes formais e informais, religiosos, tradicionais, ligados ao corpo do estado, com o sistema de saúde, etc. (Ministério da Saúde, 2004).

Sobre estes conselhos convém notar, em primeiro lugar, que durante o trabalho de campo, apesar de ter mencionado estes conselhos, não foi possível ter acesso aos mesmos, nem houve referências frequentes ao trabalho deles, contrastando com as descrições constantes presentes nas verbalizaçoes e na revisão da literatura. Em segundo lugar, ao rever as descrições dadas pelos entrevistados uma vez finalizado o trabalho de campo, constatámos que parte da confusão derivava de uma mistura de terminologias que perten-ciam a âmbitos diferentes. As origens diversas dessas terminologias, estado (colonial), partido FRELIMO (Frente de Libertação de Moçambique) e/ou tradição/parentesco, para se referir a funções ou posições parecidas, contri-buiu para que os termos fossem frequentemente confundidos ou difíceis de descrever pelos entrevistados. Dois factores tornaram a situação ainda mais complexa: a dificuldade de tradução de Makua para Português e a prática do estado colonial de cooptar para a sua administração as pessoas locais influentes, demonstrado pelo facto do nome de muitos cargos coloniais ainda continuarem em uso. Durante o período de domínio português, muitos cargos coloniais foram denominados com nomes tradicionais, como o Régulo ou a Rainha, enquanto o cabo e o capitão ocupavam um posto subordinado ao régulo. No estado colonial, o Chefe de Posto era a última posição administrativa, ocupada por um português. Descendo na hierarquia, o cargo a seguir era o de régulo. Actualmente, o Chefe de Posto administrativo continua a ser um cargo vigente nos distritos.

Após a independência do país, o partido FRELIMO adoptou uma estra-tégia de Partido-Estado que fundiu os cargos do partido com a administração do estado: Chefe de círculo, Secretário de Bairro, Zona, Célula, Chefe de Quarteirão e representante da Organização das Mulheres Moçambicanas, OMM (uma organização de massas criada sob o impulso do Partido). Existiam outras designações que tinham diversas origens, entre elas: Anciã, Aio, Chehe (ancião), Curandeiro e Feiticeiro. Curandeiro e Feiticeiro referem-se a duas formas de usar o mesmo poder ou conhecimento ritual. Enquanto o curandeiro o utiliza para conseguir efeitos socialmente positivos, o feiticeiro usa-o para criar o mal. O feiticeiro pode agir de forma consciente ou inconscientemente. De acordo com a cosmovisão local, muitas doenças e acidentes têm a sua origem real num acto de feiticeiria (Evans-Pritchard, 1937)

Chehe responde a uma posição de autoridade na religião muçulmana. Geralmente recebe o título de Cheik (Chehe) alguém que tenha estudado o Corão e as uras e, portanto, domina a língua arábe. Porém, no norte de Moçambique, muitas vezes recebe o nome de Chehe alguém que é respeitado socialmente pelo seu sucesso na vida, sem que necessariamente conheça a língua árabe.

A Matrona ou Parteira tradicional refere-se àquela pessoa que se dedica aos partos não institucionalizados na comunidade e é reconhecida por esta (Ministéio da Saúde, 2004). O aio ou *mahumu* é um termo Makúa que se utiliza para se referir ao chefe de linhagem (Geffray, 1991). Segundo Lerma (1998), o termo usado para este tipo de chefia na zona é *Nihumu*. No contexto estudado, fala-se de Mahumu ou Aio. O Aio foi apresentado como uma figura influente num grupo de pessoas organizadas familiarmente através de uma linha de descendência e herança (linhagem) matrilinear. Pode ser definido como o representante máximo e responsável a nível de família e uma das suas funções principais é a mediação e solução de problemas dentro do grupo familiar. A eleição deste líder comunitário surge da própria comunidade, afastando-se assim das influências do corpo do estado. Em baixo, expõe-se um passagem relacionada com esses aspectos:

*...**DB: Porque é este Aio o responsável da família?** EF: Porque é...para ser Aio... a família reune-se e senta-se a discutir: – Quem, quando temos um problema, seria capaz de responder algo sem hesitação, com respeito, com segurança? Quem temos assim na nossa família?...*

*... Cada pessoa tem o seu representante em termos familiares. Quando surge um problema familiar... quando alguém diz que precisa do seu chefe de família... ninguém pode falhar! Todos vão ouvir o que ele tem para dizer. Mesmo que seja fora de um problema familiar directo... Então, este tipo de pessoas...São influentes na informação! **Bem, e este chefe de família... Há um chefe de família por cada célula?** Não, é o chefe a nível da tribo.*

***E são normalmente homens?** Sim, são homens. Porém, quando são escolhidos Aios, eles mesmo escolhem uma senhora que será a indicada para tratar temas de mulheres... assuntos de mulheres. Quando ocorre alguma coisa envia-se essa senhora para inves- tigar e entre os dois tentarão encontrar uma solução. **Esta mulher tem um nome?** Sim.. **(tenta recordar-se)** É Apimyamwene... a rainha, certo? E para o Aio...como é?...mmmm...Não me lembro... Mas é equivalente na mulher. (Fragmentos de entrevista individual a Fernando, utilizador do TARV)*

Estado, partido e as autoridades comunitárias

Durante o trabalho de campos, verificou-se como "instrumentos sociais essenciais" como os chefes comunitários assumiam papéis políticos com frequência, esbatendo-se a distância entre os serviços entre a comunidade e o órgão político de poder:

> *...DV: Beatriz, olha uma coisa...o governo que está na presidência do país é a FRELIMO e dalí até aquí (assinalando a lista de líderes no quadro) não há nenhuma oposição... então este Régulo vai ser influenciado pelo seu superior e aquele do outro...**DB: Sim, entando... mas uma coisa é a influência e outra é a designação formal de um líder. São todos formais ou há informais?** DF: O chefe do posto tem autonomia...não é escolhido. O presidente da república: Armando Emidio Guebuza, designa um ministros...são cargos de confiança! (Fragmento de uma opinião de Fausto: Conselheiro ATS, Conselheiro pré e pós TARV; Conselheiro para a fraca adesão no HRN, Coordenador do serviço TARV e membro da população de Erati)*
>
> *...O governo do distrito...Não está sozinho. Tem os seus Secretários nos bairros, tem os seus Régulos, tem os seus Chefes de Posto nas localidades de fora. Os primeios reunem-se com os chefes de Posto, de localidades, e informam-os...é fácil, é fácil para o governo chegar às pessoas. (Fragmento de uma opinião de Salvador, utilizador do serviço TARV no HRN)*

Desta forma é explicada a diferenciação entre os líderes locais: aqueles que ocupam um cargo cuja designação que os liga à estrutura administrativa do estado colonial ou do partido, e aqueles cuja designação está livre destas referências. Os três cargos restantes são: Aio (Mahumu), Chehe e Ancião/Anciã. Destes, as duas últimas lideranças fazem referência a uma posição de autoridade derivada da idade sendo que Chehe tem origem no islão. Aio (mahumu) refere-se ao sistema de parentesco (é o chefe masculino da linhagem matrilinear). Estado e islão concorrem pela hegemonia social no norte de Moçambique, uma competição que vem desde o tempo colonial e continua até à atualidade (Macagno, 2007; Medeiros, 1999). Neste artigo não vamos aprofundar este assunto. Vamos centrar-nos no parentesco como área de uma certa privacidade e autonomia, no sentido em que existe uma liderança livre de qualquer relação ou ingerência com cargos do Estado ou do partido FRELIMO, e na figura do Aio/Mahumu.

Em sociedades tradicionais africanas, como a estudada, a saúde e, na sua falta, a doença, é conceptualizada como parte de um sistema global em que a família extensa é a base estrutural que define o seu desempenho e desenvolvimento, e que tem um mecanisco social que diferem em grande medida do nosso (Mariano & Paulo, 2009). A conceptualização da família nas sociedades tradicionais está longe das interpretações modernas, tanto nos membros como nas relações sociais que se estabelecem entre eles. Um exemplo descritivo, com fragmentos de entrevista a um utilizador do TARV, é pertinente para exemplificar esta diferença:

> *...De onde você é, não sei se isso existe... Cientificamente, família é um casal e seus filhos. É, mas aqui é diferente...existe, mas aquí... se eu tenho uma sobrinha, um sobrinho, uma irmão e um neto... quando entram naquela fase de se independentizarem todos eles me prestam contas. Eu respondo por esta família, por esta e pela outra, por aquele sobrinho, por aquele neto, por aquel avô, por aquela tia...Entende? Então, nesse grupo da tia, o irmão, tio, sobrinho... tem de haver alguém que responda pela família. Ainda que cada um viva na sua casa. **EB: E isso é através das mulheres?** EF: Sim, exactamente, através das mulheres. Exactamente.[5]... (Fragmentos de entrevista individual a Fernando, utilizador do TARV no HRN)*

O entrevistado descreve o tipo de organização social com base no parentesco matrilinear, característico das comunidades de Erati. Pode definir-se como linhagem matrilinear uma sociedade em que a descendências, herança e sucessão se transmitem pela linhagem feminina, que tem casamentos de tipo matrilocal e em que a autoridade sobre os filhos é exercida pelos parentes da mãe. Especialmente, de entre os familiares da mãe, a responsabilidade sobre os filhos recai sobre um homem, que deve ser parente da mãe – não é o pai biológico –, mas um irmão da mãe, neste caso o Mahumu, que corresponde ao termo português Aio. É sobre este *mahumu* que recai, em última instância, a liderança máxima da linhagem e em consequência será a figura que tomará a decisão num qualquer caso de conflito/caso no seio dos membros da linhagem (Radcliffe-Brown, 1972).

---

[5] Testemunho descritivo da organização clã matrilineal dos Makúa. Entre os makúa, o acesso ao grupo descendente é transmitido através das mulheres, isto é, os familiares do clã pertencem a este, organizando-se em segmentos de linhagem que estão ligados através de um antepassado comum que foi uma mulher.

Parentesco como uma área de privacidade: Mahumu

As tradições não são estáticas, e em Moçambique antropólogos como Francisco Lerma ou Christian Geffray, foram criticados por apresentar a tradição como um sistema ordenado (Dinerman, 1999; O'Laughlin, 2012). Embora reconheçamos que existem rupturas com a tradição, da análise das entrevistas depreende-se que os líderes tradicionais continuam a desempenhar um papel relevante nas comunidades e não possuem qualquer ligação com o Estado, como foi discutido em múltiplas ocasiões. Especificamente, e de acordo com os entrevistados, a influência máxima ao nível da comunidade, o líder mais respeitado, parecer ser o antigo e marginalizado *Mahumu*, o chefe de linhagem. Foi designado repetidamente pelos habitantes do distrito como o líder mais influente a nível comunitário, pois definiam-no como o chefe de família extensa. A maioria dos entrevistados referiu recorrer às redes familiares, e concretamente ao *Mahumu*, quando precisavam de um conselho ou mediação em caso de conflito. O chefe de família foi descrito como um possível facilitador-chave em matéria de saúde e, especificamente, de adesão ao TARV, como pode ser constatados nos trechos seguintes:

> *EB: –Quem considera que dentro da comunidade poderia fazer com que as pessoas, que não querem continuar com o TARV, o continuassem? –EU: Seria o Aio, o chefe da tribo na comunidade. –EB: De que maneira? –EU: Lá fora, cada chefe de família fica com os seus familiares, nas suas casas ou todos numa casa apenas. Primeiro faz uma análise das pessoas que estão doentes naquela família e depois tem que abordar o assunto com quem está doente e tem de explicar que aquela situação tem de terminar...que têm de ir ao hospital.* (Fragmento de entrevista a Salvador, utilizador do TARV em Namapa)

> **Falando de possíveis conselhos para melhorar a adesão:**...*Eu sugeria que se chegasse até aos chefes das famílias, os chamados Aios. Aqueles que dirigem um grupo de família tribal. Chegar a este tipo de chefes que diriguem um grupo de pessoas... tipo tribo...Desta forma, podiam-se motivar as pessoas a levarem-no a sério. Porque quando chega...pensam que é um simples espectáculo. Pensam que é um simples espectáculo. Então, se eles chegarem aos chefes de famílias, a quem dirige estes grupo de pessoas para que eles deêm a responsabilidade aos seus sobrinhos, aos seus irmãos, aos seus vizinhos, amigos... em conversas. Então entenderiam que não, que não é uma piada, e levariam a sério. Em*

seguida, haveria facilidade para alcançar as pessoas das populações mais ocultas, mas para chegar a eles teriam que trabalhar com os ativistas que são quem falam com eles. (Fragmento de entrevista a Fernando, usuario do TARV)

É necessário realçar que os líderes e especialmente os Aios foram referidos como facilitadores de adesão, principalmente pelos próprios utilizadores do serviço TARV. Aproveitar a sua influência foi uma das ideias mais repetidas. Os seguintes fragmentos de uma entrevista referem como o papel do líder de família extensa (Mahumu) é eficaz como facilitador perante a problemática dos efeitos secundários da fome e do desconhecimento/ignorância incidindo indirectamento na do estigma:

...EB: Por exemplo... o que você explicava sobre a horta...imagine que estou doente e que o meu marido me abandonou com os meninos e tenho muitos efeitos secundários... como mulher...não posso andar... Que posso fazer para comer? *EH: Tem que pedir ajuda aos familiares. Porque cada pessoa na sua comunidade tem o seu grupo de familiares e tem o seu próprio...seu próprio chefe de família. Esse chefe de família dará a ordem: –Aquela está doente, nós temos de contribuir para lhe dar de comer. Porque ela sozinha não consegue. Antes de ficar doente ela ia à horta e fazia tudo, porém, agora não pode porque está doente... então contribuímos para a doente...Já ouvi dizer que as pessoas que chegaram ao hospital foram enviadas pelo chefe de família: – Têm de ir vocês, cada uma com o seu marido, ao hospital fazer um controlo. (Imitando um Aio)... Assim as pessoas saem da comunidade e vão ao hospital fazer o controlo. Por exemplo, no nosso caso, houve uma reunião familiar em que o chefe de família da minha mulher, como a minha mulher estava sempre doente...disse: –Devem ir fazer o controlo ao hospital. Então, voluntariamente, nós viemos fazer o controlo e começámos já a fazer o TARV. E foi o chefe de família quem organizou aquela reunião* (Fragmento da entrevista individual a Salvador, utilizador do TARV no HRN)

Surge, finalmente, a questão de saber se o impacto do estigma social na esfera do "privado" que, neste contexto cultural e como explicado anteriormente, ultrapassa a dimensão individual e remete para o grupo familiar, poderia, em qualquer caso, ser minimizado através da atuação do *Mahumu.* Poder-se-ia colocar a hipótese de existir um preconceito, conflito ou tensão dentro do grupo familiar que afectasse o próprio *Mahumu*, impossibilitando uma solução a nível do grupo familiar? Como é que isso iria influenciar os grupos mais vulneráveis: crianças e mulheres?. A análise destas e de outras questões precisaria de um estudo mais aprofundado sobre as dinâmicas locais e internas da figura do *Mahumu* e dos grupos familiares nos quais eles actuam. As descrições da comunidade Erati, permitem desde já percepciona-los como possíveis facilitadores-chave em matéria de adesão ao TARV no distrito.

É importante, antes da conclusão, referir a atitude positiva da maioria da população em relação ao tratamento e sua continuidade. Curiosamente, mesmo nos casos em que os próprios líderes demonstraram não ter conhecimento da terapia, nem ter dados básicos sobre HIV/SIDA, o interesse era claro, acompanhado pela vontade por adquirir conhecimentos e pela credibilidade atribuída ao tratamento e ao médico.

Considerações Finais

Neste artigo contrastámos o bom conhecimento geral das diretrizes relativas a uma correcta adesão ao TARV, com o elevado número de dificuldades encontradas e com os problemas consequentes para o controlo da terapia. O estigma, a ignorância/analfabetismo, e o problema da alimentação, foram as três grandes barreiras observadas para a adesão ao TARV. Estes problemas, bem como as questões transversais relacionadas com o género e o poder, poderiam melhorar com o envolvimento dos líderes comunitários mais tradicionais na execução das políticas de saúde.

Embora ainda seja necessário desenvolver e aprofundar o trabalho de investigação antes de chegar a conclusões mais sólidas, os resultados deste trabalho são subsumidos em três ideias centrais que poderiam contribuir para uma melhor a adesão ao TARV em Erati:

1) Falar sobre a comunidade e querer dar-lhe protagonismo nas políticas de saúde implica ter conhecimento das complexas dinâmicas de parentesco que, com maior ou menor eficácia e acordo com as famílias, estabelecem as responsabilidades e os deveres entre os membros de uma mesma linhagem.

2) Deve-se evitar cooptar mais líderes comunitários nas esferas formais do Estado ou do Partido. Parte da autoridade do *Mahumu* parece recair especificamente na esfera privada das relações de parentesco. Se se pretender trazê-lo para fora desta esfera, corre-se o risco dele perder a sua justificação e parte da sua credibilidade.

LÍDERES COMUNITÁRIOS COMO FACILITADORES DE POLÍTICAS DE SAÚDE

3) Por outro lado, deve-se estar ciente de que o utilizador do TARV precisará do apoio comunitário no seu círculo mais restrito de relações de parentesco. Para conseguir uma boa adesão, é necessário que os técnicos de saúde reconheçam e apoiem a partir do exterior esta. Assim, a autoridade familiar do *Mahumu*, pelo menos daqueles com uma atitude mais responsável em relação ao bem-estar dos seus familiares, poderia ser reforçada a partir do exterior e contribuir para melhorar as taxas de adesão.

No fundo, trata-se de reduzir a distância de comunicação entre o quotidiano das pessoas receptoras do TARV e as políticas de saúde definidas pelo governo moçambicano. Utilizando a própria política do Estado do *envolvimento comunitário*, apropriada a uma optimização da participação das lideranças tradicionais, pode-se implicar desta forma a comunidade na promoção das políticas de saúde.

Referências

Andrade, R. G. & Irirart, J. B. (2015). Estigma y discriminación: las experiencias de las mujeres VIH positivas en los barrios populares de Maputo, Mozambique. *Cadernos de Saúde Pública*. 31 (3), pp.565-574. Disponível em http://dx.doi.org/10.1590/0102

Bavo C. (2013). *Rádios comúnitarias, espaço de comunicação e promoção de Saúde em Moçambique*. Maputo: Centro de estudos Africanos. Universidade Eduardo Mondlane.

Bastos C. (2002). *Ciência, poder, acção: as respostas à SIDA*. Instituto de Ciências Sociais da Universidade de Lisboa. Lisboa: Imprensa de Ciências Sociais.

Castel-Branco, C., Brito, L., Chichava, S. & Francisco, A. (2012). *Desafios para Moçambique, 2012*. Maputo: IESE.

Conceição, A.R. (2006). *Entre o mar e a terra. Situações identitárias do Norte de Moçambique*. Maputo: Promédia.

Conselho Nacional de Combate ao HIV/SIDA. (2004). *Componente Estratégica. II Parte: Objectivos e Estratégias. PEN 2005-2009*. Maputo: CNCS.

Conselho Nacional de Combate ao HIV/SIDA (2010). *Plano estratégico nacional de combate ao HIV/SIDA 2010-2014*. Maputo: CNCS

MULHERES NO MERCADO DA SAÚDE

Corringan, P. & Lundin, R. (2001). *Don't call me nuts: copying with the stigma of mental illness*. Chicago: Recovery Press.

Decreto 11/2005. Boletim da República, I Série nº 23, 10 de Junho de 2005

Dinnerman A. (1999). "O surgimento dos antigos régulos como 'chefes de produçao' na provincia de Nampula (1975-1987)". *Estudos Moçambicanos*, nº 17, CEA/UEM, p. 95-256.

Evans-Pritchard EE. (1937). *Witchcraft, Oracles and Magic Among the Azande*. Oxford: Oxford University Press.

Escobar I., Knobel H., Polo R., Ortega L., Martín-Conde MT., Casado JL., et al. (2004). *Recomendaciones GESIDA/SEFH/PNS para mejorar la adherencia al tratamiento antiretroviral en el año 2004*. Madrid: Sociedad Española de Farmacia Hospitalaria (SEFH); Grupo de Estudio del SIDA (GESIDA); Plan Nacional sobre el SIDA (PNS).

Farré A. (2004). *Estat modern i llinatges locals a Moçambic. El discurs de la legitimitat en una història d'imatges distorsionades I expectatives incomplertes*. Tesi Doctoral. Departament D'Antropologia Social i cultural, Història d'Amèrica i Àfrica. Facultat de Geografia i historia. Barcelona: Universitat de Barcelona.

Farré A. (2013). *Saúde comunitária em Moçambique e os desfios das complexidades do meio rural: O caso do parentesco e da mobilidade no sul de Moçambique*. Human Economy Program. Pretória: University of Pretória.

Geffray C. (1991). *A Causa das Armas. Antropologia da Guerra Contemporânea em Moçambique*. Lisboa: Ediçoes Afrontamento.

Geffray C. (1985). *Elements d'une histoire de la famille en pays Makhuwa: De 1930 a nos Jours*. Maputo: UEM.

Grmek M. (2004). *Historia del SIDA*. Buenos Aires: Siglo XXI Editores.

João, B. B. (2000). *Abdul Kamal e a história do Chiúre nos séculos XIX e XX. Um estudo sobre as chefaturas tradicionais, as redes islâmicas e a colonização portuguesa*. Estudos 17. Maputo: Arquivo Histórico de Moçambique.

Leis dos Órgãos Locais do Estado (LOLE)-Lei 8/2003 e seu regulamento (Decreto11/2005). Disponível em: http://www.portaldogoverno.gov.mz/Legisla/legisSectores/adminEst/regulamento%20da%20lei%20orgaos%20locais.pdf

Lerma Martínez, F. (1998). *El Pueblo macúa y su cultura: análisis de los valores culturales del pueblo macúa en el ciclo vital, Macúa (Mozambique). 1971-1985*. Murcia: Universidad Católica de San Antonio.

Macagno L. 2007. "Islã, transe e liminaridade". *Revista de Antropologia*, V. 50 Nº 1. São Paulo.

Marazzi MC, Bartolo M, Buonomo E, Ceffa S, Capparucci S, De Luca A, et al. (2003). *Tratar a SIDA em África. Um modelo para a introdução do tratamento antiretroviral da infecção por HIV nos sistemas sanitários de Países con recursos limitados.* Comunidade de Sant'Egidio. DREAM. Drug Resource Enhancement against AIDS and Malnutrition. Milano: Leonardo International S.R.L.

Mariano, E. & Paulo, M. (2009). *Infertilidade/Fertilidade. Áreas escondidas do nosso quotidiano.* Maputo: Kula.

Medeiros E. (1999). "Irmandades muçulmanas do norte de Moçambique", in *Ilha de Moçambique. Convergência de povos e culturas.* San Marino: I Libri di Afriche e Orienti.

Ministério da Administração Distrital (2005). *Perfil do distrito de Erati. Província de Nampula. República de Moçambique.* Maputo: MAD.

Ministério da Saúde (MISAU) (2004). *Relatório Anual de 2003.* Maputo: Direção de Recursos Humanos.

O'Laughlin, B. (2012). "O Desafio da saude rural", in L. Brito, C.N. Castel-Branco, S. Chichava & A. Francisco (orgs.), *Desafios para Moçambique 2012.* Maputo: IESE.

ONUSIDA. (2008). *Informe sobre la epidemia mundial de SIDA.* Consultado em http://data.unaids.org/pub/globalreport/2008/jc1510_2008globalreport_es.pdf

Peracaula N. (2009). *Programa de cuidados domiciliarios de Montepuez, Mozambique.* Barcelona: Medicus Mundi Catalunya.

Portal do Governo de Moçambique. Disponível em: http://www.portaldogoverno.gov.mz/

Portal do Instituto de Estudos Sociais e Económicos. Disponível em: http://www.iese.ac.mz/

Radcliffe-Brown AR. (1972). "El hermano de la madre en África del Sur" in *Estructura y función en las sociedades primitivas.* Barcelona: Península.

WHO (2003). Mobilizing *Communities to Achieve 3 by 5.* Dept. of HIV/AIDS Treat 3 Million by 2005 Initiative. Geneve: World Health Organization. Consultado em http://apps.who.int/iris/handle/10665/68666

Woohdouse, P. (2012). *Raising agricultural productivity.* Maputo: IESE.

Rádios comunitárias, espaços de comunicação e promoção da saúde no sul de Moçambique

CARLOS BAVO

1. Introdução

A entrada em funcionamento das rádios comunitárias em Moçambique, a partir da década de 1980, contribuiu para a amplificação e modernização de espaços de comunicação que possibilitaram, por seu turno, a concretização e o fortalecimento de práticas de promoção da saúde adotadas pelo Serviço Nacional de Saúde (SNS) moçambicano.

A presente pesquisa discute, de modo particular, dois aspetos relacionadas com a presença e funcionamento das rádios comunitárias no sector da saúde: em primeiro lugar, analisamos o modelo de articulação entre as rádios comunitárias e a panóplia de instituições que atuam localmente, enfatizando o papel dos atores ligados ao sistema de saúde; em segundo lugar, é examinada a medida em que a comunicação radiofónica consegue ser suficientemente persuasiva a ponto de mobilizar a comunidade de ouvintes em torno da narrativa e das práticas ligadas à promoção da saúde.

A promoção da saúde é um conceito que consiste em capacitar as pessoas a melhorar e controlar com eficiência a saúde pessoal e coletiva. Este conceito traduz-se numa estratégia de intervenção usada pelas autoridades moçambicanas de saúde em consonância com as recomendações da Organização Mundial da Saúde (OMS) e em cumprimento da carta de Ottawa[1], de 1986. Nesta estratégia defende-se que, para além da cura através dos cuidados médicos, seja privilegiada a atuação sobre os determinantes sociais da saúde com base em cinco vetores, designadamente a construção de políticas públicas saudáveis, criação de ambientes favoráveis

[1]

MULHERES NO MERCADO DA SAÚDE

à saúde, desenvolvimento de habilidades, reforço da ação comunitária e reorientação dos serviços de saúde.

A reorientação dos serviços de saúde implica ir para além dos cuidados de saúde biomédicos, criando e explorando canais de comunicação entre as instituições de saúde e os demais segmentos da sociedade. De facto, pelo menos desde a década de 1980 que uma das estratégias de intervenção do SNS, sobretudo nas áreas rurais, assenta na articulação com entidades baseadas na população de utentes. Essa população apresenta formas próprias de organização, marcadas pela presença de uma diversidade de instituições entre as quais se incluem as rádios comunitárias, mas também os sujeitos singulares que utilizam o sistema de saúde.

A partir da investigação realizada foi possível notar que as rádios comunitárias são um meio de comunicação influente nos contextos rurais moçambicanos. Abordam uma diversidade de temas com mais ou menos interesse para a população, incluindo conteúdos educativos e informativos relacionados com a saúde e a doença e têm a particularidade de interconectar, por meio de programas interativos, pessoas que antes não tinham essa possibilidade. O acesso a este tipo de rádios é fundamentalmente facilitado pelo facto de grande parte das suas emissões serem em línguas bantu[2], faladas pela maioria da população moçambicana como língua materna, totalizando 69,3% de falantes (INE, 2013:142) e, por conseguinte, por grande parte da audiência das rádios em referência.

Do ponto de vista epistemológico este trabalho orienta-se pelo paradigma interpretativo, na medida em que construímos o objeto de investigação tendo em conta a ação dos sujeitos e os significados que eles próprios atribuem à essa mesma ação, o que implicou o uso de técnicas de recolha de dados tributárias da metodologia qualitativa de investigação. É assim que fizemos recurso a entrevistas em profundidade e discussões em grupos focais com diferentes atores localizados no terreno de trabalho, o qual compreende os distritos de Homoine e Massinga, ambos na província de Inhambane, sul de Moçambique.

Como forma de melhor dar conta do nosso argumento desenvolvemos o trabalho em três momentos. Primeiro apresentamos os achados do trabalho de campo; seguidamente, propomos um modelo de interpretação dos achados que resulta da nossa perspetiva sobre as narrativas, mas também do recurso a propostas teóricas já desenvolvidas e tributárias das ciências da comunicação e da sociologia; e finalmente, indicamos algumas notas conclusivas.

2. As rádios Arco e Kussinga como espaços de comunicação

Embora as rádios comunitárias tenham começado a emitir em diversas zonas do país durante os anos 1980, a discussão sobre uma legislação específica para a radiodifusão ainda está em curso. Isso tem obrigado que, até à atualidade, a entrada em funcionamento das emissoras ocorra a coberto da Lei de Imprensa (18/91) e do decreto 9/93, de 22 de Junho, o qual define as regras de participação dos sectores cooperativo, misto e privado na radiodifusão e na televisão.

Em Moçambique, de acordo com o Centro de Apoio à Informação e Comunicação Comunitária (CAICC)[3], existem 108 rádios comunitárias em funcionamento. Porém este é limitado pela tecnologia obsoleta com que a maioria das rádios se encontra equipada, como nota a diretora do FORCOM – Fórum das Rádios Comunitárias, Benilde Nhalivilo (Feijó, 2015:260). As rádios estão filiadas ao Instituto de Comunicação Social (ICS), uma agência estatal de comunicação rural, ou ainda ao já referido FORCOM, consoante a orientação editorial seja próxima ao *mainstream* politico ou, então, consentânea com as expectativas dos doadores, predominantemente ocidentais.

Como indica o seu primeiro diretor A. Carrasco, numa entrevista concedida no quadro desta investigação, o ICS foi pioneiro, nos anos 1980, na dinamização da comunicação nas zonas rurais de Moçambique, inicialmente com recurso a unidades audiovisuais móveis que projetavam filmes e documentários, distribuíam um jornal e diverso material gráfico com conteúdos sobre o desenvolvimento rural. As rádios comunitárias partiram destas atividades.

Para a presente investigação selecionámos dois exemplos de radiodifusão comunitária que são as rádios Arco e Kussinga instaladas, respetivamente, nos distritos de Homoíne e Massinga, na província de Inhambane, sul de Moçambique, tendo iniciado as emissões na década de 2000 com apoio da

---

[3] https://www.caicc.org.mz

UNESCO. As duas rádios foram criadas ao abrigo da legislação referida e são propriedade de associações locais que garantem o seu funcionamento diário, em termos de emissão e de gestão. Os trabalhadores das rádios são maioritariamente voluntários, residentes localmente. Embora grande parte sejam homens, nas duas rádios há mulheres com vínculos de trabalho efetivos, que ocupam lugares de chefia nas respetivas estruturas.

Tanto a Rádio Arco como a Kussinga fazem parte do FORCOM, uma associação fundada em 2004, que congrega 54 membros, entre estacões de rádio e os designados Centros Multimédia Comunitária. O objetivo central da FORCOM é fortalecer a atividade da radiodifusão comunitárias através de uma série de atividades que incluem a participação comunitária, desenvolvimento institucional ou as ações de *lobby* e advocacia, entre outras estratégias.

O uso da língua oficial portuguesa em ambas as emissoras é apenas pontual. A rádio Arco, devido à composição linguística da sua audiência, que vai para além dos limites administrativos do distrito, é multilingue. Faz recurso ao *cicopi*, *gitonga* e, com maior predominância, ao *xitswa* para animar as suas emissões. A rádio Kussinga, por seu turno, utiliza caracteristicamente o *xitswa*, que é a principal língua do distrito de Massinga.

A programação das rádios Kussinga e Arco é diversa. Devido à sua orientação comunitária a definição da programação deve ser participativa. De facto, foram constituídos comités de gestão em ambas as rádios, compostos por elementos da comunidade que são, simultaneamente, membros das associações proprietárias das emissoras. Não investigámos os mecanismos de representação dos diferentes segmentos da comunidade, capazes de informar uma discussão sobre o equilíbrio de interesses na definição da programação.

Notámos que as duas rádios emitem serviços noticiosos em línguas locais, mas estabelecem emissões simultâneas com a Antena Nacional da Rádio Moçambique[4], para a transmissão dos principias jornais radiofónicos em língua portuguesa. Temas relacionados ao desporto, artes e espetáculos, saúde, segurança pública ou governação, são abordados em

---

[4] A Rádio Moçambique (RM) é a rádio pública. Para além dos canais provinciais que emitem nas línguas faladas localmente, tem um canal (a Antena Nacional) emitido exclusivamente em língua portuguesa para (quase) todo o país.

programas específicos transmitidos uma vez por semana, mas quase sempre com lugar para reposição. Determinados programas são patrocinados por Organizações Não Governamentais (ONG) que atuam localmente. Entretanto, o nível de patrocínio das ONG e de outros atores não parece ainda satisfazer os gestores das rádios, os quais nos forneceram uma longa lista de problemas que as emissoras enfrentam desde há vários anos, sem que se vislumbre qualquer solução.

Relativamente à programação sobre a promoção da saúde, há temas comuns às duas rádios a saber, 1) divulgação de campanhas no contexto do Programa Alargado de Vacinação (PAV) e da Saúde Materno e Infantil (SMI) do serviço nacional de saúde; 2) Prevenção e tratamento de HIV/SIDA; e 3) distribuição e promoção de redes mosquiteiras para a prevenção da Malária. Outras atividades do mesmo âmbito, mas não comuns são o programa de saúde oral, transmitido pela rádio Arco; e as atividades de educação sanitária praticadas por estudantes do Centro de Formação Contínua em Saúde (CFCS) de Massinga e transmitida na rádio Kussinga.

No contexto da atuação das rádios comunitárias, nos dois locais em que efetuámos a pesquisa, identificámos uma diversidade de atores desempenhando vários papéis. As tabelas seguintes são a ilustração possível da interação entre esses atores.

TABELA 1
Rádio Arco (distrito de Homoine)

Atores identificados	Papel desempenhado	Grau de participação
Profissionais de comunicação	Produção e realização de emissões	Frequente
Profissionais do SNS	Intervenção em programas específicos/participação na conceção de programa	Frequente
Médicos tradicionais	Intervenção em programas específicos	Ocasional
ONGs	Patrocínio a programas/ Intervenção em programas específicos	Frequente

MULHERES NO MERCADO DA SAÚDE

TABELA 2
Rádio Kussinga (distrito Massinga)

Atores identificados	Papel desempenhado	Grau de participação
Profissionais de comunicação		Frequente
Profissionais do SNS	Intervenção em programas específicos/ participação na conceção de programas	Frequente
Médicos tradicionais	Intervenção em programas específicos	Ocasional
ONGs	Patrocínio a programas	Ocasional
Estudantes	Realização de programas	Frequente

Para além deste conjunto de atores identificados, é preciso assinalar o papel relevante da audiência. As duas rádios pareceram-nos empenhadas em construir a imagem da sua própria audiência, uma preocupação que é, atualmente, comum aos *mass media* modernos (McQuail, 2003: 267). Com efeito, as rádios privilegiam a participação dos ouvintes através de intervenção telefónica vocal e, sobretudo, por via da leitura de curtas mensagens previamente depositadas na rádio ou então, com o aumento de utentes de telefones inteligentes, enviadas em tempo real com recurso às redes sociais digitais. Esta segunda via de participação pareceu-nos a mais difundida e, ao mesmo tempo, financeiramente vantajosa para as rádios. De facto, vários estudantes da Escola Agrária de Inhamússua, em Homoíne, que participaram nas discussões em grupos focais, defenderam a utilidade das mensagens escritas para intensificar a comunicação entre pessoas conhecidas e concordaram que ouvir, através da rádio, uma referência a seu respeito constitui um agradável efeito. Do ponto de vista financeiro a vantagem reside no facto de os modelos para o registo de mensagens serem vendidos por agentes oficiais em diversos postos distribuídos pelas localidades onde se encontra a audiência, revertendo os valores da venda para as próprias rádios.

As rádios comunitárias constituem-se, desta forma, como espaços de comunicação, em que intervenientes locais elaboram temas, veiculam e interpretam mensagens dentro de regras culturais determinadas. Como sugeriu Francis Balle (1996: 222), "a influência dos media depende não só do uso que as pessoas fazem deles, mas também do que esperam e do que pensam deles", razão pela qual torna-se importante avaliar previamente a aceitabilidade do que se diz, neste caso, nas rádios comunitárias. Com base nesta perspetiva é plausível sustentar que o uso das rádios, sobretudo pelos atores institucionais, parece suportado pela expectativa de que é possível garantir uma comunicação não apenas abrangente mas, principalmente, mais persuasiva e que esteja baseada localmente. Muito provavelmente a articulação entre as rádios e os atores institucionais é alicerçada por esta expectativa. Todavia, a definição do papel dos atores institucionais é nalgumas ocasiões problemática, como se verá na secção seguinte.

3. Um modelo ambíguo de articulação

Quando, durante a década de 1980, as rádios comunitárias iniciaram as suas emissões em Moçambique, tinham o intuito de levar a comunicação social às zonas rurais para apoiar iniciativas de desenvolvimento rural. Essas iniciativas foram mais visíveis nos sectores produtivos, através de programas educativos sobre a agricultura, por exemplo; e no campo da saúde, em que as rádios se destacaram na difusão de diversas campanhas ligadas fundamentalmente ao Programa Alargado de Vacinação (PAV) e à Saúde Materno-Infantil (SMI).

Estas experiências iniciais, que tenderam a reproduzir-se até à atualidade, mostram bem o espírito colaborativo entre os diversos intervenientes que atuam localmente e as rádios comunitárias.

As rádios Arco e Kussinga, como sublinhámos, surgiram mais tarde, num contexto de reconstrução nacional, após a guerra civil que durou 16 anos (1976-1992), opondo o governo moçambicano e a Resistência Nacional Moçambicana (RENAMO). Esse novo contexto era caracterizado pela implementação de reformas democráticas, atuação de ONGs com as mais variadas vocações e interesses, multiplicação de igrejas, expansão da endemia do HIV/SIDA e pela luta dos médicos tradicionais[5] pela conquista do reconhecimento oficial. É oportuno explorar a forma como este novo

---

[5] Igualmente designados curandeiros, nas línguas tsonga, faladas no sul de Moçambique, também são usados termos como *Tinyanga* (plural de *Nyanga*) ou *Nyangarume*, para designar os mesmos especialistas. Possuídos por espíritos, os curandeiros, têm o poder de adivinhar, exorcizar e curar doenças com recurso a plantas.

MULHERES NO MERCADO DA SAÚDE

contexto veio influenciar a atuação das rádios comunitárias e os mecanismos de articulação entre estas e as entidades referidas. Ficou descrito mais acima que o trabalho de ambas as rádios ocorre num ambiente marcado pela intervenção de diferentes atores, quase todos envolvidos na dinamização de atividades de desenvolvimento social e económico da população residente nas áreas consideradas neste estudo.

De facto, pareceu-nos haver uma lógica de complementaridade nas atividades das instituições identificadas ao longo da pesquisa, que pode ser exemplificada através da relação entre as ONGs e as diversas entidades públicas que são intermediadas pelas rádios na sua permanente necessidade de comunicar-se, de modo eficiente e persuasivo, com o público que pretendem atingir. Na realidade, estas entidades têm uma importância elevada, acabando mesmo por serem corresponsáveis pela rotina diária das rádios. Isto tem sido possível por via de patrocínios a programas dedicados a prevenção e tratamento de doenças, sobretudo o HIV/SIDA ou à governação, como notámos tanto na rádio Arco como na Kussinga.

Com interesse quase sempre persuasivo, cada um dos intervenientes define as suas prioridades na comunicação com o público, mediada pela rádio. Com efeito, os profissionais do SNS intervêm com recurso às rádios locais e a outros meios, tais como a Televisão Pública, as redes sociais digitais, ou mesmo os altifalantes que, transportados em viaturas caracterizadas, circulam pelas zonas de habitação disseminando informação sanitária.

Grande parte desta informação destina-se a aumentar os níveis de despiste de casos de tuberculose que são mínimos em resultado da baixa afluência de doentes ao hospital; de diminuir e erradicar a intoxicação por medicamentos tradicionais receitados e administrados pelos médicos tradicionais e por outros especialistas, como os ervanários, por exemplo; e de elevar a percentagem de partos nas Unidades de Saúde e a cobertura vacinal, entre outros aspetos ligados à saúde da comunidade. Ainda assim, em Homoíne e Massinga, médicos e outros profissionais de saúde classificam de insatisfatórios os resultados desta intervenção de que eles próprios são atores dada a insuficiência de recursos materiais, a ineficiência na gestão do próprio sistema de saúde e as dificuldades na interpretação dos princípios dos cuidados de saúde que, constituem, na ótica destes profissionais, entravas ao sucesso das iniciativas de promoção da saúde.

Face a estes obstáculos em colocar em prática a promoção da saúde, o Ministério da Saúde (MISAU) desenvolveu o «programa de promoção da

RÁDIOS COMUNITÁRIAS, ESPAÇOS DE COMUNICAÇÃO E PROMOÇÃO DA SAÚDE

saúde», que é, aliais, um programa dentre os 17 a serem implementados no intervalo 2015-2019, que corresponde ao atual ciclo de governação do país, encabeçado pelo partido FRELIMO que ganhou, juntamente com o seu candidato presidencial, as Eleições Gerais de 2014. O «programa de promoção da saúde» é realizado, entre outras estratégias, através da implementação "(...) de iniciativas inovadoras de comunicação para a saúde, dando primazia à utilização das novas tecnologias de comunicação (bem como o uso das redes sociais cada vez mais implantado no país, incluindo as rádios comunitárias)" (MISAU, 2013:63). Em linha com a declaração de Alma-Ata, de 1978, a promoção da saúde em Moçambique é uma iniciativa inclusiva, contando com a participação ativa de outros provedores de cuidados de saúde, como médicos tradicionais que já possuem um estatuto oficial em Moçambique, como atesta a criação do Instituto de Medicina Tradicional pelo MISAU.

De um modo geral, a eficácia dos cuidados de saúde providenciados pelos médicos tradicionais é um tema mais ou menos consensual (Feliciano, 2003), pelo menos entre os utentes destes serviços, ao mesmo tempo que o seu enraizamento e disponibilidade, principalmente entre a população rural, é aparentemente mais visível, não se podendo dizer o mesmo relativamente ao SNS, cuja implantação continua fraca, cobrindo, de acordo com dados publicados em 2013, apenas metade da população, (MISAU, 2013:X). Note-se que algumas das unidades de saúde implantadas não estão dotadas de "(...) condições adequadas para a provisão de serviços de saúde de qualidade, quer em termos de recursos humanos, quer de equipamento, medicamentos e outros insumos", (MISAU: idem).

Embora na região sul de Moçambique o papel dos médicos tradicionais como provedores de serviços saúde seja expressivo (Granjo, 2007; Meneses, 2004 e Honwana, 2003) é possível descrever a sua presença nas rádios Arco e Kussinga como apenas ocasional, ao contrário da frequência e da influência da biomedicina junto destas emissoras. Pode ser também relevante observar que o facto de o SNS cobrir metade da população nacional, sugere que grande parte de moçambicanos recorre a outros provedores de serviços de saúde em que se incluem os médicos tradicionais. A própria Estratégia de Envolvimento Comunitário, desenhada pelo Ministério da Saúde (MISAU) em 2004, considerava crucial o papel dos "Praticantes de Medicina Tradicional" no provimento de cuidados de saúde fora do hospital, (MISAU, 2004), embora incentivasse estes atores a atuarem

MULHERES NO MERCADO DA SAÚDE

de modo condizente com as Boas Práticas Clínicas. Todavia, e como se pode ver, este reconhecido impacto do papel dos médicos tradicionais não encontra correspondência no espaço que lhes é reservado nas rádios Arco e Kussinga, quer como convidados em programas específicos tanto na condição de membros das equipas de conceção da programação.

Mas a aparente ambiguidade na articulação entre os diferentes atores no contexto da atuação das rádios comunitárias não se resume apenas a esta participação desigual dos atores nas rádios que, por exemplo, exclui a experiencia e o conhecimento dos médicos tradicionais. A definição da relação entre as rádios e o SNS apresenta ainda importantes sinais de ambiguidade.

De facto, tal como em Homoine, em Massinga a presença do médico local do SNS, e o seu papel ativo na definição da programação sobre saúde são aspetos notórios. Em Massinga, uma transferência rotineira do médico para outro ponto do país veio interromper a colaboração a este nível, e a sua substituta, quando interpelada sobre o tema, evidenciou não saber que a emissora local podia ser um parceiro relevante no contexto das atividades de promoção da saúde. Quando, algumas semanas mais tarde, a médica substituta procurou retomar a colaboração com a rádio, confrontou-se com inesperadas contrapartidas por parte dos responsáveis da emissora, conforme ela própria narrou posteriormente. Note-se que nem os responsáveis da rádio nem os profissionais mais antigos do Centro de Saúde se tinham referido, nas entrevistas que tivemos, a eventuais contrapartidas na colaboração entre a rádio e o médico transferido tendo, pelo contrário, elogiado o carácter desinteressado de ambas partes na realização de tais programas.

Ora este episódio não anula a manifesta complementaridade entre as rádios e o mosaico de atores que descrevemos, mas pode elucidar a existência relativamente expressiva de uma certa desarticulação entre as instituições identificadas que, apesar de tudo, não nos pareceu intencional. A título de exemplo, a igreja católica, através das irmãs da Consolata, instalou um centro nutricional que presta assistência complementar aos doentes, em alimentos e em medicamentos, porém nos longos e diversos contactos efetuados com profissionais locais de saúde e com elementos da rádio local nunca se fez menção a esta atividade. A própria responsável pelo centro nutricional admitiu ignorar o trabalho da rádio Kussinga.

RÁDIOS COMUNITÁRIAS, ESPAÇOS DE COMUNICAÇÃO E PROMOÇÃO DA SAÚDE

4. Persuasão e participação no contexto da saúde

A estratégia de comunicação e a participação da população são aspetos fundamentais da atuação do SNS no contexto da promoção da saúde e da prevenção de doenças. As emissoras comunitárias afiguram-se importantes parceiros nesta empreitada, visto que os programas que elas transmitem, sobre promoção da saúde e prevenção de doenças, visam persuadir e estimular atitudes e comportamentos considerados seguros pelos profissionais de saúde.

Apesar da intervenção das rádios, o sucesso da estratégia do SNS permanece apenas relativo. Entre os fatores deste aparente falhanço, o SNS aponta a ausência, ou a má comunicação, das estruturas da saúde e dos outros agentes externos de mobilização comunitária, com a comunidade e com as autoridades comunitárias por ela legitimadas; o autoritarismo e o dirigismo exagerado por parte das autoridades sanitárias, político-administrativas e outros agentes externos ou a existência de líderes comunitários autoritários, retrógrados e anticientíficos (MISAU, 2004).

A partir do papel desempenhado pela comunicação radiofónica, nesta pesquisa procurámos analisar os fatores da persuasão e a participação dos ouvintes nas iniciativas de promoção da saúde. Mas antes de expor o modo pelo qual os processos discursivos mediados pelas rádios Arco e Kussinga condicionam tais iniciativas, cabe referir, brevemente, algumas perspetivas das ciências sociais acerca das possibilidades que a comunicação tem de persuadir e produzir estímulos sobre as pessoas.

Ao longo dos anos a psicologia social desenvolveu diferentes modelos teóricos sobre os processos de comunicação e de comunicação persuasiva em particular. Esses modelos teóricos podem ser instrumentais para compreender a influência dos programas radiofónicos sobre saúde e doença no comportamento da população ouvinte de Massinga e Homoíne.

Podemos aqui sintetizar três tradições: primeiro a teoria preceptiva que enfatiza que para prever o efeito que uma dada comunicação pode ter na atitude de um sujeito, é necessário saber como é que o sujeito recebe a mensagem, interpreta, compreende (ou distorce) a informação recebida; em seguida a teoria funcionalista para a qual a modificação da atitude é função do modo como a comunicação persuasiva se coaduna com as necessidades pessoais ou individuais do recetor, ou seja, se a comunicação for orientada para uma necessidade diferente daquela em que a atitude está baseada não haverá efeito persuasivo; e, por fim, o modelo da coerência cognitiva, o qual sugere que para manter a harmonia do sistema cognitivo, o sujeito adota determinadas modalidades no plano das convicções, das atitudes e dos comportamentos. A modificação da atitude ocorre quando surge um elemento que estimula incoerência no sistema (Bitti e Zanni, 1997).

De facto, se olharmos, por exemplo, para a estratégia de comunicação no âmbito da campanha contra o HIV/SIDA em Moçambique, damo-nos conta de que não tem tido a eficácia desejada. Nuns casos devido ao desajustamento das mensagens ao contexto cultural das pessoas-alvo (Matsinhe, 2006) e noutros porque, mesmo tendo sido assimilados os conhecimentos essenciais sobre o HIV/SIDA, a resistência à mudança persiste (INSIDA, 2010).

Todas estas perspetivas apresentam um notável poder explicativo, mas não atribuem relevância ao efeito que o ambiente em que os recetores foram socializados e o ambiente em que vivem pode desempenhar na sua atitude.

Juergen Habermas desenvolveu uma outra perspetiva que incorpora esta última dimensão do fenómeno. Sugeriu um modelo comunicativo que descreve e interpreta, por um lado, "(...) a inscrição do individuo num contexto intersubjetivo e concreto", e por outro, "a referência a uma audiência idealmente universal que incentiva os participantes a adotarem posições «sim» ou «não» que transcendem os jogos de linguagem contingentes e as formas de vida particulares em que foram socializados" (Silva, 2001: 445).

O modelo de Habermas parece fornecer melhores possibilidades de compreensão dos processos de persuasão e de mobilização mediada pela rádio, precisamente por destacar a inscrição do indivíduo (ouvintes e locutores), num contexto «intersubjetivo e concreto» e a existência duma linguagem (ou seja, de todo um programa de promoção da saúde) transcendental aos «jogos de linguagem contingentes e as formas de vida particulares» dos indivíduos.

A comunicação para a saúde por via das rádios consideradas nesta pesquisa apresenta esta dupla dimensão. Por um lado, os profissionais da rádio partilham com os ouvintes a linguagem e os códigos de comunicação, porque pertencem a uma mesma comunidade linguística e cultural. Por outro, é verdade que a mensagem sobre a promoção da saúde encontra-se originalmente dirigida a um universo que transcende a essa comunidade linguística e cultural. Ora, para que este processo discursivo difunda eficientemente a informação e o conhecimento necessários para a formação da vontade e de opinião favoráveis à promoção da saúde torna-se obrigatória a adequação da mensagem aos ouvintes.

O desempenho das rádios enfrenta este dilema, que é agravado pela já descrita influência desigual de atores relevantes, nomeadamente curandeiros, médicos e outros profissionais do SNS junto das rádios. De facto, a experiência do uso da comunicação radiofónica para a promoção da saúde mostra que os fatores que o MISAU evoca não explicam completamente o falhanço do programa de «envolvimento comunitário».

Provavelmente, a dificuldade de adaptar a mensagem, originalmente dirigida a um público amplo, para uma comunidade linguística e cultural com a qual os profissionais das rádios partilham a linguagem e os códigos de comunicação, constitua um entrave adicional para os propósitos de promoção de saúde.

A ideia de intersubjetividade não implica exatamente a produção de consensos, implica, isso sim, um processo em que "os sujeitos do conhecimento entram em diálogo, em debate, em concordância e em discordância", como indica o filósofo moçambicano José Castiano (2010:190). Para este autor, a intersubjetividade é, na verdade, uma questão de reconhecimento pelo Eu da validade do argumento do Outro. Por exemplo, a questão da discrepância na influência dos atores relevantes, junto às rádios, pode expressar a ausência de predisposição de certos atores para reconhecer a validade do discurso dos atores habitualmente excluídos.

Por outro lado, e na linha do chamado modelo *two-step flow*, convém considerar que os media não exercem influência direta sobre os ouvintes (*one-step flow*), eles "(...) fazem-no por intermédio de grupos ou líderes que retomam ou não a mensagem dos media" (Sfez, 1991:54).

Este dado é ainda mais relevante na sociedade moçambicana, em que os níveis de educação formal são baixos, o que pode enfraquecer a posse e uso do que nalguma literatura da ciência política se designa de recursos cognitivos (Verba & Nie, 1972; Brady et al., 1995; ou Franklin, 2003). Ora, a posse e uso destes recursos influencia não apenas a quantidade de informação que a população tem sobre temas de interesse público (neste caso sobre a saúde, quer pessoal como coletiva), mas determina parcialmente a exposição das pessoas a tal informação. Deste facto resulta o papel determinante dos líderes de opinião, que tendem a ser semelhantes àqueles a quem influenciam. Pelo menos teoricamente, existe um fluxo de influência dos meios de comunicação social sobre os líderes e destes sobre a opinião do público mais amplo (*two-step flow*).

5. Conclusão

Esta pesquisa partiu do princípio de que as rádios comunitárias têm sido um elemento fundamental para amplificar e modernizar tecnologicamente os espaços de comunicação, compostos por atores localmente instalados o que abre oportunidade para que a radiodifusão tenha papel determinante nas ações de promoção de saúde. A pesquisa analisou dois aspetos que consideramos centrais para a compreensão do modo como as rádios comunitárias alargam e tornam modernos os referidos espaços de comunicação.

Em primeiro lugar, procurámos demonstrar que a articulação entre as rádios comunitárias e as diferentes instituições localmente baseadas não é eficiente, o que fica a dever-se à participação desigual dos atores na rotina das rádios, exemplificada pela marginalização da experiência dos médicos tradicionais, mesmo com o reconhecimento generalizado do seu papel como provedores de serviços de saúde

A pesquisa permitiu, igualmente, notar que a adaptação do discurso global da promoção da saúde não tem sido feita com o sucesso desejado, embora não seja essa a apreciação dos seus emissores. O artigo sugere, por conseguinte, que para uma intervenção mobilizadora das pessoas o processo discursivo tem que ser suficientemente intersubjetivo, isto é, inscrito nos jogos locais de linguagem e nas formas de vida em que os ouvintes foram socializados. E um modo eficiente de realizar tal tarefa pode sustentar-se no modelo de comunicação proposto por Sfez (1991), o designado *two-step flow*.

Referências

Bitti, P. & Zanni, B. (1997). *A comunicação como processo social*. Rio de Janeiro: Editorial Estampa.

Balle, F. (1992). Comunicação: o tema sociológico e a sua especificação contemporânea. In Boudon, R. (org.). *Tratado de Sociologia*. Lisboa: Edições ASA.

Brady H. (1995). "Beyond SES": a resource model of political participation in America. *Political Science Review*. 89. 271-295.

Castels, M. (2005). *A sociedade em rede*. Lisboa: Fundação Calouste Gulbenkian.

Castiano, J. (2010). *Referenciais da filosofia africana: em busca da intersubjectivação*. Maputo: Ndgira.

Feijó, J. (2015). *Moçambique, 10 anos em reflexão*. Maputo: Justiça ambiental/FOE.

Feliciano, J. F. (2003). A eficácia simbólica nos sistemas de saúde em Moçambique (tradicionais e hospitalares). *Cadernos de Estudos Africanos*. 4. 121-134.

Franklin, M. (2003). Os Enigmas da Participação Eleitoral. *Análise Social*. 167. 321-338.

Granjo, P. (2007). Limpeza ritual e reintegração pós-guerra em Moçambique. *Análise Social*. 182. 123-144.

Honwana, A. (2003). *Espíritos vivos, tradições modernas*. Maputo: Promédia.

Instituto Nacional de Estatística (2013). *Panorama sócio-demográfico de Moçambique*. Maputo: INE.

Matsinhe, C. (2006). *Tábula rasa: dinâmica da resposta moçambicana ao HIV/SIDA*. Maputo: Texto Editores.

McQuail, D. (2003). *Teoria da comunicação de massas*. Lisboa: Fundação Calouste Gulbenkian.

Meneses, P. (2004). "Quando não há problemas estamos de boa saúde, sem azar nem nada": para uma concepção emancipatória da saúde e das medicinas. In Sousa Santos, B. & Cruz e Silva, T., (org.). *Moçambique e a reinvenção da emancipação social*. Matola: Centro de Formação Jurídica e Judiciária.

Ministério da Saúde (2004). *Estratégia de envolvimento comunitário*. Maputo: MISAU.

Ministério da Saúde (2010). *Inquérito Nacional de Prevalência, Riscos Comportamentais e Informação sobre o HIV e SIDA em Moçambique*. Maputo: MISAU.

Ministério da Saúde (2013). *Plano Estratégico do Sector da Saúde PESS 2014-2019*. Maputo: MISAU.

Silva, F. (2001). Espaço público e democracia: o papel da esfera pública no pensamento político de Habermas. *Análise Social*. vol. 36 (158-159). 435-459.

Sfez, L. (1991). *A comunicação*. Lisboa: Instituto Piaget.

Verba, S. & Nie, N. (1972). *Participation in America: Political Democracy and Social Equality*. New York: Arper and Row.

TERCEIRA PARTE

SAÚDE MATERNO-INFANTIL

Itinerários terapêuticos das mães na busca de medicamentos num contexto de pluralismo médico em Moçambique

GEFRA FULANE

1. Introdução

O presente artigo analisa os itinerários das mães na procura de medicamentos para as doenças em crianças menores de cinco anos, num contexto de pluralismo farmacológico na cidade de Xai-Xai, Sul de Moçambique. A mortalidade em menores de cinco anos é uma problemática globalmente preocupante na contemporaneidade. No âmbito dos Objetivos de Desenvolvimento do Milénio, especificamente no seu número 4 (ODM 4), os Chefes de Estado e de Governo, em coordenação com o sector privado, fundações, organizações internacionais, sociedade civil e organizações de investigação, comprometeram-se, desde 2010, a envidar esforços programáticos e financeiros para reduzir a mortalidade em crianças menores de cinco anos. Contudo, em 2011, cerca de 6,9 milhões de crianças com menos de cinco anos perderam a vida em todo o mundo, sendo o maior fardo suportado por países de rendimento médio e baixo (WHO, 2012b). Em Moçambique a taxa de mortalidade em crianças menores de cinco anos é de 135 óbitos por 1000 nados-vivos (2012), sendo as maiores causas de morte: malária (19%), pneumonia (15%), diarreia (11%), HIV/SIDA (10%), asfixia à nascença (9%), sepse neonatal (4%), acidentes e lesões (3%) e sarampo (1%) (WHO, 2012a).

Apesar dos esforços programáticos desenvolvidos e das inúmeras intervenções implementadas no âmbito da estratégia "Atenção Integrada às Doenças da Infância" pelo Ministério da Saúde (MISAU), através do Programa da Saúde da Mulher e Criança, em coordenação com os organismos internacionais (UNICEF, OMS, UNFPA, Save the Children, Pathfinder, EGPAF, ICAP) e a sociedade civil[1], há muito mais a fazer para garantir eficácia nas

---

[1] Informação disponível em www.misau.gov.mz. Consultado em 05/09/2012.

MULHERES NO MERCADO DA SAÚDE

intervenções em prol da redução da morbilidade e mortalidade de menores de cinco anos naquele país. A literatura associa as altas taxas de mortalidade em crianças menores de cinco anos à fraca e inadequada utilização dos serviços saúde (de Silva et al., 2001; Assefa et al., 2008), um cenário que se pode melhorar com o conhecimento aprofundado das práticas das mãese implementação de iniciativas de literacia para a melhoria de comportamento. Contudo, a procura de cuidados de saúde não depende unicamente da disponibilização de informação, sendo um processo complexo influenciado por crenças que ditam o comportamento e atitudes dos indivíduos (Kleinman, 1980; Hill et al., 2003). No Sri Lanka, as mães não reconhecem a má nutrição como um problema de saúde, apesar dos índices elevados no país (de Silva et al., 2001). Na Zâmbia, quando se espera que as mães sigam as recomendações da dose completa de tratamento para sintomas de malária, elas administram um curso de 3 dias de cloroquina (Baume et al., 2000). Na Etiópia, em caso de doença dos seus filhos, a decisão de procurar cuidados de saúde é frequentemente influenciada pela perceção das respetivas mães da gravidade da doença (Assefa et al., 2008).

Xai-Xai é uma cidade do Sul de Moçambique, caraterizada por um contexto de pluralismo médico, circunstância de coexistência de múltiplas tradições médicas (Janzen, 2002: 11) e uma diversidade de provedores de cuidados de saúde que se digladiam na procura de legitimidade para o tratamento de doenças (Meneses, 2000 & Honwana, 2002). O Serviço Nacional de Saúde (SNS) moçambicano cobre apenas 40% da população (República de Moçambique, 2004), e pensa-se que parte desta, bem como os restantes 60%, sejam cobertos por outros provedores de saúde não biomédicos. Neste âmbito, é de extrema importância compreender a maneira como as mães procuram respostas para as doenças das suas crianças menores de cinco anos, desde a suspeita de mal-estar, à procura e busca das diversas opções existentes, e as razões que permeiam a escolha e o uso de recursos farmacológicos disponíveis em Xai-Xai.

Esta investigação é conduzida pela noção de itinerterapêuticos, definidos como um conjunto de planos, estratégias e projetos voltados para um objeto preconcebido: o tratamento da aflição. No decorrer das ações e atos que constituem o itinerário terapêutico, fazem-se presentes interesses, emoções e atitudes circunstanciais (Alves & Sousa, 1999: 133). Os etinerários terapêuticos incluem a totalidade de acontecimentos que vão desde o aparecimento do problema, a escolha de diversas opções institucionais

ITINERÁRIOS TERAPÊUTICOS DAS MÃES NA BUSCA DE MEDICAMENTOS

ou não institucionais, e também as várias perceções e interpretações que permeiam essas escolhas (Janzen, 2002: 220).

2. A Cidade de Xai-Xai: características gerais e sanitárias[2]

Xai-Xai é a cidade capital da província de Gaza, no sul de Moçambique, distando cerca de 210 km da Capital do país (Maputo) e possui cerca de 115.752 habitantes, dos quais 15.846 correspondem a crianças menores de cinco anos. O clima tropical chuvoso de savana, assim como a proximidade da planície ao Rio Limpopo, faz de Xai-Xai uma cidade com ótimas condições para a prática da agricultura. Porém propício à proliferação de agentes infeciosos, tais como bactérias, protozoários, helmintos e os insetos vetores. A malária, as Infeções Respiratórias Agudas (IRAs), o HIV e SIDA, a diarreia e o sarampo surgem como as doenças mais frequentes na cidade de Xai-Xai, para as quais existe um hospital geral (Hospital Provincial de Xai-Xai), dois postos de socorro e três centros de saúde. Xai-Xai possui também duas clínicas e dez farmácias privadas. Quanto às instituições de saúde não biomédica, existem em Xai-Xai, curandeiros, vendedores de medicamentos tradicionais e pastores das igrejas Zione com práticas terapêuticas. A maior parte destes provedores fazem parte da Associação dos Médicos Tradicionais de Moçambique (AMETRAMO). As igrejas Católica, Zione, Velha Apostólica, Presbiteriana, Assembleia de Deus, Anglicana, Universal do Reino de Deus são também instituições que desempenham um papel fulcral na restauração da saúde espiritual e psíquica dos residentes de Xai-Xai. Quanto aos organismos internacionais da área, a Organização Mundial da Saúde (OMS), a Pathfinder, a Save the Children, o Fundo das Nações Unidas para a População (UNFPA) e o Fundo das Nações Unidas para a Infância (UNICEF) constituem parceiros de cooperação em saúde em Xai-Xai

A economia de Xai-Xai é predominantemente dominada pelo sector primário: 70% da população dedica-se à prática de agricultura de subsistência. A economia informal, nomeadamente a venda de produtos no mercado Limpopo e arredores, é outra fonte na qual os residentes de Xai-Xai extraem o seu rendimento. A emigração temporária para Maputo

---

[2] Os dados descritivos da cidade de Xai-Xai têm como fonte Conselho Municipal da Cidade de Xai-Xai (2011).

e África do Sul – com pico em dezembro e janeiro – é mais uma forma de obter rendimento em Xai-Xai. Contudo, o Estado constitui o maior empregador – sendo de destacar os sectores de educação e saúde.

O Português é a língua oficial falada em Xai-Xai. Porém, coexistem outras línguas locais, tais como Changana, Ronga e Bitonga.

3. Métodos e técnicas de recolha e análise de dados

Neste estudo conjugam-se as abordagens qualitativa e quantitativa, de maneira que os percursos das mães na busca de medicamentos para os seus filhos sejam aprofundados em seus significados mais essenciais e concretos (Minayo & Sanches, 1993). Do ponto de vista qualitativo, o estudo atua no campo da subjetividade, da intencionalidade e do simbolismo e, do ponto de vista quantitativo, o estudo atua sobre estatísticas, indicadores e tendências demográficas. Feita a pesquisa exploratória, seguiu-se o trabalho etnográfico, realizado em Xai-Xai, uma cidade que apresenta taxas elevadas de morbilidade e mortalidade em menores de cinco anos, porém com um acesso aos serviços de saúde insuficiente e baixo. Xai-Xai está inserida num contexto terapêutico e farmacologicamente plural, apresentando adicionalmente uma multiplicidade de recursos farmacológicos.

A pesquisa etnográfica teve a duração de sessenta dias, entre os meses de janeiro e março de 2012, e foi realizada unicamente por mim. Como grupos-alvo identificaram-se os responsáveis por menores de cinco anos (mães, avós, tios), provedores de recursos terapêuticos e farmacológicos (enfermeiras, farmacêuticos[3], vendedores de fármacos tradicionais e curandeiros) e dirigentes de instituições e organizações sanitárias. Os perfis das mães foram diversificados, assim como os locais de realização de entrevistas, tendo algumas mães sido entrevistadas no Centro de Saúde e outras nas suas próprias residências.

Todos os informantes foram minuciosamente informados sobre os objetivos e os métodos do trabalho e assinaram um consentimento informado

---

[3] A expressão "farmacêutico" utilizada no presente estudo refere-se a um grupo de profissionais formados por instituições (escolas e universidades) para serem vendedores de medicamentos biomédicos. Esta conceituação não se aplica aos vendedores de medicamentos tradicionais, os quais não passam pelo mesmo percurso daqueles.

que autorizou a cedência da informação e a realização de fotografias. Os seus nomes são fictícios. Quanto às técnicas de recolha de dados recorreu-se aos guiões de entrevistas semi-directivas gravadas, às conversas informais e às observações diretas. Embora as conversas informais e observações diretas se tenham realizado em todos os locais, as entrevistas foram apenas feitas no Centro de Saúde, nas farmácias (biomédicas e tradicionais) e nos domicílios do curandeiro e das mães.

As enfermeiras foram entrevistadas no Centro de Saúde. Entrevistaram-se as únicas (duas) enfermeiras pediátricas existentes. As entrevistas com os farmacêuticos foram realizadas nas respetivas farmácias biomédicas. O vendedor de medicamentos tradicionais foi entrevistado na sua farmácia tradicional[4], sita no mercado Limpopo. A entrevista com o curandeiro foi realizada no seu domicílio. A abordagem bilingue (Changana e Português) adotada facilitou a comunicação. Assim, com base nas entrevistas semi-diretivas obtiveram-se narrativas de treze mães, uma avó, duas enfermeiras, dois farmacêuticos, um vendedor de medicamentos tradicionais e um curandeiro. E através de conversas informais obtiveram-se depoimentos dos tios.

A pesquisa etnográfica foi também uma oportunidade para fazer a análise de material escrito, estatísticas sobre saúde em Xai-Xai, Perfis Epidemiológicos, Plano de Estrutura Urbana do Município de Xai-Xai, estudos sobre a mortalidade infantil por doenças em Moçambique, entre outros. Portanto, da pesquisa etnográfica surgiram três tipos de *outputs*: entrevistas gravadas, diário de campo e materiais escritos. Obtidos os dados, procedeu-se à sua transcrição, agrupamento e apresentação em formato texto, consubstanciado por tabelas. De seguida, fez-se a interpretação e discussão com base na análise de conteúdo e construiu-se um texto que incide, por um lado, no contexto e condições sociais de gestão de saúde e doença em Xai-Xai e, por outro, na maneira como as mães gerem a busca e o uso de medicamentos, o que as orienta, os significados que emergem desse processo, bem como a maneira como a vida delas se estrutura em torno desses significados.

---

[4] "Farmácia tradicional" é uma expressão utilizada no presente estudo, por facilidade de linguagem, para designar estabelecimento onde se podem adquirir medicamentos peculiares à medicina tradicional.

4. Resultados

4.1. Perfil das mães

Foram entrevistadas treze mães, de idades compreendidas entre os 20 e os 39 anos e com uma média de escolaridade de 8º ano. As suas profissões variam entre trabalhos domésticos, pequenos comércios locais e trabalhos de escritório. A maior parte pertence ao género de igrejas cristãs com raízes no protestantismo africano. A união marital mediada pelo casamento tradicional *lobolo* predomina relativamente ao casamento civil. As crianças têm idades compreendidas entre os sete meses e os quatro anos, sendo sete do sexo feminino e seis do sexo masculino. Para garantir o anonimato, os nomes apresentados abaixo são fictícios.

TABELA 1

Perfil das mães entrevistadas

	Nome	Idade (anos)	Nível de escolaridade	Profissão/Fonte de Renda	Religião	E. Civil	Criança de (idade)
1	Ariana	22	8º Ano	Comerciante/Venda de pescado	Velha Apostólica	União marital	11 meses
2	Berta	20	7º Ano	Doméstica/Salário do marido (guarda de fronteira)	Universal do Reino de Deus	União marital	1 ano e 2 messe
3	Cacilda	27	12º Ano	Assistente administrativa/Salário próprio e do marido (motorista)	Católica	Casada	2 anos
4	Carolina	37	9º Ano	Comerciante/Comércio leguminosas	Velha Apostólica	União marital	3 anos
5	Celsa	20	8º Ano	Doméstica/Salário do marido (mineiro na África do Sul)	Católica	União marital	3 anos
6	Dorca	27	8º Ano	Bilheteira nos mercados municipais/Salário	Velha Apostólica	Casada	9 meses
7	Efigénia	29	12º Ano	Comerciante/Comércio (pequena loja no domicilio)	Nenhuma	Divorciada	1 ano
8	Inalda	30	12º Ano	Comerciante/Comércio e salário do marido (motorista)	Assembleia de Deus	União marital	4 anos
9	Maimuna	33	12º Ano	Doméstica/Comércio do marido (lojista)	Islão	Casada	4 anos
10	Maira	32	5º Ano	Lojista (proprietária)/Comércio loja	Velha Apostólica	União marital	7 meses
11	Maria João	34	6º Ano	Doméstica/Biscates agrícolas	Zione	Separada	10 meses
12	Natércia	39	4º Ano	Limpadeira/Salário e biscate agrícolas	Nenhuma	Separada	2 anos e 3 meses
13	Vera	25	5º Ano	Doméstica/Salário do marido (mineiro na África do Sul)	Universal do Reino de Deus	União marital	1 ano e 9 meses

4.2. Agentes do mercado farmacológico em Xai-Xai

Hospitais e centros de saúde, farmácias biomédicas, farmácias tradicionais e curandeiros constituem os agentes disponíveis para o tratamento das doenças comuns em crianças menores de cinco anos em Xai-Xai.

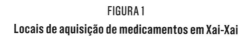

FIGURA 1
Locais de aquisição de medicamentos em Xai-Xai

O Centro de Saúde da cidade de Xai-Xai é a unidade sanitária responsável pelo atendimento da maioria da população e é constituído por 2 médicos e 55 profissionais de saúde. O Centro funciona das 6:00 horas até às 18:00 horas, fazendo com que, fora deste período, os utentes tenham como única opção recorrer ao Hospital Provincial de Xai-Xai. O Centro de Saúde e o Hospital Provincial possuem farmácias públicas internas, onde os utentes podem comprar os medicamentos, após prescrição médica. O Estado moçambicano compartícipa no preço dos medicamentos das farmácias públicas hospitalares, o que faz com que todo o conjunto de medicamentos prescritos tenha um custo fixo de cinco meticais[5]. No entanto,

---

[5] Cinco meticais correspondem a catorze cêntimos. Base: 1€ = 35 MTN (2013)

nem sempre há nas farmácias hospitalares todos os medicamentos requisitados e necessários. Nestes casos, como também no caso de enchentes com filas longas, os utentes recorrem às farmácias privadas para a compra dos medicamentos. O preço nas farmácias privadas é muito mais alto que nas farmácias públicas hospitalares.

Existem cerca de dez farmácias privadas a funcionar na cidade de Xai-Xai e vendem medicamentos com ou sem prescrição médica, dependendo dos casos. Os técnicos farmacêuticos elaboram requisições mensais baseadas na incidência (sazonal) das doenças. Por exemplo, na estação do verão solicita-se, maioritariamente, antimaláricos, sais ferrosos e sais de reidratação oral, enquanto que no inverno procura-se mais antigripais. O regresso dos trabalhadores mineiros moçambicanos à África do Sul, em janeiro, e a consequente necessidade de diagnóstico e tratamento contra a malária antes da entrada naquele país, é um outro fator que faz aumentar a requisição de antimaláricos neste período do ano.

FIGURA 2
Farmácias privadas em Xai-Xai

As farmácias tradicionais, que se encontram localizadas em forma de quiosques (bancas) no mercado municipal Limpopo[6], são agentes do mercado farmacológico em Xai-Xai que se dedicam à venda de medicamentos para doenças de crianças menores de cinco anos. A maioria destes medicamentos não tem prescrição do médico tradicional. Os medicamentos são importados ou obtidos através da extração. A importação dos medicamentos tradicionais é feita pelas farmácias tradicionais da África do Sul. Já a extração é feita na floresta, por especialistas maioritariamente credenciados pela Associação dos Médicos Tradicionais de Moçambique (AMETRAMO). De forma a garantir a proteção no percurso, o acesso e a eficácia dos medicamentos, três rituais são realizados para extrair os medicamentos, um à saída de casa, outro à chegada no bosque e outro ainda no regresso a casa. No estado bruto, os constituintes das plantas, nomeadamente raízes, caules e folhas, são despedaçados, postos à secagem, pilados e, por fim, ajuntados a outros constituintes animais ou excrementos. Os medicamentos são, finalmente, embalados, colocados em frascos, saquinhos plásticos ou potes e postos à venda.

[6] O mercado Limpopo abre das 6:00H às 22:00H.

FIGURA 3
Farmácias tradicionais em Xai-Xai

Existem cerca de quinze quiosques de venda de medicamentos no mercado Limpopo. Há uma estrutura hierárquica constituída, do alto ao baixo nível, por vigilante, delegado e vendedores. A profissão de vendedor não é desempenhada por qualquer pessoa. Há um processo de legitimação, em que os candidatos são examinados sobre os seus conhecimentos em matéria de medicamentos. Adicionalmente, são necessárias algumas testemunhas que atestem as declarações do candidato a vendedor. Posteriormente, uma formação adicional é dada aos candidatos que tenham necessidades suplementares em matéria de medicamentos tradicionais. A Direção Provincial de Saúde de Gaza limita-se a realizar visitas de averiguação de questões relacionadas com a higiene e segurança das bancas de medicamentos, sem com isso interferir na qualidade e eficácia dos mesmos.

Os curandeiros são também agentes do mercado farmacológico em Xai-Xai. Não se distinguindo grandemente dos vendedores de medicamentos tradicionais, os curandeiros têm a sua farmacopeia depositada nos seus próprios domicílios. Os medicamentos são geralmente adquiridos por extração. As raízes e folhas extraídas na mata, são cortadas ou piladas e, nalgumas vezes, misturadas com outros medicamentos vendidos na farmácia tradicional. O diagnóstico é o primeiro passo dado para se identificar a doença e o respetivo tratamento. De modo geral, ao preço dos medicamentos é acrescido o da consulta.

4.3. Principais doenças: OMS/MISAU vs. Mães

A priorização, causação e tratamento de doenças em menores de cinco anos são apresentados de duas maneiras, a saber: a conceção institucionalizada pela OMS e MISAU e a perceção e prática das mães. Informações sobre a conceção da OMS/MISAU foram obtidas através da análise documental e a perceção das mães através dos dados etnográficos.

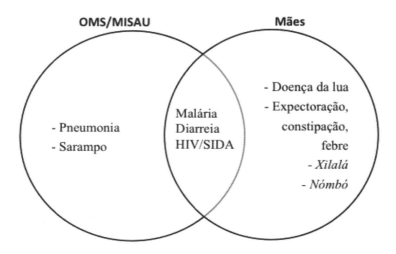

FIGURA 4
Principais doenças: OMS/MISAU vs. mães

Enquanto a OMS/MISAU apontam para a malária, pneumonia, diarreia, HIV/SIDA e sarampo como as principais doenças em menores de cinco anos, as mães, por sua vez, indicam a malária, a doença da lua, a expetoração/constipação, a diarreia, o HIV/SIDA, *xilalá* e *nómbó*. Embora doenças como a malária, diarreia e HIV/SIDA sejam mencionadas por ambos os grupos, doenças como pneumonia e sarampo, apontadas pela OMS/MISAU, não existem no rol das prioridades das mães e, de igual modo, doenças como doença da lua, *xilalá* e *nómbó*, referidas pelas mães como principais, não constam da priorização da OMS/MISAU.

Mavábvi ya whéti, mavábvi ya ma kúlú ou mavábvi ya munghano – com a tradução literária doença da lua, grande doença e doença do amigo – são expressões utilizadas para designar uma doença que se crê congénita a todas as crianças em Xai-Xai. Sendo assim, espera-se que todas as crianças a tenham, razão pela qual recomenda-se um tratamento profilático antes da manifestação dos sintomas. Esta doença tem explicações que transcendem o mundo orgânico e é em parte por essa razão que escasseiam explicações pormenorizadas sobre a sua etiologia. O próprio agente causador da doença da lua – *nhóka* – é considerado um verme invisível ao olhar orgânico. Este desconhecimento fez com que se submetesse a existência deste verme à categoria dos tabus sociais em Xai-Xai. Esta é uma doença

ITINERÁRIOS TERAPÊUTICOS DAS MÃES NA BUSCA DE MEDICAMENTOS

grave e prioritária entre crianças menores de cinco anos, razão pela qual *"uma das regras importantes de preparar a criança para enfrentar o mundo é tratar a doença da lua"* (Jerónimo, 41 anos, curandeiro), daí que *"toda a criança deve tomar o respetivo medicamento"* (Maimuna, 33 anos, mãe, islâmica) porque *"...é tabu crescer sem tomar o medicamento da lua"* (Joana, 56 anos, avó, Igreja Velha Apostólica); e curiosamente *"...mesmo um médico especializado quando as coisas apertam vai para a 'panelinha'"* (Carla, 44 anos, enfermeira), portanto *"dar ao filho o remédio da lua é uma prática quotidiana de todas as mães"* (Generoso, 52 anos, farmacêutico).

TABELA 2

Principais doenças em menores de cinco anos na ótica da OMS e MISAU[7]

Doença	Causas/Diagnóstico	Terapêutica
Malária Doença parasitária.	Picada de mosquito *plasmodium (falciparum, malariae e ovale).*	Primeira linha Artemeter lumefantrine (coartem); segunda linha AS+AQ e; terceira linha quinino. Foi também introduzido o supositório de Artesunato para pré-referência (comunidade). Controlo vetorial (pulverização e redes mosquiteiras).
Pneumonia Infeção pulmonar.	Contacto interpessoal que transmite vírus e bactérias.	Antibióticos e antigripais.
Diarreia Passagem de três ou mais fezes moles ou líquidas por dia.	Vírus, protozoários e bactérias que produzem toxinas que, por sua vez inibem a absorção da água pelos intestinos; a infeção é por via de alimentos contaminados ou por contacto interpessoal.	Sais de Reidratação Oral.
HIV/SIDA HIV é um retrovírus que destrói as células do sistema imunológico,	Transmissão de mãe para filho durante a gravidez, o parto ou a amamentação. Transfusão de sangue. Partilha de material cirúrgico injetado.	Profilaxia antirretroviral à mulher durante a gravidez e ao bebé logo após o nascimento. Tratamento antirretroviral para menores de cinco anos.
Sarampo Doença infeciosa.	Vírus transmitido por gotículas da boca, garganta ou nariz	Reidratação com solução oral, antibióticos e vitamina A.

O hospital diagnostica e trata alguns dos sintomas da doença da lua, mas não trata a doença no seu todo.

"temos medicamentos que controlam as convulsões epiléticas, mas tratar a doença como tal, não posso mentir..." (Carla, enfermeira, 44 anos).

---

[7] Quadro obtido com base nos dados oficiais disponíveis em www.who.org e www.misau.gov.mz.

O tratamento da doença da lua é feito na medicina tradicional a partir de rituais e/ou medicamentos. O ritual é realizado à mãe e ao bebé, pelo curandeiro no período pós-parto. Começa com um banho de purificação *kutlampswiwa,* composto por água morna, sangue de galinha e demais medicamentos e termina com a toma de fármacos tradicionais. Estes medicamentos tradicionais são compostos por partes moles e partes duras das plantas. As partes moles (folhas) são postas à secagem e posteriormente maceradas numa carapaça de caracol caramujo-gigante africano. As partes duras (caule, raízes e cascas) são despedaçados e submetidos à decocção – numa panela de barro *ximbitana* – de forma a extraírem-se os seus princípios ativos. Ambos os medicamentos são tomados duas vezes ao dia, ao nascer e pôr-do-sol, sendo renovados trimestralmente. Para além da finalidade terapêutica, o tratamento ritual mais medicamentos funciona como um mecanismo de preparação da criança para os desafios do universo.

> *"o tratamento completo prepara a criança para ser fisicamente forte e psicologicamente estável, de forma a ter capacidade de fazer trabalhos duros e ter postura de um(a) verdadeiro(a) homem/mulher"* (Jerónimo, 41 anos, curandeiro).

TABELA 3
Principais doenças em menores de cinco anos na ótica das mães

Doença	Causas/Diagnóstico	Terapêutica
Malária: Febres, dores de cabeça, dores nas articulações.	Picada de mosquito.	Coartem: 1 a 3 comprimidos, duas vezes ao dia, durante três dias. Paracetamol: ¼ a 1 comprimido três vezes ao dia, durante 7 dias. O custo do tratamento varia entre 5mtn (hospital) e 100mtn (farmácias privadas). Vitaminas. Eucalipto (folhas): inalação; suadouros de vapor; coberturas de toalha húmida e fria.
Doença da lua/ *Mavábzi ya whéti/mavábvi ya ma kúlú/mavábvi ya munghano:* Mácula na face, alheação, convulsões febris, sustos frequentes, sonambulismo. Quando grave, manifesta-se por paralisia, síncope e ataques epiléticos.	Verme *nhóka* que acompanha o nascimento da criança e que se desenvolve durante o seu crescimento, causando uma cadeia de enfermidades que podem comprometer a sanidade física, psicológica e social.	Um tratamento profilático pós-parto (ou seis meses depois) com recurso a rituais e/ou medicamentos tradicionais. O tratamento (ritual + medicamentos) começa com um banho de purificação à criança e à mãe impura, seguido da toma de *murhi wa humbá, murhi wa ximbitana'* e atamento de amuletos. O conjunto deste tratamento varia entre 250 e 1000mtn. O tratamento feito com base em medicamentos é composto por pedaços de raízes de diferentes árvores (30mtn), fervidos numa panela de barro, folhas secas e piladas (30mtn) que se infundem numa carapaça de caracol, com um grão de sal: tomar 10 a 100 ml, duas vezes ao dia, ao nascer e ao pôr-do-sol. A interrupção da toma depende da eficácia, ao que se pode tomar até, no pior dos casos, aos treze anos de idade.

ITINERÁRIOS TERAPÊUTICOS DAS MÃES NA BUSCA DE MEDICAMENTOS

Expetoração, constipação, febre: Dificuldade em respirar; aumento da temperatura corporal, tosse e expetoração.	Exposição a poeiras, ventos frios, chuvas e temperaturas baixas.	Xaropes (+-35 mtn), cotrimoxazol (10mtn), paracetamol (10mtn) amoxicilina e fenox (30mtn) – preço nas farmácias privadas; Ou 5mtn (xarope, cotrimoxazol e paracetamol) nas farmácias hospitalares. Xarope (cebola, açúcar, óleo alimentar). Eucalipto (folhas): inalação; tomar suadouros de vapor.
Diarreia: Fezes líquidas e contínuas.	Água não tratada, alimentos impróprios.	Mistura oral: 3 a 5 pacotes. Ferve-se 1litro de água e, ao arrefecer, mistura-se a um pacote para tomar durante 24h; Custo de Sais de Reidratação Oral por pacote: 10mtn nas farmácias privadas e 5mtn nas farmácias públicas. Batido de farinha de trigo e água fria.
HIV/SIDA: Doença que causa magreza, palidez, febre, suores, dor de cabeça.	Transmissão de mãe para filho durante a gravidez e a amamentação. Transfusão de sangue.	Antirretrovirais à mãe durante a gravidez e ao bebé após o nascimento. Tratamento antirretroviral (ARV's) para menores de cinco anos. Cocktails de medicamentos tradicionais para aumentar a massa corporal.
Xilalá: Magreza; dor e alargamento da cabeça, choros noturnos frequentes que originam veias pulsantes na cabeça;	Incompatibilidade do sangue da mãe ao do filho. É também causada pela não (ou má) receção da nova criatura pelos antepassados da família.	Ritual de purificação. Pedaços de pele (medicinais) de animais que se fervem e se tomam três vezes ao dia. Ao fim de duas semanas faz-se um amuleto com o mesmo medicamento e ata-se ao longo do pescoço do bebé. O culminar do tratamento é o rebento do amuleto. Paracetamol e vitaminas.
Nómbó: Convulsões e diarreia que acompanham a dentição da criança.		Ferve-se um medicamento tradicional *murhi wa dzombo* (pedaços de raízes e caule de plantas) e dá-se a tomar duas vezes ao dia, de manhã e à noite.

Xilalá é uma doença de bebés que se notabiliza através da magreza, dores de cabeça, choros noturnos e alargamento da cabeça. É uma doença com uma etiologia social (magia, feitiçaria e espiritualismo), sendo causada pela falta de compatibilidade entre o sangue materno e o do recém-nascido. Esta doença é também causada pela ausência de vínculo entre o recém-nascido e os antepassados da família, uma vez que se crê que os mortos crescem e vivem entre os vivos. O seu diagnóstico pode ser com base nos sintomas ou através do método de adivinhação *tinhlolo*. Sendo uma doença de cunho social, o tratamento de *xilalá* requer um banho de purificação *kutlampswiwa* dado ao recém-nascido e à respetiva mãe. Este banho é preparado com um cocktail de água morna, sangue de galinha e demais medicamentos. Purificada a criança e, com efeito, criado o elo com o sangue materno e aos antepassados da família, segue-se a toma de medicamento (pedaços de pele de animais), três vezes ao dia. No fim de doze semanas, o resto do

MULHERES NO MERCADO DA SAÚDE

medicamento é transformado em amuleto a ser suspenso no pescoço da criança. O tratamento culmina com o rebentar do amuleto.

Nómbó é uma doença descrita por convulsões e diarreias que acompanham a dentição da criança. O seu diagnóstico é sintomatológico, pelo que existe uma maior atenção das mães no período da dentição dos seus bebés. Esta doença é tratada através do medicamento tradicional designado *murhi wa dzómbó* (composto por pedaços de raízes e caule de plantas), a tomar duas vezes ao dia, de manhã e à noite.

4.4. *Percursos das mães: fatores geradores e lógicas subjacentes*

Em Xai-Xai, as respostas para fazer face às doenças em menores de cinco anos começam no espaço domiciliar. É o conhecimento comum prático intergeracional, adquirido na família e na comunidade que compõe a primeira reação das mães face aos sintomas de doença nos seus filhos. Para além de ideias práticas, em casa usam-se igualmente fármacos biomédicos, fármacos tradicionais, rituais e orações. Esta auto-atenção é justificada pela perceção que as mães têm sobre os sintomas que os filhos apresentam.

> *"Em casa, para dores de estômago agito pasta dentífrica em água fria e dou a tomar... para tosse faço um xarope de cebola e dou uma colher... quando tem febres peço paracetamol ao vizinho e dou-a"* (Ariana, mãe, 22 anos, Igreja Velha Apostólica).
> *"Quando suspeito doença em minha filha faço orações em casa. E quando a temperatura aumenta, molho uma toalha com água fria e embrulho-a porque o calor da febre quando se junta ao frio da toalha a febre baixa"* (Maimuna, mãe, 33 anos, Islão).

Orações e rezas são aqui evocadas não como substância médica, mas sim como forma de expulsar os males do âmbito espiritual que podem estar associados à causa da doença. Embora percebidas como eficazes (e necessárias) pelas mães, as respostas a nível domiciliar são vistas, pelos farmacêuticos e enfermeiras, como iatrogénicas e prejudiciais para a saúde das crianças.

> *"As mães, antes de ir ao hospital, procuram resolver o problema a nível local com a ajuda de um vizinho ou familiar que tenha tido uma situação idêntica no passado. Só quando tal intervenção não dá efeito é que as mães pensam ir ao hospital. Esta situação*

é muito triste porque o vizinho pode dar amoxicilina para uma criança de alguns meses, o que é contraindicado pelos profissionais de saúde... para além de inadequados, outros medicamentos já expiraram o prazo, o que põe em risco a saúde da criança" (Fernando, 31 anos, farmacêutico).

Se no espaço de pelo menos dois dias as medidas caseiras não produzirem melhorias no estado de saúde das crianças, as mães procuram outras fontes farmacológicas, neste caso de forma diferenciada, de acordo com a perceção sobre o tipo de doença e sua etiologia.

FIGURA 5
Itinerários das mães nos casos de malária, diarreia, expetoração e HIV/SIDA

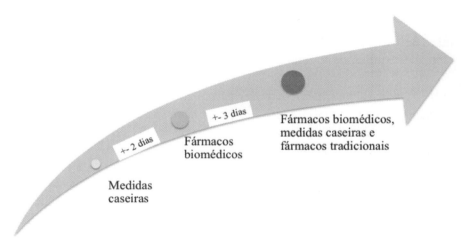

(a) Para o grupo de doenças constituído por malária, diarreia, expetoração/constipação e HIV/SIDA são frequentemente buscados fármacos biomédicos (Figura 5), adquiridos através da prescrição médica ou diretamente na farmácia privada. É a perceção sobre a causa da doença, a maneira com que um determinado fármaco é popularizado nas redes da realidade social onde a mãe vive e a avaliação da eficácia dos tratamentos anteriores que motivam as mães a recorrerem aos fármacos biomédicos para tratarem doenças acima mencionadas.

"Quando a minha filha teve malária, tratei com coartem que comprei na farmácia do hospital. É assim que se trata a malária... todos vamos ao hospital e muitas vezes dá certo. Porque a malária aparece com a picada do mosquito e no hospital consegue-se matar o veneno... é isso que se fala em todo o lado, mesmo na rádio e televisão" (Efigénia, mãe, 29 anos).

Os curandeiros também reconhecem que o tratamento de malária, diarreia, expetoração/constipação e HIV/SIDA é normalmente realizado com base nos fármacos biomédicos.

"Há doenças que nós não tratamos, mandamos as mães para o hospital. A malária é uma delas. Há relatos de que alguns curandeiros dão medicamento para isso, mas como nunca vi não acredito" (Jerónimo, 41 anos, curandeiro).

Entretanto, em caso de não melhoria num espaço médio de três dias, as mães desesperadas misturam aos fármacos biomédicos medidas caseiras e fármacos tradicionais, como se pode ver na Figura 5.

"Quando a minha filha teve ataques epiléticos (da doença da lua) *dei comprimidos e xaropes que receitaram no hospital. Mas como não estava a resultar dei medicamento tradicional arranjado por um curandeiro. Hoje em dia está a crescer bem saudável"* (Efigénia, 30 anos, cristã, mãe).

(b) Para o grupo de doenças constituído por *mavábzi ya whéti, xilalá e nómbó,* as mães recorrem aos fármacos tradicionais (Figura 6), adquiridos após a consulta com o curandeiro ou de forma autónoma nas bancas de fármacos tradicionais no mercado Municipal. São motivadas pela perceção sobre a etiologia, geralmente relacionada com fatores que transcendem a realidade físico-biológica, tais como o costume de se usar fármacos tradicionais para o tratamento destas doenças e a avaliação positiva dos tratamentos à base dos fármacos tradicionais anteriormente administrados. Assim, fármacos tradicionais, selecionados e preparados com recurso a práticas ritualísticas próprias, são vistos como os mais simbolicamente apropriados e eficazes para tratar este grupo de doenças.

"Desde os seis meses que dou o remédio tradicional para a doença da lua à minha filha; é importante e é eficaz... porque sempre foi assim na minha família... a minha

mãe educou-nos assim e todos nós tomámos; mesmo à minha mãe foi dada pela minha avó... Aquele bicho (verme) *que causa a doença só se mata com remédio tradicional, no hospital não 'veem game' porque não é doença de máquinas é dos antepassados, logo é misteriosa"* (Elsa, mãe, 20 anos, Igreja Católica).

FIGURA 6
Itinerários das mães nos casos de *mavábzi ya whéti, xilalá* **e** *nómbó*

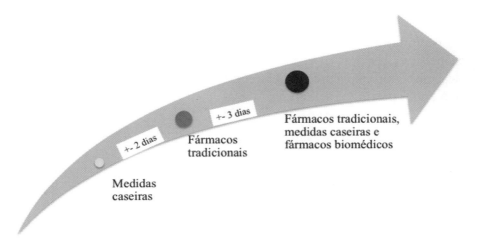

Os farmacêuticos e as enfermeiras também são unânimes em afirmar que *mavábzi ya whéti, xilalá* e *nómbó* são doenças tratadas através de fármacos tradicionais.

"É uma prática que sempre existiu; é anterior à nossa nascença... Todos passámos pela panelinha, eu passei, os meus filhos também... Mas se é eficaz ou não, não tenho certeza... Aqui no hospital recomendamos as mães a darem o remédio da lua a partir de seis meses" (Carla, 44 anos, enfermeira).

"Os nossos medicamentos só tratam os efeitos colaterais ou os sintomas, a própria doença é tratada com medicamentos tradicionais. Toda a mãe procura maneiras de dar ao seu filho o remédio da lua; elas não revelam que o fazem porque simplesmente não é necessário falar sobre isso" (Generoso, 52 anos, farmacêutico).

No entanto, em caso de não melhoria num espaço médio de três dias, as mães, na incerteza da qualidade do tratamento tradicional administrado, acrescem a esses fármacos medidas caseiras e fármacos biomédicos.

"Houve uma noite que a minha filha piorou, tinha febre muito alta. Dei o medicamento da lua e mesmo assim continuou mal na manhã seguinte. Preocupada, fui ao hospital e disse à enfermeira 'minha filha está com a doença do mês' e ela receitou um xarope. Dei o xarope e o medicamento da lua, mas cada um com a sua hora... e dois dias depois a minha filha já estava bem" (Helena, 32 anos, cristã, mãe).

As enfermeiras mostram-se ambíguas em relação à sua vertente profissional *dever ser* e pessoal *ser* e revelam conhecer estas combinações, às quais acabam sendo coniventes, ao referenciar a toma do remédio da 'panelinha' somente a partir dos seis meses.

"Nós temos que passar pela panelinha. Mesmo um médico especializado, quando as coisas apertam, recorre a muitas coisas e acaba caindo na ratoeira, então não se pode dizer não. Mas com tantas patologias que interferem na vida das pessoas, adotamos o aleitamento exclusivo, por isso recomendamos o medicamento da panelinha a partir dos seis meses. Isto não é fácil porque segundo a nossa natureza, uma criança ao nascer tem que fazer banhos e tomar medicamento da lua. Mas estamos a tentar educar para a mudança" (Carla, 44 anos, enfermeira).

Portanto, durante os seus itinerários à procura de medicamentos para doenças em menores de cinco anos de idade as mães passam por uma complexidade de percursos que incluem medidas caseiras, fármacos biomédicos, fármacos tradicionais e combinação dos três recursos.

5. Discussão dos resultados

Com os dados etnográficos pode-se concluir que Xai-Xai se caracteriza por ser um contexto de pluralismo médico e pluralismo farmacológico, onde coexistem hospitais, centros de saúde, farmácias biomédicas, farmácias tradicionais e curandeiros. Estes agentes guiam-se por lógicas diferentes. Os hospitais e farmácias biomédicas têm uma lógica centrada na fisiologia humana, de maneira que as doenças são vistas como entidades físicas localizadas em partes específicas do corpo. As farmácias tradicionais e curandeiros

ITINERÁRIOS TERAPÊUTICOS DAS MÃES NA BUSCA DE MEDICAMENTOS

possuem uma lógica holística, sendo as doenças assumidas como entidades físicas e sociais, que, para o seu tratamento, é necessário estabelecer-se o equilíbrio entre o corpo humano, o meio ambiente e os antepassados. Entretanto, enquanto as farmácias tradicionais estabelecem o equilíbrio pela manipulação de medicamentos tradicionais, os curandeiros acrescem aos medicamentos o diagnóstico e os rituais de purificação e de cura.

Em Moçambique, a biomedicina e a medicina tradicional não são sistemas médicos estanques; os limites entre os mesmos são irregulares, estando a biomedicina e a medicina tradicional em constante interação, possibilitada pela relação entre os seus provedores assim como pelos itinerários múltiplos realizados pelos indivíduos. A relação entre os diferentes agentes do mercado farmacológico é assimétrica. Os hospitais, centros de saúde e farmácias biomédicas, legitimados pelo Serviço Nacional de Saúde, são estruturalmente consideradas entidades oficiais e fundamentais para os cuidados primários de saúde – hegemonia do modelo (bio)médico (Menéndez, 2005). A hegemonia do modelo médico em Moçambique é um produto histórico com raízes na época das missões coloniais, que prestavam serviços de saúde com o objetivo final de salvaguardar a mão-de-obra indígena (Meneses, 2000 & Honwana 2002). Neste país, a biomedicalização alicerçou-se na doutrina cristã, hostil às estruturas médicas tradicionais, razão pela qual instituições médicas (não biomédicas) foram assumidas como 'alternativas'. Note-se que a biofarmacologização (fármacos biomédicos) é uma extensão da biomedicalização.

A identificação das principais doenças em menores de cinco anos em Xai-Xai sublinha a existência de um afastamento entre a realidade estruturalmente construída que guia os planos e estratégias no Ministério da Saúde e as perceções e práticas das mães. Quando se espera que as doenças mais prevalentes naquele contexto sejam as que se encontram documentadas e priorizadas por meio de estudos epidemiológicos, eis que há uma diferença na forma como os sujeitos sociais identificam e classificam as doenças que mais experienciam como dizimadoras de vidas dos menores de cinco anos. Se, por um lado, dados epidemiológicos mostram que as doenças mais prevalentes são a malária, a pneumonia, a diarreia, o HIV/SIDA e o sarampo, por outro, as mães apontam a malária, a doença da lua, expetoração/constipação, diarreia, HIV/SIDA, *xilalá* e *nómbó*.

A realidade verificada em Xai-Xai suporta a distinção entre *disease* (doença processo) e *illness* (doença experiência) (Uchôa & Vidal, 1994; Janzen, 2002),

MULHERES NO MERCADO DA SAÚDE

onde *disease* diz respeito às disfunções de estrutura, órgãos ou sistemas, e *illness* à experiência subjetiva da anormalidade, abrangendo as respostas do enfermo e de outros indivíduos pertencentes ao seu meio familiar e social. *Illness* é a maneira com que *disease* é moldado através do comportamento e da experiência dos indivíduos (Kleinman, 1980). Assim, em Xai-Xai doença não é simplesmente a manifestação do processo patológico tal como a biomedicina concebe. À manifestação patológica os indivíduos constroem, durante as suas interações, interpretações e respostas adaptativas, que espelham as suas normas e valores e se evidenciam através das suas formas de pensar e agir. Para além da própria mãe, é de salientar o papel fundamental das avós na gestão da saúde das crianças.

É por esta razão que em Xai-Xai as mães para além de trazerem uma lista de *illnesses* que não equivalem às *diseases* identificados por organismos oficiais, as doenças são igualmente construídas com base em categorias semânticas resultantes do contexto e das experiências por si vivenciadas. Assim, por exemplo, ao invés de nomear pneumonia às manifestações de mal-estar que espelham esta doença, as mães simplesmente designam expetoração e constipação. De igual modo, o que as mães chamam *nómbó* revela-se de forma similar à manifestação da diarreia, referida pela OMS/MISAU. Portanto, está aqui evidente a ideia de que a prática terapêutica em Xai-Xai é também construída por redes de significações *semantic network illness* de Byron Good (1977) a partir da explicação e experienciação.

Mais do que categorias científicas estanques, as mães designam e interpretam as doenças através de sinais e sintomas vivenciados. Doenças comuns como a malária podem ser concebidas de forma distinta por cada grupo. Para OMS/MISAU a malária é uma doença parasitária transmitida pela picada do mosquito *anopheles* e tratada com base no coartem, AS+AQ ou quinino e para as mães malária é simplesmente febre e dores, causadas pela picada de mosquito e que para o seu tratamento requer-se coartem, paracetamol e inalação de folhas de eucalipto. Tal como Uchôa & Vidal (1994: 501) referem, pode-se dizer que neste caso de Xai-Xai não existe também *"correspondência termo a termo entre os diagnósticos profissionais, que geralmente orientam os programas de saúde, e os diagnósticos populares, que orientam as representações e comportamentos"*.

Este estudo traz novas terminologias de doenças como a doença da lua/m*avábzi ya whéti*. Doença da lua não se resume aos ataques epiléticos como geralmente se tenta simplificar. Trata-se de uma doença secular

ITINERÁRIOS TERAPÊUTICOS DAS MÃES NA BUSCA DE MEDICAMENTOS

composta por um conjunto de manifestações complexas, cuja etiologia se remete aos fatores que transcendem a realidade física. A terapêutica requer não apenas a toma de medicamentos como também a realização de rituais terapêuticos. O facto de se não incluir esta doença na classificação oficial das doenças denuncia a amplitude com que o modelo biomédico domina em Moçambique (Menéndez, 2005). Esta verificação assemelha-se à realidade que Hill et al. (2003) encontrou no Gana, em que doenças locais como *asram*, sem equivalência na terminologia biomédica, eram simplesmente desconsideradas.

Em relação aos itinerários terapêuticos, as mães, quando confrontadas com alguma doença dos seus filhos, recorrem, em primeira instância, ao que têm por perto. É no espaço domiciliar e junto dos familiares e vizinhos, ou seja, sector popular (Kleinman, 1980) onde se define a doença e se iniciam os cuidados. Estas respostas incluem a ingestão de fármacos biomédicos e tradicionais, bem como o manuseamento de medidas caseiras e orações. De forma semelhante, Pilkington et al. (2004) mostra que na vila de Dienga, no Gabão, a primeira reação das mães diante da doença de seus menores é recorrer ao primeiro medicamento que tenham em suas mãos, contudo neste caso o autor refere-se unicamente aos fármacos biomédicos. Um estudo no Sudão para identificar as bases da conceção da febre e as razões da escolha do tratamento concluiu que antes de consultarem um profissional, as mães iniciam o tratamento da febre nas crianças com base no que têm em casa (ervas, esponjas mornas, fármacos remanescentes) (Malik et al. 2006). As mães usam as medidas caseiras em Xai-Xai devido à crença na sua eficácia para tratar sintomas de doenças familiares. A distância entre as residências e os agentes farmacológicos e a necessidade de transporte é outro motivo que coloca a automedicação como primeiro recurso em Xai-Xai.

Após a experienciação dos sintomas e a categorização de doença, os indivíduos decidem o que fazer e que tipo de provedor procurar (Kleinman, 1980). Assim, se as mediadas caseiras não controlam os sinais que a criança apresenta, as mães fazem distinção das doenças segundo os sintomas e distribuem-nas em duas categorias etiológicas: doenças causadas por fatores biológicos e doenças causadas por fatores sociais. Deste modo, para o caso de malária, diarreia, expetoração/constipação e HIV/SIDA, as mães recorrem aos fármacos biomédicos; se se tratar de doença da lua, *xilalá e nómbó* elas recorrem aos fármacos tradicionais. Esta escolha das mães em Xai-Xai equipara-se à relatada por Baume et al. (2000) na Zâmbia, onde na procura de cuidados para febre e convulsões, e após insucesso das medidas caseiras e se mais sintomas surgirem, as mães tendem a administrar o tratamento hospitalar, ou quando acreditam que são febres que não se enquadram nos cuidados hospitalares administram um tratamento tradicional.

Em Xai-Xai, no entanto, esses conjuntos (doenças tratadas por fármacos biomédicos e doenças tratadas por fármacos tradicionais) são de longe absolutos. Até porque a procura de cuidados de saúde é um processo criativo que inclui a invenção, inovação e desordem (Straus *et al.*, 2011). Assim, se o estado de saúde da criança continuar severo, mesmo após a administração de fármacos, as mães desesperadas tendem a misturar tudo para salvar os seus menores. Deste modo, às doenças tratadas com fármacos biomédicos adicionam-se medidas caseiras e fármacos tradicionais. E às doenças tratadas com fármacos tradicionais adicionam-se medidas caseiras e fármacos biomédicos. Ao contrário do que Savigny et al. (2004) descreve sobre a Tanzânia, onde o tratamento biomédico é a escolha preferida para a maior parte dos casos de malária fatal e convulsões, neste estudo mostra--se que em casos graves, dada a incerteza e o receio duma inesperada falta de eficácia, as mães, sem querer ariscar a vida dos seus menores, dão-lhes tudo. Sobre o efeito da incerteza, Whyte (1997: 18) diz *"a incerteza é proprie-dade da existência humana... mesmo sem garantia, o homem prefere estar seguro que inseguro".* Este sincretismo terapêutico-farmacológico mostra que a eficácia dos medicamentos para doenças de menores de cinco anos em Xai-Xai é socialmente construída.

Kleinman (1980) afirma que todas as atividades de saúde podem ser vistas a partir de um sistema cultural, o sistema de cuidados de saúde, que integra as crenças das pessoas e os padrões da cultura que governam tais crenças. Neste sistema de cuidados de saúde, os indivíduos interna-lizam significados simbólicos e normas que mais tarde governam as suas perceções e decisões na procura de cuidados nos três sectores interdepen-dentes: o popular, o profissional e o folclórico. O presente estudo mostra que são as mães que decidem que fármacos tomar e quando os tomar, quando continuar ou parar com um tratamento, e quando misturar todas as possibilidades. Os três sectores de Kleinman (popular, profissional e folclórico) não se replicam neste caso de de Xai-Xai, uma vez que as mães aqui estudadas criam os seus próprios sectores que correspondem às respostas farmacológicas que procuram para tratar doenças em seus menores. Embora as medidas caseiras possam tendencialmente corresponder ao sector popular e os fármacos biomédicos ao sector profissional, os fármacos tradicionais também formam o sector profissional no universo das mães e não o sector folclórico como se podia esperar segundo Kleinman (1980).

Por fim, os resultados deste estudo mostram que o facto de existir um processo controlado de planeamento e programação *de jure* em relação à gestão de doenças em menores de cinco anos de idade, não impede que os indivíduos *de facto* reconstruam tais programas e criem respostas locais sobre a saúde e doença – que coexistem com as respostas institucionalizadas. É desta maneira que a sociedade individualizada se comporta em Bauman (2001), autor que sugere que embora seja um facto que a nossa individualidade é socialmente produzida, o indivíduo na modernidade, a partir do momento em que se emancipou da determinação herdade, passa a ganhar a autodeterminação nas suas ações (Bauman, 2001: 144).

6. Conclusões

Os resultados deste estudo permitiram concluir que durante a procura de respostas para as doenças dos seus filhos num mercado farmacológico múltiplo na cidade de Xai-Xai, em Moçambique, as mães percorrem itinerários complexos, compostos por continuidades e descontinuidades terapêuticas. A primeira resposta às doenças dos filhos começa a nível domiciliar, com medidas caseiras que incluem manuseamento de vários fármacos biomédicos e tradicionais, ideias práticas e orações. Se estas forem incapazes de controlar os sinais de doença, as mães, de forma diferenciada, recorrem aos fármacos biomédicos para doenças como a malária, a diarreia, a expetoração/constipação e o HIV/SIDA, e aos fármacos tradicionais para doenças como doença da lua, *xilalá e nómbó*. No entanto, em caso de severidade, e se a condição de saúde do menor se deteriorar, as mães desfazem esses conjuntos e combinam aos fármacos biomédicos medidas caseiras e fármacos tradicionais, e aos fármacos tradicionais medidas caseiras e fármacos biomédicos. Estes percursos são motivados por vários fatores: a perceção da etiologia da doença, a crença na eficácia do tratamento estimulado pelos sucessos em terapias precedentes, o desespero diante da incerteza, e a necessidade de gerir o risco para evitar o pior para as suas crianças.

Os resultados deste estudo mostram a necessidade de se conjugar *illness* à *disease* na procura de compreensão das práticas de saúde em contextos culturais. Para maior eficácia na redução da morbilidade e mortalidade em menores de cinco anos não basta a disponibilização de serviços e a garantia do acesso físico e financeiro dos mesmos. É particularmente fundamental compreender as razões que ditam e sustentam o comportamento do enfermo e de outros atores com quem ele interage. O planeamento de programas de saúde bem como a sua implementação em contextos culturais específicos deve ter em conta a maneira com que os indivíduos percebem e experienciam a saúde e doença, os valores culturais subjacentes, e o seu comportamento face à procura e uso dos recursos médicos existentes. Com efeito, há necessidade de se compreender a maneira com que os sujeitos sociais percebem e gerem a saúde e a doença, para a adopção de políticas mais adequadas em prol da redução da mortalidade em menores de cinco anos.

Referências

Alves, P.& Sousa, I. (1999). Escolha e avaliação de tratamento para problemas de saúde: considerações sobre o itinerário terapêutico. In M. Rabelo, P. ALVES & I. SOUZA (eds). *Experiência de doença e narrativa* (pp. 125-138) [online]. Rio de Janeiro: Editora FIOCRUZ.

Assefa, T. et al. (2008). Mothers'health Care Seeking Behavior For Childhood Illnesses In Derra District, Northshoa Zone, Oromia Regional State, Ethiopia. *Ethiopian Journal of Health Sciences, 18*(3).

Bauman, Z. (2001). *The Individualized Society*. Cambridge: Polity.

Baume, C. et al (2000). Patterns of care for childhood malaria in Zambia. *Social Science & Medicine. 51*(10), 1491-1503.

Chapman, R. (2006). Chikotsa – Secrets, Silence, and Hiding: social risk and reproductive vulnerability in central Mozambique. *Medical Anthropology Quarterly. 20*(4), 487-515.

Conselho Municipal da Cidade de Xai-Xai (2011). *Plano de Estrutura Urbana do Município de Xai-Xai, Diagnóstico da Situação Actual*. Xai-Xai: CMCX.

de Savigny, D., et al. (2004). Care-seeking patterns for fatal malaria in Tanzania. *Malaria Journal. 3*(1), 27.

de Silva, M. A., Wijekoon, A., Hornik, R., & Martines, J. (2001). Care seeking in Sri Lanka: one possible explanation for low childhood mortality. *Social Science & Medicine. 53*(10), 1363-1372.

Etkin, N. (1990). Ehnopharmacology: biological and behavioral perspectives in the study of indigenous medicines. In T. Johnson & C. Sargent. *Medical Anthropology. Contemporary Theory and Method*. New York: Praeger.

Evans-Pritchard, E. (1987). *Bruxaria, Oráculos e Magia entre os Azande*. Rio de Janeiro: Zahar Editores.

Giovannini, P. et al (2011). Do pharmaceuticals displace local knowledge and use of medical plants? Estimates from a cross sectional study in a rural indigenous community, Mexico. *Social Science & Medicine*. 72, 928-936.

Good, B. J. (1977). The heart of what's the matter the semantics of illness in Iran. *Culture, medicine and psychiatry*. 1(1), 25-58.

Granjo, P. (2009). Saúde, Doença e Cura em Moçambique. In E. Lechner (org.). *Migração, Saúde e Diversidade Cultural*. Lisboa: Imprensa de Ciências Sociais.

Hill, Z., et al. (2003). Recognizing childhood illnesses and their traditional explanations: exploring options for care-seeking interventions in the context of the IMCI strategy in rural Ghana. *Tropical Medicine & International Health*. 8(7), 668-676.

Hobsbawn, E & Ranger, T. (1983). *The Invention of Tradition*. Cambridge: Cambridge University Press.

Honwana, A. (2002). *Espíritos vivos, tradições modernas: Possessões de espíritos e Integração social pós-guerra no sul de Moçambique*. Maputo: PROMÉDIA.

Janzen, J. (2002). *The Social Fabric of Health: An Introduction to Medical Anthropology*. Boston: McGraw-Hill.

Kleinman, A. (1980). *Patients and Healers in the Context of Culture*. Berkeley: University of California Press.

LeVine, R. & Rowe, M. (2009). Maternal literacy and child health in less-development countries: evidence, processes, an limitations. *Journal of Developmental & Behavioral Pediatrics*. 30(4), 340-349.

Lock, M. & Nguyen V. (2010). *An Anthropology of Biomedicine*. New Jersey: Wiley-Blackwell.

Lupton, D. (1995). *The Imperative of Health. Public Health and the Regulated Body*. London: SAGE.

Malik, E. et al. (2006). Treatment-seeking behaviour for malaria in children under five years of age: implication for home management in rural areas with high seasonal transmission in Sudan. *Malaria journal*, 5(1), 60.

Menéndez, E. (2003). Modelos de atención de los padecimientos: de exclusiones teóricas y articulaciones prácticas. *Ciência e Saúde Colectiva*. 8, 185-208.

Menéndez, E. (2005). El modelo médico y la salud de los trabajadores. *Salud Colectiva*. 1, 9-32.

Meneses, M. P. (2000). *Medicina Tradicional, Biodiversidade e Conhecimentos rivais em Moçambique*. Coimbra: Oficina do CES.

Minayo, M. & Sanches, O. (1993). Quantitativo-Qualitativo: Oposição ou Complementaridade?. *Cadernos de Saúde Pública*. 9 (3), 239-262.

Ministério da Saúde (2004). *Perfil Estatístico Sanitário da Província de Gaza*. Maputo: MISAU.

O'Reilly, K. (2005). *Ethnographic Methods*. London: Routledge.

Pilkington, H. *et al* (2004). Malaria, from natural to supernatural: a qualitative study of mothers' reactions to fever (Dienga, Gabon). *Journal of Epidemiology and Community Health*. 58, 826-830.

Porto Editora (2011). *Dicionário da língua portuguesa: Acordo ortográfico o antes e o depois*. Porto: Porto Editora.

Quivy, R. & Van Campenhoudt, L. (1998). *Manual de Investigação em Ciências Sociais*. Lisboa: Gradiva Publicações.

República de Moçambique (2004). *Política da Medicina Tradicional e Estratégia da sua Implementação*. BR nº 15, 1ª Série. Maputo: Imprensa Nacional.

Rhodes, L. (1990). Studying biomedicine as a cultural system. In T. Johnson & C. Sargent. *Medical Anthropology: Contemporary Theory and Method*. New York: Praeger Publisher.

Scheper-Huges, N. & Lock, M (1987). The Mindful Body: a Prolegomenon to Future Work in Medical Anthropology. *Medical Anthropology Quarterly*. 1(1),6-41.

Straus, L. *et al* (2011). Inherent illness and attacks: an ethnographic study of inter-pretations of childhood Acute Respiratory Infections (ARIs) in Manhiça, southern Mozambique. *BMC Public Health*, 11 (556), 1-10.

Thornton, R. (2010). The market of healing and the elasticity of belief: medical pluralism in Mpumalanga, South Africa. In M. Dekker & R. Van Dijk (eds.). *Markets of well-being: Navigating Health and Healing in Africa*. Leiden: BRILL.

Uchôa, E. & Vidal, J.M. (1994). Antropologia médica: elementos conceituais e metodológicos para uma abordagem da saúde e da doença. *Cadernos de Saúde Pública*. 10 (4).

UNITED NATIONS (2010). *Millenium Development Goals. Goal 4 Reduce Child Mortality*. High-level Plenary Meeting of the General Assembly. New York. Disponível em http://www.un.org/millenniumgoals/

Van der Geest, S. & Finkler, K. (2004). Hospital ethnography: introduction. *Social Science and Medicine*.59, 1995-2001.

Van der Geest, S. *et al* (1989). The charm of Medicines: Metaphors and Metonyms. *Medical Anthropology*. 3(4), 345-367.

Van der Geest, S. (1996). The Anhropology of Pharmaceuticals: A Biographical Approach. *Annual Review of Anthropology*. 25, 153-178.

WHO (2012a). *Mozambique: health profile*. Disponível em: http://www.who.int/gho/countries/moz.pdf.

WHO (2012b). *World Health Statistics*. Disponível em http://www.who.int/gho/publications/world_health_statistics/EN_WHS2012_Full.pdf.

Whyte, S. (1997). *Questioning misfortune: the pragmatics of uncertainty in eastern Uganda*. Cambridge: Cambridge University Press.

Whyte, S. *et al* (2002). *Social Lives of Medicines*. Cambridge: Cambridge University Press.

Populações rurais e saúde reprodutiva no sul de Angola

MARIA DE FÁTIMA

Introdução

O presente texto trata dos cuidados de saúde materno-infantil entre populações rurais em Angola e em particular tece considerações sobre as práticas tradicionais, a sua aceitação pela população local tanto em termos práticos como simbólicos. Em especial, debruça-se sobre o papel das parteiras tradicionais, ou seja, matronas, denominadas localmente por *ndjali*.

Esta escolha foi motivada pela ausência de estudos na área da saúde reprodutiva em áreas rurais de Angola. Nesse sentido, o estudo visa suprir essa escassez. Tratando-se de um tema de relativa relevância para a prática da saúde reprodutiva no meio rural angolano, especificamente na zona sul, foram propostos os seguintes objetivos:

O objetivo geral é a análise de algumas características que legitimam o trabalho desempenhado pelas *ndjali* em contextos rurais, identificando as práticas tradicionais de atenção à mulher de uma forma geral, à grávida e à criança.

Entre os objetivos específicos tentou-se (i) saber quem são as parteiras tradicionais (*ndjali*) e o papel que desempenham na redução das taxas de morbimortalidade da mulher rural em Angola; (ii) perceber as fontes de legitimação da sua atividade (iii) analisar as motivações das *ndjali* para o exercício desta tarefa (iv) perceber a relação entre as *ndjali* e as pacientes; (v) analisar os constrangimentos que as *ndjali* e as comunidades rurais enfrentam no âmbito da saúde reprodutiva e não só; (vi) analisar a relação que as populações rurais estabelecem com as estruturas de saúde.

Observando os objetivos delineados e considerando que as comunidades rurais angolanas permanecem impossibilitadas de beneficiar convenientemente das Políticas Sociais do Estado e das iniciativas do sector privado de saúde, pressupôs-se que a ação das parteiras tradicionais (*ndjali*) continua evidente e enquadra-se na estrutura dos terapeutas tradicionais.

Na comunidade em estudo, os terapeutas tradicionais são denominados *cimbanda*, sem distinção de sexo. Alguns autores optam por outras terminologias. Por exemplo, Mendiguren (2008: 34) adota a denominação de traditerapeutas, conceito que pode ser adaptado para o contexto em análise.

Com efeito, procurou-se responder à questão central da pesquisa: de que forma é organizado e desenvolvido localmente o processo de atenção à saúde reprodutiva nas comunidades rurais da Humpata e da Chibia face à deficiente abrangência, possível eficácia e desafios das políticas de saúde?

De acordo com estas questões, partiu-se do pressuposto de que a prática de cuidados no domínio da saúde reprodutiva em contexto rural huilano é geralmente atribuída a elementos do sexo feminino como as parteiras tradicionais localmente denominadas *ndjali*. Aventa-se que o domínio dessa prática obedece a processos de reativação dos conhecimentos que têm sido transmitidos pela Tradição Oral ao longo de gerações e que contemplam alguns indícios das práticas modernas que se associam e ajustam aos seus padrões locais de vida.

As *ndjali* são tidas, nas comunidades que servem, como detentoras de habilidades e capacidades de cuidar da saúde da mulher, da grávida, da parturiente e da criança com certa responsabilidade e alguma eficácia. O seu saber e prestígio é sustentado pelo rol de conhecimentos e saberes locais adquiridos pelas experiências das dinâmicas do quotidiano e dos mais velhos (*ovakulu*), e também pelo dom outorgado através dos espíritos benfazejos (*onohande*). Neste sentido, o texto aborda como ocorrem os processos de atenção à grávida, à parturiente e ao recém-nascido, como resultado de uma longa aprendizagem.

Enfoque teórico

O papel de assistência ao parto na história da humanidade teve sempre como protagonista a própria mulher, independentemente do universo sociocultural no qual estivesse inserida. Alguns estudos sobre parteiras tradicionais focam em diversos contextos a maneira como estas "profissionais" eram denominadas e consideradas pela sociedade. As parteiras eram conhecidas sob várias designações, como referem alguns autores

POPULAÇÕES RURAIS E SAÚDE REPRODUTIVA NO SUL DE ANGOLA

(Nava: 2003; Magalhães: 1922; Filho: 1991; Aragão: 1923). Por exemplo, o termo matronas é utilizado nos países de língua espanhola e corresponde a "Midwife" e "Sage-Femme" nos países de expressão inglesa e francesa respetivamente (Cf. Campos, Silva e Cavalieri, 2011: 7).

Nestes estudos revela-se que as designações da época em alguns casos eram pejorativas, entre as quais se destacam: mulheres sujas, sem qualificação, abortadeiras, feiticeiras, alcoviteiras, entre outros adjetivos. Nos anos 70 e 80, as análises feministas conseguem reverter essa imagem negativa da história das mulheres associada à atividade de parteira, mostrando que o parto realizado no espaço doméstico, conduzido pela comadre, com a ajuda de outras mulheres, não provocava tantas mortes, nem era nociva à sociedade, como faziam crer os médicos das épocas anteriores.

Além disso, os estudos já referidos tratam de alguns conflitos que se verificaram entre parteiras e médicos, considerando que estes decorrem de um discurso público que se apoiava numa desarmonia ideológica entre saber e ignorância. Contudo, no continente africano, existem estudos que datam da época colonial e pós-colonial, seja a nível de trabalhos de fim de curso e projetos de pesquisa (licenciaturas, mestrados e doutoramentos) como de projetos financiados por Organizações Não Governamentais (ONGs) e pelo Ministério da Saúde. Neste campo, aponta-se o estudo de Medeiros (1984), cujo foco incide na situação da mulher, normas e comportamentos, práticas e tabus respeitantes à gravidez e ao parto bem como à primeira infância. Outro estudo relevante é o de Nhatave (2006) sobre saúde materna em Moçambique, em que se percebem os aspetos socioculturais que influenciam comportamentos relacionados com saúde materna e reprodutiva, incluindo Infeções de Transmissão Sexual/HIV/SIDA. É de realçar, ainda, um estudo proeminente financiado pela comissão da União Africana e o Escritório da Conferência Internacional sobre População e Desenvolvimento (ICPD) em colaboração com o Fundo das Nações Unidas para a População (FNUAP) sobre a situação da saúde reprodutiva em África em que foram feitas consultas sub-regionais a fim de se discutir formas de acelerar a promoção da saúde sexual e reprodutiva e direitos afins, assim como formular um Quadro de Políticas Abrangentes da Comissão da União Africana. Trata-se de um estudo de 2006 que revela que a África continua atrasada no que toca à redução da morbimortalidade e da mortalidade infantis e de menores, apesar de terem sido alcançados alguns progressos em muitos países.

Outras referências são trazidas para este estudo, embora nem sempre tratem diretamente das parteiras tradicionais. É o caso de Helman (2007: 13) cujo teor apresenta conteúdos relacionados com as práticas das *ndjali* ao mencionar que em África e na Índia rural estima-se que 80% das mulheres são assistidas durante o parto por assistentes tradicionais. Helman (2007) refere ainda que além destas assistentes ajudarem no parto, prestam também cuidados pré e pós-natal, cumprem rituais importantes durante a gravidez e o nascimento.

Da mesma forma, estudos realizados por Edet (2003) sobre cristianismo e rituais em África referem rituais de puberdade e parto onde se destaca o aspeto ligado aos tabus da impureza no sangue. Esta autora refere que o sangue está associado aos momentos de morte, nascimento, puberdade, ao aspeto físico do matrimónio e à guerra, assim como à ideia mais geral de saúde e força da vida [...] em que se podem enquadrar as dinâmicas ligadas ao parto.

Uma gama de estudos referentes à atuação das parteiras tradicionais, fora do continente africano, situa o foco no território brasileiro. Entre os estudos mais recentes destaca-se o de Fleischer (2011), cuja contribuição foca o atendimento obstétrico não oficial e cuja abordagem privilegia as práticas abstraídas a partir das vivências e relações estabelecidas entre as parteiras tradicionais e as grávidas. Fleischer (2011: 17-18) ressalta na sua pesquisa a dimensão social e simbólica, conjugando a análise entre os elementos "de dentro" e "de fora". A autora refere-se à ideia de "parteira" como paradigmática da cristalização de "todo um perfil de técnicas, valores e comportamentos [...]" (Fleischer 2011: 33).

A parteira tradicional é aquela que presta assistência ao parto domiciliar, baseando-se nas práticas tradicionais, sendo reconhecida pela comunidade como prestadora destes serviços. A denominação de parteira tradicional inclina-se para o entendimento de que o termo valoriza os saberes e as práticas tradicionais adquiridas pela experiência. Contudo, em vários pontos de África, as parteiras tradicionais e os curandeiros não desempenham as suas funções apenas com base na sua vontade. Granjo (2009: 543) refere, por exemplo, que em Moçambique, e segundo as teorias locais, isto decorre da vontade dos espíritos que os chamam "[...] através de um ato de possessão querem trabalhar como curandeiros". Neste sentido, "[...] essa situação herda-se, normalmente de duas em duas gerações e sem qualquer direito adquirido de uma função genealógica específica".

Neste estudo, as parteiras tradicionais de que o texto trata são as *ndjali*, como se diz na língua local das áreas estudadas, respeitando as suas especificidades étnicas e culturais. Como adianta Maia (2009: 61), "[...] o facto de existir um termo específico para designar um grupo de pessoas com uma característica comum afigura-se um primeiro revelador de uma consciência de grupo [...]". Nesta perspetiva, as *ndjali* revelam uma consciência comum pela tarefa que executam e pelas relações e diálogos que estabelecem entre si e com as pacientes no seu quotidiano. Elas são tidas na comunidade como parceiras na atenção à saúde e desenvolvem ações para valorizar, apoiar, qualificar e articular o seu trabalho com a comunidade, cujo papel contribui em certa medida para a redução da morbimortalidade materna e neonatal. As *ndjali* continuam ainda ligadas à sua cultura na qual encontram alguma força e motivação para animar o seu trabalho quotidiano, humanizando tanto quanto possível a sua ação. Destacam-se por querer preservar a vida unindo, por vezes, o tradicional ao moderno, ou seja, o antigo ao novo, e aprimorando as práticas e o dom.

Nas comunidades rurais *muila*, a denominação *ndjali* é referente tanto a homens como mulheres, ou seja, parteiros/as. No entanto, não há casos conhecidos de *ndjali* do sexo masculino. Só raramente os homens exercem esta atividade, geralmente quando encarnados por um espírito (*ohande*) de uma parente que tenha sido *ndjali* (mãe, tia, avó). Nestes casos, é necessária a realização de um ritual que o habilita a ter acesso ao atendimento à mulher grávida. Porém, este é raramente procurado, a não ser que surjam condicionantes que inviabilizem a procura de uma *ndjali*. Contudo, nestes casos, o homem *ndjali* tem obrigatoriamente de exercer a prática sob pena de ser punido pelos espíritos (*onohande*) que lhe outorgaram o poder. A outorga desse poder pelos espíritos enquadra-se numa categoria contratual e, segundo Carvalho (2009: 242), num estudo efetuado sobre a Guiné-Bissau, "a falta de cumprimento deste contrato coloca o infrator em posição de vir a sofrer da vingança do [...] espírito ultrajado, expressa em numerosos infortúnios [...]". No entanto, a ação punitiva dos espíritos tem um alcance maior. As repercussões podem fazer-se sentir "[...] tanto sobre si como sobre os membros de sua família ou mesmo sobre suas posses" (2009: 242).

O quadro de práticas terapêuticas desenvolvidas pelas *ndjali* é vasto e diversificado. Nesta pesquisa conseguiu-se perceber que, entre as *ndjali* entrevistadas, nem todas se limitam a fazer partos ou a atender a mulher grávida. A sua ação vai para além da obstetrícia, puericultura, ginecologia e pediatria. A mesma polivalência é identificada noutros contextos. Fleischer (2011: 89) constatou, por exemplo, o mesmo nas suas pesquisas referindo que o trabalho das parteiras tradicionais vai "muito além do ato obstétrico e do parto [...], ao longo da gravidez, durante o parto e mesmo depois do parto, a atuação das parteiras opera uma lenta e metódica construção de significados, conferindo um sentido à experiência". Ainda como exemplo, Edet (2003: 55) refere que entre os *babukusu*, um grupo étnico do Quénia, a parteira está presente nos rituais do nascimento, proferindo a primeira oração para a criança desejando-lhe paz e felicidade, e após o banho entrega--a à mãe em oração. Esta prática é adquirida na formação das parteiras, orientando-as para dar as boas vindas ao recém-nascido através de uma oração.

Para as comunidades rurais de Angola em geral, e para as mulheres em particular, as técnicas e facilidades dos novos conhecimentos configuram-se como uma realidade longe de se alcançar. No meio rural analisado, a *ndjali* continua sendo a opção presente e, por vezes, a única para as populações isoladas e desfavorecidas pelo sistema nacional de saúde público ou privado, pois a *ndjali*, além de economicamente acessível, envolve também um certo alívio nas tarefas domésticas, auxiliando ou substituindo a mulher por um certo período após o parto.

Estudos de várias organizações internacionais sugerem que quando se garante às grávidas a disponibilidade de serviços de saúde especializados, diminuem os índices de mortalidade materno-infantil. Atendendo que a situação de Angola é ainda marcada por desigualdades sociais acentuadas, as parteiras tradicionais – *ndjali* – continuam a ser necessárias na atualidade, dado que a cobertura médica não chega a todos por igual, em especial em zonas remotas onde há poucos profissionais e altos níveis de pobreza. Um amplo sector da população feminina em Angola não tem acesso aos centros sanitários ou não pode pagar o custo do transporte ou dos serviços de saúde quando estes sejam privados. No entanto, no caso de Angola, a maioria das ocorrências de morte na mulher grávida e nas crianças não se verifica nas zonas rurais. O alvo destes índices elevados de mortalidade encontra-se nas periferias das cidades, onde as populações mais desfavorecidas vivem "faveladas", sem arruamentos condignos, sem água potável e sem saneamento básico adequado. Sem condições financeiras para proporcionarem uma alimentação condigna e sem acompanhamento adequado da gravidez correm riscos diversos que podem desequilibrar o seu estado de saúde

POPULAÇÕES RURAIS E SAÚDE REPRODUTIVA NO SUL DE ANGOLA

e provocar também a morte. O setor populacional situado entre o meio urbano e o meio rural é o que mais sofre os efeitos da desigualdade social.

As constatações da pesquisa sugerem que nem todas as gestantes contam com condições de habitabilidade, instrução e programas de proteção sanitária completa. Consequentemente, elas não conseguem garantir a chegada ao parto em excelentes condições por não terem à sua disposição os meios adequados em caso de complicações graves. Existe, efetivamente, uma relação direta entre o cumprimento de programas de controlo pré-natal para as grávidas e a atenção especializada do parto e ainda a diminuição da mortalidade materno-infantil.

De uma maneira geral, a impossibilidade da atenção materna por pessoal qualificado, além de provocar que centenas de milhares de mulheres morram a cada ano, conduz a que milhões de recém-nascidos não sobrevivam na sua primeira semana de vida.

Metodologia

As áreas escolhidas para o estudo foram os municípios da Humpata e da Chibia na província da Huíla (Sul de Angola) por configurarem uma zona rural do grupo étnico *muila*. A bibliografia sobre o tema não é abundante. Tratando-se de uma área pouco estudada ou sem algum estudo específico em matéria de saúde reprodutiva em contexto rural angolano, a pesquisa documental baseou-se em relatórios da administração do município e das respetivas estruturas municipais da saúde, que foram pertinentes para compreender o grau de desenvolvimento a nível da saúde nos municípios estudados, bem como os programas e as ações desenvolvidas ligadas à saúde reprodutiva. Relativamente ao foco do estudo, virado para a compreensão das dinâmicas rurais e tradicionais da saúde reprodutiva, os dados obtiveram-se essencialmente da pesquisa de terreno que contemplou entrevistas semiestruturadas com algumas questões mínimas centrais a partir das quais as *ndjali* narraram livremente as suas experiências. Estes métodos foram complementados com as técnicas de observação direta e participante. A bibliografia utilizada foi recolhida nas bibliotecas de Lisboa e na Internet. Deste modo, privilegiou-se a metodologia qualitativa em detrimento da análise quantitativa, tendo em conta as recomendações de Alberti (2005: 31-32) relativamente à escolha dos entrevistados que "não deve ser predominantemente orientada por critérios quantitativos, por uma preocupação com amostragens, e sim a partir da posição do entrevistado no grupo, do significado de sua experiência".

Da mescla dos métodos e técnicas utilizadas obtiveram-se os resultados descritos neste texto.

Nesta pesquisa optou-se por trabalhar não só com profissionais de saúde (pessoal médico e hospitalar), mas também com representantes administrativos locais, para compreender a ação dos programas e sua abrangência e, sobretudo, com as parteiras tradicionais – *ndjali* – que lidam diretamente com a grávida do meio rural e de uma maneira geral com a saúde da mulher e da criança, para perceber as competências destas mulheres, a sua sensibilidade e profissionalismo bem como as questões éticas e morais que envolvem o processo relativo à saúde reprodutiva.

Assim sendo, optou-se por encontrar mulheres rurais que desempenhassem atividades ligadas à ação terapêutica, sobretudo direcionadas ao atendimento da mulher e da criança, e que não tivessem frequentado nenhuma formação para esta atividade. Trata-se de mulheres que aprenderam pela experiência, observando a atuação constante de outras *ndjali*. Através de técnicas e procedimentos próprios, as *ndjali* foram-se aprimorando, introduzindo-se na prática, inspirando-se e encorajando-se pela atuação das anciãs na realização de partos e atendimento geral às outras mulheres e crianças.

É uma análise do contexto rural, ou seja, da "Angola profunda", "Angola desfavorecida" (Rocha, 2010: 27) ou "Angola Linhageira" (Milando, 2007: 28-32), referindo as dinâmicas desenvolvidas na área da saúde reprodutiva e não só. Estes três conceitos, apesar de se referirem às questões macroeconómicas no primeiro caso e às políticas de desenvolvimento no segundo caso, não se desenquadram efetivamente do contexto que o estudo retrata. Trata-se de um contexto rural angolano em que as vias de comunicação, os hospitais, as escolas, e outras instituições são inexistentes ou escassas e onde perduram as dinâmicas linhageiras baseadas, sobretudo, na tradição, seja a nível produtivo, seja a nível de organização económica, sócio-espacial e educativo-cultural. Aqui a sociedade gravita em torno de uma organização complexa, do ponto de vista de adaptações que se podem considerar ainda lentas. No entanto, neste processo de adaptações várias, há dinâmicas que têm possibilitado uma aceitação do novo por parte destas populações. O contexto deste estudo sugere, assim, uma análise sobre as dinâmicas rurais em saúde reprodutiva desenvolvidas numa Angola endógena e resiliente.

É nesta Angola que as populações se regem pela prática e conservação dos saberes tradicionais, detidos pelas pessoas idosas e resultantes de uma aprendizagem dinâmica de lógicas cumulativas, aditivas, e de recomposição ao longo da vida (Cf. Pires, 2007: 10).

O trabalho de campo obedeceu a uma estruturação multifaseada, tendo a última etapa decorrido num período de 30 dias entre janeiro e fevereiro de 2012. Nas primeiras fases foram feitas repetidas visitas aos respetivos *eumbo,* com o interesse de explorar as variáveis que se propunham para o estudo bem como estabelecer alguma empatia com as populações locais, sobretudo com as grávidas e com a *ndjali.* Com efeito, os resultados aqui apresentados beneficiam de pesquisas anteriores, desenvolvidas no âmbito deste projeto e não só. Este último período foi dividido em 15 dias de trabalho para cada município e foi iniciado no município da Humpata. Em ambas as localidades foi necessário encontrar um conjunto de atores que pudessem viabilizar o estudo, nomeadamente, os responsáveis locais e administrativos do município e do sector da saúde, autoridades tradicionais (sobas) e também do partido no poder (MPLA). Por experiência própria, entendeu-se que em casos de pesquisa científica o envolvimento destes atores é fundamental para a mobilidade do investigador nas áreas mais distantes uma vez que tal ação facilita também o seu acolhimento na comunidade a estudar. Neste sentido, transmite-se igualmente uma certa confiança por parte da população e do grupo a estudar.

Obedecendo ao debate ético exigido pela Antropologia, tentou-se garantir alguma privacidade e assegurar a confidencialidade quanto à identidade dos informantes, tornando-os fictícios, embora alguns não se tivessem importado com o facto. Adotou-se neste texto a escrita em itálico dos termos em língua *muila.* As entrevistas e conversas informais não foram gravadas, adotou-se apenas o sistema de anotação no diário de campo para tornar a recolha de dados menos constrangedora não só para as populações rurais como para os demais atores alvo. Os locais estudados foram escolhidos por conveniência motivada pelos objetivos da pesquisa.

No decurso deste trabalho foram encontradas algumas dificuldades, que, no entanto, foram superadas. As dificuldades na obtenção de dados foram verificadas com alguma notoriedade nos dois municípios estudados (Humpata e Chibia). Esse facto deve-se a menor incidência de estudos na área da saúde reprodutiva em contextos rurais. Tais dificuldades foram verificadas maioritariamente nas estruturas administrativas, cujos funcionários, quando contactados para qualquer tentativa de obtenção de dados ou documentação, referiam ser necessário submeter-se um requerimento. Os requerimentos a solicitar tal autorização demoravam mais de quinze dias para serem respondidos. Entre as causas dessa demora foram apresentadas diversas desculpas, tais como sobrecarga de trabalho, falta de energia, ausência do técnico de informática, sobreposição de tarefas, entre outras. Apesar disso, alguns profissionais de saúde foram sensíveis à solicitação de dados e informações disponibilizando-os atempadamente e mostraram--se sempre disponíveis para fazer o acompanhamento da pesquisa caso fosse desejado. Por exemplo, as enfermeiras ligadas ao atendimento da mulher grávida foram prestativas sempre que se manifestou a necessidade da sua colaboração. Com a sua contribuição foi possível perceber os mecanismos de atendimento hospitalar e outros aspetos ligados a este processo. As autoridades tradicionais e partidárias mostraram também um certo interesse no apoio à pesquisa, indicando lugares e potenciais informantes.

Atendendo aos propósitos da pesquisa, conseguiu-se trabalhar com 28 *ndjali*. Estas foram abordadas nas respetivas comunidades e, em certos casos, em suas casas. Para este efeito, foi necessário marcar encontros, de modo a evitar visitas inesperadas e a garantir que todos os dias e momentos fossem frutíferos. Durante a pesquisa foi possível entender também outros temas e outras dinâmicas que, apesar de não estarem delineadas no guião de entrevistas, foram úteis para este trabalho. Através das conversas com certas *ndjali* foi possível localizar outras e assim sucessivamente, conhecendo-as e obtendo as informações necessárias para completar o estudo. Apesar disso, houve necessidade de permanecer alguns dias em certas aldeias para facilitar a pesquisa. Esta decisão derivou do facto de estas populações serem agro-pastoris e de a sua lida diária ter como base essa atividade. Nesse contexto, era imprescindível elaborar o trabalho de campo sem prejudicar as dinâmicas do quotidiano dos informantes.

Várias localidades que compõem os municípios da Humpata e da Chibia foram estudadas. Aquelas são pequenas povoações dispersas onde o parto domiciliar e/ou doméstico é mais frequente.

O Contexto Do Estudo

1. Sociogeográfico

A província da Huíla, situada no sudoeste de Angola, tem aproximadamente uma população de 2,6 milhões de habitantes distribuídos por uma superfície de 79.022 Km2.

É composta por 14 municípios (entre os quais se incluem a Chibia e a Humpata) que se integram numa configuração etnolinguística variada. A principal atividade económica é baseada na agro-pastorícia. Outrora, a província chegou a ser um dos maiores celeiros agrícolas do país e tinha uma indústria diversificada, suficiente para a sua autossustentação. Porém, o sector industrial atual emerge dos escombros causados pela guerra, o que coloca a província ainda numa posição de importador da maioria dos bens necessários, tal como se verifica em todo o país. Por esta razão, a situação económica é caracterizada por um progresso lento.

Relativamente às características culturais, existe um elevado grau de analfabetismo na zona rural, principalmente no caso das mulheres, de entre as quais menos de uma em cada dez sabe ler, enquanto a proporção correspondente nos homens (acima de 15 anos de idade) é de um pouco mais de 1/3. Metade da população urbana tem acesso a uma escola primária perto da sua residência. Comparativamente com o meio urbano, onde as distâncias são inferiores, no meio rural são necessárias normalmente mais de duas horas para se chegar à escola. Os *muila* são caracterizados pela agro-pastorícia e por manterem relações baseadas em redes sociais de solidariedade através do parentesco, da linhagem, da vizinhança e da amizade. O sistema de descendência da população rural *muila* é matrilinear. O casamento, na sua maioria, é endogâmico, característica comum à maioria das sociedades rurais com uma frequência da poligamia. Tais casamentos são reconhecidos pela entrega do alambamento à família da mulher, geralmente constituído por um boi. Na língua local *muila* é denominado *ononthunha* (*lobolo* em Moçambique) e que pode ou não ser acrescido de outros bens ou dinheiro. É muito raro nestas comunidades rurais existirem lares assumidos apenas por mulheres.

2. O Estado Sócio-sanitário

Os dados obtidos no relatório trimestral de 2012 da Direçã de Saúde (DPSH) revelam que, no terceiro trimestre, foram realizados, na província de Huíla, 2.612 partos em diferentes unidades sanitárias. O documento salienta que o maior número de partos se realizou no Lubango (capital da província) com 1006, seguindo-se Chibia (310), Caconda (250), Gambos (163), Humpata (152), Chicomba (144), Quilengues (136), Jamba (93), Chipindo (91), Quipungo (57) e Matala (55). Nestes dados não estão incluídos dois municípios, Cacula e Kuvango. Salienta-se, no entanto, que os municípios estudados – Chibia e Humpata – ocupam o segundo e quinto lugar respetivamente, num universo de 12 municípios. O documento também apresenta 23.728 consultas pré-natais normais realizadas e 32.739 consultas pré-natais de risco efetuadas. Através destes números constata-se que as gestantes de risco superam o número de gestantes normais. Estes dados refletem que apenas uma pequena parte da população tem acesso aos serviços de saúde. Também se verificou que o relatório aponta para 9.202 gestantes vacinadas contra o tétano e que de uma média de 15 partos diários registaram-se no total 89 nados-mortos.

A província da Huíla apenas tem uma maternidade para o atendimento da mulher. A nível dos municípios existem unidades estatais de menores dimensões, outras ligadas a instituições religiosas e entidades privadas que disponibilizam estes serviços. Para superar a carência em pessoal especializado para realização de partos, a província tem uma Escola de Formação de Técnicos de Saúde, onde são formadas e especializadas as parteiras tradicionais para atendimento no meio urbano e periurbano. Assim, na região sul de Angola, a Escola de Formação de Técnicos de Saúde do Lubango tem assegurado a formação das parteiras tradicionais, contemplando as províncias da Huíla, Namibe, Cunene e Kuando Kubango. Por falta de técnicos especializados em maternidade nas unidades sanitárias onde trabalham muitas enfermeiras, a situação obrigou-as a fazerem também partos. Normalmente participam em várias ações de formação básica, acumulando assim conhecimentos e experiências que lhes permitem ajudar outras mulheres a trazerem ao mundo muitas das crianças dos seus bairros e circunvizinhos. A preocupação do Estado com esta área da saúde evidencia-se com os programas de formação na especialidade de parteiras.

Esta necessidade alia-se à vontade permanente que as enfermeiras têm de se atualizarem e elevarem o nível de conhecimentos teóricos e práticos em matéria de serviços de maternidade.

O programa de formação da Escola de Formação de Técnicos de Saúde no Lubango compreende diversas fases com direito a estágio no hospital central ou na maternidade local. O objetivo do curso é a formação de profissionais especializadas na área de saúde reprodutiva, para atuarem junto das comunidades nos postos, centros e maternidades. O curso preconiza uma abordagem, entre outras, sobre questões relacionadas ao perfil da parteira, a gestão de uma unidade sanitária, o cuidado a ter com a gestante e com o recém-nascido, como realizar o parto de forma segura, capacidade de identificar casos de alto risco obstétrico e de manter relações humanas cordiais com as gestantes e suas acompanhantes, estabelecendo a confiança entre ambas como requisito fundamental para um parto bem-sucedido.

Neste sentido, as formandas são ensinadas a aplicar os conhecimentos adquiridos para a redução da mortalidade materna e infantil. Desde tempos idos, a parteira tradicional foi sempre um membro de referência nas comunidades, sendo a sua importância comparada à do professor, padre ou pastor, dado que os indivíduos integrantes da comunidade recorrem muitas vezes aos seus serviços.

Importa referir que esta escola, tal como as outras instituições de saúde pública em Angola, é financiada pelo orçamento geral do Estado. Segundo dados avançados pelo seu diretor, desde o ano de 2000 que foram formados mais de 500 enfermeiros. A escola mantém uma relação com o hospital central, com a maternidade, com a pediatria e com diversos centros de saúde na cidade do Lubango. Esta relação é vinculada através de protocolos assinados entre a escola e as outras instituições hospitalares. O objetivo é fundamentalmente o de os formandos realizarem aí, a partir do terceiro ano, as aulas práticas e os estágios. Nesta escola as admissões para frequência do curso são feitas a partir da nona classe e com idade inferior a 30 anos. Assim sendo, o diretor avançou que, por ano, são formados mais de 150 técnicos de saúde.

Práticas em torno do parto

1. *A atuação das* ndjali, *confiança e alguns "entraves"*

As *ndjali* continuam a dar um contributo considerável na superação de um conjunto de dificuldades existentes no sector da saúde reprodutiva, entre outros. O seu contributo, apesar de relevante, é também de certa forma limitado pela falta de instrução académica. O não saber ler impede que possam elaborar algum registo e anotar os dados do recém-nascido, ficando assim por saber exatamente quantos partos já fizeram. Quando questionadas sobre isso elas apenas usam os termos "muitos", "poucos", "vários", "alguns". As mães também iletradas geralmente acabam por desconhecer a data de nascimento dos seus filhos e consequentemente a idade correta.

Noutra perspetiva, as *ndjali* maioritariamente não contam com expedientes modernos para ajudar na sua tarefa de atendimento à grávida e ao parto. Baseadas na experiência, as suas mãos constituem o primeiro recurso, aliado à confiança nos conhecimentos da realidade empírica e espiritual da qual são devotas. São igualmente coadjuvadas pela relação de confiança que se estabelece entre a gestante e a *ndjali* durante os noves meses de gravidez. Estes laços de confiança reforçam a vontade de ambas em dar e receber os cuidados necessários em cada momento. Por diversas razões, esta confiança revela também dignidade. Para as *ndjali*, acolher o bebé com as suas próprias mãos é algo de grande valor. No entanto, e como se conseguiu perceber pelas entrevistas, as *ndjali* reconhecem o perigo de trabalharem sem luvas e têm conhecimento da existência de doenças que se podem disseminar por essa prática, podendo contaminar os intervenientes no parto (parturiente, *ndjali* e bebé). Contudo, também afirmam que não se podem recusar a fazer os partos. Asseguram que, se recusassem essa ação, estariam a renegar e a descomprometer-se com os *nohande*, incitariam a sua fúria e estariam sujeitas a certos castigos. Esta atitude demonstra o quanto as *ndjali* não só não descuram como seguem as tradições (Cf. Gadamer 2002: 53). Sobre este assunto uma das parteiras afirmou:

> Este compromisso é com Deus e com os meus *nohande*. Eu não posso negar dar assistência a uma mulher grávida ou prestes a parir. O meu dever é fazer parir de forma correta. Se o parto não for bem-sucedido vou dar-me mal. Vou ser castigada pelos espíritos. E após isso, serei mal vista pela sociedade. Não posso ser a má parteira. Tenho de ser a parteira, a boa parteira. (Parteira 2)

POPULAÇÕES RURAIS E SAÚDE REPRODUTIVA NO SUL DE ANGOLA

As *ndjali*, desconhecendo os instrumentos que as parteiras formadas utilizam para realizar os partos com maior sucesso, nomeadamente um *kit* de materiais, constituído por luvas, pinças, fita métrica, balança, álcool, ligaduras e outros instrumentos apropriados, usam apenas as mãos e a lâmina, que normalmente é fornecida pela própria parturiente, para o corte umbilical. Pelo que foi observado aquando das entrevistas, o uso deste instrumento já se difundiu até estas comunidades e é aceite pelas populações rurais, não só pela sua eficácia ao cortar o cordão umbilical, mas sobretudo pelas recomendações que se fazem para a sua não-reutilização. É também um instrumento bem acolhido por não ser caro, e ser facilmente acessível nos mercados paralelos. Outro instrumento de que não dispõem é uma balança que lhes possibilite pesar os bebés à nascença, sendo o peso calculado a olho nu, detetando-se, deste modo, se é o ideal para um bebé de termo e/ou saudável.

Não trabalham com qualquer desinfetante, e mesmo em certos centros hospitalares é a parturiente que providencia o material necessário para o parto. Constatou-se que algumas gestantes do meio urbano e com acesso às consultas pré-natais, quando advertidas sobre a necessidade de realização de uma cesariana, vão elas mesmas, durante a gravidez, constituindo o *kit* necessário para o efeito. A maternidade não possui, por vezes, o material necessário para se fazer uma cesariana, cabendo à família da grávida a responsabilidade de o adquirir no mercado local. Há mulheres que, tendo feito mais do que uma cesariana, revelaram ter sido sempre assim. Apesar de o Estado angolano estatuir que a saúde é gratuita, esta prática contrasta com os princípios de gratuidade do acesso à saúde estabelecidos pelo estado. No entanto, nos casos de emergência, a maternidade disponibiliza esse material.

A falta de serviços públicos nos vários domínios é também um constrangimento evidenciado pelas populações rurais e constatado no trabalho que se desenvolveu no âmbito deste estudo. As populações estudadas referiram que as grávidas do meio rural podem aceder voluntariamente ao atendimento hospitalar se esses serviços existirem na zona das suas residências. O que as inibe é, sobretudo, a distância que têm de percorrer até aos hospitais, e o tempo que têm de esperar para serem atendidas. Por isso, elas só de vez em quando se deslocam aos consultórios, sobretudo quando estão doentes e quando se consciencializam que têm mesmo de o fazer. Deve-se ainda considerar o facto de que a decisão não é apenas da grávida, mas também da família.

Apesar das *ndjali* empreenderem um trabalho baseado na experiência prática e serem iletradas, compreendem que se houvesse possibilidades teriam frequentado escolas para se poderem formar. Acreditam que as causas do seu analfabetismo, ou da falta de conhecimento de uma cultura ocidental, não se deve ao seu desleixo nem à sua vontade. Tendo sido capazes de interiorizar os conhecimentos que lhes são passados pela experiência do seu dia-a-dia, também estariam aptas a aprender a manejar as tecnologias ou *kits* usados nos hospitais das cidades, ou pelas parteiras que atuam em meio urbano. Neste sentido, detivemos o seguinte argumento:

> Nós aqui trabalhamos mesmo assim, só com as mãos e com o coração. Não temos *kits* nem outros instrumentos que usam na cidade. Aqui o nosso *kit* é o nosso conhecimento. Durante a gravidez, o nosso papel é visitar a grávida e a sua família para falar sobre os cuidados durante a gravidez e o parto, ver bem onde vive e como vive. O que é que come e outros assuntos ligados à gestação. Temos de controlar isso para depois o parto ser mais fácil. Se for um parto difícil acompanhamo-la ao posto médico onde está o enfermeiro, lá na vila. Mas aqui mesmo conseguimos fazer o parto. A grávida com complicações é detetada antes da hora do parto. Se dermos conta com antecedência informamos à família e mandamos levar no posto médico onde fica até ter o bebé. Mas se a família quiser nós ficamos com ela em nossa casa, a receber atenção até dar à luz e ficar boa. (Entrevista coletiva).

Para além de terem de percorrer grandes distâncias para chegar ao posto de saúde, um outro constrangimento identificado nestas comunidades é o facto de, normalmente, este estar servido apenas por um profissional de saúde e ser geralmente um homem. Tanto os homens como as mulheres rurais do meio estudado manifestaram dificuldade em aceitar que sejam observadas por um elemento de sexo diferente. Mesmo no recurso aos praticantes tradicionais, os homens recorrem a curandeiros e as mulheres a curandeiras, sendo raramente assistidos por elementos do sexo oposto. As populações têm solicitado com frequência que se coloquem nos postos de saúde uma enfermeira para atender as mulheres.

Em conversa com alguns *sobas* (autoridades tradicionais) da área estudada, percebeu-se que têm sido feitas ações de sensibilizações para conscienciali-zar as populações para a necessidade de frequentarem os parcos serviços médicos disponíveis, e não recorrer apenas aos praticantes tradicionais.

Percebeu-se que existem vários obstáculos para superar esta questão, os quais exigem a aplicação de medidas e políticas mais amplas. É neste sentido que Bessa (1999: 2051) refere: "as falhas no sistema de saúde e as desigualdades sociais e regionais presentes principalmente nas zonas rurais possibilitam, ainda no século presente, a atuação das parteiras".

As *ndjali* do meio rural estudado atravessam também dificuldades por atuarem em localidades onde a luz elétrica é ainda "coisa de branco", ou seja, um direito dos que habitam a cidade. Como medida cautelar o governo provincial providencia candeeiros a petróleo, que são, no entanto, usados poucas vezes. Uma das causas desta falha é o facto de adquirirem o petróleo no mercado informal e localizado a uma certa distância, além de que nem sempre reservam algum dinheiro para o efeito. Por outro lado, temem que as crianças manuseiem os candeeiros na sua ausência, podendo provocar incêndios. O uso do candeeiro é feito pontualmente, para iluminar apenas nos momentos necessários. Não faz parte da sua rotina ter um candeeiro aceso à noite.

Uma das *ndjali*, mais jovem mas experimentada, referiu:

"Eu só fiz um parto de dia. Prefiro que os bebés nasçam de dia. Assim trabalho melhor. Mas eles querem mesmo é nascer de noite. Nessa altura eles é que mandam. E aí há que aguentar. Mas o importante é que tudo corra bem".

2. O parto e pós-parto – outros domínios

Como foi referido anteriormente, as *ndjali* dedicam-se a atender especificamente a mulher grávida, fazer o parto e tratar também do recém-nascido. Entre esses domínios destacam-se diversos métodos para aliviar as dores de parto, diminuir as hemorragias pós-parto, bem como para conseguir que o bebé mude de posição quando não está corretamente colocado para nascer. Em muitos casos empregam compostos ou infusões de diferentes ervas, cascas ou raízes de certas plantas, cujo uso conhecem pelo legado dos anciãos (*ovakulu*) e seus ancestrais. Por vezes, e como referiram as *ndjali* na pesquisa efetuada, uma massagem bem elaborada na barriga da gestante em trabalho de parto coloca o bebé na posição certa, facilitando assim o seu nascimento. Referiram ainda que essa massagem é importante e que pode ser efetuada durante os últimos meses de gravidez.

Usualmente as *ndjali* conversam com a grávida em trabalho de parto com o objetivo de a ajudar e encorajar, tornando o momento mais confiante e

MULHERES NO MERCADO DA SAÚDE

menos doloroso. A atenção bem como a preocupação são maiores quando se trata de uma mulher primípara.

Notou-se nas suas explanações que se trata de um processo que permite, além de tudo, concentração e desempenho. No entender das *ndjali*, e pelo que se apurou durante a pesquisa, a primeira grande preocupação é fazer nascer a criança, após isso, o cuidado com o corte do umbigo, com a placenta e com o sangue do parto. Estes momentos são de certa responsabilidade e exigem uma dedicação maior por parte da *ndjali*.

A grávida em trabalho de parto é colocada de joelhos para dar à luz, enquanto a *ndjali* se posiciona sentada na sua frente e com as duas mãos entre as pernas da parturiente aguarda a descida do bebé. Este procedimento é aprendido durante a gestação e praticado algumas vezes para que parteira e parturiente percebam as dificuldades e as formas de as superar durante o parto. Algumas gestantes são encorajadas a assistir a partos para que se mentalizem de que é uma responsabilidade que devem assumir quando chegar a sua hora.

Vários são os cuidados a ter em conta durante e após o parto referidos pelas entrevistadas. Um deles prende-se com o conveniente amanho das secundinas, que tem certa importância para o prestígio da *ndjali*, da família da parturiente e da comunidade em geral. Atendendo a que se trata do tratamento de tecidos humanos, entre as populações estudadas releva-se o facto de não ferir, por desleixo ou negligência, os indivíduos do mundo real nem os do mundo oculto. Nesta ordem de ideias, o zelo com as secundinas observa critérios específicos. Após o parto, o local é limpo, utilizando terra para absorver o sangue do chão. Esta terra, juntamente com as secundinas, é depositada num buraco aberto atrás da casa. O processo exige alguma discrição e é da responsabilidade da *ndjali* ou da mulher mais velha aí presente. O costume destas populações exige que o amanho das secundinas seja feito por mulheres com alguma ligação à família.

A prática do enterro das secundinas impõe que se coloquem algumas pedras de certa dimensão para que não se corra o risco de virem a ser desenterradas. Esta exigência deriva do facto de as populações rurais terem normalmente nos seus quintais alguns animais domésticos, tais como cães, cabritos, porcos e galinhas, que os podem desenterrar. Torna-se necessário impedir que isso aconteça, além de que o amanho correto das secundinas está igualmente ligado à crença nos espíritos (*onohande*) que poderão zangar-se e interferir na saúde da parturiente e do recém-nascido.

O temor aos *nohande* condiciona igualmente a questão de ter o bebé nos hospitais, porquanto aí se desconhecer o destino das secundinas e do cordão umbilical, já que constituem elementos que fazem parte do corpo da parturiente (cf. Viegas, 2007: 109). Pois "o corpo é mais do que o suporte físico da existência, ele situa o indivíduo nos espaços intersubjectivo, social, cultural e histórico" (Maia, 2009: 59).

O enterro das secundinas atrás da casa tem certa importância não só para a família como para a comunidade. Isto está também relacionado com a identidade, pois é esse o local que determina o território de pertença do indivíduo. Não é em vão que as populações rurais, quando se encontram em conflito com as autoridades ou com outros grupos étnicos, reclamam as terras argumentando que é nesse local "onde estão os seus umbigos".

As *ndjali* dominam uma série de técnicas ligadas ao parto. O corte do cordão umbilical faz-se considerando uma certa medida. Sem uma fita métrica para o efeito, a medição é feita esticando o cordão até o joelho do recém-nascido cujo comprimento é considerado ideal para se proceder à incisão. Posteriormente fazem os respetivos nós que permitirão uma cicatrização entre os primeiros oito dias. O umbigo passa a ser tratado com a seiva de *mandomboainina ou chindombwila* (uma das espécies de Aloe Vera ou babosa típica da região) a partir do primeiro dia após o parto. Depois da queda do cordão umbilical, este é entregue à mãe ou à avó materna do bebé (se esta estiver presente no momento), para que o guarde, pois acredita--se, entre estas populações, que em caso de certas doenças na infância ele poderá ser útil.[1] Em oito dias o umbigo está curado.

A parturiente (*mwali*) é também sujeita a banhos especiais durante um certo período, até que os sinais normais de hemorragia pós-parto desapareçam e esta apresente uma aparência saudável. Estes banhos têm a função de fortalecer a mãe e evitar qualquer contaminação por falta de higiene. A água do banho é fervida com algumas plantas, como a folha de rícino, uma euforbiácea conhecida na língua local – *muila* – pelo nome de *omamono* (Ricinus Communis). Porém, algumas famílias usam apenas a água fervida para o banho. Após o banho são utilizadas pedras aquecidas em fogo lento colocando-as sobre o abdómen da mulher, o que, segundo se apurou pelas entrevistas, provoca uma boa sensação à parturiente no alívio

---

[1] Note-se que esta prática se encontra em diferentes contextos e continentes. Viegas (2007: 109) faz referências semelhantes entre os Tupinambá do Brasil. Em oito dias o umbigo está curado

das "dores tortas", ou seja, contrações pós-parto. As pedras aquecidas e apresentando um tom de brasa podem ser colocadas num recipiente com água para que a *mwali* se submeta a um processo denominado "suador" que se efetua em ambiente fechado, normalmente no próprio quarto. A *mwali* é coberta com uma manta para poder inalar os vapores resultantes deste processo, transpirando e expelindo mucos e fluidos do seu corpo. As mulheres que praticam este tratamento revelaram que se trata de um bom método, porque revitaliza o organismo uma vez que é seguido de um processo de massagens em todo o corpo para assentar os músculos e ossos que se deslocaram no momento do parto. Este tratamento é rigoroso nos primeiros oito dias e espaçado a partir daí até que a *mwali* se sinta fortalecida para deixar o resguardo pós-parto e voltar para as suas atividades domésticas.

3. O local do parto

Ao contrário do que acontece com determinados rituais – puberdade masculina e feminina (*Ekuendye* e *Ehyko*) –, em que existem locais apropriados para a sua realização, os partos são realizados simplesmente em casa, sem acomodação diferenciada. O parto é domiciliar, exigindo por isso a presença frequente da *ndjali* nos últimos meses da gravidez. O processo pode, contudo, ser inverso, verificando-se uma estadia pré-natal da grávida na casa onde irá dar à luz, que pode ser da *ndjali*, da mãe, da avó ou de uma tia. Esta particularidade é normalmente a mais adequada para se evitarem as caminhadas longas e arriscadas da *ndjali* ou mesmo da grávida já em trabalho de parto. Trata-se de uma espécie de internamento em casa da *ndjali*, sendo esta normalmente de confiança da família da grávida.

A casa onde decorre o parto é tabu para os homens. Elementos do sexo masculino estão interditos de participar no parto. Durante a pesquisa, constatou-se igualmente que o local do parto é preparado de forma a proporcionar um acolhimento condigno para se obter um resultado positivo. A preparação do local é feita apenas por mulheres, podendo ser realizado pela própria gestante, pela mãe, avó ou tia presentes e/ou pela *ndjali*. O asseio e a arrumação dos objetos necessários não são feitos com antecedência, mas sim quando se vislumbrem sinais do parto. A limpeza do local do parto passa por borrifar convenientemente o espaço, depois varrer e recolher o lixo dentro do recinto e enterrar o lixo atrás da casa. Após isso, aspergir água misturada com cinza e algumas ervas ou pó dessas ervas no local para o desinfetar e purifica-lo, impedindo "a entrada" de espíritos malignos. Este procedimento é feito normalmente, caso ela já esteja presente, pela *ndjali*. Na eventualidade de ela ainda não estar presente, uma anciã deve providenciar a execução de tal tarefa dando a conhecer à *ndjali* o que foi feito quando esta chegar. Depois de limpo e arrumado o local, só a parturiente e a *ndjali* podem entrar e permanecer lá dentro até o processo do parto estar finalizado. As outras mulheres e possivelmente algum homem só entram se forem autorizados pela *ndjali*, para confidenciarem sobre algo ligado ao parto.

Deste modo, pode-se dizer que o parto é de certa maneira secreto e íntimo, envolvendo apenas mulheres. Essa intimidade é partilhada entre a parturiente e a *ndjali* e, por vezes, por uma adulta ou idosa com laços familiares. Como se referiu anteriormente, o parto exige uma relação de confiança entre ambas, porquanto uma orienta o processo (*ndjali*) e a outra (parturiente) tenta cumprir o seu papel, utilizando todos os recursos físicos e intelectuais para que seja bem-sucedida. O mérito de ambas é expresso por esse sucesso. Como se constatou, o parto bem-sucedido revela também alguma ligação com a adequação do local ao parto.

As *ndjali* habitualmente anteveem se o parto será difícil ou não. Essas previsões são idealizadas pelo estado do tempo, pelo estado psico-emocional da grávida e pela altura dos sinais de parto. Em casos em que se verifique que a parturiente é antecedida de dores que duram muitas horas e que não se vislumbre o nascimento do bebé durante o dia, as *ndjali* inquietam-se, repetindo a frase que normalmente é pronunciada inúmeras vezes: "*Me tu puilissa*", ou seja, "vai dar-nos trabalho", enunciando também que o parto poderá ser difícil. Nesse sentido, a sua preocupação é maior e os preparativos têm de ser feitos com alguma pressa. Se for ao anoitecer, a preparação do local onde irá decorrer o parto requer iluminação que normalmente é feita com um candeeiro a petróleo, muitas vezes improvisado, utilizando uma garrafa de cerveja ou de refrigerante e uma torcida obtida de trapos. Deve-se igualmente manter a lareira acesa para facilitar o trabalho das mulheres no aquecimento da água ou confeção de alimentos rápidos. Este trabalho cabe ao homem da casa, pois nesta altura todos os adultos procuram estar acordados e em estado de alerta para receberem a notícia do nascimento da criança e para tomar providências, caso seja necessário. Procurar ajuda na escuridão, sem transporte e sem telefone é uma tarefa que exige o cumprimento de obrigações e também coragem da parte dos homens. Caso se necessite de alguma ajuda nesta altura só os vizinhos o poderão fazer.

Para a *ndjali* tudo fica mais fácil quando o parto é efetuado na sua residência, pois conhece o seu espaço e move-se com mais segurança por ter tudo nos lugares que ela conhece. Ao invés, quando o parto é efetuado no domicílio da grávida e, sobretudo, à noite, ela tem de estar constantemente a perguntar e a pedir as coisas. Consequentemente, elas sentem-se um pouco embaraçadas. Apesar deste trabalho não ser remunerado, as *ndjali* referiram que não podem nunca negar a assistência ao parto. Se a recusassem, seriam "condenadas" pelos espíritos (*onohande*) e "mal vistas" pela família da grávida e na comunidade. Garantiram que não podem colocar em risco a vida dos membros das suas comunidades. Elas têm de colocar à disposição as suas "capacidades de manobra e de reacção" (Casal: 1994) pelas quais são reconhecidas e aceites no seio da comunidade. Do trabalho de campo sobressai:

> Eu tenho muito orgulho naquilo que faço. Não sou rica, porque não cobro. Vou cobrar porquê? Eu também aprendi e não paguei nada por isso. Apenas ajudo as crianças e as mães. Esta profissão tem mais compensações. Porque se verificar bem são muitos aqui na aldeia que tiveram os filhos com a minha ajuda. Eles todos me chamam de mãe. Ser *ndjali* tem essa particularidade. Toda a mãe é mãe de todos, mas a *ndjali* é a maior mãe. Recebo sempre visitas e por vezes presentes (Parteira 1).

4. *Possíveis consequências do parto mal-sucedido*

Decorrente da pesquisa de campo, pode-se apreender que um parto mal-sucedido pode trazer implicações para a parturiente e sua família. Neste âmbito, um parto é vivido com muita apreensão por parte da parturiente, do marido e restantes familiares. Por isso, o momento depois do parto bem-sucedido é comemorado e comunicado com alegria, obrigando o marido a compensar simbolicamente a *ndjali* com uma bebida. Este pormenor é exigido para que a *ndjali* possa também agradecer aos *nohande* que a inspiraram a realizar o parto. Por esta razão, ela, antes de tomar a bebida, derrama uma pequena quantidade no local do parto, ato que demonstra respeito e consideração pelos ancestrais. Trata-se de um simples ritual que não exige nada mais. Além desse procedimento, após o nascimento de uma criança decorrente de um parto normal não se requerem rituais especiais ou complexos. A notícia do parto bem-sucedido é descrita como *uapulu-lukua, wacita, wakutula,* ou seja, "está descansada, pariu, teve o bebé". O ato de parir é designado como *okupululukua, okucita, okukutula.*

Quando o parto tiver sido complicado, exige-se o cumprimento de certas cerimónias, a que normalmente a *ndjali* está apta para dar solução. Caso não o possa fazer, indica alguém a quem se pode recorrer. Quando o resultado do parto é um nado-morto, as consequências nem sempre são benéficas para a parturiente. Normalmente, a preocupação prende-se com a questão de saber como se comportou a parturiente durante o processo do parto. A intenção é apurar, em primeiro lugar, se a mãe não se recusou a fazer todo o esforço necessário para o nascimento da criança. Caso seja apurada a culpa da parturiente, há medidas punitivas contra a mãe e a sua família. Por vezes, o desprezo do marido e de outros membros da família e da comunidade pode contribuir para um mal-estar geral. Em certos casos, a mulher é entregue aos cuidados dos seus familiares durante algum tempo, até que tenham sido efetuados os tratamentos ou rituais exigidos pelos costumes comunitários que regulam o seu *modus vivendi,* e só depois o marido a vem buscar.

Caso não se prove a culpa da parturiente, a responsabilidade é atribuída aos *vilulu* (os espíritos malfazejos). Raramente se culpa a *ndjali,* pois segundo a tradição tudo depende da parturiente e dos seus *nohande* (espíritos benfa-zejos), para que se consiga trazer ao mundo um bebé perfeito. Deste modo, uma outra *ndjali* entrevistada referiu:

"Na hora de ter o bebé, a mulher sabe que tem de fazer força. O bebé para nascer depende da mãe, mas nós também ajudamos. Solicitamos aos *nohande,* aqueles nossos antepassados que são bons, e isso ajuda a mulher na hora do parto. Se o parto correr mal a família tem de saber porquê. Vão adivinhar e fazer o tratamento para evitar que isso aconteça novamente" (Parteira 4)

Ainda sobre os nado-mortos há a referir a questão do óbito e do enterro. Por norma, nestas comunidades, e como se apurou do trabalho de campo, apesar de aquele acontecimento constituir uma situação triste e penosa para a família, não se organiza o óbito nos moldes de um óbito de adulto ou criança já socializada. Faz-se o enterro do nado-morto atrás da residência e não se chora, ou seja, o óbito nestes casos é íntimo, permanecendo na residência apenas os parentes mais chegados que tentam consolar os pais. Nestas circunstâncias, os vizinhos só mais tarde se apercebem do sucedido e, consequentemente, vão apresentando as suas condolências. Aqui tem-se em conta que o infortúnio derivou da vontade dos maus espíritos e não da incapacidade da mãe gerar filhos. No entanto, e para assegurar que situações idênticas não aconteçam novamente, são realizados rituais de purificação aos progenitores. Nestes casos é chamado o *cimbanda* e não a *ndjali*, sendo esta, por vezes, a sugerir aquele. O ritual exigido tem a ver também com a conciliação e harmonia do casal e da família. Não fica, contudo, excluído um exame diagnóstico à mãe para identificar possíveis doenças que tenham causado aquela desventura. Caso se tome conhecimento de que a mãe tem alguma doença que possa ter provocado este problema ela é tratada com rigor com o propósito de no futuro poder engravidar novamente.

Outro aspeto a considerar é o facto de nestes casos o casal ter de cumprir um resguardo durante o tratamento e só com a autorização da *ndjali* ou do *cimbanda* poderão partilhar a cama. Esta prática é de recomendação rigorosa para que estejam asseguradas as garantias de uma gravidez bem-sucedida. Esta preocupação coaduna-se com a afirmação contida no seguinte trecho, da entrevistada número 4:

> "Os filhos são considerados uma bênção do matrimónio. Um matrimónio sem filhos não tem sentido. Por isso mesmo o casal tem de fazer de tudo para conseguir aumentar a prole. Não interessa que recursos vão utilizar ou quanto vão gastar. O que interessa é sim provar que podem ter filhos e que mostram esse interesse. Não há como desistir dos tratamentos, pois estariam a desrespeitar os *nohande*."

Destas palavras depreende-se que a tragédia nem sempre é bem acolhida entre estas populações, tentando contornar a situação para que os *nohande* os ajudem a superar e resolver o problema. A incapacidade para gerar filhos não é bem aceite, e o homem tem sempre a possibilidade de procurar outras esposas. Para estas populações, a infertilidade é sinónimo de inutilidade e de invalidez, e pode ultrapassar o âmbito familiar. É necessário realizar os rituais apropriados, com o objetivo de dirimir o problema, que poderá ser mais amplo, afetando a comunidade. Nesse aspeto, Nasimiyu-Wasike (2003:

63) afirma que os rituais africanos "são fundamentalmente um assunto comunitário posto que têm lugar na comunidade e para a comunidade". Da mesma forma, Edet (2003: 37) reforça o assunto afirmando que "dado que os rituais estão compostos de símbolos de primordial totalidade ou desunião, os símbolos são algumas vezes polivalentes e têm uma forte influência nos indivíduos e na comunidade". Neste contexto, pode-se perceber que a comunidade também se aflige com o infortúnio que assolou determinada família e participa de forma solidária na solução do problema. As visitas de parentes e vizinhos, além de procurarem consolar, são também expressão desta preocupação.

Conclusão

Algumas ilações do presente trabalho podem ser descritas realçando as dificuldades que enfrentam tanto as mulheres grávidas como as parteiras locais (*ndjali*). Imbuídas e confiantes nas suas crenças e tabus, as mulheres rurais em estado de gestação têm como assistente a parteira tradicional rural da sua comunidade, que opera segundo os conhecimentos adquiridos por via da tradição oral e pela experiência resultante do seu quotidiano.

Para obtermos o reconhecimento das autoridades da saúde e apoio para esta pesquisa foram feitas abordagens às autoridades administrativas, e aos representantes do poder local. As entrevistas e conversas informais com as autoridades administrativas e de saúde, permitiram obter informação e documentação sobre o estado atual do sector, sobre programas em curso e seu desenvolvimento, e ainda sobre o pessoal da saúde e as infraestruturas disponíveis. Por seu lado, as entrevistas e conversas informais com as autoridades tradicionais locais (*sobas* e *seculos*) disponibilizaram informação sobre a localização e identificação das parteiras tradicionais, de forma a chegar às aldeias para as abordarmos. Com as entrevistas com as *ndjali*, e através da observação direta, conseguiu-se identificar o seguinte: são na sua maioria analfabetas, só algumas têm bilhete de identidade, algumas exercem esta profissão por decorrência do chamamento dos espíritos com realização de um ritual, outras porque aprenderam com algum membro da família (mãe, tia avó), outras ainda porque se viram na obrigação de atender ao parto de uma parente próxima transformando-se numa prática, e porque perderam o medo e tiveram coragem. Todas as entrevistadas afirmaram

MULHERES NO MERCADO DA SAÚDE

dar suporte à mulher em geral, à grávida, à mulher no estado pós-parto, à criança até ao primeiro ano de vida e/ou até mais idade principalmente se for menina, à mulher com problemas ligados à infertilidade e a homens com o mesmo tipo de problemas.

Constatou-se neste estudo que as *ndjali* usam a fitoterapia e aconselham por vezes o paciente a procurar outras alternativas, nomeadamente a medicina convencional, quando os seus recursos para superar o problema estão esgotados ou limitados. Na realização de certos tipos de tratamento usam o suporte espiritual e ritualístico.

O estudo demonstrou igualmente que as *ndjali* não cobram bens ou dinheiro e que por vezes recebem simples gratificações. Entre os seus domínios percebeu-se que entre as *ndjali* também há quem identifique e trate doenças venéreas e/ou as encaminhe para especialistas.

As *ndjali* afirmaram neste estudo que não têm apoio das entidades da saúde e que até à altura deste estudo não tinham sido procuradas por qualquer estrutura ou funcionário da saúde. O seu domínio cinge-se geralmente ao atendimento às mulheres da comunidade cujo contacto é pessoal ou com a família.

As *ndjali* percebem e reconhecem que o seu trabalho é importante e necessário, caso contrário as grávidas correriam maiores riscos. Há partos difíceis que as *ndjali* têm de realizar a todo o custo, muitas vezes socorrendo-se da ajuda dos seus ancestrais (*onohande*).

Um dos fortes constrangimentos por elas referido é o facto de *ndjali* e grávidas viverem em zonas rurais e distantes do asfalto, sem energia nem água canalizada. Há postos de saúde em algumas das sedes das povoações, mas a população está bloqueada pela lonjura destes centros.

Deste modo, as distâncias entre a residência e o local de atendimento à grávida, assim como o péssimo estado de estradas, são condicionantes que continuam a oferecer dificuldades às populações do meio rural em geral. A falta de escolarização tem sido também um fator importante da não aceitação da procura dos serviços de saúde por parte não só das grávidas como da população rural em geral das localidades estudadas.

Referências

Alberti, V. (2005). *Manual de História Oral.* Rio de Janeiro. FGV.

Aragão, G. M. (1923). *A medicina e sua evolução na Bahia.* Bahia: Imprensa Oficial do Estado

Bessa, L.(1999). Condições de trabalho das parteiras tradicionais: algumas características do contexto domiciliar rural. *Revista da Escola de Enfermagem.* 33 (3), 250-254.

Campos, S. & Cavalieri (2011). *Narrativa e memória na formação profissional das obstetrizes da EACH-USP. Fortalecendo Redes e alianças estratégicas pela cidadania e saúde das mulheres e dos recém-nascidos.* Relatório Final de Pesquisa. São Paulo: USP.

Carvalho, C. (2009). Pluralidade Terapêutica entre os migrantes guineenses. In L. S. Pereira & C. Pussetti (orgs.) *Os saberes da Cura. Antropologia da doença e práticas terapêuticas* (pp. 231-260). Lisboa: ISPA.

Casal, A. Y. (1994). Para uma Antropologia da Violência. A sociedade contra o Estado e o Estado contra a sociedade em Moçambique. *Studia Africana.*

Direcção provincial de Saúde da Huíla (2012). *Relatório Trimestral.* Lubango: DPSH

Edet, R. (2003), "Cristianismo y rituales de las mulheres africanas." In M. A. Oduyoye & M. R. A. Kanyoro (eds.). *Mujeres, Tradición e Iglesia en África* (pp. 35-51). Navarra: Verbo Divino.

Filho, L. S. (1991). *História geral da medicina brasileira.* São Paulo: Hucitec.

Fleischer, S. R. (2011). *Parteiras, buchudas e Aperreios. Uma etnografia do atendimento obstétrico não oficial em Melgaço.* Pará. Paka-Tatu.

Gadamer, H. G. (2002) *Verdade e método.* Petrópolis: Vozes.

Granjo, P. (2009). Saúde e Doença em Moçambique. *Saúde e Sociedade.* 5 (18-4), 567-581.

Helman. C. G. (2007). *Cultura, Saúde e Doença.* S. Paulo: Artmed Editora.

Magalhães, F. (1922). *A obstetrícia no Brasil.* Rio de Janeiro: Editora Leite Ribeiro.

Maia, M. (2009). Hepatite C: Vivência da doença, do tratamento e da cura. In L. S. Pereira & C. Pussetti (orgs.) *Os saberes da Cura. Antropologia da doença e práticas terapêuticas* (pp. 53-78). Lisboa: ISPA.

Mauss, M. (1974). Ensaio sobre a dádiva: A forma e razão de troca nas sociedades arcaicas. In M. Mauss. *Sociologia e Antropologia* (pp. 37-84). S. Paulo: EPU.

Medeiros, E. (1984). *A situação da mulher. Normas, práticas e tabus respeitantes a fecundidade, gravidez, parto e primeira infância em Cabo Delgado.* Maputo. MISAU.

Mendiguren, B. (2008). «Yo también quero ser mujer soninké» o del enfermar como estrategia de género en un contexto rural de desarrollo humano limitado".

MULHERES NO MERCADO DA SAÚDE

Milando, J. (2007). *Desenvolvimento e Resiliência Social em África. Dinâmicas Rurais de Cabinda*. Lisboa. Periploi.

Nasimiyu-Wasike, A. (2003). Cristianismo y rituales africanos de nacimiento e imposición de nombre. In M. A. Oduyoye & M. R. A. Kanyoro (eds.). *Mujeres, Tradición e Iglesia en África* (pp. 52-67). Navarra: Verbo Divino.

Pires, A. L. (2007). Reconhecimento e Validação das Aprendizagens experienciais. *Sísifo. Revista de Ciências da Educação* 2, 5-20. Disponível em http://sisifo.fpce.ul.pt

Rocha, M. A. (2010). *Desigualdades e Assimetrias Regionais em Angola – os factores de competitividade territorial*. Luanda: Universidade Católica de Angola – CEIC.

Nava, P. (2003). *Capítulos da história da medicina no Brasil*. Cotia: Ateliê Editorial.

Viegas, S. M. (2007). *Terra Calada. Os Tupinambá na mata Atlântica do Sul da Baía*. Rio de Janeiro: Almedina.

O acesso a cuidados de saúde materna em contexto de migração sazonal. Um estudo de caso com migrantes residentes em Dar-es-Salam (Niamey/Níger)

PAULA MORGADO

A promoção da saúde materna a nível global é uma das principais prioridades das agendas internacionais, conforme é expresso nos ODS. As políticas e programas de saúde global têm-se empenhado no incremento da vigilância clínica durante o processo gestativo, sobretudo nos países em desenvolvimento. Todavia, a taxa de utilização dos serviços biomédicos por parte das grávidas e parturientes permanece ainda relativamente baixa em algumas partes do globo, nomeadamente em vários países do continente africano. Não obstante o empenho de vários programas de saúde pública, implementados desde o Convénio do Milénio, em levantar as barreiras geográficas e financeira e apostar num aumento da qualidade dos serviços de saúde públicos à escala global, muitas mulheres, mormente em África, continuam a optar por se subtrair à vigilância clínica durante a gestação e a privilegiar os partos a domicílio. O fracasso das políticas públicas em aproximar as gestantes e parturientes tem sido explicado por razões endógenas, como as crenças ou tradições culturais ou a fraca literacia. Esta perspetiva tende a transferir a responsabilidade pela subutilização do sistema de saúde público para os utentes e para os seus supostos atavismos anacrónicos. Ademais, este género de abordagem que evoca o exotismo e a imutabilidade das formações sociais é indicador que as teorias subjacentes à formulação das políticas de saúde pública globais ainda necessitam de ser ideologicamente descolonizadas para que possam ser colocadas efetivamente ao serviço das populações. Conforme afirmou Didier Fassin, é preciso perceber as relações de força em que as mulheres se encontram inseridas para compreender os seus comportamentos em matéria de saúde reprodutiva e materna (Fassin, 2001). Esta constatação é válida para qualquer mulher, em particular no seio das camadas sociais mais desfavorecidas, onde se encontram envolvidas em múltiplas relações de poder desvantajosas. Nestes casos, as opções terapêuticas e as racionalidades que as alimentam, devem ser entendidas no seu contexto económico, social e político.

Este trabalho pretende debruçar-se sobre a questão da subutilização dos serviços de saúde pública tendo por base um fenómeno que tem crescido durante as últimas décadas, principalmente ao nível do continente africano: a migração sazonal feminina. Será abordado o caso respeitante a mulheres migrantes sazonais residentes no bairro de Dar-es-Salam, em Niamey, a partir de dados sobre os seus percursos terapêuticos e o acesso aos cuidados de saúde materna e reprodutiva. O artigo encontra-se dividido em seis secções. A primeira aborda aspetos de ordem epistemológica e também conceptual. A segunda dedicar-se-á à delimitação do objeto de estudo, descrevendo o fenómeno da migração sazonal tendo em conta o contexto de promoção das políticas de gratuitidade no serviço de saúde público nigerino. Na terceira parte procurar-se-á integrar o conceito de migração autónoma feminina nas dinâmicas sociais locais. Na quarta serão descritos o estudo de caso e as opções metodológicas seguidas, sendo abordado o processo de integração das migrantes sazonais na malha urbana. Na penúltima secção analisar--se-ão as trajetórias terapêuticas realizadas por estas mulheres e matéria de gravidez e parto e serão discutidos os resultados obtidos colocando em evidência tanto as racionalidades como os constrangimentos que sustentam as estratégias desenvolvidas por estas migrantes para acederem a cuidados de saúde materna. Na conclusão procurar-se-á articular estes resultados no seio da formulação das políticas de saúde globais.

1. Abordagem epistemológica

Este estudo situa-se na perspetiva da antropologia médica crítica e procura compreender o acesso a cuidados de saúde num determinado contexto político, social e económico (Alexandrakis, 2011; Farmer, 2001). Pretende-se analisar esta questão à luz do conceito de pluralismo médico, conforme foi conceptualizado por Charles Leslie (1980), ou seja, visando a oferta terapêutica, assim como, a demanda que posteriormente acabou por ser incorporada na sua definição. A esmagadora maioria da produção académica que aborda a problemática do pluralismo médico veicula a ideia da primazia da biomedicina enquanto opção terapêutica, apesar da hegemonia biomedicina ter começado a ser desconstruída nos finais dos anos 1980 (Scheper-Hughes & Lock, 1987) e das práticas biomédicas terem sido entretanto conceptualizadas, à semelhança das restantes opções médicas disponíveis, enquanto meras categorias culturais (Lock & Gordon, 1988; Lock & Scheper-Hughes, 1990). No que diz respeito à saúde materna observam-se duas posturas aparentemente antagónicas. A primeira respeita à postura ideológica subjacente à formulação das políticas de saúde pública, que valoriza a biomedicina. A segunda refere os movimentos da sociedade civil, sobretudo nos países desenvolvidos, que colocam em causa, pelo menos na esfera dos cuidados obstetrícios, o conhecimento autoritário (Jordan, 1997) da biomedicina, propugnando por processos gestativos menos medicalizados.

A hegemonia da biomedicina na formulação de políticas de saúde pública globais, especialmente na área da saúde reprodutiva e materna, deve-se fundamentalmente à importância que o combate à mortalidade materna começou a assumir no âmbito da Iniciativa Maternidade Sem Risco, expresso tanto nos ODM como nos ODS. A questão do atendimento nos serviços de saúde públicos durante a gravidez e parto, conjuntamente com a taxa de utilização de métodos contracetivos bioquímicos e a percentagem de intervenções obstetrícias de urgência, tornaram-se nos principais indicadores sanitários a partir dos quais se passou a inferir a mortalidade materna de um determinado país. De acordo com esta perspetiva, a promoção da saúde materna depende exclusivamente da biomedicina. A verificação desta tendência no seio dos programas de saúde pública, especialmente vocacionados para os países ditos em vias de desenvolvimento leva a crer que o processo de construção hegemónica da biomedicina nestes estados ainda se encontre em curso. Se bem que este artigo se foque na questão da subutilização dos serviços de saúde por parte de um grupo socialmente vulnerável, não existe qualquer intenção de dar à biomedicina uma relevância distinta das outras possibilidades terapêuticas. De igual modo, não se pretende de modo algum alimentar o exotismo em torno dos cuidados obstetrícios fora do âmbito da biomedicina como ultimamente se tem observado principalmente nalguns países ditos desenvolvidos: um modo de ação política contra a excessiva medicalização do corpo das grávidas e parturientes.

A abordagem epistemológica proposta neste artigo parte da premissa que todos os procedimentos terapêuticos são igualmente válidos e que a eficácia terapêutica é uma realidade multidimensional, ou seja, pode contemplar uma dimensão orgânica, simbólica, social e até mesmo política. O desenvolvimento desta perspetiva teórica é tributário do conceito de sistema médico local desenvolvido por Arthur Kleinman (1978). O mérito deste autor está na sua capacidade conceptual de ultrapassar a oposição dicotómica entre medicina dita tradicional e biomedicina (Fabrega, 1971) que dominava o corpo teórico da antropologia médica, sobretudo no subdomínio da etnomedicina. Kleinman, para além de ter resgatado a automedicação como opção terapêutica, dividiu a oferta médica em três vertentes distintas: a popular que dizia respeito aos auto-tratamentos, a *folk* que se referia à medicina dita tradicional transmitida por via oral e a profissional respeitante às medicinas cuja forma de transmissão de conhecimentos se baseava na linguagem escrita (Kleinman, 1978). Nesta descrição da oferta terapêutica existente, a biomedicina é contemplada como outra opção entre outras, classificada inclusive conjuntamente com as medicinas eruditas como a unani, a sínica ou a ayurvédica.

Numa época em que as políticas de saúde pública enfatizam a gratuidade de alguns serviços (Hall, Ahmed, & Swanson, 2009) ou mesmo o acesso universal aos cuidados de saúde pública (Bitran, 2014), a abordagem epistemológica escolhida não é consensual. Ao nivelar as opções terapêuticas privadas, que implicam custos, com as públicas, tendencialmente gratuitas, observa-se uma tendência para discriminar os segmentos populacionais menos favorecidos face à oferta privada. O problema reside em primeiro lugar no facto da biomedicina ter sido «naturalizada» – no sentido bourdiano do termo (Comaroff & Comaroff, 1992) – como único saber terapêutico legítimo. Principalmente às expensas da consolidação da saúde pública como um dos instrumentos privilegiados de governação desde os finais do século XIX, em detrimento da restante milenar oferta terapêutica que evoluiu ao longo dos tempos, inclusive graças ao contacto com o saber biomédico. Mesmo que tenham sido feitas tentativas de incorporar nos sistemas de saúde pública outras opções terapêuticas, estas raramente foram bem-sucedidas. Uma das exceções foi a formação biomédica de parteiras tradicionais enquanto ASC, em consonância com o espírito de Alma Ata (Mangay-Manglacas & Puzurki, 1973; Green, 1988). Todavia, durante a última década, os decisores políticos obcecados com a qualidade dos serviços públicos prestados em matéria de saúde materna acabariam por prescindir das suas competências profissionais, relegando-as à categoria de meras mediadoras entre as parturientes e os serviços de saúde públicos, impossibilitando-as de assistir partos dentro das formações sanitárias (Diarra, 2012a). Os critérios de integração da chamada medicina tradicional,

O ACESSO A CUIDADOS DE SAÚDE MATERNA EM CONTEXTO DE MIGRAÇÃO SAZONAL

desde que os cuidados de saúde primários foram formulados, baseiam-se na sua forçada biomedicalização, em que a eficácia orgânica da *materia medica* (Whyte, van der Geest & Hardon, 2002) utilizada durante os procedimentos terapêuticos é privilegiada em detrimentos de todas as outras dimensões (sociais, simbólicas, políticas) mobilizadas durante os tratamentos. Nalguns locais onde a coabitação foi posta em prática, a tensão permanente que se verificou entre médicos e terapeutas ditos tradicionais pouco ou nada contribuiu para implementar a eficácia dos sistemas de saúde (Langwick, 2010). Na realidade, o problema nunca residiu na questão da assunção da diversidade terapêutica, mas sim no fator discriminatório da grande maioria dos sistemas de saúde públicos que continuam a insistir na hegemonia da biomedicina. Os fracassos na implementação destas políticas sanitárias durante as décadas de 1970 e 1980 e a inércia das associações de terapeutas tradicionais não permitiram que uma abordagem mais holística dos cuidados de saúde públicos chegasse a vingar.

Nesta sequência, quando se enunciarem os diversos procedimentos médicos, a que se submeterem estas mulheres migrantes em matéria de gravidez e partos, não será com o objetivo de classificá-los hierarquicamente uns em relação aos outros. Não existe qualquer intenção em assumir que as suas escolhas terapêuticas fora da esfera da biomedicina sejam de qualidade inferior ou até mesmo contribuam para agravar a saúde destas mulheres. Até porque não existem dados estatísticos suficientemente credíveis que permitam cabalmente assumir essa afirmação. De resto, tanto a escassa literatura sobre a gestão da saúde materna nigerina em contexto de diversidade terapêutica (Mohamed, 2010; Olivier de Sardan, Moumouni, & Souley, 1999, 2001; Rasmussen, 2006) como a informação empírica recolhida no terreno mostram que existem localmente diversos recursos terapêuticos para além dos biomédicos, vulgarmente classificados sob a rúbrica de medicina dita tradicional, em matéria de obstetrícia que mobilizam de forma dinâmica saberes alógenos e que têm desempenhado um papel muito relevante na prestação de cuidados de saúde durante a gravidez, parto e puerpério.

O conceito de pluralismo médico é preterido pela noção de pluralismo terapêutico por causa da ideia sistémica subjacente à sua formulação que não autoriza a apreensão das fusões, interpenetrações e demais evoluções entre as mais diversas práticas terapêuticas, assim como, do forte pragmatismo associado às escolhas de quem procura cuidados de saúde (Dozon

& Sindzingre, 1986). A ideia de pluralismo terapêutico aqui enunciada centrar-se-á particularmente no terapeuta e na individualidade do seu corpo de conhecimentos e práticas terapêuticas, independentemente do seu dinamismo, sobretudo evidente através da apropriação de elementos originalmente pertencentes a outros domínios terapêuticos. Esta conceptualização, no âmbito da sociedade nigerina, estender-se-á igualmente ao corpo clínico [biomédico]. Apesar da tendência para alguma normatividade aprendida durante a formação académica, não é assim tão invulgar a presença de elementos, ainda que de forma discreta, que remetam para crenças terapêuticas pertencentes ao domínio das representações sobre o sobrenatural no seio das formações sanitárias. Por exemplo, alguns autores salientaram um caso em que os enfermeiros rodearam a sala de partos [de uma maternidade] com um tipo de arbusto conhecido localmente por proteger contra os feiticeiros antropofágicos (Olivier de Sardan et al., 2001). A forma como a vulnerabilidade dos recém-nascidos às forças sobrenaturais era antigamente percecionada, levava a que muitas mulheres escolhessem dar à luz do modo mais discreto possível, em lugares socialmente pouco valorizados como os estábulos, de forma a eludir os espíritos e demais forças ocultas (Olivier de Sardan et al., 2001). Mesmo que as populações tendam a organizar hierarquicamente a oferta terapêutica disponível em função de um conjunto de variáveis nem sempre totalmente percetíveis, optar-se-á por considerar todos os terapeutas consultados de forma idêntica, independentemente dos desfechos terapêuticos. Consequentemente, neste contexto serão consideradas as trajetórias terapêuticas, ou seja, o recurso sequencial a distintos provedores de cuidados de saúde durante um episódio de gravidez ou parto.

Os primeiros trabalhos realizados sobre saúde reprodutiva e materna foram produzidos na esfera da demografia. O crescimento exponencial da população mundial levou os decisores políticos a formularem políticas de planeamento familiar especialmente vocacionadas para os então países do denominado terceiro mundo. A fraca adesão das populações aos contraceptivos conduziu a vários estudos sobre os comportamentos das populações em matéria de fertilidade e fecundidade (Agounké, Lévi, & Pilon, 1994; Benoit, 1995; Caldwell & Caldwell, 1995). Estes trabalhos, tributários do paradigma biomédico, estabeleciam uma relação direta, ainda hoje dificilmente comprovada, entre um elevado número de filhos e o aumento da mortalidade materna e infantil. As dimensões culturais, recuperadas a nível

O ACESSO A CUIDADOS DE SAÚDE MATERNA EM CONTEXTO DE MIGRAÇÃO SAZONAL

local como explicação para esta elevada fecundidade, em vez de serem articuladas com macro determinantes sociais, políticos e económicos, acabaram reduzidas a meras variáveis discretas estatisticamente manipuláveis. Mais tarde, em 1977, no âmbito da formulação dos cuidados de saúde primários (Cueto, 2004), a possibilidade de integração dos terapeutas tradicionais nos sistemas de saúde públicos locais, conduziu ao desenvolvimento de uma intensa literatura sobre as parteiras tradicionais. Defensores e opositores desta integração digladiaram-se durante anos sobre as vantagens e desvantagens desta opção política (Bayles, 2008; Bergström & Goodburn, 2001; Boddy, 1998; Djukanovic & Mach, 1975; Foran, 2007; Jordan, 1989; Leslie, 1980; Nyanzi, 2008; Reissland & Burghart, 1989; Road & Heidelberg, 1989; Rowley, 2000; Verderese & Turnbull, 1975). Um dos contributos mais importantes nesta matéria foi o resgate do conhecimento autoritário destas parteiras (Browner & Sargent, 2007), pois permitiu passar além do impasse entretanto criado entre os partidários da biomedicalização dos conhecimentos e práticas destes terapeutas e aqueles que colocavam preferencialmente em evidência os procedimentos obstetrícios considerados nocivos do ponto de vista biomédico. Esta abordagem permitiu colocar em evidência os conhecimentos médicos destas mulheres, e o seu reconhecimento por parte das parturientes e respetivas famílias, sendo muitas vezes escolhidas em detrimento dos serviços de saúde públicos.

Em 1987, a implementação da Iniciativa Maternidade sem Risco pelas políticas de saúde públicas permitiu que a saúde materna fosse finalmente centrada exclusivamente na mulher. Até então, a saúde da grávida, parturiente e puérpera estivera subordinada aos aspetos relacionados com a saúde infantil (Rosenfield & Maine, 1985), numa lógica utilitarista de que mulheres saudáveis dariam à luz filhos mais robustos e com maiores probabilidades de sobrevivência. O corolário desta iniciativa foi que a conceptualização de saúde materna acabou por ser reduzida praticamente ao combate à mortalidade materna através da tecnologia biomédica, principalmente nos países em desenvolvimento. Curiosamente, a adoção destas medidas aconteceu numa altura em que o paradigma vigente em matéria de saúde pública eram os cuidados de saúde primários, ou seja, cuidados de proximidade que não requeressem um grande aparato tecnológico. A sobreposição entre a ideia de promoção da saúde materna e de combate à mortalidade materna levou a uma produção considerável de relatórios organismos internacionais, onde eram constantemente reiteradas as principais causas orgânicas da morte

MULHERES NO MERCADO DA SAÚDE

materna e relacionadas com um conjunto de variáveis sociais que podem ser divididas em três grupos: as limitações e disfuncionamentos dos serviços de saúde; as crenças locais; e as desigualdades sociais que supostamente afastariam as grávidas e parturientes das formações sanitárias biomédicas.

A literatura existente sobre as limitações e disfuncionamentos dos serviços de saúde públicos são fundamentalmente relatórios elaborados pelos principais organismos internacionais, a partir de trabalhos etnográficos realizados no interior de formações sanitárias (Diarra, 2012b; Hahonou, 2001; Jaffré & Olivier de Sardan, 2003; Jewkes, Abrahams, & Mvo, 1998; Moumouni, 2004; Souley, 2001, 2004). Estes estudos explicam a fraca adesão aos serviços de saúde pública em torno de três variáveis: o custo, a distância e a qualidade dos serviços. A qualidade dos serviços prestados pode ser decomposta em aspetos como a insalubridade das salas de parto, a falta de consumíveis e meios técnicos, a carência e má formação académicas dos profissionais de saúde biomédicos e o mau atendimento. O mau-atendimento, por sua vez, pode igualmente ser desdobrado em frieza, elevado tempo de espera, falta de privacidade, extorsões e maus tratos. A falta de condições gerais no interior de muitas formações sanitárias existentes nos países ditos em desenvolvimento levou mesmo alguns autores, tal como T K Sundari (1992), a propugnarem pelos partos a domicílio. Partindo de uma perspetiva de análise biomédica, defendem que as condições de higiene existentes em muitas maternidades representam um risco elevado para a saúde da parturiente, puérpera e recém-nascido devido às altas probabilidade de contaminação infeciosa.

As crenças locais ou as representações culturais em torno da gravidez e do parto foram exaustivamente estudadas no âmbito da antropologia, particularmente em África (Bonnet, 1988; Alfieri, 2000; Colin, 2013; Davis-Floyd & Sargent, 1997; Desgrées du Loû, 2000; Lallemand, 1991; Mohamed, 2010; Olivier de Sardan et al., 1999, 2001; Pisani, Diaouré, & Walet Oumar, 1989; Touré, 2000; Duchesne, 2000; Vouilloz Burnier, 1995). Estas análises privilegiam a dimensão cultural do processo gestativo, sendo tributárias de dois trabalhos, publicados em 1978, que resgataram o parto da dimensão biológica em que se encontrava política e academicamente confinado (Brigitte Jordan, 1992; Kitzinger, 1978). Alguns destes trabalhos cingiram--se a pesquisas descritivas ou a interpretações culturalistas do fenómeno da gestação. Em consequência disso, acabaram por fazer tábua das forças sociais globais que modelam a experiência individual da gravidez e parto

O ACESSO A CUIDADOS DE SAÚDE MATERNA EM CONTEXTO DE MIGRAÇÃO SAZONAL

(Browner & Sargent, 2007), indo desta forma ao encontro das pretensões das organizações internacionais envolvidas com questões referentes à saúde pública. Conforme foi previamente dito, era confortável para os decisores políticos puderem subdelegar grande parte da responsabilidade pela falta de adesão ao planeamento familiar, à vigilância biomédica da gravidez e ao parto clinicamente assistido sobre as próprias mulheres. Muitas destas produções teóricas acabaram por contribuir tanto para a supramencionada naturalização da biomedicina quanto os estudos que avocavam uma postura teórica assumidamente pró-biomédica (Haaga, Wasserheit, & Tsui, 1997; Pierre & Locoh, 1990). Após a Conferência Internacional sobre População e Desenvolvimento, os trabalhos académicos passaram a incidir cada vez mais na articulação das crenças e práticas das populações em matéria de obstetrícia com as ideologias de género, e com as principais assimetrias sociais, políticas e económicas em que as mulheres se encontravam inseridas.

Os estudos feministas acabariam por influenciar os trabalhos sobre a questão da maternidade, revelando a pressão colocada sobre as mulheres para serem mães em muitas sociedades (Einarsdóttir, 2004; Journet, 1990; Scheper-Hughes, 1993). O acesso à maternidade devia ser efetuado segundo determinadas regras, de preferência dentro do quadro legal do casamento em muitas sociedades. Em África, as gravidezes de mulheres celibatárias tendem a ser reprovadas (Fortier, 2013; Vangeenderhuysen & Souley, 2001), mas é sobretudo a infertilidade que é socialmente penalizada (Moussa, 2012). Contudo, as metas reprodutivas não são partilhadas uniformemente no interior das comunidades (Browner, 2000), nem sequer no seio das próprias famílias. As mulheres muitas vezes desejam menos filhos que os seus maridos (Lovell, 1995). Porém, frequentemente têm dificuldades em fazer prevalecer a sua posição devido às relações de poder desvantajosas em que se encontram inseridas e que lhes reduz a margem negocial. A falta de domínio sobre a sua fecundidade reflete-se no seu risco de exposição ao risco de DST , nomeadamente do VIH-SIDA (Browner & Sargent, 2007; Fassin, 1999; Nasirumbi, 2000). As desigualdades de género também se manifestam na forma como os processos gestativos são geridos pelas mulheres, principalmente em matéria de escolhas terapêuticas (Chapman, 2003, 2006, 2010). As forças da globalização experienciadas através dos corpos das mulheres tendem a ser percecionadas enquanto riscos reprodutivos. Consequentemente, a mobilização de especialistas sobre as forças do oculto durante a gestação, e a subutilização dos serviços de saúde públicos é muito frequente (Chapman, 2004).

A questão da subutilização dos serviços de saúde públicos em matéria de saúde materna gerou algumas divergências interpretativas no seio da antropologia médica. Por um lado, alguns autores advogavam que eram sobretudo os constrangimentos em que as mulheres se encontram inseridos que dificultam o acesso aos cuidados de saúde biomédicos (Erasmus, 1952; Fassin, 1999). Por outro lado, outros defendiam que a subtração parcial aos cuidados de saúde materna era muitas vezes deliberada. Para além dos mencionados problemas relacionados com o disfuncionamento dos serviços de saúde públicos, existia a questão da excessiva medicalização e patologização da gravidez e do parto (Browner & Sargent, 2007) que podia funcionar como um fator repulsivo devido à perda de decisão sobre o processo gestativo que representa para a mulher (Jordan, 1990). Ademais, existia a questão da construção cultural do risco materno. A forma como era realizada ao nível dos organismos internacionais tendia a ser diferente da forma como era construído localmente (Allen, 2004; Igberase, Isah, & Igbekoyi, 2009). A conceptualização dos cuidados obstetrícios no contexto do pluralismo médico ou simplesmente da diversidade terapêutica (Bonnet, 1988; Diarra, 2012; Diarra, 1971; Ali Soud, 2005; Guillaume, Koffi, & Vimard, 1995; Mohamed, 2010; Rasmussen, 2006; Sargent, 2012; Wild, Barclay, Kelly, & Martins, 2010) acabou por contribuir para a dissolução da dicotomia entre biomedicina e medicina tradicional. À medida que se foi verificando que o atendimento de consultas nos centros de saúde era muitas vezes intercalado com visitas a terapeutas ditos tradicionais, não havendo quaisquer indícios nem de uma resistência, nem de uma adesão incondicional à biomedicina, começaram a ser equacionadas outras dimensões de análise para esse recorrente pluralismo terapêutico. Conforme mostraram Carole Browner e Carolyn Sargent (2007), a gestão da maternidade mobiliza ideologias de género, políticas domésticas, religiões e cosmologias, hierarquias ocupacionais, medicinas locais e a estrutura do estado que financia os serviços de saúde. Esta problemática foi alargada à questão da saúde da mulher em geral (Browner & Sargent, 2007), e à forma como os grupos femininos socioeconómicos mais desfavorecidos geriam as suas preocupações diárias em matéria de saúde (Obrist, 2003, 2006). No que concerne a realidade africana, alguns autores constataram que os parcos e irregulares recursos, associados a uma sobrecarga de trabalho, tendiam a ser

O ACESSO A CUIDADOS DE SAÚDE MATERNA EM CONTEXTO DE MIGRAÇÃO SAZONAL

percecionados pelas mulheres como uma influência nefasta sobre a sua saúde, facilitando o desenvolvimento de um tipo de mal-estar psicossocial (Avotri & Walters, 1999), o qual tendia a expressado num tipo de discurso que colocava em evidência as suas constantes inquietações quotidianas e que Mark Nichter (1981) denominou, relativamente à realidade observada em contexto indiano, de 'idioma da angústia'.

Em jeito de conclusão desta breve revisão literária sobre a problemática da saúde materna a partir da charneira existente entre as ciências sociais e as políticas de saúde pública, convém salientar o impacto teórico das primeiras na formulação das segundas. Não obstante os trabalhos académicos produzidos em torno dos principais obstáculos à promoção dos cuidados biomédicos, os promotores das políticas de saúde pública pouco se ativeram nesta produção científica para a formulação dos programas de saúde materna. No contexto dos relatórios internacionais produzidos sobre saúde materna à escala global, as alusões respeitantes às desigualdades sociais vivenciadas pelas mulheres dos países em desenvolvimento diziam fundamentalmente respeito a construções ideológicas sobre o género dificilmente articuladas com qualquer realidade local. Esta postura teórica permitiu a propugnação por uma maior qualidade clínica dos serviços prestados, forçando a aculturação das crenças locais à ideologia biomédica e naturalizando as desigualdades observadas.

2. Movimentos migratórios sazonais em África

Este artigo debruça-se sobre um grupo de mulheres migrantes sazonais residentes Niamey. Os movimentos migratórios sazonais implicam estadias num determinado local de acolhimento por períodos de tempo relativamente curtos e regressos frequentes a casa. Nalgumas zonas de África, como na República do Níger, este fenómeno remonta à época pré-colonial (Painter, 1988; Rouch, 1956; Stoller, 1995) e durante muito tempo envolveu essencialmente elementos do sexo masculino, sendo a feminização destes processos migratórios muito recente (Antoine & Oumar, 2000; Awumbila, 2007; Awumbila & Ardayfio-Schandorf, 2008; Diop, 1989; Findley, 1989; Jeune, Piché, & Poirier, 2004; Molyneux, Mung'ala-Odera, Harpham, & Snow, 2002; Odotei, 1992; Yeboah, 2008). Em muitos casos encontra-se associada à progressiva monetarização das economias africanas em consequência da aplicação da doutrina liberal imposta principalmente pelo BM e o FMI. Por outro lado, o elevado crescimento populacional tem contribuído para uma progressiva saturação dos solos agrícolas comprometendo a segurança alimentar em muitos agregados familiares. Neste sentido, interessa indagar sobre os comportamentos terapêuticos das mulheres migrantes sazonais, principalmente por causa do dinamismo geográfico associado às suas estratégias de sobrevivência. Afinal, a que cuidados de saúde acedem as migrantes grávidas e parturientes quando se encontram inseridas em processos migratórios que implicam um trânsito frequente entre dois [ou mais] locais distintos? E porquê?

Ao nível do continente africano, a migração feminina sazonal envolve principalmente mulheres celibatárias rurais que migram interna ou internacionalmente para um local de acolhimento urbano durante um determinado período de tempo (Antoine & Oumar, 2000; Awumbila, 2007; Awumbila & Ardayfio-Schandorf, 2008; Diop, 1989; Sudarkasa, 1977). Regra geral, estas mulheres migram de forma independente, na ausência de qualquer autoridade masculina e por vezes também feminina. A literatura existente sobre esta matéria tende a abordar de forma extremamente superficial as questões relacionadas com a saúde reprodutiva destas mulheres. Muitas vezes resumem-se a aspetos do foro sexual (Porter, 2011; Sudarkasa, 1977), à gestão das gravidezes pré-nupciais indesejadas e ao risco de contração de DST (Awumbila & Ardayfio-Schandorf, 2008).

No que concerne a República do Níger, as primeiras descrições conhecidas sobre a migração sazonal feminina remontam aos anos 1950 e referem-se especificamente às mulheres viúvas e divorciadas zarma, particularmente vulneráveis do ponto de vista económico e social, que seguiam os trilhos migratórios dos jovens nigerinos do sexo masculino direcionados à colónia da Costa do Ouro (Rouch, 1956) que presentemente corresponde ao Gana. Esta ideia foi reforçada por Harouna Mounkaïla (1999), para quem as primeiras mulheres de origem zarma a dedicarem-se à migração sazonal foram as chamadas chefes de família, ou seja, as divorciadas, as viúvas e aquelas cujos maridos se encontravam fisicamente incapacitados. A migração sazonal feminina realizada de forma independente também terá atingido precocemente os grupos nómadas nigerinos. Esta prática encontra-se particularmente difundida, pelo menos desde os princípios dos anos 1960, entre as mulheres fulas casadas de origem wodaabe [ou bororo], residentes na zona de Dakoro, no sul do país (SAVE THE CHILDREN, 2009) que migram para a Nigéria e Senegal por temporadas para vender as suas plantas medicinais e demais farmacopeicos que gozam de grande reputação nestes dois países[1]. A literatura faz igualmente indiretamente alusão ao fato deste fenómeno se ter disseminado a outras regiões do país sobretudo a partir dos anos dos anos 1990 (Alidou, 2005). Mas é sobretudo sobre a migração para a capital que existe maior informação. O fenómeno da migração sazonal feminina em Niamey remonta ao primeiro demorado período de seca que assolou a faixa saheliana na fase pós-independência. Durante seis anos, entre 1968 e 1974, esta região esteve sujeita a um período atipicamente prolongado de pluviometria altamente deficitária que acabou por comprometer a produção agrícola, projetando na esfera urbana uma parte considerável da população rural esfaimada. Nessa época, as mulheres migrantes vinham essencialmente na companhia dos seus pais ou maridos e restante família (Mounkaïla, 1999). Apesar de este fenómeno ter sido energeticamente combatido pelo regime autoritário que comandava os destinos nessa altura do país (Alidou, 2005; Charlick, 1991), dados empíricos mostram que alguns agregados familiares continuaram a trocar as suas aldeias pela capital principalmente durante a estação seca. Após as últimas colheitas, que podiam perfeitamente estender-se até ao mês de Novembro, rumavam a Niamey para apenas regressarem a casa no início da estação das chuvas para as sementeiras, o que acontecia normalmente entre o mês de Maio e Junho seguintes. A expansão da migração sazonal feminina independente oriunda do mundo rural e direcionada à capital desenvolveu-se a partir da década de 1990. Ao contrário do que se constatou noutros países da sub-região, muitas das mulheres rurais que passaram a migrar regularmente rumo à capital eram casadas e encontravam-se em plena idade reprodutiva (Mamoudou, n.d.), à semelhança das migrantes nómadas wodaabe.

Os estudos que se dedicam à temática da saúde em contexto migratório tendem a focalizar-se nos migrantes africanos residentes na Europa. Ainda assim, existe uma abundante literatura que aborda esta questão quando o local de acolhimento fica situado no continente africano (Adepoju, 2008;

---

[1] Provavelmente em razão da sua reduzida dimensão, o fenómeno terá passado despercebido dos círculos académicos até bem recentemente, quando a questão dos fluxos migratórios, maioritariamente compostos por mulheres, começaram a ganhar relevância no panorama nacional. Mahaman Moha, do LASDEL, foi o primeiro investigador a alertar para a natureza deste fenómeno, muito antes de se ter realizado qualquer pesquisa bibliográfica sobre o assunto.

Aixelà, 2009; Amankwaa, Bavon, & Nkansah, 2003; Antoine & Diop, 1995; Boakye-Yiadom & Mckay, 2006; Cohen, 2006; Gunvor, 2009; Hunnes, 2012; Morais, 2016; Zohry, 2002). Alguns destes trabalhos respeitam especificamente a dinâmicas migratórias sazonais (Awumbila, 2007; Awumbila & Ardayfio-Schandorf, 2008; Collinson, Wolff, Tollman, & Kahn, 2006; Ketema, 2014; Vimard & Guillaume, 1991). Por norma, as questões de saúde são analisadas segundo os temas formulados pelas políticas de saúde pública. No que concerne à República do Níger, a produção científica escasseia nesta matéria. A tese de doutoramento de Mounkaïla (1999) é um dos poucos exemplos em que é abordada a questão do acesso a cuidados de saúde por parte da população migrante sazonal nigerina abordando migrantes internacionais do sexo masculino oriundos do departamento de Tillabéry e os riscos e cuidados terapêuticos envolvendo uma única patologia: o VIH-SIDA. A parca literatura existente sobre a migração sazonal feminina nigerina é bastante omissa relativamente aos cuidados de saúde, com exceção do artigo de Martin Brockerhoff (1994) que diz respeito a uma pesquisa demográfica realizada em vários países, carecendo de detalhes etnográficos. No que toca à gestão da saúde reprodutiva das mulheres migrantes sazonais nigerinas, a produção académica opta por nem sequer mencionar a questão (Oumarou, 2015) ou a veicular a ideia de que as mulheres migrantes sazonais tendem a suspender a sua vida reprodutiva por causa das suas longas estadias na capital, principalmente quando não viajam para a cidade na companhia dos seus maridos. Sabe-se que as migrantes wodaabe tendem a desmamar precocemente os seus filhos lactantes para poderem partir. Esta prática também foi constatada entre as migrantes sazonais da capital, oriundas de aldeias sedentárias que optam pela ablactação para que a criança fique aos cuidados da família paterna (Mamoudou, n.d.). Todavia, o número expressivo de migrantes sazonais grávidas, com lactantes às costas ou até mesmo com outros filhos mais crescidos observado em Niamey, independentemente dos maridos se encontrarem presentes ou ausentes na capital, dava indicações precisamente do contrário. Ao contrário do que veicula a literatura, a interrupção da vida reprodutiva por causa das dinâmicas migratórias em que se encontravam envolvidas não parecia fazer parte das prioridades de muitas destas migrantes sazonais. A saúde a reprodutiva destas mulheres temporariamente inserida em meio urbano está longe de ter sido alvo de investigação sistemática. A sua permanência por períodos relativamente demorados na cidade implica forçosamente que a determinado momento da sua estadia urbana se vejam confrontadas com a necessidade de recorrer a algum tipo de cuidados de saúde, principalmente em matéria de saúde materna.

Por imposição dos organismos financeiros internacionais na esteira da enunciação dos OdM, desde da viragem do milénio que o governo nigerino se tem empenhado em derrubar as principais barreiras geográficas, económicas e até mesmo culturais que dificultavam ou impediam o acesso a cuidados de saúde materna no âmbito dos serviços de saúde públicos (UNICEF, 2008). Em primeiro lugar, procedeu-se à expansão da rede sanitária, mormente no interior do país, graças a uma linha de crédito colocada à disposição pelo BM[2], que possibilitou a redução substancial da percentagem da população rural que residia a uma distância superior a cinco quilómetros da formação sanitária mais próxima (Blanford, Kumar, Luo, & MacEachren, 2012), Assim como se reabilitaram os HD respeitantes a cada distrito sanitário[3] (OMS, 2007). O distrito sanitário é uma zona descentralizada relativamente autónoma economicamente falando que cobre as necessidades de saúde essenciais das populações que residem dentro dos seus limites geográficos (OMS, 2007). Em segundo lugar, o governo nigerino iniciou uma política de isenção parcial dos cuidados de saúde materna (Ousseïni, 2011). Em 2005, a gratuidade foi introduzida ao nível das cesarianas, métodos contracetivos bioquímicos e tratamento oncológicos relacionados com o cancro no colo do útero. E no ano seguinte começou a ser igualmente estendida às CPN e a todos os cuidados de saúde relacionados com as crianças até à idade de cinco anos (Diarra, 2011; Olivier de Sardan, 2014). E em terceiro lugar, foram desenvolvidas políticas educativas para aumentar a frequência escolar e reduzir as desigualdades de género no acesso ao ensino primário, nomeadamente através da expansão da rede escolar, igualmente no âmbito do «Programa Especial do Presidente» (OIT, 2006). Na República do Níger foram tomadas medidas reais para tornar os cuidados de saúde públicos mais acessíveis às mulheres em idade reprodutiva. Contudo, a recorrência

---

[2] O presidente da república em exercício na altura aproveitou para capitalizar em seu benefício esta linha de crédito criando o «Programa Especial do Presidente» através do qual as melhorias no sistema sanitário foram apresentadas às populações nigerinas.

[3] A Conferência de Harare ficou conhecida por lançar as bases da descentralização dos sistemas de saúde em África. O documento que saiu deste convénio realizado em agosto de 1987 ficou conhecido como a Declaração sobre o Reforço dos Distritos Sanitários com Base nos Cuidados de Saúde Primários. (OMS, 1987).

das mulheres nigerinas ao parto assistido clinicamente e aos cuidados obstetrícios de emergência continua bastante inexpressiva. De acordo com os dados estatísticos nacionais apenas cerca de vinte por cento das parturientes opta por vigilância clínica durante o nascimento dos seus filhos e o número de cesarianas realizadas anualmente fica muito aquém dos vinte por cento aconselhados pela OMS (INS, 2015). Assim sendo, o fenómeno da migração sazonal feminina em Niamey pode ser considerado um ponto de partida singular e privilegiado para analisar o comportamento terapêutico de um grupo socialmente vulnerável em matéria de saúde materna.

A expansão da migração sazonal feminina ocorreu em paralelamente a um conjunto de reformas religiosas que visaram uma redefinição da mulher muçulmana através da sua reclusão física e simbólica e através da generalização do uso do *hijab*. Este fenómeno social carece de aprovação por parte dos mais diversos quadrantes da sociedade nigerina, especialmente entre os grupos que vivem de forma mais desafogada. No entanto, a migração sazonal feminina não é um acontecimento social passageiro, mas sim de um fenómeno social de longo alcance que reflete a falência do mundo agrícola em algumas regiões do país. Mesmo que nem todas as mulheres que migrem sazonalmente para a capital façam-no unicamente por causa de uma necessidade de subsistência urgente e imediata.

Com o objetivo de aprofundar os conhecimentos em torno das razões subjacentes à subutilização dos serviços de saúde pública por parte de mulheres grávidas e parturientes pertencentes a grupos sociais mais desfavorecidos foi realizado um trabalho de campo em Niamey entre 2011 e 2013 com um grupo de migrantes sazonais oriundas de algumas aldeias localizadas nas duas regiões mais próximas da capital. Procurou-se observar e reconstruir cronologicamente a sequência de opções terapêuticas [ou trajetórias terapêuticas] seguidas por estas mulheres durante a gravidez e parto, para tentar perceber as racionalidades e constrangimentos que ditaram os procedimentos terapêuticos.

3. Considerações sobre a migração feminina em Niamey

Nas últimas décadas tem-se verificado um aumento dos fluxos migratórios femininos no interior do espaço continental africano (Adepoju, 2006; Zlotnick apud Bove, 2009). Contudo, este trânsito interno de mulheres

O ACESSO A CUIDADOS DE SAÚDE MATERNA EM CONTEXTO DE MIGRAÇÃO SAZONAL

não é um fenómeno assim tão recente. A literatura mostra que a migrações femininas remontam à época pré-colonial. Nessa época, estas movimentações espaciais estavam particularmente associadas a estratégias matrimoniais patrilocais (Meillassoux, 1992). Na esteira da ocupação efetiva do continente africano pelas potências europeias, as políticas de enquadramento populacional postas em prática por muitas administrações coloniais restringiram enormemente a mobilidade por iniciativa das próprias populações locais, designadamente das mulheres. Porém, durante a última fase da colonização europeia, iniciada logo após a Segunda Guerra Mundial, os movimentos migratórios envolvendo mulheres ter-se-ão voltado a intensificar em consequência do processo de urbanização do continente africano. Nessa altura, as mulheres viajavam na companhia os seus maridos ou de outros familiares com o objetivo de se instalarem em meio urbano (Balandier, 1985; Rodet, 2009). No entanto, em algumas situações envolviam-se em empreendimentos migratórios sozinhas. Estes padrões migratórios coloniais acabaram por ser negligenciados pela literatura e dizem fundamentalmente respeito às mulheres que abandonavam os seus casamentos na aldeia para residirem na cidade (Rodet, 2007) e do êxodo rural das mulheres cativas [das sociedades esclavagistas] entretanto libertadas pelas administrações coloniais (Rodet, 2008, 2009). Esta tendência para as mulheres acompanharam a restante família durante os movimentos migratórios manteve-se pelo menos até aos anos 1980, tendo-se observado algumas transformações quanto à natureza e composição dos fluxos migratórios femininos nas últimas décadas. Dados censitários mostram que a grande maioria das migrantes africanas passaram a ser mulheres relativamente jovens (Gugler & Ludwar-Ene, 1995) que normalmente migram de forma autónoma e independentemente das redes sociais de apoio que possuam no local de destino escolhido (Anarfi et al., 2006; Whitehead, Hashim, & Iversen, 2005). Aderanti Adepoju (2002) designou este fenómeno de *autonomous female migration*. Esta migração autónoma feminina pode ter como destino outros continentes, outros países africanos, ou até mesmo outras regiões rurais ou urbanas dentro do próprio país. Ainda assim, relativamente à composição destes fluxos migratórios convém distinguir as mulheres que migram para adquirir ou colocar em prática competências profissionais adquiridas no meio académico das restantes migrantes sem quaisquer qualificações específicas. A estas últimas, que compõem a grande maioria dos movimentos migratórios femininos autónomos, encontra-se particularmente reservado o mercado

MULHERES NO MERCADO DA SAÚDE

informal, o sector doméstico e o comércio do sexo (Carmona Benito, 2000; Ketema, 2014).

Apesar de não existirem muitos dados empíricos disponíveis sobre esta matéria (Issaka Maga, 2011; Maiga, 2011; Tabapssi, 2011), presentemente, na República do Níger, a migração autónoma feminina tende a ser interna, isto é, circunscrita às fronteiras nacionais. Isto não invalida que uma escassa minoria também migre para o estrangeiro. Em 2005 o BM estimava que a população total emigrada rondasse somente os três por cento da população total nigerina (Tabapssi, 2010). Não obstante a importância da migração rural-rural (Mounkaïla, 2002, 2005) para as dinâmicas populacionais nigerinas, a migração autónoma feminina nigerina tem tendência a ter como origem como o mundo rural e como destino um centro urbano. Em razão da fraca escolarização da sua população feminina, a quantidade de mulheres que se deslocam por questões académicas ou para exercer uma profissão que requer qualificações específicas fora da sua área de residência não é muito expressiva. Por exemplo, os últimos dados censitários (2012) mostram que apenas aproximativamente um quarto das jovens estudantes residentes nas principais aglomerações urbanas nigerinas não eram nativas da cidade (Ousmane Ida, 2015). Consequentemente, os fluxos migratórios femininos nigerinos são compostos essencialmente de mão-de-obra pouco qualificada que tende a realizar movimentos migratórios temporários e circulares. Como afirmado a montante, a migração autónoma feminina nigerina esteve durante muito tempo associada a segmentos sociais marginais: divorciadas, viúvas e separadas, bem como a um grupo étnico específico, os wodaabe, alvo de frequente segregação social no seio da sociedade nigerina, principalmente por não professarem a religião muçulmana. A alteração da composição destes fluxos migratórios autónomos, sazonais ou permanentes, presentemente dominados por mulheres casadas e com objetivos académicos ou profissionais, não só anulou o carácter marginal destas migrações como as afirmou como um elemento central da sociedade nigerina e em Niamey em particular.

No grupo de mulheres estudado, a migração autónoma feminina de mulheres casadas destaca-se claramente. Muito menos expressivo é o número de mulheres que migraram para a capital na companhia dos seus maridos e que foram classificadas simplesmente de «migrantes sazonais». Os restantes estados civis aparecem de forma muito mais residual. Na

O ACESSO A CUIDADOS DE SAÚDE MATERNA EM CONTEXTO DE MIGRAÇÃO SAZONAL

realidade, os empreendimentos migratórios sazonais sempre envolveram mulheres celibatárias (Oumarou, 2015). E mais recentemente, estes fluxos migratórios passaram igualmente a incorporar algumas mulheres mais velhas que se encontravam já no período do climatério (Gilliard, 2005).

Nenhum fenómeno migratório pode ser explicado de forma monocausal (Mounkaïla, 1999; Olivier de Sardan, 1995; Rouch, 1956). No entanto, de entre os fatores fortemente imbricados que parecem elucidar sobre a feminização dos fluxos migratórios sazonais nigerinos destacam-se os dois seguintes:

- Anos sucessivos de produção agrícola insuficiente – as crónicas crises alimentares têm largamente concorrido para uma descapitalização progressiva de muitos agregados familiares rurais, sobretudo no que diz respeito ao capital[4] económico, social e fundiário (Gilliard, 2005). Desde os tempos pré-coloniais que muitas famílias optam, em virtude do carácter aleatório da produção cerealífera anual, por diversificarem as suas atividades económicas para além da agricultura (Morgado, 2008; Olivier de Sardan, 1984). Porém, esta aleatoriedade ter-se-á agravado drasticamente durante os últimos anos. Entre outras coisas, as alterações climáticas e a erosão dos solos a que tem sucumbido a região do Sahel, assim como, a forte pressão demográfica vivenciada têm concorrido para que muitos agregados familiares se debatam de forma praticamente crónica com produções agrícolas demasiadamente escassas (Fuglestad, 1983; Olivier de Sardan, 2007).

- A sobre-monetarização das economias rurais – em razão da introdução de políticas económicas liberais, em meados dos anos 1980, na esteira dos vários programas de ajustamento estrutural, assistiu-se a uma crescente monetarização das sociedades rurais nigerinas (Olivier de Sardan, 2007). O dinheiro passou a ser fundamental para fazer face ao quotidiano, nomeadamente para aceder a cuidados médicos, pagar a escolarização dos filhos ou ir de encontro às expectativas do círculo familiar mais próximo. Ademais, a partir do momento em

---

[4] A noção de capital aqui utilizada baseia-se na conceção bourdiana, ou seja, constitui-se dos atributos sociais, económicos e culturais dos indivíduos que são as vantagens que herdaram do seu meio ambiente social.

que a produção anual cerealífera é totalmente consumida, é preciso dinheiro para adquirir os cereais necessários até à colheita seguinte. Por norma, estas compras são efetuadas nos mercados especulativos (Olivier de Sardan, 2007) liberalizados ainda na década de 1980 pelo FMI (Gervais, 1995).

Estes dois fatores estruturais ajudam a esclarecer o aumento considerável da migração autónoma feminina. A permanente necessidade de liquidez num cenário de produções agrícolas insuficientes leva a que muitos agregados, sobretudo os mais desfavorecidos, se vejam inseridos numa espiral de pauperização crescente. Para as mulheres, este cenário é muitas vezes agravado pelo silêncio dos chefes de família envolvidos em empreendimentos migratórios internacionais (Morgado, 2011), que ficam por vezes anos sem mandar notícias, dinheiro ou por e simplesmente desaparecendo de vez. As mulheres casadas tendem a esgotar os seus capitais sociais e financeiros antes de envolverem em empreendimentos migratórios rumo à capital. Torna-se cada vez mais difícil recorrer à solidariedade de emergência no seio da família, vizinhos ou amigos (Mounkaïla, 2002; Gilliard, 2005). A necessidade de liquidez para comprar alimentos terá sido o principal motivo que terá feito disparar a migração para as cidades de mulheres casadas, atraídas pelo seu dinamismo económico. Contudo, também se verificou que nem todas as mulheres migrantes deixavam as suas aldeias por questões de sobrevivência imediata relacionadas com a insegurança alimentar. À semelhança de muitas mulheres solteiras que migravam unicamente com o propósito de fazerem o seu enxoval, constatou-se que algumas migrantes casadas vinham regularmente para Niamey apenas com o objetivo de adquirirem tecidos e diversos utensílios de cozinha. Mesmo num contexto de pauperização crescente das comunidades rurais é importante assinalar a sua heterogeneidade. Assim, no seio de algumas unidades familiares mais desafogadas existem igualmente mulheres casadas recorrem à migração sazonal autónoma principalmente com o intuito de se capitalizarem materialmente através de um conjunto de objetos dificilmente acessíveis para quem permanece durante todo o ano na aldeia (Gilliard, 2005).

Verificamos que os capitais sociais e económicos das migrantes sazonais podem ser diversificados, e os processos de integração na malha urbana são diferenciados. As mulheres que começam a migrar por questões de urgência alimentar terão à partida capitais sociais mais débeis, e o processo de inserção na malha citadina pode se afigurar particularmente difícil. Os estudos de Patrick Gilliard (2005) e Adama Mamoudou (n.d.) mostram que, para as migrantes cujos capitais sociais e económicos se encontram particularmente depauperados, o processo de instalação em meio urbano implica muitas vezes dormir na rua e a dedicação a atividades económicas como a mendicidade ou a prostituição. Em contrapartida, as mulheres que não migram por questões de sobrevivência imediata parecem ter menos dificuldades em proceder à sua instalação na esfera urbana. É verdade que a hospedagem em casa de familiares e/ou conterrâneos não aparenta ser uma prática muito usual. Verificou-se, durante as entrevistas exploratórias, que tanto no bairro de Goudel como de Tondibiah, existiam casas de passagem nas quais mulheres migrantes eram alojadas na sua chegada à cidade. Este alojamento era disponibilizado fundamentalmente às mulheres que tinham algum tipo de relacionamento com o chefe de bairro. Uma realidade semelhante foi relatada por (Gilliard, 2005) relativamente ao bairro de Boukoki, onde o chefe de bairro facilitava a hospedagem de migrantes sazonais originárias da sua região natal.

4. O processo de integração das migrantes na malha urbana de Niamey

O grupo de mulheres sobre o qual incidiu o trabalho de campo foi escolhido após algumas entrevistas exploratórias, sendo selecionado o bairro de Dar-es-Salam para realizar as entrevistas. Esta seleção deveu-se à centralidade do bairro e à oferta existente em termos de serviços de saúde públicos nas imediações. De facto, num perímetro relativamente pequeno existiam pelo menos três CSI funcionais que realizavam CPN, assim como, duas materni-dades que igualmente prestavam atendimento pré-natal e efetuavam partos pélvicos. A investigação realizada em Dar-es-Salam centrou-se em duas vertentes: o processo de integração destas mulheres no seio malha urbana de Niamey, nomeadamente em matéria de alojamento e de trabalho, e o rastreio das trajetórias terapêuticas percorridas durante a gravidez e parto. Através da análise do primeiro eixo procurou-se compreender a extensão e coesão das redes de apoio social destas mulheres em contexto urbano, assim como, a sua capacidade em manipulá-las em seu próprio benefício. Enquanto, por via do segundo, tentou-se apreender a multiplicidade de lógicas e racionalidades que se escondiam por detrás das trajetórias terapêuticas realizadas, assim como, os principais constrangimentos vivenciados.

Neste trabalho foi privilegiado o método qualitativo, e os instrumentos de recolha de informação incidiram fundamentalmente no método empírico clássico de observação, assim como, nas entrevistas livres e semiestruturadas. Material audiovisual de apoio foi frequentemente utilizado ao longo de toda a pesquisa de terreno. O grupo de cinquenta e cinco mulheres migrantes foi constituído graças à técnica da bola de neve (Biernacki & Waldorf, 1981)., existindo quase sempre uma relação de afinidade, quer fosse familiar, amical ou vicinal. O grupo foi considerado fechado quando as informações obtidas durante as entrevistas começaram a tender para a repetição (Biernacki & Waldorf, 1981). Por uma questão de rigor metodológico, este grupo de mulheres migrantes foi posteriormente designado de «grupo estratégico». Esta designação foi proposta por Olivier de Sardan, baseando-se nos argumentos desenvolvidos por Hans-Dieter Evers, como uma alternativa à conceptualização de classe social, que por força da sua rigidez marxista, tornava-se um conceito pouco adaptável à realidade que se pretendia retratar. Assim, os grupos estratégicos «apparaissent [...] comme des agrégats sociaux plus empiriques, à géométrie variable, qui défendent des intérêts communs, en particulier par le biais de l'action sociale et politique» (Olivier de Sardan, 1995, p. 179).

Durante o trabalho de campo distinguiram-se mais dois grupos estratégicos: os profissionais de saúde de diversas formações sanitárias citadinas e os denominados terapeutas tradicionais. Com esta distinção não pretende reavivar sub-repticiamente a supramencionada oposição binária entre biomedicina e medicina dita tradicional. Apesar das suas limitações conceptuais, a ideia de grupo estratégico é bastante operacional pois permite manter alguma precisão na exposição sequencial e alternada de dados empíricos recolhidos e de argumentos construídos.[5].

---

[5] Dois outros grupos estratégicos deveriam ter sido considerados, mas não foi possível por diversos constrangimentos. Por um lado, as acompanhantes das parturientes que percorrem com elas parte dos percursos terapêuticos dentro das maternidades também deveriam ter sido selecionadas enquanto grupo estratégico, uma lacuna assinala por Eric K. Hahonou após a pesquisa de terreno ter sido dada por concluída. Por outro lado, deveriam ter sido inseridos os terapeutas que prestavam cuidados dentro ou fora das unidades sanitárias existentes nas aldeias de onde eram oriundas estas migrantes. Todavia, a restrição da mobilidade para fora

O ACESSO A CUIDADOS DE SAÚDE MATERNA EM CONTEXTO DE MIGRAÇÃO SAZONAL

Para a constituição do grupo estratégico respeitante aos profissionais de saúde biomédicos urbanos selecionaram-se previamente as unidades de saúde públicas nas quais se pretendia conduzir algumas entrevistas. Acabaram por ser entrevistados todos os profissionais de saúde, independentemente da categoria profissional, que se mostraram disponíveis para conversar: dois médicos; duas enfermeiras, duas assistentes sociais[6] e nove *sages-femmes*. Esta última categoria profissional é típica dos países francófonos e diz respeito a técnicas de saúde especializadas na área da obstetrícia, incluindo vigilância das gravidezes e assistir a mãe e o recém-nascido durante o trabalho de parto[7]. Esta profissão é exercida exclusivamente nas unidades de saúde biomédicas, e para o seu exercício é necessária uma formação superior de pelo menos três anos. Apenas um homem compunha este grupo estratégico, mostrando quão feminizado se encontra a categoria dos profissionais de saúde biomédicos em geral (Olivier de Sardan, 2012).

No que concerne o grupo estratégico referente aos terapeutas ditos tradicionais, a sua estruturação aconteceu de forma mais aleatória. A imensa oferta terapêutica existente neste domínio na cidade acabou

---

da capital, por razões de segurança relacionadas com a atividade na região de grupos islâmicos radicais, não permitiu acompanhá-las.

[6] As assistentes sociais que trabalham no interior de formações sanitárias nigerina procedem habitualmente a determinados atos clínicos como administrar produtos intravenosos (Souley, 2001).

[7] A definição de sage-femme segundo a OMS diz respeito a «Une personne qui a suivi un programme de formation reconnu dans son pays, a réussi avec succès les études afférentes et a acquis les qualifications nécessaires pour être reconnue ou licenciée en tant que sage-femme. Elle doit être en mesure de donner la supervision, les soins et les conseils à la femme enceinte, en travail et en période post-partum, d'aider lors d'accouchement sous sa responsabilité et prodiguer des soins aux nouveau-nés et aux nourrissons. Ses soins incluent des mesures préventives, le dépistage des conditions anormales chez la mère et l'enfant, le recours à l'assistance médicale en cas de besoin et l'exécution de certaines mesures d'urgence en l'absence d'un médecin. Elle joue un rôle important en éducation sanitaire, non seulement pour les patientes, mais pour la famille et la préparation au rôle de parents et doit s'étendre dans certaines sphères de la gynécologie, de la planification familiale et des soins à donner à l'enfant. La sage-femme peut pratiquer en milieu hospitalier, en clinique, à domicile ou en tout autre endroit où sa présence est requise.», https://anneevrardsage-femme.wordpress.com/2012/12/29/profession-sage-femme/, consultado em 6 de Stembro de 2017.

por dificultar bastante a tarefa. Ao contrário do que se verificou relativamente aos prestadores de cuidados biomédicos, ao nível dos terapeutas ditos tradicionais observou-se uma excessiva masculinização ao nível destes prestadores de cuidados de saúde: todos os terapeutas ditos tradicionais entrevistados eram do sexo masculino. A classificação de 'tradicional' diz respeito a uma variedade de prestadores de cuidados de saúde, sendo que a definição das suas atividades profissionais nem sempre é partilhada de forma uniforme no seio das comunidades. Regra geral, os marabutos são sacerdotes muçulmanos que possuem um conhecimento esotérico sobre as Escrituras Sagradas, o qual podem mobilizar com propósitos preventivos ou terapêuticos. Alguns destes curandeiros também possuem conhecimentos em termos de farmacopeia tradicional. As correntes islâmicas reformistas têm condenado veementemente esta manipulação das forças do oculto, afirmando que se tratam de práticas pagãs e charlatânicas. Os sacerdotes de cultos de possessão espiritual, normalmente denominados *zimma* em zarma e *boka* em haussa, podem utilizar o poder da magia e as diferentes propriedades das plantas tanto para aliviar o infortúnio dos seus pacientes como para causá-lo a terceiros. O recurso a este género de especialista normalmente faz-se de forma muito discreta em razão do descrédito social que este género de práticas terapêuticas sofreu nas últimas décadas, principalmente por causa dos supramencionados movimentos islâmicos de reformulação religiosa e identitária. Os herboristas são os vendedores de plantas medicinais que detêm alguns conhecimentos farmacológicos. Os boticários, por seu turno, utilizam substâncias medicinais de origem animal, vegetal e mineral para fazerem medicamentos que vendem aos pacientes. A preparação destes produtos envolve, por vezes, procedimentos de cariz simbólico. A distinção entre as duas últimas categorias profissionais nem sempre é muito clara. Foram entrevistados dois marabutos, um pertencente ao grupo étnico zarma e outro ao tuaregue; um *zimma*; um *boka*; dois herboristas-boticários, ambos fula, se bem que um deles fosse wodaabe; um dirigente da ATPN; e um elemento da equipa técnica que operava ao nível do departamento de biologia da Faculdade de Ciências e Tecnologia da Universidade Abdou Moumouni de Niamey e que estudava as plantas medicinais locais com o objetivo de extrair os princípios ativos presentes nas plantas e estabelecer padrões de segurança em termos de dosagem e consumo.

Uma miríade de outros atores sociais foram ocasionalmente entrevistados[8] ou utilizados como informadores privilegiados. Idrissa[9], um sacerdote *zimma*, o filho de um dos líderes do *Sawaba*, o partido da oposição ao poder, controlado pelos franceses aquando da independência; Ramatou, uma colaboradora da ONG da *Lafia Matassa*; Lawali, o porteiro faz-tudo com quem se contactava diariamente e particularmente versado em automedicação à base de plantas e raízes de origem haussa, o grupo étnico maioritário existente na República do Níger; e Abdoulaye, um colaborador da ONG JMEG Niger, que se dedica à resolução de problemas relacionados com a migração internacional, foram os principais informantes desta investigação. Optou-se por utilizá-los sobretudo nos domínios de acesso mais difíceis, sobre os quais as mulheres migrantes eram mais silenciosas, nomeadamente para aprofundar conhecimentos sobre os procedimentos terapêuticos proscritos pelo Islão reformista e na área da sexualidade feminina tanto dentro quanto fora do quadro legal do casamento. Ainda assim, procurou-se manter uma grande vigilância relativamente aos dados recolhidos junto destes atores sociais (McKenna & Main, 2013) cruzando-os sempre que possível com observações feitas ou outras informações recolhidas.

As entrevistas conduzidas com o grupo estratégico das mulheres migrantes foram fundamentalmente conduzidas na língua zarma[10] com a ajuda de quatro intérpretes distintos[11]. As restantes foram realizadas em francês ou na companhia de algum tradutor pontual fluente na língua fula ou tamasheq [o idioma falado por norma pelos tuaregues], sobretudo durante os diálogos com alguns terapeutas ditos tradicionais. Optou-se pela utili-

---

[8] Estas entrevistas pontuais abrangeram um conjunto bastante diversificado de atores, como um funcionário da ONG Lafia Matassa [especializada em questões relacionadas com a saúde reprodutiva nomeadamente de jovens] ; um padre responsável pela congregação católica na capital ; uma técnica superior na área da saúde reprodutiva juvenil ; vários taxistas ; um assistente social do departamento de ação social do município de Niamey ; músicos locais ; missionários dos Guerreiros de Deus ; um jornalista local ou o chefe tradicional da aldeia de Sargadji.

[9] Todos os nomes mencionados no texto são fictícios, à exceção dos investigadores do LASDEL.

[10] De acordo com Leo Sibomana (2008), a língua zarma pertence ao *continuum* linguístico songhay-zarma-dendi, sendo o songhay falado principalmente no Mali e na ponta mais ocidental do Níger, o dendi no sul do Níger e Benim, e o zarma no restante território nigerino. Sobre a língua zarma, veja-se também Bornand (2006).

[11] Mais precisamente um homem e três mulheres. Todos os intérpretes eram casados, porém duas das tradutoras não tinham filhos. Uma delas porque se tinha casado recentemente e a outra devido a um problema de infertilidade.

MULHERES NO MERCADO DA SAÚDE

zação frequente da observação direta do quotidiano destas mulheres, do funcionamento das cinco unidades de saúde frequentadas e da frequência assídua de um local onde se realizavam semanalmente cerimónias de possessão espiritual.

Relativamente ao grupo de migrantes sazonais estudado, tanto o processo de integração residencial quanto laboral na malha urbana indicava de que a grande maioria destas mulheres possuía capitais económicos e sociais, pelo menos urbanos, relativamente baixos. A literatura mostra que a natureza do alojamento nigerino normalmente informa sobre a vulnerabilidade social e económica do agregado familiar (Adamou, 2005; Motcho, 2005a, 2005b). Portanto, o facto de estas mulheres terem sido encontradas a viverem em palhotas construídas com *secco*[12], ou *boukas* na língua zarma, nos interstícios do bairro residencial denominado popularmente de Dar-es-Salam, em condições de salubridade bastante deficientes, indica que o processo de instalação no espaço urbano ter-se-á realizado mediante uma mobilização mínima de capitais. O processo de fixação destas mulheres em Dar-es-Salam aparenta ter sido relativamente simples. As primeiras palhotas foram construídas clandestinamente nos terrenos loteados do aglomerado residencial sem o consentimento prévio dos proprietários. Nenhuma das primeiras ocupantes conhecia pessoalmente os donos antes proceder à construção das palhotas nas suas propriedades. Ainda assim, os donos dos lotes acabaram por concordar com a instalação destas mulheres, autorizando inclusive a residência de forma gratuita, sob pena de poderem ser expulsas do terreno a qualquer momento, em função dos interesses que giram em torno de especulação imobiliária em Niamey (Adamou, 2005). Para algumas delas, a antiguidade da sua instalação neste bairro remonta a 1994. Esta data coincide cronologicamente com a ideia transmitida pelas migrantes mais velhas de que o fenómeno da migração autónoma feminina de cariz sazonal se tenha fundamentalmente desenvolvido depois da morte do general Kountché, portanto após a liberalização do preço dos preços dos cereais. Na esteira das pioneiras, outras mulheres foram-se paulatinamente instalando nestes terrenos loteados com o aval daquelas que as precederam. Algumas delas alojaram-se em Dar-es-Salam na companhia dos

---

[12] Palavra de origem portuguesa que significa em francês: «en Afrique, panneau fait des tinges entrelacées constituant une palissade», http://www.larousse.fr/dictionnaires/francais/secco/71706, consultado em 4 de Setembro de 2017.

seus respetivos maridos, com quem habitualmente migravam para Niamey. Por norma, processo de instalação foi facilitado pelo facto de existir algum tipo de relação de proximidade, designadamente familiar ou de conterraneidade, com alguma das mulheres já residentes. Ainda assim, foi igualmente constatado que algumas das residentes destes acampamentos de palhotas se tinham instalado sem conhecer absolutamente ninguém, após solicitar a devida autorização para o efeito junto das precursoras da ocupação. Apesar de algumas migrantes terem afirmado que tinham familiares próximos a viver de forma permanente na cidade e que tinham optado pelas *boukas* porque não queriam incomodar ninguém, a grande maioria aparentava não possuir muitas alternativas a este género de residência urbana.

O investimento económico neste género de habitação era relativamente baixo. Quanto muito, algumas mulheres adquiriam na cidade o *secco* necessário para a construção da sua palhota. A antiguidade, em termos de residência de algumas das migrantes em Dar-es-Salam permitiu-lhes desenvolver relações mais estreitas com a vizinhança. Com efeito, a expansão das suas redes sociais urbanas facilitou por exemplo o seu abastecimento gratuito em água. É neste contexto complexo de integração na malha urbana que serão analisadas as trajetórias terapêuticas realizadas por estas mulheres migrantes em matéria de saúde materna.

5. Trajetórias terapêuticas durante a gravidez e parto

Com a introdução das políticas de gratuidade, o atendimento das CPN aumentou exponencialmente, atingindo taxas de frequentação em alguns CSI muito elevadas (Diarra, 2012a, 2012b). Esse interesse pela vigilância pré-natal foi igualmente constado no interior do grupo estudado. Com efeito, relativamente às migrantes sobre as quais se conseguiu recolher informação sobre as suas trajetórias terapêuticas, sabe-se que praticamente todas realizaram CPN durante as suas gravidezes, inclusive para os filhos que nasceram antes da introdução da gratuidade. Apenas as mulheres mais velhas cujos filhos nasceram antes do início dos seus empreendimentos migratórios, quando as unidades de saúde mais próximas ainda ficavam bastante afastadas, é que afirmaram não terem realizado CPN para essas gestações.

A esmagadora maioria das migrantes somente atendeu CPN na aldeia. Algumas começaram a migrar somente após os seus filhos terem nascido. Outras tiveram necessidade de conjugarem as dinâmicas migratórias

MULHERES NO MERCADO DA SAÚDE

com a gestão das suas gravidezes, o que acabou por contribuir para que muitas delas atendessem as CPN de forma muito irregular e tardiamente. A monitorização biomédica muito tardia deve-se principalmente ao facto do regresso à aldeia para os trabalhos campestres implicar um período de trabalho árduo em que nem sempre encontram tempo para se deslocarem ao centro de saúde. Algumas mulheres tiraram partido da sua mobilidade e disponibilidade, efectuando CPN tanto na aldeia quanto na cidade durante o mesmo período gestativo. Esta conjugação de cuidados providos em locais distintos devia-se ao facto de considerarem a vigilância clínica citadina ser mais completa e de melhor qualidade. De facto, verificou-se que em determinadas aldeias não se realizavam exames de sangue. Assim como, as análises de urina à glicemia e albumina eram exclusivamente feitas na cidade. Outras ainda optaram por atender exclusivamente as CPN na capital. Todavia, no caso das multíparas, esta realidade não se aplicava a todas as gravidezes.

No âmbito da medicina dita tradicional, as migrantes quando estavam grávidas recorriam frequentemente a decocções de plantas e raízes e aos marabutos. Apesar dos herboristas-boticários entrevistados terem revelado alguns conhecimentos sobre plantas consideradas benéficas durante a gestação, no âmbito deste estudo, a ingestão destas infusões era sobretudo da responsabilidade das mulheres mais velhas da família, mormente das mães. Este tipo de conhecimento sobre as plantas tende a passar por via uterina entre mães e filhas. Uma das plantas mais comummente consumidas era o *ganda damsi*[13]. Os marabutos foram igualmente frequentemente solicitados durante a gravidez para recitarem uma *fatiha* de proteção para a mãe e para o feto. A *fatiha* consiste em a recitação pelo marabuto da primeira *sura* do Corão com o objetivo de proteger as suas gravidezes contra forças nocivas sociais e espirituais.

À semelhança do que se verificou noutros países africanos, na República do Níger, a maternidade é um dos principais veículos de promoção social femininos (Chapman, 2010; Gruenbaum, 1998; Nyanzi, 2008). Contudo isto não significa que todas as mulheres sintam forçosamente a gravidez como um período de vulnerabilidade acrescida, conforme a literatura tende a mostrar (Chapman, 2010; Olivier de Sardan et al., 2001). Com isto, não se quer negar o facto de que a gestação possa ser vivida como uma fonte de permanente angústia. Sobretudo quando os abortos espontâneos e/ou os

---

[13] O nome científico desta planta é <u>Tephrosia lupinifolia</u> (Peyres de Fabregas, 1972).

O ACESSO A CUIDADOS DE SAÚDE MATERNA EM CONTEXTO DE MIGRAÇÃO SAZONAL

nados-mortos são frequentes. Na verdade, a eventualidade de que o feto não consiga vingar pode colocar em causa a capacidade materna de gerar alguns recursos adicionais através das suas redes sociais, os quais se podem revelar fundamentais à sobrevivência, principalmente no que concerne os segmentos sociais mais desfavorecidos. Também pode levar à dissolução do seu casamento ou à recomposição do agregado familiar, com a chegada de uma nova coesposa. Ainda assim, a vivência desta incerteza não tem necessariamente gerida no plano simbólico ou espiritual, como alguns autores tendem a alegar (Chapman, 2010), independentemente da crença pessoal acerca da eficácia destes procedimentos terapêuticos. Mesmo que a competição por escassos recursos se expresse muitas vezes através de um discurso sobre feitiçaria (Geschiere, 1997) e que iniciativas para uma melhor redistribuição dos recursos nacionais se operem frequentemente a nível simbólico e espiritual, consoante se verificou no terreno, principalmente ao nível das cerimónias de possessão espiritual assistidas. O propósito aqui não é de negar que as mulheres grávidas recorram a terapeutas especiali-zados no domínio do supranatural, apenas chamar a atenção para algumas generalizações veiculadas pela literatura carregadas de exotismo. Na reali-dade, há mulheres que recorrem durante a gravidez a estes serviços e outras não, independentemente dos seus capitais económicos, sociais e culturais.

No que concerne o parto, a esmagadora maioria das migrantes optou por regressar à aldeia quando se aproximava o termo das suas gestações. Com esta decisão, declinavam a evidente proximidade existente em termos de cuidados obstetrícios de emergência na cidade. De facto, a evacuação de parturientes, devido a complicações durante o parto, muito mais demorada na aldeia, aumentando, nalgumas situações, o risco de vida da mãe e da criança. Quando se percecionam dificuldades durante o trabalho de parto, as parturientes são primeiramente evacuadas para um CSI tipo 2, uma unidade de saúde que possui maternidade, caso este tipo de serviço não exista na sua aldeia. Por norma, as evacuações a este nível são realizadas com a ajuda de uma charrete. Somente as transferências de paciente entre os CSI e HD do mesmo distrito sanitário é que são normalmente realizadas de ambulância. Até recentemente, não se pagavam os custos referentes a estas evacuações de ambulância graças à política dos «cêntimos adicionais» implementada ao nível da grande maioria dos distritos sanitários. Esta política basicamente consistia na cobrança aos utentes da gratuidade de uma contribuição simbólica, normalmente inferior a 100 FCFA para um

MULHERES NO MERCADO DA SAÚDE

fundo de maneio para financiar as evacuações das parturientes quando necessário (Diarra, 2012a). Entretanto, esta iniciativa foi suspensa pelos decisores internacionais por violar o princípio da gratuidade associado às intervenções obstétricas de emergência. Mesmo que este serviço de transporte não fosse pago, havia sempre as despesas com a deslocação em charrete, no caso de não haver CSI na aldeia, assim como, as relacionadas com o alojamento e alimentação pelo menos da acompanhante e de outro familiar do sexo masculino que normalmente viajam com a parturiente para lhe dar o apoio necessário. A presença da acompanhante é fundamental sempre que ocorre uma hospitalização. A discreta função de acompanhante é que normalmente faz o elo de ligação entre a paciente e a estrutura sanitária. A alimentação, a administração dos mais variados consumíveis durante o período de recobro (Hahonou, 2001) e até a vigilância como forma de prevenção contra os maus-tratos dependem exclusivamente deste provedor de cuidados médicos tantas vezes esquecido pela literatura. A presença de um elemento familiar do sexo masculino também é fundamental por questões financeiras e para executar determinadas tarefas que não são socialmente aconselhadas uma mulher fazer, como comprar medicação durante a noite (Olivier de Sardan et al., 1999).

O parto pélvico nas formações sanitárias nigerinas não é gratuito. Tem um preço fixo de 1000 FCFA (Diarra, 2011) referente ao valor do estojo de parto com todo os consumíveis necessários a um parto assistido clinicamente. O parto assistido a domicílio, consoante dados recolhidos no terreno, pode ter preços muito variados conforme os intervenientes. Todavia, verificou-se que as matronas muitas vezes cobravam essa mesma quantia. As matronas são muitas vezes curiosas que receberam algum tipo de formação biomédica de curta duração que lhes conferiu competências, à luz das autoridades sanitárias, para realizarem partos. Apesar de não serem renumeradas pelo estado, algumas trabalhavam nos centros de saúde auxiliando principalmente os enfermeiros. Recentemente estas mulheres foram proibidas de exercer dentro das unidades sanitárias por alegada falta de formação e rebaixadas à condição de à categoria de simples intermediária (*femme-relais*) que assegura a ligação das parturientes com o sistema de saúde público (Diarra, 2012a). Consequentemente, o fator financeiro não seria à partida decisivo em matéria de escolha referente ao parto. Ainda assim, verificou-se um conjunto de opções distintas entre as migrantes sazonais referentes a este episódio obstetrício.

Relativamente aos partos registaram-se as seguintes modalidades:

TABELA 1
Informação sobre os partos

ZONA	LOCAL	ASSISTÊNCIA
Rural	Casa	------------------
		Anciã
		Mãe
		Vizinhas
		Matrona
		Enfermeiro
	Casa da mãe	Mãe
		Vizinhas
		Matrona
	CS [*Case de Santé*]	ASC
	CSI tipo 2	-----------------
		Enfermeiro
		Matrona
		Sage-femme
Urbano	Maternidade de Yantala	------------------
		Sage-femme
		Enfermeira

Os nascimentos realizados na aldeia nem sempre foram assistidos clinicamente. Alguns foram realizados no domicílio e outros em casa da mãe. Nos partos efetuados em casa com o auxílio de uma anciã ou de um enfermeiro, as mulheres migrantes optaram pelo denominado «método tradicional» que basicamente consiste em dar à luz sozinha, de cócoras, com ou sem esteira por baixo, e no mais absoluto silêncio. Outrora, conforme mencionado a montante, as mulheres acreditavam que se tivessem os seus filhos da forma mais discreta e secreta possível e nos locais menos convencionais, como por exemplo, nas cortes dos animais, não atrairiam a cobiça dos espíritos (Olivier de Sardan et al., 1999). Presentemente, a questão espiritual não parece tão valorizada, sobretudo na esteira das reformas religiosas supramencionadas. Apesar de apenas três migrantes, tanto na qualidade de primíparas como multíparas, terem assumido a recorrência a este método, os partos silenciosos e em solitário continuam a ser socialmente bastante valorizados, como um símbolo de coragem. Nestes casos, a ajuda é somente necessária para cortar o cordão umbilical e enterrar a placenta. Este apreço social pelos partos discretos foi igual constatado no interior de algumas maternidades da capital, onde se ouvia a espaços unicamente o choro das crianças recém-nascidas. No caso dos partos realizados no domicílio, a maioria foram foi assistido pelas mães, vizinhas e/ou matronas. Somente uma migrante decidiu ter o seu primeiro filho em casa da sua mãe. Este regresso a casa da família aparenta ter caído em desuso, se bem que antigamente era prática comum entre as primíparas. Para além de parturiente ser supostamente mais bem tratada, acarinhada e alimentada do que se ficasse aos cuidados da sua sogra[14], este período da quarentena era fundamental para a transmissão de conhecimentos de puericultura e cuidados que a mulher requeria especificamente no período pós-parto (Diarra, 1971). Porém, a relevância da presença materna durante o primeiro parto não parece ter-se dissipado, somente transformando em conformidade com as mudanças sociais.

Quanto aos partos realizados em formações sanitárias, foram quase todos realizados em CSI tipo 2. Apenas três migrantes deram à luz um dos seus filhos no que indicava ser uma CS, supostamente com a assistência de um ASC. A formação biomédica destes agentes não é assim tão distinta da formação das matronas, embora sejam privilegiados pelos programas de saúde. Em meio rural, os partos assistidos clinicamente são fundamentalmente auxiliados por enfermeiros e matronas, raramente por uma *sage-femme*. Não obstante, esta profissão contemplar igualmente homens denominados de *maïeuticien*, em contexto nigerino, até onde se pode observar, unicamente as mulheres exerciam esta profissão. Apenas quando eram enviadas em estágio pela ENSP durante alguns meses para algum CSI tipo 2 rural situado nas proximidades da capital é que as parturientes tinham acesso a cuidados especificamente prestados por esta categoria profissional. Duas razões ajudam a explicar a ausência destas técnicas em obstetrícia dos meios rurais. Primeiro, porque continua a existir uma carência destes técnicos

---

[14] Os casamentos entre os zarma são preferencialmente virilocais (Diarra, 1971).

para uma população em crescimento galopante. Por outro lado, o corpo clínico das *sages-femmes* encontra-se concentrado em meio urbano, principalmente na capital (Jaffre & Prual, 1994,1993).

Quanto a outros procedimentos terapêuticos utilizados, sabe-se que o consumo de decocções era frequente no parto a domicílio, sobretudo quando a parturiente era assistida pela mãe e/ou vizinhas. Os préstimos dos *zimmas* e marabutos foram igualmente solicitados em alguns trabalhos de parto, embora de forma aleatória. A informação respeitante a esta questão terá sido provavelmente recolhida por defeito. A intolerância dos movimentos reformistas religiosos face a estes praticantes da denominada medicina tradicional acabou por se alastrar à sociedade nigerina em geral, particularmente em meio urbano. Consequentemente, muitos pacientes procuram estes terapeutas em surdina, longe de qualquer exposição pública. Ainda assim, sabe-se que as migrantes solicitaram três procedimentos terapêuticos distintos durante os partos, sendo o *zoumandi* foi o mais frequente:

- *Zimma – kotte* ou fórmula mágica (Olivier de Sardan, 1982) preparado com um pó branco feito de uma raiz seca que quando bebido sem tocar nos dentes ajuda a facilitar o trabalho de parto;
- Marabuto – *zoumandi*[15], consiste numa poção feita com versículos do Corão escritos com tinta numa tábua [ou num papel] que depois é lavada com água. Esse líquido resultante da lavagem é então dado a beber à parturiente para tornar o parto mais fácil;
- Marabuto – o *masbaha* [objeto similar a um rosário, de uso tradicional entre os fiéis da religião islâmica] é mergulhado três vezes dentro de água que depois é dada à parturiente.

Quando estes procedimentos terapêuticos foram administrados nos hospitais foi necessário a discreta conivência das acompanhantes. De facto, muitos agentes de saúde, neste contexto social e político de intensificação do fervor religioso, revelaram muito pouca tolerância para com estas opções terapêuticas.

O quadro que se segue resume as alternativas em matéria de trajetórias terapêuticas realizadas por estas mulheres durante a gravidez e parto.

---

[15] Segundo a literatura também chamado de *rubutu* (Olivier de Sardan, Moumouni, & Souley, 1999).

MULHERES NO MERCADO DA SAÚDE

TABELA 2
Trajectórias terapêuticas das migrantes estudadas

VARIÁVEIS	GRAVIDEZ			PARTO		
A	Plantas			Casa	Marabuto	Plantas
B	Marabuto	Plantas		Casa	Marabuto	Plantas
C	CPN aldeia	Plantas		CSI aldeia	Marabuto	Plantas
D	CPN aldeia	Plantas		CSI aldeia	Marabuto	Zimma
E	CPN aldeia	Plantas		CSI aldeia		
F	CPN aldeia		Marabuto	Casa	Marabuto	Plantas
G	CPN aldeia		Marabuto	Casa		
H	CPN aldeia		Marabuto	CS	Marabuto	
I	CPN aldeia		Marabuto	CS		
J	CPN aldeia		Marabuto	CSI aldeia	Marabuto	
K	CPN aldeia		Marabuto	CSI aldeia		
L	CPN aldeia	Marabuto	Zimma	CSI aldeia	Marabuto	Zimma
M	CPN aldeia	Marabuto	Zimma	Casa	Marabuto	Zimma
N	CPN aldeia			Casa		
O	CPN aldeia			CSI aldeia		
P	CPN aldeia			Maternidade Yantala		
Q	CPN aldeia	Plantas		Formação sanitária de Niamey		
R	CPN aldeia	CPN Recasement	Plantas	CSI aldeia	Marabuto	Zimma
S	CPN aldeia	CPN Recasement		CSI aldeia		
T	CPN aldeia	CPN Yantala		Hospital Regional da Poudrière de Niamey		
U	CPN Yantala	Plantas		Maternidade Yantala		
V	CPN Yantala			Maternidade Yantala		

Apesar da implementação de um conjunto de medidas grátis, o acesso das grávidas aos serviços de saúde público implicava em muitos casos gastos para estas utentes supostamente isentas de qualquer contribuição (Olivier de Sardan, 2014). Os problemas decorrentes dos longos atrasos do reembolso da gratuidade por parte do estado aos distritos sanitários[16]

---

[16] Sobre os mecanismos internos de funcionamento da gratuidade no Níger, ver Abdoulaye Ousseïni (2011, 2014).

O ACESSO A CUIDADOS DE SAÚDE MATERNA EM CONTEXTO DE MIGRAÇÃO SAZONAL

ajudam a esclarecer sobre alguns disfuncionamentos da política de isenção. As constantes quebras de consumíveis por falta de verbas, inclusive para os utentes que continuaram a pagar pelas suas consultas ao abrigo da IB[17], levou algumas unidades de saúde a reintroduzirem de forma camuflada novas taxas referentes às CPN. Nalguns casos, estas contribuições por parte das utentes eram aliás mais elevadas do que o preço-fixo que se pagava anteriormente à introdução da política de gratuidade (1000 FCFA). Observou-se inclusive que nalgumas unidades de saúde em que os laboratórios [já] não se encontravam funcionais, as *sages-femmes* emitiam credenciais para que estes exames fossem realizados no exterior, nalgum laboratório privado. Por vezes, quando havia rutura dos principais consumíveis distribuídos às grávidas, tais como suplementos alimentares de ferro e profilaxia anti malária, alguns dos quais eram normalmente fornecidos periódica e gratuitamente pela UNICEF aos distritos sanitários, estas profissionais de saúde passavam igualmente receitas médicas a serem aviadas em farmácias privadas. Consequentemente, após um aumento inicial da frequência das CPN, as taxas de atendimento foram sofrendo uma quebra ao longo do tempo. De acordo com alguns profissionais de saúde, essa diminuição devia-se ao facto de muitas grávidas, particularmente as migrantes sazonais, não continuarem as consultas. Apenas realizavam uma das quatro consultas protocolares, com o objetivo de adquirirem o boletim de gravidez necessário mais tarde realizarem o registo civil do recém-nascido. As justificações para essa subtração aos serviços de saúde públicos urbanos não podem ser unicamente apreendidas tendo em conta o disfuncionamento do próprio do sistema sanitário ou a interação entre agentes de saúde e utentes. Algumas razões remetem diretamente para a forma como as incertezas, ou melhor, a arbitrariedade do quotidiano e as relações de poder em que se encontravam envolvidas eram geridas, e para o seu impacto na gestão das crenças e dos comportamentos terapêuticos.

As mulheres migrantes alegaram como principal razão para regressarem à aldeia na aproximação da data do parto com o facto das suas redes familiares se encontrarem localizadas em meio rural. Na realidade, este capital social é fundamental no apoio à parturiente durante o trabalho de parto e quarentena. No período do pós-parto, não é somente necessário alguém que cuide da puérpera, mas também dos restantes filhos

---

[17] Sobre a IB ver, por exemplo (Jaffré, 1999; Pedersen, 1990).

a seu cargo. O elevado preço do parto na cidade também foi apresentado como uma das razões para o regresso a casa. Com efeito, o preço do parto pélvico tendia a ser muito mais caro na capital, onde raramente as mulheres pagavam o preço de tabela de 1000 FCFA pelo estojo de parto. Estas bolsas eram frequentemente violadas pelos próprios agentes para retirar materiais que se encontrassem em falta na unidade de saúde ou simplesmente para vendê-los avulso às parturientes (Jaffré & Olivier de Sardan, 2003a). Consequentemente, muitos estojos passaram a ser vendidos incompletos e os encargos relativamente à reposição do material em falta passou a estar a cargo da família da parturiente. Caso fosse necessário administrar durante a fase do parto ou pós-parto algum medicamento adicional, o seu valor era cobrado à parte pois não se encontrava contemplado no preço fixo inicialmente pago. O preço do parto pode ainda aumentar se houver complicações e for necessário reter a parturiente para observação durante alguns dias.

Para concluir, no contexto deste estudo, o pluralismo terapêutico não se encontra relacionado com a subutilização dos serviços de saúde públicos. Estas mulheres, independentemente de terem monitorizado clinicamente as suas gravidezes e de terem efetuado os seus partos a domicílio ou numa unidade de saúde pública, sempre que acharam necessário mobilizaram outros conhecimentos terapêuticos e consultaram outros especialistas. Como se pode verificar ao longo do texto, a subtração face aos cuidados de saúde públicos precisa igualmente ser entendida à luz das dinâmicas da pobreza, um aspeto a ser considerado na formulação de políticas de saúde globais.

6. Conclusões

A melhoria dos cuidados prestados, associada ao levantamento de barreiras geográficas e financeiras não aproximou mais grávidas e parturientes nigerinas dos serviços de saúde públicos. Na realidade, os programas de saúde públicos que visam aumentar a taxa de frequência de atendimento nas formações sanitárias unicamente fomentando alterações de ordem técnica tendem a estar condenados ao fracasso. Enquanto fizerem tábua rasa do contexto social, económico, político e cultural em que as pessoas vivem, da forma como as forças sociais globalizantes são experienciadas no quotidiano, dificilmente contribuirão para anular esta tendência para a subutilização dos serviços de saúde públicos.

O próprio derrube de barreiras e a aposta na qualidade têm de ser comportáveis para o país, tanto em termos humanos como financeiros. De que interessa ampliar a rede sanitária, se não existem profissionais em número suficiente para preencher os postos sanitários? De que interessa implementar medidas de gratuidade para as grávidas, se o estado nigerino não tem meios financeiros de assegurar as suas políticas de isenção? De que serve apostar na formação contínua dos profissionais de saúde, se os seus postos de trabalho ficam muitas vezes ao abandono durante os períodos de estágio? Mesmo que estas medidas de ordem técnica sejam manifestamente insuficientes para aproximar os grupos mais vulneráveis das unidades de saúde pública, é importante que sejam exequíveis. Caso contrário, os disfuncionamentos assinalados no âmbito da IB vão continuar a multiplicar-se. É fulcral para a resolver o problema da subutilização dos serviços de saúde a reformulação de políticas de saúde, que não têm suficientemente em conta o contexto socioeconómico das populações-alvo. A Iniciativa Maternidade sem Risco preocupava-se com questões de âmbito social, cultural, político e económico. Porém, a implementação deste programa de saúde materna ocorreu em paralelo com a disseminação do liberalismo económico à escala global. Com a introdução desta cartilha liberal nos países africanos observaram-se estas três principais tendências: a criação de uma elite abastada face a uma pauperização crescente do resto população; o agravamento da pressão demográfica pois a constituição de famílias numerosas foi uma das principais respostas encontradas para a crise, e a responsabilização dos segmentos mais carenciados das populações pela vulnerabilidade da sua condição. À medida que se cristalizou a ideia de que «os pobres são responsáveis pela sua própria pobreza», a promoção da saúde materna também se desconectou das dimensões sociais, políticas, culturais e económicas para se concentrar numa única variável técnica, o combate à mortalidade materna. Note-se que os valores deste índice muitas vezes apresentados não passam de estimativas extrapoladas, principalmente em países como o Níger, onde uma parte considerável das gestações é gerida à margem do sistema de saúde público. O estudo de caso apresentado com mulheres migrantes mostra como as dinâmicas da pobreza deviam ser tidas em conta na elaboração de políticas de saúde públicas, sobretudo, quando o objetivo principal é aumentar o número de partos assistidos clinicamente.

Se os objetivos primordiais das políticas de saúde pública atuais forem efetivamente promover a saúde e bem-estar das populações, e não vender

MULHERES NO MERCADO DA SAÚDE

tecnologia biomédica aos países em desenvolvimento, com acontecia frequentemente nas décadas de 1950 e 1960, precisarão de se comprometer com abordagens mais holistas da saúde. A circunscrição do conhecimento biomédico ao domínio da terapia tecnológica permitirá desconstruir a excessiva naturalização, ver biomedicalização, das dinâmicas sociais. Possivelmente, somente nestas circunstâncias é que os decisores políticos estarão em condições de formular programas de saúde públicos realmente inclusivos.

Referências

Adamou, A. (2005). *Parcours migratoire des citadins et problème du logement à Niamey*. Niamey: Université Abdou Moumouni de Niamey.

Adepoju, A. (2002). Fostering free movement of persons in West Africa: achievements, constraints, and prospects for intraregional migration. *International Migration, 40*(2), 3-28.

Adepoju, A. (2006). Internal and international migration within Africa. In *Migration in South and Southern Africa: dynamics and determinants* (pp. 26-45). Cape Town: HSRC Press.

Adepoju, A. (2008). *Migration in Sub-Saharan Africa*. Uppsala: Nordiska Afrikainstitutet.

Agounké, A., Lévi, P., & Pilon, M. (1994). Evolution contemporaine des schémas de reproduction en Afrique sub-saharienne: le cas des Moba-Gurma du Togo. In *Maîtrise de la croissance démographique et développement en Afrique* (pp. 97-119). Paris: ORSTOM.

Agounké, A., & Pilon, M. (1995). Quelques aspects de l'insertion urbaines des femmes migrantes moba-gurma à Lomé (Togo). In *La ville à guichets fermés? Itinéraires, réseaux et insertion urbaine* (pp. 194-213). Dakar: IFAN/ORSTOM.

Aixelà, Y. (2009). Mujeres, reproducción y contracepción en Marruecos. In *Migraciones y salud* (pp. 251-264). Tarragona: URV Publicacions.

Alexandrakis, O. (2011). Medical anthropology: the development of the field. *The University of Western Ontario Journal of Anthropology, 9*(1), 73-77.

Alidou, O. D. (2005). *Engaging modernity Muslim women and the politics of agency in postcolonial Niger*. Madison: University of Wisconsin Press.

Allen, D. (2004). *Managing motherhood, managing risk: fertility and danger in West Central Tanzania*. Ann Arbor: University of Michigan Press.

Aluffi, R. (2011). *Genre et migration dans les pays de l'Afrique subsaharienne (AS) et au sud et à l'est de la Méditerrannée (SEM)*. CARIM

Amankwaa, A., Bavon, A., & Nkansah, P. (2003). Rural-urban migration and its effects on infant and child mortality in Ghana. *African Population Studies, 18*(2), 1-26.

Anarfi, J., Gent, S., Hashima, I., Iverseen, V., Khair, S., Kwankye, S., ... Whitehead, A. (2006). *Voices of child migrants: a better understanding of how life is*. Brighton: Development Research Center on Migration, Globalization and Poverty. University of Sussex.

Antoine, P., & Bara Diop, A. (1995). *La ville à guichets fermés? Itinéraires, réseaux et insertion urbaine*. Dakar: IFAN/ORSTOM.

Antoine, P., & Oumar, S. (2000). Rapport de genre et dynamiques migratoires: le cas de l'Afrique de l'Ouest. In *Rapports de genre et questions de population* (pp. 143-159). Paris: Institut National des Etudes Démographiques.

Assogba, L. (1989). Comportements démographiques des femmes migrantes à Lomé. In *L'insertion urbaine des migrants en Afrique* (pp. 71-78). Paris: ORSTOM.

Avotri, J. Y., & Walters, V. (1999). "You just look at our work and see if you have any freedom on earth": Ghanaian women's accounts of their work and their health. *Social Science & Medicine, 48*(9), 1123-1133.

Awumbila, M. (2007). Internal migration, vulnerability and female porters in Accra, Ghana. In *Poulation Assotiation of America – Anual Meeting Program* (p. 4).

Awumbila, M., & Ardayfio-Schandorf, E. (2008). Gendered poverty, migration and livelihood strategies of female porters in Accra, Ghana. *Norsk Geografisk Tidsskrift – Norwegian Journal of Geography, 62*(3), 171-179.

Balandier, G. (1985). *Sociologie des Brazzavilles noires*. Paris: Presses de Sciences Po.

Bayles, B. (2008). Metaphors to cure by: Tojolab'al Maya midwifery and cognition. *Anthropology & Medicine, 15*(3), 227-238.

Benoit, D. (1995). La planification familiale en Indonésie: des succès mais aussi des questions... et des problèmes en devenir. In *Populations du sud et santé: parcours et horizon: hommage à Pierre Cantrelle* (pp. 269-285). Paris: ORSTOM.

Bergström, S., & Goodburn, E. (2001). Les accoucheuses traditionnelles et la réduction de la mortalité maternelle. In *Réduire les risques de la maternité: stratégies et évidence scientifique* (pp. 83-103). Antwerp: ITGPress.

Biernacki, P., & Waldorf, D. (1981). Snowball sampling: problems and techniques of chain referral sampling. *Sociological Methods & Research, 10*(2), 141-163.

Bitran, R. (2014). *Universal health coverage and the challenge of informal employment. Lessons from developing countries*. The World Bank.

Blanford, J. I., Kumar, S., Luo, W., & MacEachren, A. M. (2012). It's a long, long walk: accessibility to hospitals, maternity and integrated health centers in Niger. *International Journal of Health Geographics, 11*, 24.

Boakye-Yiadom, L., & Mckay, A. (2006). *Migration between Ghana's rural and urban areas: the impact on migrants welfare*. Working Paper. http://www.pegnet.ifw-kiel.de/papers/conference-2007/boakye-yiadom_mckay.pdf. Consultado em 28 de fevereiro de 2918.

Boddy, J. (1998). Remembering Amal: on birth and the british in Northern Sudan. In *Pragmatic Women and Body Politics* (pp. 28-57). Cambridge: Cambridge University Press.

Bonnet, D. (1988). *Corps biologique, corps social: procréation et maladies de l'enfant en pays Mossi (Burkina Faso)*. Paris: ORSTOM.

Bornand, S. (2006). *Parlons zarma: une langue du Niger*. Paris: Harmattan.

Bove, S. (2009). *Migration strategies in Africa: the role of gender, households and social networks*. Lisboa: ISCTE-IUL.

Brockerhoff, M. (1994). The impact of rural-urban migration on child survival. *Health Transition Review, 4*(2), 127-149.

Browner, C. H. (2000). Situating women's reproductive activities. *American Anthropologist, 102*(4), 773-788.

Browner, C. H., & Sargent, C. (2007). Engendering medical anthropology. In *Medical anthropology. Regional perspectives and shared concerns* (pp. 233-253). Malden, (MA): Blackwell Publishing.

Caldwell, J., & Caldwell, P. (1995). The beginning of fertility decline in Sub-Saharian Africa. In *Populations du sud et santé: parcours et horizon: hommage à Pierre Cantrelle* (pp. 233-243). Paris: ORSTOM.

Carmona Benito, S. (2000). Inmigración y prostitución: el caso del Raval (Barcelona). *Papers. Revista de Sociologia, 60*, 343-354.

Chapman, R. R. (2003). Endangering safe motherhood in Mozambique: prenatal care as pregnancy risk. *Soc Sci Med, 57*(2), 355-374.

Chapman, R. R. (2004). A Nova Vida: the commoditization of reproduction in Central Mozambique. *Medical Anthropology, 23*, 229-261.

Chapman, R. R. (2006). Chikotsa — secrets , silence , and hiding: social risk and reproductive vulnerability in Central Mozambique: *Medical Anthropology Quarterly, 20*(4), 487-515.

Chapman, R. R. (2010). *Family secrets: risking reproduction in central Mozambique*. Nashville: Vanderbilt University Press.

Charlick, R. B. (1991). *Niger: personal rule and survival in the Sahel*. Boulder: Westview Press.

Chiara Alfieri. (2000). Grossesse, accouchement et allaitement chez les bobo madare du Burkina Faso. *SHADYC, 1,* 17-26.

Cohen, R. (2006). Migration and health in Southern Africa. *Journal of Ethnic and Migration Studies, 32*(4), 561-742.

Colin, J. (2013). Au Maghreb, «l'enfant endormi» dans le ventre de sa mère. In *Islam et révolutions médicales. Le labyrinthe du corps* (pp. 145-156). Paris: Karthala.

Collinson, M. A., Wolff, B., Tollman, S. M., & Kahn, K. (2006). Trends in internal labour migration from rural limpopo province, male risk behaviour, and implications for the spread of HIV/AIDS in rural South Africa. *Journal of Ethnic and Migration Studies, 32*(4), 633-648.

Comaroff, J. L., & Comaroff, J. (1992). *Ethnography and the historical imagination.* Boulder: Westview Press.

Cueto, M. (2004). The origins of primary health care and selective primary health care. *American Journal of Public Health, 94*(11), 1864-1874.

Davis-Floyd, R. E., & Sargent, C. F. (1997). *Childbirth and authoritative knowledge: cross-cultural perspectives.* Berkeley: University of California Press.

Desgrées du Loû, A. (2000). Procréation et allaitement: quels choix pour une femme séropositive à Abidjan? In *Allaitement et VIH en Afrique de l'Ouest: de l'anthropologie à la santé publique* (pp. 387-409). Paris: Karthala.

Diarra, A. (2011). La mise en œuvre de la politique d'exemption de paiement dans les districts sanitaires de Gaweye et de Say. *Etudes et Travaux – LASDEL, 96,* 64.

Diarra, A. (2012a). La prise en charge de l'accouchement dans trois communes du Niger: Say, Balléaya et Guidanroumji. *Etudes et Travaux – LASDEL, 101,* 72.

Diarra, A. (2012b). Soigner en temps de gratuité au Niger: "stratégies des soignats face aux exemptions de paiement." In *Conférence nationale pour le renforcement de la gratuité des soins au Niger.* http://www.medsp.umontreal.ca/vesa-tc/pdf/2012/Note_Niger_strat_soignants.pdf. Consultado em 28 de fevereiro de 2918.

Diarra, F. A. (1971). *Femmes africaines en devenir, les femmes zarma du Niger.* Paris: Editions Anthropos.

Diop, M. (1989). Un exemple de non insertion urbaine: le cas des migrantes saisonnières de Basse Casamance à Dakar. In *L'insertion urbaine des migrants en Afrique* (pp. 79-89). Paris: ORSTOM.

Djukanovic, V., & Mach, E. (1975). *Alternative approaches to meeting basic health needs in developing countries.* Genève: OMS.

Dozon, J., & Sindzingre, N. (1986). Pluralisme thérapeutique et médecine traditionnelle en Afrique contemporaine. *Prévenir, 12,* 43-52.

Einarsdóttir, J. (2004). *Tired of weeping: mother love, child death, and poverty in Guinea--Bissau.* Madison: University of Wisconsin Press.

Erasmus, C. J. (1952). Changing folk beliefs and the relativity of empirical knowledge. *Southwestern Journal of Anthropology, 8*(4), 411-428.

Fabrega, H. (1971). Medical anthropology. *Biennial Review of Anthropology, 7,* 167-229.

Farmer, P. (2001). *Infections and inequalities: the modern plagues.* Berkeley: University of California Press.

Fassin, D. (1999). Inégalité, genre et santé, entre l'universel et le culturel. In *Tant qu'on a la santé. Les déterminants socio-économiques et culturels de la santé dans les relations sociales entre les femmes et les hommes* (pp. 119-130). Genève: Graduate Institute Publications.

Fassin, D. (2001). Le culturalisme pratique da la santé publique. Critique d'un sens-comun. In *Critique de la santé publique. Une approche anthropologique* (pp. 181-208). Paris: Balland.

Fatma Ali Soud. (2005). *Medical pluralism and utilization of maternal health care service by Muslim women in Mombasa, Kenya.* Gainesville: University of Florida.

Findley, S. (1989). Les migrations féminines dans les villes africaines: une revue de leurs motivations et expériences. In *L'insertion urbaine des migrants en Afrique* (pp. 55-70). Paris: ORSTOM.

Foran, B. J. (2007). *Medical pluralism and global health policy: the integration of traditional medicine in health care systems.* Sydney: Western Sydney University.

Fortier, C. (2013). Les ruses de la paternité en islam malékite. L'adultère dans la société maure de Mauritanie. In *Islam et révolutions médicales. Le labyrinthe du corps* (pp. 157-181). Paris: Karthala.

Fuglestad, F. (1983). *A History of Niger 1850-1960.* Cambridge: Cambridge University Press.

Gervais, M. (1995). Structural adjustment in Niger: implementations , effects & determining political factors. *Review Od African Political Economy, 22*(63), 27-42.

Geschiere, P. (1997). *The modernity of witchcraft: politics and the occult in postcolonial Africa.* Charlottesville: University Press of Virginia.

Green, E. C. (1988). Can collaborative programs between biomedical and African indigenous health practitioners succeed? *Social Science and Medicine, 27*(11), 1125-1130.

Gruenbaum, E. (1998). Resistance and embrace. Sudanese rural women and systems of power. In *Pragmatic women and body politics* (p. 58-76.).

Gugler, J. (1989). Women stay on the farm no more: changing patterns of rural--urban migration in Sub-Saharan Africa. *The Journal of Modern African Studies, 27*(2), 347-352.

Gugler, J., & Ludwar-Ene, G. (1995). Gender and migration in Africa South of Sahara. In *The migration experience in Africa* (pp. 257-268). Uppsala: Nordiska Afrikainstitutet.

Guillaume, A., Koffi, N., & Vimard, P. (1995). Santé de la mère et de l'enfant en Côte-d'Ivoire. In *Populations du sud et santé: parcours et horizon: hommage à Pierre Cantrelle* (pp. 202-232). Paris: ORSTOM.

Gunvor, J. (2009). *African perspectives on human mobility. Comparative report: African migration trends.* MacArthur Fondation

Haaga, J. G., Wasserheit, J. N., & Tsui, A. O. (1997). *Reproductive health in developing countries: expanding dimensions, building solutions.* Washington (DC): National Academies Press.

Hahonou, E. K. (2001). Les urgences à l'hôpital de Niamey. *Etudes et Travaux – LASDEL, 5*(72).

Hall, M. J., Ahmed, A., & Swanson, S. E. (2009). Answering the Millennium call for the right to maternal health: the need to eliminate user fees. *Yale Human Rights and Development Journal, 12*(1), 62-119.

Hunnes, D. (2012). Analysis of Ethiopian rural-to-urban migration patterns from primary interviews. *Journal of Global Health Perspectives, 1*(10).

Igberase, G., Isah, E., & Igbekoyi, O. (2009). Awareness and perception of maternal mortality among women in a semi-urban community in the Niger Delta of Nigeria. *Annals of African Medicine, 8*(4), 261.

INS. (2015). *Niger vers le développement social.* Institut National de la Statistique du Niger.

Issaka Maga, H. (2011). *Migrations hors et vers le Niger: une analyse selon le genre.* CARIM

Jaffré, Y. (1999). *Les services de santé "pour de vrai". Politiques sanitaires et interactions quotidiennes dans quelques centres de santé (Bamako, Dakar, Niamey). Bulletin de l'APAD* (Vol. 17).

Jaffré, Y., & Olivier de Sardan, J.-P. (2003a). Un diagnostic socio-anthropologique: des centres de santé malades... In *Une médecine inhospitalière: Les difficiles relations entre soignants et soignés dans cinq capitales d'Afrique de l'Ouest* (pp. 51-102). Paris: Karthala.

Jaffré, Y., & Olivier de Sardan, J.-P. (2003b). *Une médecine inhospitalière: Les difficiles relations entre soignants et soignés dans cinq capitales d'Afrique de l'Ouest.* Paris: Karthala.

Jaffre, Y., & Prual, A. (1994). Midwives in Niger: An uncomfortable position between social behaviours and health care constraints. *Social Science & Medicine, 38*(8),

Jaffré, Y., & Prual, A. (1993). «Le corps des sages-femmes», entre identités professionnelle et sociale. *Sciences Sociales et Santé, 11*(2), 63-80.

Jeune, G. Le, Piché, V., & Poirier, J. (2004). Towards a reconsideration of female migration patterns in Burkina Faso. *Canadian Studies in Population, 31*(2), 145-177.

Jewkes, R., Abrahams, N., & Mvo, Z. (1998). Why do nurses abuse patients? Reflections from South African obstetric services. *Social Science & Medicine, 47*(11), 1781-1795.

Jordan, B. (1989). Cosmopolitical obstetrics: some insights from the training of traditional midwives. *Social Science & Medicine, 28*(9), 925-937.

Jordan, B. (1990). Technology and the social distribution of knowledge: issues for primary health care in developing countries. In *Anthropology and primary health care* (pp. 98-120). Boulder: Westview Press.

Jordan, B. (1992). *Birth in four cultures: a crosscultural investigation of childbirth in Yucatan, Holland, Sweden, and the United States.* Illinois: Waveland Press.

Jordan, B. (1997). Authoritative knowledge and its constructiom. In *Childbirth and authoritative knowledge: cross-cultural perspectives* (pp. 55-79). Berkeley: University of California Press.

Journet, O. (1990). La condition des femmes. Les obligations de la procréation dans les sociétés diola du Sénégal et de Guinée-Bissau. In *Sociétés, développement et santé* (pp. 179-190). Paris: Ellipses/Aupelf.

Keita, M. (2011). *La migration féminine au Mali.* CARIM

Ketema, N. (2014). *Female Ethiopian migrant domestic workers: an analysis of migration, return-migration and reintegration experiences.* Eugene: University of Oregon.

Kitzinger, S. (1978). *Women as mothers: how they see themselves in diferent cultures.* New York: Random House.

Kleinman, A. (1978). Concepts and a model for the comparison of medical systems as cultural systems. *Social Science & Medicine. Part B: Medical Anthropology, 12*(Supplement C), 85-93.

Lallemand, S. (1991). *Grossesse et petite enfance en Afrique noire et à Madagascar.* Paris: L'Harmattan.

Langwick, S. (2010). Medical anthropology: cross- cultural studies in health and illness from non-aligned medicines to market-based herbals: China relationship to the shifting politics of traditional medicine in Tanzania. *Medical Anthropology, 29*(1), 15-43.

Leslie, C. (1980). Medical pluralism in world perspective [1]. *Social Science & Medicine. Part B: Medical Anthropology, 14*(4), 191-195.

O ACESSO A CUIDADOS DE SAÚDE MATERNA EM CONTEXTO DE MIGRAÇÃO SAZONAL

Lock, M., & Gordon, D. (1988). *Biomedicine examined*. Dordrecht: Kluwer Academic Publishers.

Lock, M. M., & Scheper-Hughes, N. (1990). A critical-interpretive approach in medical anthropology: rituals and routines of discipline and dissent. In *Medical anthropology: contemporary theory and method* (pp. 47-72). New York: Praeger.

Lovell, N. (1995). *Pluralisme thérapeutique et stratégies de santé chez les Evhé du sud-est Togo*. Paris: Centre Français sur la Population et le Développement.

Maiga, D. (2011). *Genre et migration au Niger*. CARIM.

Mamoudou, A. (n.d.). *Immigration des femmes originaires de la commune rurale de Simiri à Niamey*. Niamey: Université Abdou Moumouni de Niamey.

Mangay-Manglacas, A., & Puzurki, H. (1983). *Les accoucheuses traditionnelles dans dans sept pays: études de cas sur leur formation et leur utilisation*. Genève: OMS.

McKenna, S. A., & Main, D. S. (2013). The role and influence of key informants in community-engaged research: a critical perspective. *Action Research, 11*(2), 113-124.

Meillassoux, C. (1992). *Femmes, greniers et capitaux*. Paris: L'Harmattan.

Mohamed, E. Al. (2010). *La grossesse et le suivi de l'accouchement chez les touaregs Kel-Adagh (Kidal, Mali)*. Paris: L'Harmattan.

Molyneux, C. S., Mung'ala-Odera, V., Harpham, T., & Snow, R. W. (2002). Maternal mobility across the rural-urban divide: empirical data from coastal Kenya. *Environment and Urbanization, 14*(1), 203-217.

Morais, C. (2016). Saúde além das fronteiras: doenças, assistências trabalho migratório ao sul de Moçambique (1930-1975). In *Encontros com Moçambique* (pp. 69-93). Rio de Janeiro: PUC.

Morgado, P. L. (2008). *Os songhay-zarma [pré coloniais]: a desconstrução de um conceito*. Coimbra: FCTUC.

Morgado, P.L. (2011). Estratégias de sobrevivência Songhay-Zarma (Níger): trajectórias económicas de uma outra modernidade, e-cadernos CES, 12.

Motcho, H. K. (2005a). Comportements et attitudes de la population de Niamey, capitale du Niger, vis à vis des infrastructures publiques: l'invasion de la rue, une règle établie. In *Vivre dans les milieux fragiles: Alpes et Sahel. Hommage au Professeur Jorg Winistorfer* (pp. 177-192). Lausanne: Institut de géographie, Université de Lausanne.

Motcho, H. K. (2005b). Urbanisation et rôle de la chefferie traditionnelle dans la communauté urbaine de Niamey. *Les Cahiers D'outre-Mer, 58*(229), 55-72.

Moumouni, A. (2004). L'hôpital national de Niamey. *Etudes et Travaux – LASDEL, 19*, 36-75.

Mounkaïla, H. (1999). *Migrations, environnement et santé au Niger: dynamique récente des migrations Songhai-Zarma dans le département de Tillaberi (ouest du Niger)*. Pessac: Université Bordeaux Montaigne.

Mounkaïla, H. (2002). De la migration circulaire à l'abandon du territoire local dans le Zarmaganda (Niger). *Revue européenne des migrations internationales, 18*(2), 8.

Mounkaïla, H. (2005). Migrations de colonisation agricole et dynamique du peuplement dans les communes rurales de Say et de Tamou (Ouest du Niger). In *Vivre dans les milieux fragiles: Alpes et Sahel. Hommage au Professeur Jorg Winistorfer* (pp. 149-164). Lausanne: Institut de géographie, Université de Lausanne.

Moussa, H. (2012). *Entre absence et refus d'enfant. Socio-anthropologie de la gestion de la fécondité féminine à Niamey, Niger*. Paris: L'Harmattan.

Nasirumbi, H. (2000). Gender sensitivity and development in health policies: a case study of HIV/AIDS policies in Kenya. In *Africa in transformation: political and economic transformations and socio-economic development responses in Africa* (pp. 299-307).

Nichter, M. (1981). Idioms of distress: alternatives in the expression of psychosocial distress: a case study from South India. *Culture, Medicine and Psychiatry, 5*(4), 379-408.

Nyanzi, S. (2008). Empowering traditional birth attendants in the Gambia: a local strategy to redress issues of access, equity and sustainability? In *Governing health systems in Africaealth Systems in Africa* (pp. 225-234). Senegal: CODESRIA.

Obrist, B. (2003). Urban health in daily practice: livelihood, vulnerability and resilience in Dar es Salaam, Tanzania. *Anthropology & Medicine, 10*(3), 275-290.

Obrist, B. (2006). *Struggling for health in the city: an anthropological inquiry of health, vulnerability and resilience in Dar Es Salaam, Tanzania*. Bern: Peter Lang.

Odotei, I. (1992). The migration of ghanaian women in the canoe fishing industry. *MAST, 5*(2), 88-95.

OIT. (2006). *Des Enseignants pour le futur: remédier à la pénurie d'enseignants pour un accès universel à l'éducation. Rapport National du Niger*.

Olivier de Sardan, J.-P. (1982). *Concepts et conceptions songhay-zarma: histoire, culture, société*. Paris: Nubia.

Olivier de Sardan, J.-P. (1984). *Les sociétés songhay-zarma, Niger-Mali*: Paris: Karthala.

Olivier de Sardan, J.-P. (1995). *Anthropologie et développement: essai en socio-anthropologie du changement social*. Paris: Karthala.

Olivier de Sardan, J.-P. (2007). Analyse rétrospective de la crise alimentaire au Niger en 2005. *Etudes et Travaux – LASDEL, 59*.

Olivier de Sardan, J.-P. (2012). Gouvernance locale la délivrance de quatre biens publics dans trois communes nigériennes (2). *Etudes et Travaux – LASDEL, 102*, 32.

Olivier de Sardan, J.-P. (2014). La quantité sans la qualité? Mises en forme et mises en œuvre des politiques d'exemptions de paiement au Sahel. In *Une politique publique de santé et ses contradictions. La gratuité des soins au Burkina Faso, au Mali et au Niger* (pp. 51-84). Paris: Karthala.

Olivier de Sardan, J.-P., Moumouni, A., & Souley, A. (1999). " L' accouchement c' est la guerre" – De quelques problèmes liés à l' accouchement en milieu rural nigérien. *Bulletin de l'APAD, 17*, 24.

Olivier de Sardan, J.-P., Moumouni, A., & Souley, A. (2001). "L'accouchement c'est la guerre" – Grossesse et accouchement en milieu rural nigérien. *Etudes et Travaux – LASDEL, 1*, 43.

OMS. (1987). *Declaration on the strenghtening district health system based on primary health care.*

OMS. (2007). *OMS Niger. Rapport d'activités 2006.*

Oumarou, A. (2015). La migration féminine, une stratégie extra-agricole d'adaptation aux changements climatiques et environnementaux dans l'Imanan (Niger). In *Les sociétés rurales face aux changements climatiques et environnementaux en Afrique de l'Ouest* (pp. 315-334). Marseille: IRD Editions.

Ousmane Ida, I. (2015). *L'emploi des jeunes dans les grandes villes du Niger: une analyse à partir des données du recensement de 2012.* Québec: ODSEF.

Ousseïni, A. (2011). Une politique publique de santé au niger. La mise en place d'exemptions de paiement des soins en faveur des femmes et des enfants. *Etudes et Travaux – LASDEL, 91.*

Ousseïni, A. (2014). Émergence, formulation et financement de la politique d'exemptions de paiement des soins au Niger. In *Une politique publique de santé et ses contradictions. La gratuité des soins au Burkina Faso, au Mali et au Niger* (pp. 115-140). Paris: Karthala.

Painter, T. M. (1988). From warriors to migrants: critical perspectives on early migrations among the Zarma of Niger. *Africa: Journal of the International African Institute, 58*(1), 87-100.

Patrick Gilliard. (2005). *L'extrême pauvreté au Niger. Mendier ou mourir?* Paris: Karthala.

Pedersen, D. (1990). *Notes for a critical review of the Bamako Initiative.* IDRC.

Peyres de Fabregas, B. (1972). Léxique des noms vernaculaires de plantes du Niger. *Etudes Botaniques*, (3).

Pierre, C., & Locoh, T. (1990). *Facteurs culturels et sociaux de la santé en Afrique de l'Ouest*. Paris: CEPED.

Pisani, L., Diaouré, R., & Walet Oumar, F. (1989). Grossesse et accouchement dans le cercle de Bandiagara. In *Médecine traditionnelle: acteurs, itinéraires thérapeutiques* (pp. 107-141). Paris: L'Harmattan.

Porter, G. (2011). "I think a woman who travels a lot is befriending other men and that"s why she travels': mobility constraints and their implications for rural women and girls in sub-Saharan Africa. *Gender, Place & Culture, 18*(1), 65-81.

Rasmussen, S. J. (2006). *Those who touch: Tuareg medicine women in anthropological perspective*. Illinois: Northern Illinois University Press.

Reissland, N., & Burghart, R. (1989). Active patients: the integration of modern and traditional obstetric practices in Nepal. *Social Science & Medicine, 29*(1), 43-52.

Road, S. P., & Heidelberg, U. (1989). Active patients: the integration of modern and traditional obstetric pratices in Nepal. *Social Science & Medicine, 29*(I), 43-52.

Rodet, M. (2007). Disrupting masculinist discourse on African migration: the study of neglected forms of female migration. In *Crossing places: new research in African Studies* (pp. 28-38). Newcastle: Cambridge Scholars Publishing.

Rodet, M. (2008). Migrants in French Sudan: Gender Biases in the Historiography. In *Trans-Atlantic migration: the paradoxes of exile* (pp. 165-181). New York: Routledge.

Rodet, M. (2009). *Les migrantes ignorées du Haut-Sénégal (1900-1946)*. Paris: Karthala.

Rosenfield, A., & Maine, D. (1985). Maternal mortality – a neglected trategy. Where is the M in MCH? *The Lancet*, 83-85.

Rouch, J. (1956). Migrations au Ghana. *Journal de La Société Des Africanistes, 26*(1), 33-196.

Rowley, C. T. (2000). Challenges to effective maternal health care delivery: the case of traditional and certified nurse midwives in Zimbabwe. *Journal of Asian and African Studies, 35*(2), 251-263.

Sargent, C. F. (1982). *The cultural context of therapeutic choice: obstetrical care decisions among the Bariba of Benin*. Dordrecht: D. Reidel Publishing Co.

SAVE THE CHILDREN. (2009). *Comprendre l'économie des ménages ruraux au Niger*. London: Save The Children.

Scheper-Hughes, N. (1993). *Death without weeping: the violence of everyday life in Brazil*. Berkeley: University of California Press.

Scheper-Hughes, N., & Lock, M. M. (1987). The mindful body: a prolegomenon to future work in medical anthropology. *Medical Anthropology Quarterly, 1*(1), 6-41.

Schmoll, C. (2007). *Muslim women and the negotiation of autonomous migration. The case of female migrants from the Maghreb region in Italy*. ISIM.

Sibomana, L. (2008). *Le zarma parlé: esquisse grammaticale, lexique, textes*. Berlin: Lit Verlag.

Souley, A. (2001). Interactions entre personnels de santé et usagers à Niamey. *Etudes et Travaux – LASDEL, 2*, 49.

Souley, A. (2004). La maternité Issaka Gazobi. *Etudes et Travaux – LASDEL, 19*, 4-35.

Stoller, P. (1995). *Embodying colonial memories: spirit possession, power, and the Hauka in west Africa*. New York: Routledge.

Sudarkasa, N. (1977). Women and migration in contemporary West Africa. *Signs, 3*(1), 178-189.

Sundari, T. K. (1992). The untold story: how the health care systems in developing countries contribute to maternal mortality. *International Journal of Health Services: Planning, Administration, Evaluation, 22*(3), 513-528.

Tabapssi, T. (2010). *La migration hautement qualifiée au Niger*. CARIM.

Tabapssi, T. (2011). *Genre et migration au Niger*. CARIM.

Touré, Y. (2000). Représentations de la grossesse en milieu songhay de Gao. *SHADYC, 1*, 47-60.

UNICEF. (2008). *Maternal and newborn health*. https://www.unicef.org/protection/SOWC09-FullReport-EN.pdf. Consultado em 28 de fevereiro de 2918.

Vangeenderhuysen, C., & Souley, F. L. (2001). La Grossesse chez la célibataire à Niamey (Niger). *African Journal of Reproductive Health, 5*(2), 98-104.

Vause, S., & Toma, S. (2012). International migrations of Congolese and Senegalese women: new forms of autonomous mobility or persistence of family migration patterns? *Comparative and Multi-Sited Approaches to International Migration*. https://iussp.org/sites/default/files/event_call_for_papers/Vause%20and%20Toma_IUSSP%20extended%20abstract_0.pdf. Consultado em 28 de fevereiro de 2918.

Verderese, M. de L., & Turnbull, L. M. (1975). *L'accoucheuse traditionnelle dans la protection maternelle et infantile et la planification familiale*. Genève: OMS.

Véronique Duchesne. (2000). Grossesse et allaitement en milieu anyi. *SHADYC, 1*, 41-46.

Vimard, P., & Guillaume, A. (1991). Mobilités familiales et spatiales des enfants en Côte-d'-Ivoire. In *Migration, changements sociaux et developpement* (pp. 243-260). Paris: ORSTOM.

Vouilloz Burnier, M.-F. (1995). *L'accouchement entre tradition et modernité*. Sierre: Monographic.

Whitehead, A., Hashim, I., & Iversen, V. (2005). *Child migration, child agency and intergenerational relations in Africa and South Asia.*

Whyte, S. R., van der Geest, S., & Hardon, A. (2002). An anthropology of materia medica. In *Social lives of medicines* (pp. 3-19).Cambridge: Cambridge University Press.

Wild, K., Barclay, L., Kelly, P., & Martins, N. (2010). Birth choices in Timor-Leste: a framework for understanding the use of maternal health services in low resource settings. *Social Science and Medicine, 71*(11), 2038-2045.

Yeboah, M. (2008). *Gender and livelihoods: Mapping the economic strategies of porters in Accra, Ghana.* Morgantown: West Virginia University.

Zohry, A. (2002). *Rural-to-urban labor migration: a study of upper Egyptian laborers in Cairo.* Brighton: University of Sussex.

Índice

Agradecimentos   5

Autores   7

Acrónimos e Abreviaturas   11

Introdução
  Clara Carvalho   17

PRIMEIRA PARTE
ATORES PRIVADOS E APOIO SOCIAL

A perspetiva de género nos projetos de saúde ligada aos direitos sexuais
e reprodutivos financiados pelo Instituto Português de Apoio ao
Desenvolvimento
Libertad Jiménez Almirante   49

Adversidade e imaginação: dinâmicas de suporte social entre
as mulheres na Guiné-Bissau
  Aline Afonso / Clara Carvalho   75

Taxas hospitalares e os princípios da privatização: perspetivas
do setor saúde pública da África do Sul
  Theodore Powers   109

O sector petrolífero e a responsabilidade social das empresas
num quadro de cooperação em Moçambique
  Sara Ferreira   133

MULHERES NO MERCADO DA SAÚDE

SEGUNDA PARTE
SAÚDE COMUNITÁRIA EM MOÇAMBIQUE

Saúde comunitária em Moçambique: repensando os desafios
da distância e da coesão social nas áreas rurais
Albert Farré   173

Líderes comunitários como facilitadores de políticas de saúde
no norte de Moçambique: sobre o tratamento antirretroviral
e sua adesão em Erati
Beatriz Moreiras Abril   203

Rádios comunitárias, espaços de comunicação e promoção
da saúde no sul de Moçambique
Carlos Bavo   231

TERCEIRA PARTE
SAÚDE MATERNO-INFANTIL

Itinerários terapêuticos das mães na busca de medicamentos
num contexto de pluralismo médico em Moçambique
Gefra Fulane   249

Populações rurais e saúde reprodutiva no sul de Angola
Maria de Fátima   279

O acesso a cuidados de saúde materna em contexto de migração
sazonal. Um estudo de caso com migrantes residentes em
Dar-es-Salam (Niamey/Níger)
Paula Morgado   307